Karl Valentin · Sämtliche Werke
Band 2: Couplets

Karl Valentin
Sämtliche Werke
in acht Bänden

Herausgegeben auf der Grundlage
der Nachlaßbestände des Theatermuseums
der Universität zu Köln,
des Stadtarchivs und der Stadtbibliothek München
sowie des Nachlasses von Liesl Karlstadt
von Helmut Bachmaier und Manfred Faust

Band 2

Piper
München Zürich

Karl Valentin
Sämtliche Werke
Band 2
Couplets

Herausgegeben von Helmut Bachmaier
und Stefan Henze

ISBN 3-492-03402-0
© R. Piper GmbH & Co. KG, München 1994
Gesetzt aus der Janson-Antiqua
Frontispiz: Zithervirtuose, Filmfragment 1929
Gesamtherstellung: Kösel, Kempten
Printed in Germany

Inhalt

Couplets

Das suesse Maedel 15
Does soll ma gar nicht glauben 16
Ist das schon Alles 16
O das ist ungezogen 18
Die schmerzhafte Beleidigung 19
Himmel Herrmann Sapprament 20
Mein Vater war ein Riese 21
So amüsiert sich jeder so gut er eben kann 23
Das kleine Gigerl! 25
Da dreh' ich mich am Absatz rum und geh 26
Neuigkeit von 1899 27
Erinnerung an die Erste Liebe 28
Ringà-Ringa-Reihà 29
Rezept zum russischen Salat 32
Mich geht's ja nix an 35
Das dritte Geschlecht! 36
Parodie über das Lied »Margarethe« 40
Die Oybinbahn 41
Der Franzel 42
Trommelverse von der roten Feder! 43
Da Säpi 47
Heinrich und Liese 49
Walzertraum von Karl Valentin 52
Ein Prosit der Gemütlichkeit 54
Blödsinn-Verse 55
Romanze in C-Moll 57
D' Sennerin auf der Alm 58
Die schöne Zilli 59
A Mädchen vom Land 60

Parodie auf Still ruht der See 61
Neue Neubayerische G'stanzl 63
Karre rauch doch nicht diese Zigarre! 64
Was man alles machen kann 66
Trompeten-Couplet 68
Klarinettenkouplet mit Tanz 70
Der Komet kommt 70
Der Kavallerist 72
Bin der schönste Mann von der ganzen Kavallerie 73
Es lebe hoch die schwere Reiterei 75
Soldatenlieder 76
Ein zufriedener Ehemann 77
Trommel-Verse 79
Neue Stumpfsinn-Verse 81
Die Barfußtänzerin 83
Versteigerung! 84
Wenn die Menschen fliegen können 86
Parodie auf Hupf mei Mädel! 88
Das Gretchen 90
Immer wieder Pech 92
Kriegsmoritat ... von 1914 93
Die vier Jahreszeiten 96
Eine Moritat im Gross-Stadtdunkel 97
»Lorelei« 99
Der Orgelmann 100
Der Maskenball der Tiere 102
Ein Vorstadtkind 104
Chinesisches Couplet 106
Prolog von Karl Valentin zur Kriegszeit 1916 108
Neueste Schnadahüpfl 109
Klagelied und Abschied vom Zinndeckel 111
Moritat Margareta bei der Straßenbahn 113
Das Münchner Kindl als Diogenes 117
Aus der Kriegszeit 1916 118
Der Schleichhändler 120
Ein moderner Schreinerlehrling 1915 121

Andreas Papp 123
Verschiedene Träume 125
Ich hatt' einen Kameraden 126
[Hier in diesem Album stehen...] 128
Das futuristische Couplet 128
Münchnerkindl – Prolog 129
Parodie auf den Lindenbaum 130
»Herr Harry – ans Telephon!« 132
Coue 133
Aff-Aff-Afra 134
Fräulein Kunigund 136
Hänschen als Sportsmann 137
[Wenn du einst in deinem Leben...] 139
Geht zu den Volkssängern! 139
Architekt Sachlich 141
Lisl Karlstadt im Baugartenpalais 145
Glühwürmchen-Idyll 146
Ja so war'ns die altn Rittersleut 148
Ritterg'stanzeln 151
Klapphornverse 153
Allerlei Musikalisches 156
Taucherlied 158
Das Volksauto 159
Der Mord in der Eisdiele! 161
Die Stadt beim Morgengrauen 163
Ein Laternenanzünder aus der alten Zeit 166
Zeitgemässes Liederpotpourri. 1941 166
Habt nur Geduld 169
Ich bin der Ritter Unkenstein 170
Wenn ich einmal der Herrgott wär' 172
Der Dreckhaufa 173
Der Herrgott schaut oft von oben runter 175
Alte Volksliedertexte – wieder »zeitgemäss« 176
Ganz neue, echt hagelbuachane und teils ungereimte Schnaderhüpfl 179
Umtauschstelle 182

Neue Morgenrotverse von Karl Valentin 184
Da stimmt was nicht, da stimmt was nicht, da ist was nicht in Ordnung 187
Schnadahüpfl 191
Malz-Schieber 192
Mein Muenchen 193
Friedensschluss 196
Moritat »Franz & Lotte« 197
Oh, wie bitter 198
Loreley 199
Moritat vom kleinen P.G. 200
[D'Madl sagt hier will mich kana...] 200
[Mariechen saß träumend im Garten...] 201
[Vater unser, der Du bist im Himmel...] 201
Expressionistischer Gesang 202

Bruchstücke

Rassend könnt man werd'n 207
Komischer Zithervortrag (Zithersolo) 210

Notenbeispiele zu den Couplets

Herr Harry – ans Telefon 215
Coué 217
Afra 220

Anhang

Editorische Notiz 225
Kommentar 231
Bibliographie 397
Danksagung 410
Nachwort 411

Couplets

Das suesse Maedel

Parodie von Karl Valentin, 1899.

I.

So g'wachsn wia a Blunz'n,
koa Zahnerl mehr im Maul
Zwoa Haxen krumm und mager,
Wia a Fiakergaul
Zwei Aeugerln wie da Teufi
An Schnupftabak den frisst's,
Nun wollen Sie gern wissen,
wer dieses Scheusal ist.
Refrain:
Das ist mei' Schwiegermuatter,
Die just so akurat
Jn seiner schlechten Laune
Der Herrgott g'schaffen hat.
Das ist mei' Schwiegermuatter,
Die just so akurat,
Jn seiner schlechten Laune
Unser Herrgott g'schaffen hat.

II.

III.

nicht mehr in Erinnerung.

Does soll ma gar nicht glauben

I.
Was alles auf der Welt passiert
Das ist doch sonderbar
Doch dass ich rote Haare hab',
Das ist mir noch nicht klar.
Mei' Vater hat a Platt'n g'habt
Mei' Mutter de is braun,
Dass da a roter Bua entsteht,
Dös soll ma gar net glaub'n.

II.

III.

Ist das schon Alles
C Fey 1900.

1.
Ein Bettler klopft an eine Tür
Vor Hunger und vor Not
Er bat um ein Almosen klein
Und um a Stückerl Brot
da öffnete sich drauf die Tür
Vor ihm die Hausfrau stand
Und drückte ihm aus Herzeleid
Nen Pfennig in die Hand.
Der Bettler schaut den Pfennig an

Und fängt ganz leis zu singen an
|: Jst das schon alles oder kommt noch etwas nach :|

2.

Jn d' Wirtschaft kommt ein Herr herein
Hat auch an Hund dabei
Der Hund war unanständig
Fertig war die Viecherei
denn mitten auf de[m] Boden lag
Jetzt da der erste Schnee
Da Hausknecht bringt die Schaufel rein
Und auch die Sägspäne
Der Hausknecht schaut das Hunderl an
Und fängt dann auch zu singen an
|: Jst das schon alles, oder kommt noch etwas nach :|

3.

Neun Kinder hat ein Freund von mir
Das geht bald nicht mehr lang
Weil er von sein'm Verdienste ja
Kaum selbst auskommen kann
Mich dauert dieser arme Kerl
Denn gestern bei der Nacht
Hat ihm der liebe Klapperstorch
Noch Drillinge gebracht.
Als er's erfuhr der arme Mann
Fing er entsetzt zu schrein an
|: Jst das schon alles, oder kommt noch etwas nach :|

4.

Professor Falb wie jeder weiss
das ist ein g'scheiter Mann
Weil er oft prophezeihen tut
Die Welt steht nicht mehr lang
Die Wissenschaft, die er besitzt
Jst wirklich staunend gross

Statt 'n Untergang da bricht vielleicht
A Donnerwetter los
Da schaut der Falb zum Himmel nauf
Und stösst diskret den Seufzer aus
|: Jst das schon alles, oder kommt noch etwas nach :|

O das ist ungezogen
Couplet v. C. Valentin 1900

1.

Zum Frühstück ging ich gestern
Zum Augustiner nein,
Da kam ich, wie's der Zufall will,
Jn einen Streit hinein.
Mir war's als wie im Traume,
Als ich es wurd gewahr, –
Da bin ich nausgeflogen,
O, das ist ungezogen.

2.

Jm Variete da sieht man,
Soubretten wunderbar,
Die Kleider sind sehr wenig
Der Stoff der ist sehr rar,
So eine nackte Sängerin,
Schau ich mir gar nicht an,
Denn diese neuen Moden,
O, die sind ungezogen.

3.

Jn's Deutsche Theater ging ich
Auf einen Ball-parè

Und war bald in den Händen
Von einer schönen Fee
Als ich am andern morgen
Griff in die Tasch hinein
War alles ausgeflogen
O, das ist ungezogen.

4.

Jn d'Lotterie da wird oft
Gesetzet sehr viel Geld
Doch mit der Ausbezahlung
Jst's oft sehr schlecht bestellt
Die kleinen G'winnste werden
Gezogen hie und da
Doch der Haupttreffer von oben
O der ist ungezogen.

Die schmerzhafte Beleidigung
Original Gedicht v. Valentin Fey 1901.

In einem Wirtshaus auf dem Land,
Da saßen 2 Bauern beieinand,
Sie sprachen sehr heftig von Politik,
Da kamen Sie bald darauf in Konflikt.
Sie schimpften sich gegenseitig, es ist zu dumm,
Die Schmähworte flogen, rum, und numm,
Und der Huberbauer vor Wuth auseinand,
Der hat den Steffelbauer, ein Rindvieh genannt.
Da kam der Steffelbauer drauf in Wuth,
I[h]m wallte vor Zorn, in den Adern das Blut,
Denn diese Beleidigung, ging i[h]m zu Herz,
Er mocht sich nicht rächen, drum weint er vor Schmerz,

Doch der Huberbauer sprach drauf wieder in seinem Zorn
»Du Schaf na warst hoit koa Rindviech net wor'n.«

Himmel Herrmann Sapprament

Text von C. Valentin 1901.

In dem schönen Karneval
Geht Frau Meier auf den Ball
Ihre beiden Töchterlein
Sind entzückend net und fein
In Seid u Atlas steig'ns daher
Gold Brillianten Andres mehr
Und dahoam san d' Möbel pfänd
»Himmel Herrmann Sapprament«

In dem Wöhringerhofen dort
An dem Wasserheilkurort
Kann man oft die Damen sehn
Baarfuß umeinandergehn
Sonnenbäder wie bekannt
Nimmt man g'wöhnlich ohne G'wand
Promeniert wird blos im Hemd
»Himmel Herrman Sapprament.«

Drin im Thal beim Metzgerbräu
War erst kurz a Rauferei
Tisch und Stühle flog'n umher
In der Luft da Kreuz u Quer
Und der Wirt schreit voller Gift
So a Gaudi mag ich nicht
Mir san net im Parlament
»Himmi Herrman Sapprament«

Gestern Abend so um zehn
Als ich wollt nach Hause gehn
Ging ich bei an Haus vorbei
Daß ist doch a Schweinerei
Regnet's mich auf einmal an
Ich fing gleich zu schimpfen an
Das kam nicht vom Firmament
∕: Himmel Herrmann Sapprament. ∕:

S' geht a Pfarrer auf der Straß'
Vor an Haufen Bub'n vorbei
Einer davon tut grad fluchen
Der Herr Pfarrer hat'n glei
Nimmt ihn tüchtig bei den Ohren
Ihn auch noch an Lausbub'n nennt
Fluchen ist doch eine Sünd
(Du) Himmel Her.... Sak...nt.

Mein Vater war ein Riese

v. Karl Valentin.

I.

Ich bin der Sohn von meim Papa
die Sache di is gwiss
Mein Vater war der grösste Mann
mit einem Wort ein Ries
Und als er dann gestorben war
da erbte ich allein
All das was er mir hinterliess
Doch ich bin dazu z'klein
Und wo ich lauf herum
Da schreit das Publikum

CHOR: Schaut nur grad das kl. Manderl
mit den riesengrossen Hut
trotzdem er ihm viel zu gross ist
kleidet er ihn doch so gut
ausserdem trägt er a Weste
und de riesengrosse Schuh
wer ihn sieht schreit voller Schrecken
Jessas da kommt der Wuhwuh.

II.

Der Hut, die West u. die Schuh
die warn es nicht allein
ich hab auch seinen Zwicker geerbt
aus echten Elfenbein
was nützt da meine Pietät
das ist a dumme G'schicht
den grossen Hut den kann ich tragen
den Zwicker aber nicht
und wo ich geh und steh
da sagen die Leute
CHOR: Schaut nur grad das kleine Manderl
mit den riesengrossen Hut
trotzdem er ihm viel zu gross ist
kleidet er ihn doch sehr gut
ausserdem trägt er an Zwicker.

III.

Auch dieser schöne Meerschaumspitz
vom seeligen Papa
auch den halt ich in Ehren stets
denn ich, ich rauch doch a
der Hut ist mir nicht hinterlich
erfinderisch muss man sein
und wenn ich daraus rauchen will
steck ich ihn hier hinein

Ich bitt sie lieber Mann
zünden sie mir bitte an
[(]Kapellmeister *zündet ihm Zigarre an u. steckt sie durch den Hut)*
CHOR: Schaut nur grad das kleine Manderl
mit den riesig grossen Hut
trotzdem er ihm viel zu gross ist
kleidet er ihn wirklich gut.

So amüsiert sich jeder so gut er eben kann

1.

Der Pappa küsst die Köchin
Der Sohn die Gouvernant
Die Mama küsst den Hausfreund
Auch das ist sehr scharmant
Der Hausknecht macht sich heimlich
Ans Zimmermädchen ran
So amüsiert sich jeder
So gut er eben kann.

2.

Beim Kirchweihfest am Lande
Wird grauft daß ist so Brauch
Der Huberbauer Michl
Der rauft natürlich auch
Der Schuster haut i[h]m's Ohr weg
Der Bader nähts i[h]m an
So amüsiert sich jeder
So gut er eben kann.

3.
Ein Lebemann ein Reicher
Dem gar nichts mehr gefällt
Für ihn gibts nichts mehr Neues
Soh fad ist i[h]m die Welt
Da geht er hin zum Doktor
Lässt reißen sich an Zahn
So amüsiert sich jeder
So gut er eben kann.

Mein Onkel ist Beamter
Er dient beim Amtsgericht
Er hat ne leichte Arbeit
Die er ganz prompt verricht
Er klebt an alle Möbel
So kleine Voggerl'n an
So amüsiert sich jeder
So gut er eben kann.

Ein Jüngling u. a Jungfrau
Begegnen sich per Rad
Die Sache wird sehr kritisch
Sehr enge ist der Pfad
Und wirklich stösst der Jüngling
Mit der Jungfrau dann zusam
So amüsiert sich jeder
So gut er eben kann.

Ich steh hier ob'n u singe
Ja weil ich eben muß
Das ewige Gedüdel
Das ist mir kein Genuß
Doch Sie Sie sitzen unten
Und hörn den Blödsinn an
So amüsiert sich jeder
So gut er eben kann.

Das kleine Gigerl!

1.

Sie sehn wie hier Figura zeigt, liebe ich das Gigerltum
und wenn ich auf der Strasse geh, da sieht sich alles um
für mich ist das ein Hochgenuss, es macht mir Spass fürwahr
wenn hinter mir die Herren gehn, und laut bemerken gar:
Refrain:
Ach schaun sie doch das nette kleine Gigerl an
wie zierlich sie das kurze Röckchen heben kann
drauf tu ich rasch noch mehr, zeig gleich mein Füsschen her
dabei wird jedem Manne ach das Herz so schwer
das Taschentuch fällt zufällig mir aus der Hand
man hebt es auf und bringt es mir zurück galant
drauf dank ich voller Schick, mit einem heissen Blick
durch solche kleine Pikantrien, erweckt man Liebesglück.

2.

Jm Radfahrn bin ich sehr gewandt, so wills die feine Welt
drum hab ich einen Brennabor aus Nickel mir bestellt
Und radle ich die Strass entlang im Flug ganz elegant
so hör ich wie die Herren sagn, die Kleine fährt scharmant.
Refrain:
Ach schaun sie doch das nette kleine Gigerl an
wie sicher die am Stahlross sich bewegen kann
drauf mach ich sicher kehrt und lieg schon auf der Erd
ein solcher Fall hat sich bei mir schon oft bewährt
ein jeder Mann will hilfreich da der erste sein
drauf such ich mir den schönsten raus gar schlau und fein
und leg mich unbewusst, gleich an des Mannes Brust
durch solche kleine Pikantrien erweckt man Liebeslust.

3.

Sollt unter Jhnen meine Herrn vielleicht hier einer sein
der mit mir die Ehe eingehn will, ich willige gerne ein

sie sehn mein Wuchs ist tadellos, ich bin voll Temprament
ich glaub er wird zufrieden sein, wenn er mich näher kennt.
Refrain:
Ach schaun sie doch das nette kleine Füsschen an
die Fortsetzung davon sich jeder denken kann
der Arm ist kugelrund, ein winzig kleiner Mund
und auf der Brust da bin ich Gott sei Dank gesund [.]
Man irrt sich wenn man glaubt dass ich ein Schwächling sei
Jch bin zwar klein gebaut doch riesig stark dabei
wer wills mit mir riskiern, mit mir die Eh probiern
ich wett ich werd ihm sicherlich auch imponiern.

Da dreh' ich mich am Absatz rum und geh
Couplet von Karl Valentin 1902.

I.

Jch fahr' so gerne Luftballon
Jch lieb den Sport mit Recht,
Doch geht es mal zu hoch hinauf
Dann wird es mir gleich schlecht
Und geht es über tausend Meter
Hinauf in die Höh – – –
– – da – dreh' ich mich am Absatz rum
Und geh – – und geh!

II.

III.

IV.
Die nächsten drei Strophen nicht mehr in Erinnerung.

Neuigkeit von 1899

v. Valentin Fey (Karl Valentin)

I.

Wenn man etwas verschieben tut
So heisst man das Verschub
Drum wird auf dieser grossen Welt
Verschoben grad genug.
Zum Beispiel bei der Lotterie
Verschiebt man den Termin
Auch Brücken hat man schon verschob'n
Das ist kein selten Ding.
Doch wenn man etwas *unter*schiebt
Das ist a eig'ne Sach'
Der Dienstmann schiebt sein' Handkarr'n
Wenn es regnet unter Dach
Bei einer *Gräfin* geht das nicht
Da hiess es halt, die spinnt
Und statt an Handkarr'n, unterschiebt
D'Frau Gräfin halt a Kind.
    (Zwischenspiel)
Jetzt hätt ich halt a kleine Bitt
Erfüll'[n] Sie mir den Wunsch
Sie brauch'n ja da nix weiter sag'n
Es bleibt ganz unter uns.

III.

Erst kurz bestieg den Pegasus
Ein schneidiger Leutenant
Er wollte widmen sich der Kunst
Nicht blos dem Vaterland.
Er sah sich schon als Millionär
Mit seiner Jnvention
Lateinisch ausgedrückt war's ei =
Ne Prädestination.

Der Leutnant sprach, die Wahrheit nur
Die bring ich zu Papier
Und freun wird sich ein jeder
Liest er mal meine Broschür
Da kommt die Militär Justiz
Ueberreicht ihm ein Diplom
Und jetzt – jetzt sitzt er selber
»Jn der kleinen Garnison«
(Zwischenspiel.[)]

II. Strophe fehlt.

Erinnerung an die Erste Liebe

Hier! Du mein liebend Herzlein,
Nimm mein Bild, bewahr es auf!
Denn die Stunden sind gezählet,
Wo unsre Lieb' muß hören auf!
Doch zwei gute, edle Freunde
Bleiben wir, wenn Du es willst.
Wenn Dich auch mit wahrem Kosen
Andres Liebesherz umhüllt.
Wenn Du Deine Blicke so
Auf die Vergangenheiten lenkst,
Glaub ich, daß in schwersten Zeiten
Du auch meiner noch gedenkst!
Denn die erste Liebe wird doch,
Sprichwörtlich ist's ja bekannt,
Als die beste ja gezeichnet,
Als die glücklichste genannt!
Wenn wir traumverloren saßen,
So auf laubumschlungner Bank

Und an Deinen süßen Lippen
Ich den Weg zur Liebe fand!
Und Du sahst mir in die Augen,
Sprachst dabei: ›Ich liebe Dich!‹
O dieses Wörtlein bleibt bewahret
In meinem Herzen ewiglich.
Und sollten wir mal scheiden müssen
Und brechen unsere Liebelei,
So ist mein Größtes Glück auf Erden
Und meine Lebenslust vorbei.

Gedichtet und Dir gewidmet von
Deinem Dich liebenden VALENTIN.

(Ich heiße von jetzt an und für immer:
KARL VALENTIN – Münchner Original-Humorist)
     München, den 5. August 1902.

Ringà – Ringa – Reihà

1.
R. spiel'n die Kinder gern
R. die Damen u. die Herrn
R. heißt jetzt mein Couplet
Und wenn ich nacher fertig bin
dann druck ich mich u. geh.

2.
R. ja was ist den daß
R. in der X. Straß.
R. da hat ein Student
Vor lauter viel'n Studieren
seinen Schneider nimmer kennt.

3.

R. Überall wo man schaut
R. Häuser werd'n gebaut
R. schau net nauf aufs Dach
Sonst fallt dà a Hyphotheck an Kopf
Na hast a Mordstrum Loch.

4.

R. Fragt ein Fremder hier
R. woh gibts das beste Bier
R. kann Ihnen daß nicht sag'n
da ist das allerbeste wenn
Sie einen Schutzmann frag'n[.]

5.

R. das Sendlingerthor,
R. kommt mir spanisch vor
R. Es steht so ganz allein
Sie reißens halt net nieder
Und von selber fallts net ein.

6.

R. der Getreidezoll
R. Spielt a große Roll.
R. weiter hats kein Zweck
Dann kauf'n wir uns das Hausbrot
in der Ludwigs Apothek.

7.

R. es bringt sich einer um
R. doch der war sehr dumm
R. Er hat kei rechte Schneid
Kaum hat er sich erschossen ghabt
dann hats ihn wieder greut.

8.
R. in München woh man schaut
R. Brücken werd'n gebaut
R. wans eine fertig hab'n
Dann fallt amal zur Abwechslung
a andre wieder zam.

9.
R. Sehr lang geht es her
R. desto sicherer
R. der Rathhausbau geht gschwind
wie da die Grundsteinlegung war
War ich ein kleines Kind.

10.
R. die Fleischnot wie bekannt
R. herrscht im ganzen Land
R. das ist gewißlich war
Bei *mir* da herrscht die Fleischnot
jetzt schon cirka 20 Jahr.

11.
R. die deutschen Colonien
R. sind jetzt sitzen bliebn
R. Ja was ist den das
Statt Kaffee, Kakao u. Zuckerrohr
Wächst lauter grünes Gras.

12.
R. drob'n in Großhesseloh
R. sitzt a alta Mo
R. drunten in der Au
da hab'n sie grad das Gegenteil
da sitzt a alte Frau.

13.
R. jetzt kommt der letzte Vers
R. höchste Zeit auch wärs
R. Stoff ist nicht mehr da
Und wenns jetzt no net komisch s
Na werdn's nimmer à.

Rezept zum russischen Salat
von Karl Valentin

M e l o d i e : *Jahrmarktsrummel von Paul Linke*

I.

Drei Pfund Rindfleisch hackt man klein,
Tut das in ein' Hafen h'nein,
Etwas Pfeffer, etwas Salz,
Dazu einen Löffel Schmalz.
Drei Zitronen, ohne Kern' –
Den Geschmack, den hat man gern –
Kalte Soß vom Rehragout
Schüttet man dem Ganzen zu.
– Auch Leberkäs' und Honig,
Sardinen und Spinat,
Gefärbte Eierschalen
Mit Mandelschokolad'.
Auch Paprika und Erdbeer',
Zwei Liter Lebertran,
Drei Pfund gesott'ne Erbsen
Vermischt mit Marzipan.
– Schweizerpill'n und Sauerkraut,
Zungenwurst mitsamt der Haut,

Naphthalin und Wagenschmier',
Feingeschnitt'nes Glaspapier,
Ananas und Karfiol,
Bismarckhering und Odol,
Essiggurken, Fliegenleim,
Das kommt alles mit hinein.
Und dazu noch Blutorangen und Zibeb'n
Müssen obendrein noch das Aroma heb'n.
Makkaroni, g'schnitt'ne Nudeln, kalten Brat'n,
Lüneburger, Kokusnüss' und Schwartenmag'n.

II.
Ist nun alles das dabei,
Fehlt es noch an mancherlei.
Lorbeerblätter und Zwieback,
Die erhöhen den Geschmack;
Kletzenbrot und Glyzerin,
Zwetschgenmus und Terpentin,
Kandiszucker und Forell'n
Dürfen auch dabei nicht fehl'n.
– Auch Malzkaffee und Rollmops,
Zichorie und Zement'
A Messerspitz' voll Streusand,
Gewiß nicht schaden könnt'.
Bananen, Aprikosen
Nebst Himbeerlimonad',
Dazu 'nen kleinen Löffel
Voll Messerputzpomad.
– Schnupftabak und Stachelbeer'
Gelbe Rüben, Kirschlikör,
Eierkognak, Nelken, Zimt
Man auch zu der Sache nimmt.
Kaviar und Cervelat,
Birn- und Pflaumenmarmelad',
Noch dazu zwei Flaschen Sekt'
Das erfordert das Rezept.

Heu und Stroh, auch Hafnerlehm und Bügelkohl'n
Und ein Paar ganz fein geschnitt'ne Hausschuhsohl'n,
Harte Semmelbrocken, eingeweicht in Teer,
Das ist noch nicht alles, 's kommt schon noch viel mehr.

III.

Hetschebetsch und Parmesan,
Bauerng'selcht's und saurer Rahm,
G'sundheitskuchen, Petersiel,
'ner zerhackter Besenstiel,
Zwiebelzelt'ln, Kreosot,
Zigarrenstumpen und Kompott,
Ziegelsteine, pulv'risiert,
Werden mit hineingerührt;
Rebhühner und Fasanen,
Auch Fensterkitt und Gips,
Zwei ganze Faschingskrapfen,
Garniert mit Stiefelwichs,
Leoniwurst und Bleiweiß,
Parkettbod'nwachs und Reis
Ölfarb' und Anguilotti,
Zwei junge, weiße Mäus',
Sauerkraut und Sellerie,
Rettich und Fromage de Brie,
Knoblauch, Spargel und Stearin,
Weichselsaft und Zacherlin,
Kaisertinte, Schusterpapp,
Apfelmus und Salmiak,
Auch Briketts und Anthrazit,
Platzpatronen, Dynamit.
Ist dann alles drinn, was ich soeb'n diktiert,
Wird das Ganze mit dem Löffel umgerührt,
Glauben Sie sicher, es schmeckt wirklich delikat.
Sehn Sie, so entsteht der *russische Salat*.

Mich geht's ja nix an
Originalkouplet

Mein Freund geht in's Wirtshaus
mit mir ganz allein,
dort frißt er a Schweinern's,
sauft Bier und sauft Wein.
Kasweiß geht er 'naus,
weil er 's nimmer aushalten ko;
i hab' mir's glei' denkt,
aber i' hab' nix sag'n woll'n,
denn mi' geht's ja nix o.

Im Bett liegt a Maderl,
doch schlafen kann's net,
weil noch wer dabei ist,
das is doch a G'frett;
sie wirft ihn zum Bett 'naus,
denn es war a ganz großer Floh;
ja, i hab' mir's glei denkt,
aber i hab' nix sag'n woll'n,
denn mi' geht's ja nix o.

Am Haus steht a Schutzmann
auf d'Nacht um a zehn,
er ist eingeschlafen,
das kann oft schnell geh'n,
da hab'n s' ihm an Helm g'stohl'n;
wie man nur so fest schlafen kann,
ja i hab' mir's glei' denkt,
aber i hab' nix sag'n woll'n,
denn mi' geht's ja nix an.

Ein billiges Sacktuch
kauft sich meine Frau,
daß das nicht viel aushält,
das wußt' ich genau.

Nach dem ersten Gebrauch
hat sie an die Finger 'was dran,
i hab' mir's glei' denkt,
aber i hab' nix sag'n woll'n,
denn mi' geht's ja nix an.

Das Münchner Glockenspiel
ist eine Pracht;
das hat sehr viel Geld kost't
und viel Arbeit gemacht,
und fängts an zu spiel'n,
rennt jeder davo';
i hab' mir's glei' denkt,
aber i hab' nix sag'n woll'n,
denn mi' geht's ja nix o.

Das dritte Geschlecht!
Zeitgemässes Couplet v. Karl Valentin (Fey) 1900.

Melodie: Die Musik kommt!

I.
Geehrtes Puplikum!
Zum grössten Gaudium
Erlaub' ich mir den Spass
Und bring nun auch etwas
Und zwar vom deutschen Heer,
Von unserm Militär!
Das ist a nette G'schicht
– Das gehört sich nicht: –
Verwickelt sich ein Graf
Mit einem Paragraph

HOMOSEXUALITAET!
Dazu Perversität!
Doch was nützt denn all' das G'red,
Wenn's nicht so weiter geht.
Herr Harden! Das war blöd,
War nicht diskret!
Drum kam die Gaudi, – es ist zu dumm –
Gleich in der ganzen Welt herum.
Jn Frankreich stecken's d'Köpf zusamm
Und sagen: Jn Deutschland wird's jetzt warm!
Doch alles wird jetzt aufgewandt
Aus Liebe für das Vaterland
Und deshalb HABEN GROSSE HERR'N
D'SOLDATEN JETZT SO GERN!

II.
Nun fällt mir etwas auf,
Da komm ich jetzt erst drauf:
Jch bin jetzt – das ist wahr –
Schon fünfundzwanzig Jahr!
Da, bei der Musterung
– fünf Jahre sind schon 'rum –
Da hab'n 's mich untersucht
Und dabei geflucht!
Der Stabsarzt sagt: [»]Fatal!
Der Kerl ist ganz normal!
Doch machen S' jetzt mal Kehrt!«
Dann hat er abgewehrt.
Er sagt: »Mein lieber Mann!
Zieh'n Sie sich wieder an;
Sie sind fast ganz normal –
Doch nicht überall!«
– Jch zog mich an und ging hinaus
Und frug dann meinen Spezi aus,
Ob er nicht wüsst', was sei der Grund:
Mich nehmen's net und bin doch g'sund

[»]Ja «– sagt der Spezi mir ins Ohr
[»]J woass net, spinnst, wia kommst mir vor?
Sei froh – und zahl a Mass! Dös haut!
DU BIST HALT Z'ENG GEBAUT!«

III.

Herr Wölfl – o verreck'!
Sitzt draussen in »N e u d e c k«
Er hat sehr wenig Freud',
Zu lang wird ihm die Zeit,
Denn so ein Lebemann –
Was fängt der drinnen an?
Bleibt sitzen auf ein'm Ort
Und red't kein Wort.
– Ein Wärter schleicht vorbei –
Der Wölfl klopft ihm glei(ch):
[»]Sie; Sie ich hätt' a Bitt',
Bringen's mir was z'lesen mit!«
Der Wärter hat ihn gern
Und tut sei(n)' Bitt' erhör'n
Steckt ihm die Neu'ste zu –
Jetzt war a Ruh'.
Der Wölfl liest: »Was? Ein Prozess!
Ja, Sapprament, was ist denn dös!
Graf Moltke – Harden – nicht zu glaub'n,
Ja, kann ich meinen Augen trau'n?
Und alles HOMOSEXUELL?!
Mich trifft der Schlag gleich auf der Stell',
Jn meinem G'schäft ist nichts mehr los:
Die KONKURRENZ WIRD GROSS!«

IV.

Wenn die Perversität
So immer weiter geht,
Genehmigt wird vom Staat,
Dann wird die Sach probat! –

Zwei Herren geh'n per Arm,
Jn sich ganz liebeswarm,
Sie küssen beide sich
Ganz inniglich.
Zu einem solchen Paar
Kommt g'wiss das ganze Jahr
Niemals der Storch geflog'n –
Das ist doch nicht verlog'n!
Blos weg'm KONKUBINAT
Wird die G'schicht oft fad:
Doch lässt's sich machen leicht!
Dann ist's erreicht! –
Man lässt in d'Zeitung drücken nein:
»Vermietet wird ein Zimmerlein,
Jst wunderbar »braun« tapeziert,
Doch weiter ist es nicht möbliert!
Jn AFTERmiete – nur für Herr'n
Vermiet ich dieses Zimmer gern!
Bedienung, – 's ist mir einerlei –
Die ist dann auch dabei!«

Parodie über das Lied »Margarethe«

gewidmet meiner lieben Cousine Margarethe zum Geburtstag.
Zittau, den 29. Dezember 1906.

I.

Jch gratuliere heute wie alle andern Leute
zu dem Geburtstag Dir und glaube deshalb mir
es soll in Deinem Leben, Dir immer wohlergehn
Du bist 'ne brave Maid, das weis man weit und breit.
 Margarethe ist ein braves Mädchen
 Margarethe, die schönste hier im Städtchen
 Margarethe, wenn Sie mal wird 'ne Frau
 dass der Mann keinen Engel kriegt
 das weiss man ganz genau.

II.

Jm Haushalt ist die Gretl, ein wirklich fleiss'ges Mädl
Sie kocht, sie wäscht, sie strickt, sie häkelt u. sie flickt
Und hat sie nichts zu tun, auch da kann sie nicht ruh'n
Und dreht, es ist oft dumm, vom Mantel die Aermel rum.
 Margarethe, sie kommt nicht in den Himmel
 Sie passt nicht ins heilige Getümmel
 Jch behaupt und sag es ungeniert
 Für sie ist in der Höll' bestimmt
 Ein Platz schon reserviert.

III.

Jst Gretl in der Hölle, gehorchen auf der Stelle
Die Teufeln gross und klein, das kann nicht anders sein
Die Teufeln die beraten, die können wir nicht braten
Denn dieses Ungetier, ist schlimmer als wie wir.
 Margarethe, wohin willst Du nun flüchten
 Gar der Teufel will auf Dich verzichten
 Drum bringe ich den Glückwunsch dar
 Bleib Du nur auf der Erde hier
 Viel 1000 – 1000 Jahr.

Die Oybinbahn
(in Sachsen bei Zittau)

Parodie auf: Jch weiss nicht was soll es bedeuten.
Zittau, im Jahre 1905.

1.

2.

3.

4. 1.–7. Strophe nicht mehr in Erinnerung.

5.

6.

7.

8. Hab' ich mal 'ne traurige Stunde
Schau ich die Oezbinbahn mir an
Wenn sie kommt daher so getrottelt
Dann lache ich was ich nur kann
Kommt ihr mal der Wind stark entgegen
Dann bleibt sie ganz ruhig stehn
Sie kann den »Zug« nicht vertragen
Oezbinbahn, wie bist du so schön.

Der Franzel
Skizze.

Gleich da drunt am Unteranger
steh ein Wirtshaus allbekannt
wenn es hie und da auch leer ist
wird's doch Stubenvoll benannt.

Jn der Schenk da steht ein Bursche
Muskulös und schön vor allem
bis zum heutigen Tag da hat er
Jedem Menschen noch gefallen.

Doch die Schönheit hat auch Uebles
offen ich's gestehen muss
seine Kälte unbezwungen
leider ich beklagen muss.

Wenn zum Beispiel an der Schenke
etwas über Gass'n geht
und ein halb verdurster Kunde
lang! schon an der Schenke steht.

Rührt es drin den Franz'l wenig
und er sagt ganz unverhohlen
Soll'n sich halt die gscherrten Sock'n
ihre Bier wo anders holen.

Doch am Dienstag ist das anders
denn das ist der Tag des Herrn
aus ein' Tag zwei Tage machen
dass, das tut der Franzel gern.

Doch wenn er dann ausgebummelt
und die Grillen sind vorbei

waltet er ob seines Amtes
seinem Amt, denn er ist treu.

Denn der Tritschverein der neue
kostet Arbeit wie man weiss
und vor lauter Tritsch verzeichnen
kommt er hie und da in Schweiss.

Doch nur einmal kennt er Ruhe
und das ist die Sonntagnacht
ja die Liebe, ja die Liebe
das ist eine Himmelsmacht.

gewidmet von Deiner roten Feder.
Karl Valentin

Trommelverse von der roten Feder!

Erlaub'n sie dass ich jetzt was sing
|: Bum Bum Bum :|
Und über jeden etwas bring
Bum Bum Bum Bum Bum
Natürlich muss ich wissen g'wiss
dass keiner dann beleidigt is.

Zerst fang ich beim Herrn Riedl an
|: Bum Bum Bum :|
der lebt in einem grossen Wahn
Bum Bum Bum Bum Bum
er sagt a Zigarr'n is nur gut
wenn man sie halbert fress'n tut.

Dann kommt sein Sohn der Franzl dran
   |: Bum Bum Bum :|
der auch so gut Klavierspiel'n kann
Bum Bum Bum Bum Bum
er spielt die Opern gar so gern
wenn d'Stammgäst oft a damisch wer'n.

Herr Salzer dieser schlaue Mann
   |: Bum Bum Bum :|
schaffte einen Gramophon sich an
Bum Bum Bum Bum Bum
er kauft sich nur den Apparat
weil er die Platt'n selber hat.

Ein grosses Wunder ist gescheh'n
   |: Bum Bum Bum :|
ich hab den Preiter Seppl g'seh'n
Bum Bum Bum Bum Bum
er is an einem Tisch dort g'sess'n
und hat's politisiern vergess'n.

Herr Mangold hat ein Näselein
   |: Bum Bum Bum :|
da muss ihm einer nauftret'n sein
Bum Bum Bum Bum Bum
doch kleidet sie ihn wirklich gut
er ist halt ein verkehrter Jud.

Die Köchin drunt im Stubenvoll
   |: Bum Bum Bum :|
die hat auf ihren Schatz an Groll
Bum Bum Bum Bum Bum
sie sagt, er hat es fertig bracht
und hat mir d'Stub'n voll gemacht.

Herr Charles Fey ist sonst ganz gesund
   |: Bum Bum Bum :|
Blos s'Asthma plagt'n manche Stund
Bum Bum Bum Bum Bum
Musst dich vor ihm auf d'Seit'n bieg'n
wenn dir nicht willst an Schiefer einziehen.

Woll'n Sie mal wissen ganz gewiss
   |: Bum Bum Bum :|
was eine leb'nde Blume is
Bum Bum Bum Bum Bum
An Biller Heini müssen's fragen
der wirds Jhnen ganz deutli sag'n.

Fortsetzung der Trommelverse v. d. roten Feder

   Da Lemuth Hans ich sag es kühn
   der hat sei Votz'n überall drin
   das Rauf'n tut ihn bluati gfreun
   drum tuns ihm d'Letsch'n oft dakrein.

   Zur Gretl sagt ein Stammgast hier
   bringen sie a saure Leber mir
   die Gretl denkt a des wird gut
   wenn der an Lemuth fress'n tut.

   Da Pfeiffer is soweit ganz g'sund
   sei Nas'n dö hat blos zwei Pfund
   fährt Eisenbahn er das ist nett
   gibt d' Nas'n auf er als Gepäck.

   Da Vogl Sepp dös wiss ma gwiss
   dass der vom Fach a Obstler is
   Sein Kopf verrät ja seinen Stand
   Er trägt an Kürbis umanand.

Der Ortner dieser kleine Mann
er ist so klein man glaubt es kaum
woher das kommt das weiss ich g'wiss
weil er nicht länger g'wachs'n is.

Tut einer über'n Fritsch mich frag'n
so kann ich ihm ganz offen sagen
er ist ein ganz solider Mann
sauft niemals keinen Rausch sich an.

Jch ging am Stubenvoll vorbei
da war grad drin a Lärmerei
da dacht ich mir in meinem Sinn
da is ganz g'wiss da Martin drinn.

Der Riedl Wastl a dös haut
ging mit der Wally meiner Braut (Fey)
j glaub dös wird a nette G'schicht
wir müssen nauf auf's Amtsgericht.

Da Wissmann Fritz dös freut uns sehr
der is nicht blos Mechaniker
er dichtete jüngst ein Gedicht
doch reimen tat's Gedicht sich nicht.

Herr Seiler jun. sagt zu mir (Fey)
ihr Trommeln macht mir viel Pläsier
Ein' Fehler hab'ns, sie dürfen's glaub'n
sie tun zu wenig eini haun.

Da Säpi

Charakteristik von unserer Zwife.

14.9.1907 seinem lieben Freund Säpi gew. von der roten Feder.

Früh morgens wenn die Hähne kräh'n
da muss der Obster Sepp aufsteh'n
der Tag der graut, er ist noch faul
trotzdem muss er zu seinem Gaul.

Er putzt dem Tiere
d'Füss alle viere
Kämmt ihm die Mähne
putzt ihm die Zähne
dann führt er's raus
und spannt es an
und schön im Trapp
Geht's naus auf Bahn.

Er sitzt am Bock ganz protzi
und fährt ganz fesch daher
durchsaust die Münchner Strassen
Der Kreuz und nach der Quer.

Zu spät darf er net kumma
sonst kriagt er drauss an Krach
und tut er draussern köppeln
flieg'n ihm d' Obstkörbeln nach.

Da Drauss am Bahnhof s' Personal
das fürchtet er auf jeden Fall
schreit einer: Arbet's fest, es Deppen
dann siegst an Seppe Körbi schleppen.

So geht es Tag für [Tag] bei ihm
das macht'n mit der Zeit ganz hin

Er is ja jetzt schon bald am Hund
Sei Kopf hat blos mehr 30 Pfund.

Dass er beim Militär is g'wesen
das Rätsel kann ich mir nicht lösen
Mit seinem Elefantengang
da muss der Kerl gut ausg'schat hab'n.

Woll'n Sie einmal den Seppl seh'n
So müssen's halt zum Stubenvoll gehn
am Tisch der Anger Jdioten
da seh'ns das Jndivium hocken
– zu Mittag, nach dem letzten Bissen
Ruht schon sein Haupt auf einem Kissen
das auf der Bank schon liegt parat
und ihm der Franzl hing'legt hat
und noch ein Blick
und dann is g'fehlt
Verfallen ist für ihn die Welt.

Ob's nun mit zehn Kanonen schiessen
ob Gäste husten oder niesen
ob g'rauft wird
ob die Gläser klingen
ob die Besoffnen schrein und singen
ob drauss fährt der Motor vorbei
ob sonst ist eine Lärmerei
das kann nicht stör'n den Obstmonarchen
drum tut er a fest weiterschnarchen.

– Um ihn der Welt zurückzuführen
da braucht den Sepp man nicht berühren
schreit einer Seppl zwei is scho
aufrumpeln tut er dann der Mo
er reibt sich d'Augen aus alle zwei
der kurze Schlaf er ist vorbei [.]

Heinrich und Liese

Text von C. Valentin Fey. 1907.

H. I woas net was soll des bedeuten
   I bin halt a saudummer Depp
   Hab i mal a bildsaubers Maderl
   Dann fischens die andern mir weg
   Mei Lisie mei Liesie mei Liesi
   Koa schönre kanns gar nimmer geb'n
   I glaub Sie will mi jetzt verlass'n
   Und ohne Ihr ko i net leb'n [.]
L. – *(kommt heulend rein)*
   Zu jener Zeit wie liebt ich dich mein Leben
   Ich hätt geküsst die Spur von deinem Fuß
   Hätt dir mei Unschuld 1000 x gegeben
   Du dumer Bua machst mir so vui Verdruß [.]
H. Liesi!
L. Heini!
B. Sama wieder guat.
   Ja! Ja!
H. Deandl geh sei gscheid, mach mir halt de Freud
   Hör dei Bläcka u. dei Winsl'n auf
   I kon di net oschaug'n mit dene Batz'laug'n
   Wennst net auf hörst häng i mi no auf
   Den so wia i di lieab
   So liebt die koaner mehr
   Weil die a andrer überhaupt's net mag
   Daß'd schiali bist, des hab i ja von jeher gwußt
   Doch jetzt werst gräußlicher von Tag zu Tag [.]
B. Aber des macht nix des schad nix
   Sann mir a net schö.
   D' Hauptsach daß ma gsund san
   Dann werd's scho guat geh.
   Wenn wir das erste […]
   Da san d' Leut alle baff

Den des des wüßt ma voraus scho
Des werd ganz gwiß a Aff
Dann schreib'n ma glei nach Hamburg hin
Zum Hagenbeck ganz gschwind
Der tuts dann in an Käfig nein
Verfangt es erste Kind [.]
H. Doch jetzt san mir leedi
Jetzt hats no koan Sinn
Mir san ja no gar net
Im Ehestand drin [.]
L. O du lieber guter Heinrich *(Trauermarsch)*
Glaube mir die Sach ganz sicherlich
Lang deafs nimmer dauer'n
Daß is zu bedauern
Denn mich drückt das Herz
Schon fürchterlich [.]
H. Jessas Jessas das Maleur
Gibts denn gar koa Rettung mehr
Des des geht uns grad no o
I hau da glei dein Kürbis ro [.]
L. Schuld bist du [!]
H. Wer i [?]
L. Ja du [!]
Eha hast ja geb'n koa Ruh [.]
H. Hol a Schüssel Wasser rein
Dann stürz ma uns hinein [.]
B. Ja d' Liab drin im Herzen
is a gspassigs Ding
Kaum daß ma sich gern hat
Dann liegt ma schon drin.
L. Aber d' Mutter
Und da Vater
Jes Maria i hab Angst
De wer'n dir 'd' Levit'n les'n
Du mei lieba Bua da g'langst[.]

H. Und da Vetter u die Bas'n
L. De werd'n uns ganz gwiß [...]
H. Liese! Liese!
L. Heini! Heini!
B. I möcht mit'anander sterb'n [.]
H. Ich kanns noch gar nicht glaub'n [.]
L. Und i i woaß ganz gwiß [.]
H. Du hast mich hintergangen
   Mei Herz hat scho 6 Riß
   Du bist a falsche Hosn
   Du warst mir nie nicht treu
   Drum laß ich dich jetzt hocken
   Du alte Sakristei[.]
L. O bleib bei mir
   Und geh nicht fort
   An meinem Herzen ist der weichste Ort[.]
H. *(kommt wieder zurück)*
   Ich kann es nicht über mein Herzlein bringen
   Dich zu verlassen jetzt in dieser Stund
   Gefesselt hat mich ja dein schönes Auge
   Und dein so winzig kleiner süßer Mund
   Die langen Haxen die du nennst dein
   Und die Figur als wie a Suppenbein
   Ach Liebchen schenk mir wieder deine Liebe
   Und Alles soll hiermit vergessen sein[.]
L. Ach lieber Heinrich
   Gib du mir jetzt dei Pratzerl
   Doch gwaschen hast die net du Sau
   Wenns hinschaugst nacha siehagstas gnau
   Doch komm jetzt gehen wir
   Mei lieber guter Heini
   Gib mir doch mal an schönen Kuß *(küssen)*
   Ich bleib ja doch die deine[.]
L. Du Heinrich ich hätt a Bitt   ⎱ *(Schwärmerisch*
H. Mein Lieschen raus damit   ⎰ *gesprochen)*
(Liese nimmt den Finger[?] in Mund singt dann)

L. Nimm mich mit – Nimm mich mit
/: In dein Kämmerlein
Ja nur dort allein kann ich glücklich sein. :/

Walzertraum von Karl Valentin

1. Strophe.

Drei Stund' weit bin ich heut' gegangen
Spazier'n gehn – das ist sehr gesund –
Z'mittag hab' i narrisch viel g'fressen
A' Haxen mit 3½ Pfund.
Durch's Geh'n tut sich so was verdauen
Im Bauch rumort's mir umanand;
Ich muss jetzt so notwendig scheissen –
Hab' ich dann auf einmal gespannt.
Ringsum war kein Scheisshaus zu sehen –
Ein Löffel [voll] kam mir schoa aus
Da lief ich – den Finger im Arschloch –
Ins nächstbeste Bauernwirtshaus.

Refrain:
Leise, ganz leise voll Angst und Pein
Schlich ich mich in das Gastzimmer 'nein.
Krieg'n sie a' Halbe – schreit Kellnerin –
I' sag', dass i' bloss zum Scheissen kimm
Da gengas aussi – sprach sie zu mir
Zeigt mir ganz freundlich d' Scheisshäusltür
G'schwitzt hab' i – so hab' ich mich abgehetzt
Zum grössten Unglück war grad besetzt.

2. Strophe.
Da drauss' vor dem duftigen Abtritt
Stand ich betrübt vor der Tür.
Der Sauhund, der liest da drin Zeitung
Da wurde ganz schwummerlich mir.
Ich musste so notwendig scheissen
Ich zwickte die Arschbacken z'amm;
Doch blieb dieser Sauhund drin sitzen
Bis mir schon der Dreck abirann.
Ich bat diesen Scheisshausinwohner
Ich schrie – ach mir ist es so not
Er schreit raus – jetzt müssens scho' warten
Bis ich grübig ausg'schissen hab'.

Refrain:
Leise, ganz leise wie Kölner Leim
lief mir der Scheissdreck in' d' Haferlschuh nein
G'stunken und g'seachelt hat diese Brüh
So einen Dünnschiss hat' ich noch nie.
Wie ich ausg'schissen – geht auf die Tür
Jetzt können's eini' – sprach er zu mir
Am Arsch kannst mi' lecken – Du Kletzentauch –
Hätt'st net so lang g'schissen – jetzt scheiss i' Dir drauf.

Ein Prosit der Gemütlichkeit

Melodie:
Ich bin ein Preuße
kennt ihr meine Farben

1.

Couplets und Lieder gibt es eine Menge,
Doch etwas Neues bringen ist sehr schwer,
Drum nehm' ich heute für meine Gesänge
Jetzt als Refrain was ganz Bekanntes her.
Man singt's bei Bier und Weine
Doch niemals ganz alleine,
Im Zecherkreise hört man es jederzeit
Es ist ein Prosit der Gemütlichkeit.

2.

Wenn wo ein Veterane wird begraben,
Zieh'n alle traurig mit zum Friedhof naus
Und alle weinen, die gekannt ihn haben,
Doch hernach geht's zum lustigen Leichenschmaus.
Und wenn das Glas sie heben,
Lassen sie den Toten leben,
Sie bringen ihm, den sie begraben heut,
Zu[m] Schluss ein Prosit der Gemütlichkeit.

3.

Jüngst sah ich eine Rauferei am Lande,
Einem hab'ns Arm und Beine abg'schlag'n,
Dann haben sie sich mit Stühlen rumgeprügelt,
Ohnmächtig wurden zwei vom Platz getrag'n.
Mit Krügen ham's geschmissen
Die Nase einem abgebissen,
Und während der vor Schmerz um Hilfe schreit,
Schrei'n die Andern: »Prosit der Gemütlichkeit!«

4.
Bei einer Hochzeit ist total besoffen
Der Bräutigam, drum stösst die Braut ihn sacht,
Und sagt zu ihm, komm endlich nun nach Hause,
Ins Brautgemach, denk an die Hochzeitsnacht.
Doch als er wollte gehen,
Da konnt er nicht mehr stehen,
Er sagt, ich bin zu nichts mehr fähig heut,
Als nur zum Prosit der Gemütlichkeit.

Blödsinn-Verse

Text u. Musik v. Karl Valentin.
Vor= u. Nachspiel nach Belieben.

D.C.

Die Herrschaften verzeihen, sollt' ich hier oben stör'n,
Sie können jetzt von mir einmal
An großen Blödsinn hör'n,
Soll's Ihnen nicht gefallen,

Da liegt mir gar nichts dran,
Ich bitt' schön, hören Sie mir zu,
Nun geht der Unsinn an.

Es ist doch kaum zu glauben,
Was kürzlich erst passiert,
Ein Baumeister der hat sich da
Ganz fürchterlich blamiert,
Denn als der Bau beendet,
Er voll Entsetzen ruft:
Wir hab'n ja kein Parterr' gebaut,
Nun hängt's Haus in der Luft.

Erst kürzlich fuhr ein Auto,
Ganz leer an mir vorbei
Und daß das übel riechen tut,
Das war mir nicht mehr neu.
Denn dieser Autoführer,
Das ist doch kein Gebahrn,
Trotzdem daß niemand drinnen saß,
Ließ er doch einen fahr'n.

Ein Meister sagt zum Lehrbub',
Besorg' mir einen Gang,
Und schneide nur den Weg recht ab,
Dann brauchst Du nicht so lang.
Der Lehrbub' bleibt dumm stehen
Und schaut den Meister an
Und sagt geh' geb'ns mir d' Scher' mit,
Daß ich'n Weg »abschneiden kann«.

Es gibt noch dumme Leute,
Behaupte ich genau,
Einen Operngucker kaufte sich,
Erst kürzlich eine Frau.
Sie schaut hinein in Gucker

Und sagt, das ist gemein,
Da is ja gar kei' Oper drin,
Das muß a Schwind'l sein.

Romanze in C-Moll
Originalvortrag von Komiker Karl Valentin

Es war ein Sonntag hell und klar,
Ein Sonntag, wirklich wunderbar,
Der Sonntag war so einzig schön,
Ich hab' nicht leicht an schöner'n g'sehn,
Er geht ei'm wirklich durch's Gemüt,
Wenn man an solchen Sonntag sieht.
Doch dauerte es gar nicht lang,
Weil bald der Abend kam heran,
Stockfinster wurd' es um mich her
Und ich sah keinen Sonntag mehr.

Ein Auto stand an einem Eck
Und fuhr von seinem Platz nicht weg;
Ich tat's betrachten hin und her
Und wie von Stein war der Chauffeur.
Es roch auch gar nicht nach Benzin,
Ich griff dann mit dem Finger hin,
Da wurd' mir erst die Sache klar,
Daß das nur hingemalen war.
Das Auto, das stand immer stad,
's war nur ein großes Wandplakat.

An der elektrischen Straßenbahn,
Da hängt oft hint' ein Wagen dran,
Der Wagen, der da hängt daran,

Anhängewagen heißt er dann.
Er hängt daran nur dann und wann
An der elektrischen Straßenbahn,
Doch hängt er einmal nicht daran,
Was auch sehr oft stattfinden kann,
Dann kann es doch nicht anders sein,
Dann fährt der vord're Wagen »allein«.

D' Sennerin auf der Alm

Soloscene von Carl Valentin 1908.

(Valentin als Sennerin verkleidet mit eigenem Gebirge)

1. »Mei' Glück san die Berge im schönen Tirol,
Ich fühl' mich da heroben so frisch und so wohl,
Und sing i an Jodler, dass's rings herum hallt,
|: Na hör' i ganz deutli', wia's Echo erschallt :|
Da ri ra holio, *(Echo)* da holio *(Echo)*, holiodiö
dio o – *(Echo)* »o«!

2. Dö Leut' in da Stadt drinn', das ist schon a Graus,
Dö san immer kränklich, schau'n furchtbar schlecht aus,
Bei uns auf den Bergen tut's so 'was net geb'n,
|: Mir san frisch und munter und schau'n aus wia's Leb'n :|
Da ri ra holio *(Echo: o)* di holio *(Echo: o)* holiorio
lio *(Echo: ähnlich)*

VALENTIN *(zum Echo hinter:)* Wart', i kumm' dann scho' 'naus!

3. Jetzt steig' i wieder obi, jetzt friarat's mi' bald,
Da herob'n auf die Schneeberg is's schauderhaft kalt,

I kriag scho' a Ganshaut, ja schaug's mi' no an,
|: I war net so mager, mi' ziagt's nur so zamm :|
Da ri a holio *(Echo:* o) da holijo *(Echo:* o) holahola
holihola – – *(Pause)* – *(wartet vergebens auf das Echo)*

VALENTIN: Ja, – was is' denn mit'n Echo?? – Steht ma herob'n wia
a Aff! Hätt'n Sie's glei' g'sagt, Sie woll'n 's Echo net mach'n, – – –
(Echo schaut herein und sagt:) I mag nimma, glaub'ns vielleicht,
i mach' Eahnern Hanswurscht'n, i mag nimmer! –

VALENTIN: Der mag nimmer, – ja, – dann mag i a nimmer! – *(ab)*

Die schöne Zilli

Text von K. Valentin.

J bin a schön's Maderl, a jung's a sauber's Bluat
Hollariara di ho, hollariara di ho,
Und graus'n tuats an jeden, der mi oschaug'n tuat
Hollariara di ria ra di ho – du-dulidulliöh – dull.

J geh nach der Mode trag fussfreie Röck
Hollariara di ho, hollariara di ho,
de hänga net obi und wer'n net voll Schmutz
Hollariara di ria ra di ho *(Jodler)*.

Mei Muatta hat Schmalznudl'n bacha, sie dös war nett
Hollariara di ho, hollariara di ho,
J fall in Schmalzkübel eina, dann war i amal fett
Hollariara di ria di ho *(Jodler)*.

Wenn uns d'Hasen am Feld drauss as Kraut obfress'n woll'n
Hollariara di ho, hollariara di ho,
nacha tuat mi mei' Vata in Krau[t]acker eini stell'n
Hollariara di ho, hollariara di ria di ho *(Jodler)*.

Bis i amal an Mann kriag, dös geht net so g'schwind
Hollariara di ho, hollaria di ho,
J wer' a koan kriag'n aussadem er is blind
Hollaria di ria ra di ho *(Jodler) – Tanz.*

A Mädchen vom Land

Text v. K. Valentin.

J bin dö schö' Zilli, ja schaug'ns mi nur o
J brauch mi net schama, an mir is was dro. *(Jodler)*
      Zwischenländler mit Tanz.

J bin a no ledi' no ganz unverdorb'n
Dös hoasst bis auf d'Unschuld, dö hab i verlor'n. *(Jodler)*

Da Hausknecht vom Gmoawirt, a Kerl wia a Stier,
Der geht jetzt scho fast a drei Monat mit mir. *(Jodler)*

Dö erst' Zeit hab i mi vor eahm oiwei g'schamt,
Do hot er mir oiwei – an's – – – Kinn oni g'langt. *(Jodler)*

Und später drauf san mir mal hoam bei da Nacht,
Da ham wir am Feldweg d'rauss Bruadaschaft g'macht. *(Jodler)*

Doch des is koa Sünd, i brauch mi net schama
Zur Vorsicht bin i doch zum Beicht'n ganga. *(Jodler)*

Und da Pfarrer hat g'sagt, Deandl dös tuat mi freun,
Du tuast wia i spann Deine Sünden bereu'n. *(Jodler)*

Und dös hab i mir dann z'Herz'n g'numma,
Und bin alle Tag dann zum Beicht'n kumma. *(Jodler)*

Parodie auf Still ruht der See
Text von Karl Valentin.

Ein Maler malt ein Seegemälde,
Da rutscht er mit dem Malstock aus,
Er stieß ein Loch ins Seegemälde,
Da floß auf einmal Wasser 'raus,
So lief der See dann wieder aus.

Die Frauen tragen auch Manschetten,
Gerade so als wie ein Mann,
Wenn man die Sach' genauer nehme,
So hätt' die Frau »Frauschetten« an,
Denn eine Frau ist doch kein Mann.

Schwarz ist die Nacht, schwarz ist das Zentrum,
Im Reichstag drinnen in Berlin,
Dann wollt' ich noch was schwärz'res seh'n
Und fuhr dann nach dem Schwarzwald hin,
Doch welche Täuschung, der war – grün.

Ein jeder Mann trägt eine Hose,
Ob er ein Jude oder Christ,
Drum muß ich jedem Manne sagen,
Daß er ein »Hosenträger« is,
Behaupten kann ich's nicht gewiß.

An einem Haus, da hing ein Kasten,
Ich glaubt', es sei ein Automat,
Ich zog den Griff heraus, welch Schrecken,
Da kam die Feuerwehr, o fad
Und ich, ich wollt' doch Schokolad'.

Das Kanapee, das steht im Zimmer,
Es sitzt darauf ein kleines Kind;
Das Kind, das spielte mit dem Kissen,
Wie harmlos ich die Sache find',
Denn »küssen« ist doch keine Sünd'.

Wenn sich ein Herr ein Zimmer mietet,
Ist es ein Zimmerherr sodann,
Doch wenn ein Mann ein Zimmer mietet,
So ist das dann ein »Zimmermann«;
Das geht doch Ihnen gar nichts an!

Ich hab' zu Hause ein Aquarium,
Da ist natürlich Wasser drinn',
Denn wenn darin kein Wasser wäre,
Da würden ja die Fischlein hin,
Da hülf' auch keine Medizin.

Wenn man die Tür' aufmacht, dann zieht es,
Das ist doch schon a alte G'schicht,
Doch wenn man sie dann wieder zumacht,
Das ist doch klar, dann zieht es nicht,
Denn Morgenstund' hat Gold im Mund'.

Die Medizin gehört dem Kranken,
Auch Obst ist für den Magen g'sund,
Jedoch das beste geg'n 'nen Einbruch,
Das ist ein recht wachsamer Hund;
Nach Tegernsee sind 14 Stund'.

Neue Neubayerische G'stanzl
Originalvortrag von Karl Valentin

(Vortragender ist als Sennerin kostümiert)

1.

Und i bin a schön's Maderl vom Land,
Bin Gott sei Dank guat beieinand.
   In mein' Sonntagsg'wand
   Bin i elegant,
   D' Leut' red'n unt'ranand,
   I wär überspannt,
D' Leut' de hab'n gar koan Verstand,
Die können mich allsam mit'nand.

2.

Und 's Deandl mit der blauen Blus'n,
Mit dera tu i am liebst'n schmus'n.
   In der blauen Blus'n
   Hat sie einen Busen,
   Und an diesem Busen,
   Tu i so gern schmusen.
's Deandl mit der blauen Blus'n,
Mit dera tu i am liebsten schmus'n.

3.

Mei' Mutta hat am Kopf hint an Schopf
Und an diesem Schopf hat s' an Zopf,
   An Kropf hat s' hinterm Kopf,
   Hint am Kopf an Schopf
   Und am Schopf an Zopf
   Und an Zopf am Kopf.
Und mei' Mutter hat alles am Kopf,
An Kropf und an Schopf und an Zopf.

4.

Und da Vata hat neulings da Dirn
A Birn aufi gworfa aufs Hirn,
 Jetza tut da Dirn
  's Hirn weh von da Birn;
 Denn a so a Birn
  Gspürt ma auf da Stirn.
Drum wirft da Vata da Dirn
Koa oanzige Birn mehr aufs Hirn.

Karre rauch doch nicht diese Zigarre!

Text von Karl Valentin.
Musik von G. Huber.

(*Der Vortragende soll bei diesem Couplet eine große Zigarre rauchen.*)

I.

Mein Prinzipal der hat mir heut
Hier die Zigarr' spendiert,
Er hat gesagt, die tut dir nichts,
Die rauch nur ungeniert;
Und wie ich mit dem Stengel ins
Kaffeehaus kam hinein
Hab'n meine Freund mich ausgelacht
Und fingen an zu schrei'n:

Karre, Karre,
Rauch doch nicht diese Zigarre,
Karre, Karre denke d'ran,
Du hast a weiße Hose an.

(*Chor:*) Karre, Karre
Rauch doch nicht diese Zigarre,

Karre, Karre denke d'ran
Du hast a weiße Hose an.

(Hierauf komischer Tanz.)

II.

Ich qualmte wie ein Ofenrohr
Und machte mir nichts d'raus,
Ich dampfte voller Uebermut,
Ging dann vergnügt nach Haus,
Da ging die Gaudi wieder los,
Als ich nach Hause kam,
Da fing die ganze Familie
Entsetzt zu schreien an:

Karre, Karre,
Rauch doch nicht diese Zigarre,
Karre, Karre, denke d'ran,
Du hast a weiße Hose an.

Karre, Karre,
Rauch doch nicht diese Zigarre,
Karre, Karre, denke d'ran,
Du hast a weiße Hose an.

III.

Nun wie sie sehen
Bin ich jetzt hier,
Mir scheint, ich werde blaß,
Der Stengel ist mir viel zu stark,
Ich merk es ohne Spaß,
Verzeihen sie, wenn ich jetzt verduft,
Es läßt mir keine Ruh,
Oder – soll ich weiterrauchen,
Was sagen sie dazu???

(Publikum singt hierauf den Refrain.)

Was man alles machen kann

Aus Kuhhaut macht man Leder,
Aus Leder macht man Schuh,
Die Schuh, die macht der Schuster,
Die Kuhhaut macht die Kuh.
Gelegenheit macht Diebe,
Das weiß doch jedermann,
Und das, was man aus Liebe macht,
Geht niemand etwas an.

Die Übung macht den Meister,
Die Kleider machen Leut,
Der Kellner macht die Rechnung,
Und das macht dem a Freud.
Der Pfarrer macht die Predigt,
Der Schreiber 's Protokoll,
Der Schneider macht die Hosen,
Und mancher macht sie voll.

Aus Dummheit macht man manches,
Was man sonst nicht leicht macht,
Das Bauchweh macht Beschwerden,
Und zweimal vier macht acht.
Sago macht gute Suppen.
Schlemmkreide schöne Zähn',
Die Milch macht rote Wangen,
Und 's Reiten krumme Been'.

Der eine macht a G'schäft auf,
Und macht a G'schäft im Nu,
Der andere, der macht auch auf,
Und macht gleich wieder zu.
Das Feuer, das macht Wärme,
Das Wasser, das macht naß,
Der Zaub'rer, der macht Kunststück,
Der Komiker macht Spaß.

Das Glück macht übermütig,
Das Unglück, das macht klein,
Der Hafner macht das Haferl,
Das Kind, das – schaut hinein.
Der eine macht an Treffer,
Der andre, der macht nix,
Da kann man halt nix machen,
Das macht die Macht des Glücks.

Der eine macht es ruhig,
Der andre macht an Krach,
Und was der eine vormacht,
Das macht der andre nach.
Der macht a Hochzeitsreise,
Machts nach Venedig hin,
Sie sehen, ich mach keine,
Weil ich noch ledig bin.

Bei einem machts der Name,
Wenn er etwas gemacht,
Beim andern machts Reklame,
Beim dritten machts die Kraft.
Der vierte macht an Dichter,
Der macht schnell ein Gedicht,
Das Zahng'schwür, das macht Schmerzen
Und macht a g'schwollnes G'sicht.

Das Singen, das macht heiser,
Die Medizin macht g'sund,
Und wer kein braven Menschen macht,
Der macht an Vagabund.
Sie machen fade G'sichter,
Das macht g'wiß mein Couplet,
Drum mach ich für heut nichts mehr,
Und mach jetzt, daß ich geh'.

Trompeten-Couplet
Von Karl Valentin.

(Der Refrain kann auch gesungen oder mit einer Bigotphontrompete geblasen werden.)

  A Gauner hat a Semmel g'stohl'n
  Da tat man einen Schutzmann hol'n,
  Der Schutzmann nimmt den Gauner mit,
  Da sang der Gauner dann das Lied:
   Tromp. Nimm mich mit, nimm mich mit etc.

  Ein Liebespaar, o das ist schlimm,
  Vergiftete sich mit Strychnin,
  Da waren sie noch nicht ganz hin,
  Da sangen sie mit leiser Stimm:
   Tromp. Trink ma noch a Tröpfchen etc.

  Bei einer Leich' mit Grabmusik
  Passierte jüngst ein drollig Stück,
  Verwechselt hab'ns die Noten g'wiß,
  Sie bliesen dann, mir gabs an Riß:
   Tromp. Hoch soll er leben etc.

  Da Lucki von Haidhausen d'rauß
  Fahrt oft nach Stadelheim hinaus,
  Im Zeiserlwagen sitzt er drin
  Und traurig singt er vor sich hin:
   Tromp. Muß i denn, muß i denn
   zum Städtle hinaus etc.

Ich hab zu Hause eine Frau,
Die haut mich oft ganz grün und blau,
Doch ich als braver Ehemann,
Ich stimm das schöne Liedchen an:
   Tromp. Weibi, Weibi, sei doch nicht so hart etc.

Ein Bankkassier, das ist gemein,
Der griff in Kassenschrank hinein,
Er ist auch gleich am Bahnhof drauß,
Steigt ein und singt zum Zug hinaus:
   Tromp. Hinaus in die Ferne etc.

Einem Deliquenten wird zuletzt
Die Henkersmahlzeit vorgesetzt,
Er kriegt auch noch a Flascherl Wein,
Da stimmt er in das Liedchen ein:
   Tromp. Jetzt trink'n ma no a Flascherl Wein etc.

Vor'm Zeiserlwagen steht a Maid,
Zum Einsteig'n hat sie gar kei Freud,
Der Schutzmann öffnet rasch die Tür
Und sprach ganz freundlich dann zu ihr:
   Tromp. Hupf mei Mädele, hupf recht hoch etc.

Es ist doch schon ein alter Schnee,
Das Scheiden, das tut immer weh,
D'rum blas ich Ihnen jetzt zum Schluß:
Den wunderschönen Abschiedsgruß:
   Tromp. Behüt dich Gott, es wär
   so schön gewesen etc.

Klarinettenkouplet mit Tanz

Text von Karl Valentin.

Schöne Musik erheitert stets das Leben
drum will ich jetzt etwas zum Besten geben.
Jch blase hier auf dieser Klarinett
und tanz hierauf ein herrliches Ballett – sie das wird nett.
(Guter Mond – geblasen mit Tanz – Storchtrott)

Die Fleischnot herrscht schon lange jetzt auf Erden
es wird auch zukünftiger schlimmer werden.
Sogar bei mir, das ist doch jedem klar
da herrscht die Fleischnot schon 39 Jahr – das is fei wahr.
(Guter Mond . . . .)

Gar viele tun das Fliegen jetzt probieren
tun sich an Aeroplan dann konstruieren,
jetzt ich wenn flieg'n will, brauch kei Maschin
ich wart auf an Sturm, dann geht's so auch dahin – ohne Maschin.
(Guter Mond . . . .)

Der Komet kommt

Die Welt die steht jetzt nicht mehr lang,
da giebt es keinen Zweifel,
wenn der Komet jetzt kommen wird,
geht alles dann zum Teifel,
denn einen Schweif soll' dieser hab'n,
wie selten man gesehen,
dass jeder »ihn« betrachten kann,
wird »Er« am Himmel »stehen«.

So ein Komet der hat es schön,
ich sag' es ungenieret,
weil der seit vielen tausend Jahr
am Weltall rumpoussieret,
doch wo er hinkommt hat er Pech, 5
das glaube ich ihm gerne,
denn jede Himmelsmaid die spricht:
»du Lackl bleib mir ferne.«

Wenn unser strammer Herr Komet, 10
am Himmel so poussieret,
und vor der Jungfrau keusch und rein,
so stramm vorbeimaschieret,
da sagt die Jungfreu, gegen »den«
bin ich ein kleines Mädi, 15
mit dem fang i koa G'spussi an,
do bleib i lieba ledi.

Und dass sein Schweif gar giftig sei,
behaupten Astronome, 20
dass »Er« die ganze Welt »verseucht«
beschreiben Lexikone,
den Sittlichkeitsaposteln all,
vergeht nun alles Lachen,
sie sinnen hin, sie sinnen her, 25
»Ihn« unschädlich zu machen.

Und wirklich hat das Zentrum auch
Millionen Mark gestiftet,
dass dieser Mordskometenschweif 30
die Menschheit nicht »vergiftet«,
das Zentrum schrieb an Zeppelin,
Er soll es nur risskieren,
und soll dem Hallay'schem Komet,
Den Schweif weg ambutieren. 35

Doch Zeppelin sieht die Gefahr
und tat hierauf verzichten,
und tat an unser'n Magistrat
ein kleines Schreiben richten,
»Nehmt nur jetzt euer'n Parseval
der ist euch ja stehts willig,
der macht euch dann die ganze G'schicht
und noch dazu – – – – recht billig.[«]

München den 10. Februar 1910.

Der Kavallerist

Text von Karl Valentin.

Vortragender erscheint in Soldatenuniform, etwas angeheitert.
Kann auch Gitarre oder Zugharmonika spielen.

1.

Zwei Jahre sind bereits dahingeflossen,
Seit ich in der Kaserne drinnen bin,
Ich kann es kaum schier gar nicht mehr erwarten,
Bis daß das dritte Jahr fließt auch dahin,
Mir geht es zwar nicht schlecht bei den Soldaten,
Denn gehe ich des Sonntags Abend aus,
|: Da komme ich zuhause stets betrunken,
Das ganze G'sicht, das hab ich voller Rausch. :|

2.

In aller Frühe, wenn die Hähne krähen,
Da müssen wir schon in den Stall hinab,
Da putzen wir dann fleißig unsere Rößlein,
Den Braun, den Fuchs, den Schimmel und den Rapp.

Wir Kavall'risten haben es viel strenger,
Als wie die andern von der Infant'rie,
|: Die dürfen bis um 5 Uhr flaggen bleiben,
Wir müssen raus um 4 Uhr in der Früh. :|

3.
Mein lieber Vater und die liebe Mutter,
Der liebe Bruder und das Schwesterlein,
Die schreiben mir fast alle 14 Tage
Ein liebes Brieflein in d' Kasern hinein.
Der Lechner Franz und auch der Kramer Xaver,
Der Moser Simmerl und die alte Bas,
|: Die tuen meiner öfters auch gedenken
Und schicken mir zum Namenstag »*etwas.*« :|

Dieses Soldatenlied soll in ganz hoher Lage (eventuell Fistelstimme) schreiend gesungen werden.

Bin der schönste Mann von der ganzen Kavallerie

Text von Karl Valentin

(Der Vortragende erscheint als komischer Soldat mit einem Papiermaché- oder Steckenpferd auf der Bühne reitend.)

1.
Der Schmuck vom Deutschen Reich, das ist das Militär,
Wir kommen stramm daher, besonders i.
Und wenn a Krieg bricht aus, zieh'n wir ins Feld hinaus,
Da haun mir g'hörig zua, besonders i.
I bin der schönste Mann von der ganzen Kavallerie,
I bin zwar dürr als Kürassier, konn nix dafür, hallo.

(*Chor:*)
Das ist der schönste Mann von der ganzen Kavallerie,
Er is zwar dürr als Kürassier, konn nix dafür, hallo.

2.

Und beim Manöver draus, da warn mir einquartiert,
Da ham mir rumpoussiert, besonders i,
A jede Bauerndirn tat sich in uns verliabn,
Denn mir san guat beinand, besonders i.
Refrain wie oben:
I bin der schönste usw.

3.

Bei uns in der Kasern, da gibt es sehr viel Flöh,
Die beißen uns, oje, besonders mi.
Den Viecherl schmeckt ganz guat, wohl das Soldatenbluat,
Drum zuzelns uns ganz zamm, besonders mi.
Refrain:
Denn i bin der Vollblütigste von der ganzen Kavallerie,
I bin zwar dürr als Kürassier, konn nix dafür, hallo.
(*Chor:*)
Er ist der Vollblütigste von der ganzen Kavallerie,
Er is zwar dürr als Kürassier, konn nix dafür, hallo.

(*Zwischen jeder Strophe komische Reiterei mit dem Holzpferd, wozu die Musik irgend einen kurzen Teil eines Militärmarsches spielt.*)

Es lebe hoch die schwere Reiterei
Text von Karl Valentin.

Melodie: Steck mir den Ring am Finger...

Als ich ein kleines Büblein war
ich weiss es noch wie heut,
hatt ich an den Soldaten schon
die allergrösste Freud.
Da kaufte mir die Mutter
ein kleines Schaukelpferd,
Helm – Säbel und Trompete
Reitstiefel – Epaulette
was halt dazu gehört.
Sie setzte mich auf ein Pferdchen – das war doch scharmant
und gab mir ein kleines Trompetchen in die Hand.
Ich blies darauf voll Freuden gar manche Melodei
es lebe hoch die schwere Reiterei.

Die Kinderjahre die entflohn
die Jahre gingen um
mit zwanzig Jahren musste ich
dann zu der Musterung.
Als ich da nackt ins Zimmer trat
das war a Viecherei!
Der Stabsarzt sprach – da moan i
der Kerl ist furchtbar boani –
der muss zur Reiterei.
Sie setzten mich auf ein Pferdchen u.s.w.

Als ich dann wurd entlassen
vom schönen Militär
da wechselte ich den Beruf
und wurde Komiker.

Allabendlich da hole ich
den Schimmel aus dem Stall,
zieh an die Uniform
die Stiefel und Sporn
den Säbel ich umschnall
dann setz ich mich auf mein Pferdchen u.s.w.

Soldatenlieder

Wenn's in der Kasern recht traurig is,
bring ich a Leben eini g'wiß,
Ziag i d' Zugharmoni daher,
los geht 's Geplärr.
|: Hollera dia ria ra, hollera dia ho. :|
Viermal wiederholen

Wenn wir in der Kasern ins Bett gehen missen,
brauchen wir kein Flaumfederkissen,
weil's so eingeführet is,
dennoch schlafen wir Soldaten süß.

Und da Hias, mein Kompagnie-Spetzel,
frißt so gerne Salzbretzel,
neulings hob ich ihn g'neckt,
hob ihm s' ganze Salz oba g'schleckt.

Eine Geliebte hab ich,
die liebt mich herzinniglich,
von an Schani hot's scho zwoa Buam,
de g'scheerte Ruam.

Eine Köchin hab ich auch poussiert,
die hat mich ausgeschmiert,
versetzet hat sie mich,
das Rabenviech.

Ich kriegte von zuhause einen Schinken –
da tut er mir heute noch stinken –
abgebettelt hat ihn mir
der Herr Unteroffizier.

Und mei Freund der Müller Steffi,
frißt d' Kartoffel mit 'n Löffi,
da gscheert Depp vom Land,
d' Suppen frißt er mit der Hand.

Ein zufriedener Ehemann

Text von Karl Valentin.
Parodie auf Finikuli-Finikula.

(Der Vortragende soll bei diesem Vortrag einen Betrunkenen darstellen.)

Ich bin jetzt zirka 13 Jahr verheirat'
Mit meiner Frau,
Mit meiner Frau.
Sie, das war früher 'mal ein nettes Mädel,
Jetzt ein Wau-Wau,
Jetzt ein Wau-Wau.
Schön ist sie nicht, das kann ich nicht grad' sagen,
Aber saudumm
Das alte Trumm.
Sie is so g'sund als wie a junger Bachratz,
Das Unikum,

Sie kommt nicht um.
– Schad nix, macht nix, mir liegt ja nix dro,
Schad nix, macht nix, i bin a guater Mo,
Wir streiten täglich miteinand', ich geb' ihr auch so manchen Tritt,
Und sie haut mir as Dach recht her,
Dann san ma wieder quitt.

So hausen wir zusamm' schon 13 Jahre
In dieser Eh',
Herjemine!
Am ganzen Körper hab' ich blaue Flecken,
Lauter Weh-Weh,
Lauter Weh-Weh.
Zwei Handerln hat sie grad' wie Fensterbrettl'n
Die alte Kuha,
Was sag'n S' dazua.
Wenn s' mir zehnmal im Tag damit ins G'sicht fahrt,
Dann hab' i gnua,
Das geb'n S' doch zua.
(Aber) Schad nix, macht nix, mir liegt ja nix dro,
Schad nix, macht nix, i bin a guater Mo,
Mir is ja gleich, mir is ja wurscht,
I muß mei Schicksal halt ertrag'n,
Ja, wenn i da no aufdrahn tät',
Die tät' mich ja erschlag'n.

Im Wirtshaus traf ich jüngst an alt'n Spezi,
Des war famos!
Des war famos!
Der sagt, ich soll mich von ihr scheiden lassen,
Dann werd' ich s' los,
Die fade Sauce.
Doch seh'n S', ich setz' den Fall, sie kriegt an andern,
De böse Trut,
De böse Trut.
Wie leicht könnt's sei, sie heirat dann an Schneider,

Der wär' kaput,
Der wär' kaput.
(Aber) Schad nix, macht nix, mir liegt ja nix dro,
Schad nix, macht nix, i bin a guater Mo,
Doch tät' s' mir sterb'n, aufrichtig g'sagt,
Mir tät' s' doch leid, mei lieabe Frau,
Drum bleib'n wir halt bei'nander,
Sie is doch a guate Sau!

Trommel-Verse

Melodie: Jupeidi, jupeida.

1.

Sind s' net bös, sind s' net bös, jupeidi, jupeida
Jetzt kommt ganz was damischös, jupeidi, peida
O mein liebes Publikum,
Nehmen s' mir die G'schicht net krumm, jupeidi, jupeida ıc.

2.

Paris ist eine schöne Stadt,
Woher sie ihren Namen hat:
Von einer alten Hose g'wiß,
Denn die hat hinten a paar Riß.

3.

Fliegen die Schwalben in der Höh',
Ja, dann ist das Wetter schö';
Fliegen sie jedoch parterr'
Dann ist meistens Sauwetter.

4.

Auf dem Tisch, da liegt ein Fisch,
Und der Fisch ist noch ganz frisch.

Läg' der Fisch schon lang am Tisch,
Wär' der Fisch auch nicht mehr frisch.

5.

Ich wohn' in einem Rückgebäud';
Die Wohnung macht mir keine Freud',
Denn will ich auf die Straße seh'n,
Muß ich durch's Vorderhaus durchgeh'n.

6.

Junge Katzerln, junge Katzerln
Haben noch ganz kleine Pratzerln;
Werd'n die jungen Katzerln Katzen,
Kriegen sie auch größere Pratzen.

7.

In einer Anlag' geht ein Mann,
Er schaut hinauf so hoch er kann.
Ich frug ihn drauf: »Wo seh'n sie hin?«
»Hinauf, weil ich Aufseher bin.«

8.

A Meister steht am Schwurg'richt drob'n,
Er soll sein G'sell'n erschossen hab'n.
Der Meister sagt ganz wutentbrannt:
»Er hat ja selbst an »Schuß«[1] verlangt.«

9.

Ein fünfundsiebzigjähriger Mann
Schafft einen Grammophon sich an.
Er kauft sich nur den Apparat,
Weil er die Platten[2] selber hat.

[1] Vorschuß; [2] Kahlkopf.

######## 10.
A Herr, der kommt zum Doktor g'rennt,
Er klagt, daß's ihm im Mag'n so brennt.
Der Doktor sagt: »Mein lieber Herr,
Da holen s' am besten d'Feuerwehr.«

######## 11.
Neulich schau i' in Spiegel nei',
Is G'sicht verkehrt, wie kann das sei';
Daweil, wer hätt' sich denn das denkt,
Da war der Spiegel verkehrt aufg'hängt.

######## 12.
Kürzlich ging der Sturm recht arg,
Ich wollte geh'n zum Herzogpark;
Doch bei diesem Sturmgebraus
Kam ich nach Neuhausen 'naus.

Die Zwischenmelodie kann auch mit großer Trommel begleitet werden.

Neue Stumpfsinn-Verse
von Karl Valentin

(Nach alter Melodie)

Ich bin so frei und singe jetzt
Noch einige geistreiche Strofffen;
Und daß sie die verstehen tun,
Das will ich hoffentlich hofffen.
    Stumpfsinn, Stumpfsinn du mein Vergnügen,
    Stumpfsinn du meine Lust![1]

[1] *Der bekannte Stumpfsinn-Refrain kann auch mit einer Papiertrompete nachgeblasen werden.*

Der G'sundheitskuchen der is g'sund,
Drum heißt er auch G'sundheitskuchen,
Und glaubst du's nicht, dann kaufst dir ein',
Dann kannst'n ja selber versuchen.
    Stumpfsinn...

Wenn du dir 'nen Brillantring kaufst,
Und gibst 'n um 30 Pfenning hera,
So spannt der wo ihn kaufen will,
Aha, dös is a Bera.
    Stumpfsinn...

Wenn du einen Spazierstock hast,
So gehst du leichter, ich wette;
Doch nimmst du einen Fensterstock,
So hast du ein Gefrette.
    Stumpfsinn...

Die Katze hat an jedem Fuß
Sehr viele spitzige Krallen,
Und hätt' die Katz' die Krallen nicht,
Tät sie vom Dach runter fallen.
    Stumpfsinn...

Ein Wirt, der hatte 's Gasglühlicht,
Darüber tat er ihm hocken;
Weil d'Strümpf so schnell kaput geh'n tun,
Da tat er 'nauf seine Socken.
    Stumpfsinn...

Das G'witter steht am Himmel drob'n,
Man kann sich darüber ergötzen;
Und wenn man einen Stuhl 'nauf tät,
So könnt' das Gewitter sich setzen.
    Stumpfsinn...

Die Barfußtänzerin

Von Karl Valentin.

Dieser Vortrag wirkt am besten von einem Herrn in einem komischen Ballet-Kostüm mit großen in Spielwarengeschäften erhältlichen Pappendeckel-Füßen.
Melodie: So 'ne ganz e kleine Frau.
Nach jeder Strophe kann nach einem beliebigen Walzer komisch getanzt werden.

    Ich bin die süße Ella,
    Ein zuckersüßes Ding,
    Ich bin hier engagieret
    Als Barfußtänzerin.
    Bereite allen Herren
    Stets einen Hochgenuß
    Wenn ich mein Röckchen hebe
    Zeige meinen süßen Fuß.
      |: Meine zuckersüßen Füß. :|
      |: Meine zucker-zucker-zucker-
      zucker-zuckersüßen Füß. :|

    In Straubing und in Persien,
    In Oesterreich und in Rom,
    In Rußland und in Daglfing,
    In Allach und in Glonn,
    In England und in London,
    In Schwabing und Paris
    Haben s' überall bewundert
    Meine zuckersüßen Füß.
      |: Wie oben. :|

    Seit kurzer Zeit da merkt' ich,
    Was mochte das blos sein,
    Da wurden mir so nach und nach
    Die Schuhe viel zu klein.

Ich ging zu einem Doktor
Und frug, was das wohl is,
Ja, liebes Fräulein, sprach er drauf,
Waschen's Ihnen mal die Füß
Ihre zuckersüßen Füß.

(Hierauf Walzer oder Schleiertanz.)

Versteigerung!
Originalvortrag von Carl Valentin[1]
Seitenstück zu Carl Valentins: »Rezept zum russischen Salat«

Nichts als wie Versteigerungen,
Liest man jetzt in den Zeitungen,
Schau'n Sie her, es ist gelungen,
Nichts als wie Versteigerungen;
Dieses will ich heut' besingen,
Und es wird mir auch gelingen,
Spitzen Sie nur Ihre Ohren,
Dann geht Ihnen nichts verloren!

Damenhüte – Unterhosen – Papageien – Aprikosen –
Rodelschlitten – Hängematten – Notenblätter – Maurerlatten –
Hobelbänke – Drahtmatratzen – Puppenwägen – weiße Katzen –
Fensterkissen – Regenschirme – Ölsardinen – Kirchentürme –
Grablaternen – Leichenwägen – Zugposaunen – Schreinersägen –
Schiefertafeln – Packpapiere – Kegelkugeln – Flaschenbiere –
Wandkalender – Herrensocken – Kupferberg – und Henkell trocken
Königstiger – Puderquasten – Blitzableiter – Farbenkasten –

[1] *Der Vortrag kann sowohl gesprochen, als auch gesungen werden.*

Handtuchhalter – Bleisoldaten – Gummibusen – Gummiwaden –
Lagerplätze – Messingstangen – junge Löwen – Badewannen –
Stopselzieher – Nähmaschinen – Honiggläser – Tüllgardinen –
Fensterstöcke – Zündholzständer – Mandelseife – Fahnenbänder –
Lorbeerkränze – Platzpatronen – Dampfmaschinen – Schiffs-
  kanonen
Hosenträger – Gummibälle – Hundezeichen – Hasenfelle –
Christbaumkerzen – Handschuhleder – Ofenröhren – Mühlen-
  räder
Fließpapiere – Gramophone – Kleiderhölzer – Telephone –
Gasmotore – Wandtapeten – Gummischuhe – C-Trompeten –
Trambahnkarten – Nachtigallen – Feuerwerke – Mausefallen –
Wasserstiefel – Sportskravatten – Pauspapiere – Marmorplatten –
Rettungsboote – Kupfernattern – Heilserum für schwarze
  Blattern –
Tabakspfeifen – Bienenstöcke – Lebertran und Unterröcke –
Firmenschilder – Reisetaschen – Ahornbäume – Wärmeflaschen –
Muskelstärker – Zwirn und Seide – Kragenschoner – Tafelkreide –
Lexikone – Liederbücher – Küchen- und Theatertücher –
Möbelwägen – Guillotinen – Äroplane – Flugmaschinen –
Luftballone – Nasenspritzen – Haarpomade – Zigarr'nspitzen –
Alles das, es ist gelungen, kriegt man bei Versteigerungen,
Und ich hör' jetzt auf und geh', denn jetzt tut mir's Maul scho'
  weh'.

Wenn die Menschen fliegen können

Text von Karl Valentin.
Musik von Straßmeier.

Dieses Couplet muß sehr schnell und ohne Zwischenspiel gesungen werden.

Zukunft, Zukunft, bring' uns neues, schreit das Menschenheer,
Fahren können wir auf Erden, über Land und Meer,
Wenn wir nun noch Flügel hätten, wär'n wir vogelfrei,
Darum schon im Voraus lebe, hoch die Fliegerei.

Wenn die Menschen fliegen können, ach, da wird es fein,
Fliegt man dann nach einem Ausflug in a Wirtshaus nein,
Will man drinn' die Zech' nicht zahlen, »fliegt« man wieder raus,
Da kommt man, das ist doch lustig, aus dem »Flieg'n« net raus.

Wenn die Menschen fliegen können, ach, da wird es duft,
Fliegt da Maxe und da Karre, droben in der Luft,
Doch sie müssen öfters runter, das ist einerlei,
Denn da droben in den Lüften, kriegt ma' ja kein' Schmei (Tabak).

Wenn die Menschen fliegen können, ach, das wird a Fraid,
Flieg'n dann in den Lüften droben, ach, de kosch'ren Laid,
Doch beim alten Moritzleben geht das nimmermehr,
Denn sei Nas', die is zum fliegen ebbas viel zu schwer.

Wenn die Menschen fliegen können, ach, das wird pikant,
Sieht man auch die Backfisch fliegen, das wird int'ressant,
Doch die Mäderl sind viel schlauer, als gar mancher Mann,
Und zu einem Ausflug zieh'n sie Flugpumphoserln an.

Wenn die Menschen fliegen können, ach, das gibt 'nen Spaß,
Fängt es plötzlich an zu regnen, sind die Flügel naß,
Weicht der Leim auf an denselben, brechen diese ab,
Und du »fliegst« im Trapp hinunter, drunten brichst dir's Gnack.

Wenn die Menschen fliegen können, ach, das wird probat,
Gibt es droben viel zu essen, wenn man Hunger hat,
Reißt man 's Maul auf unter'm Fliegen, eine halbe Stund',
Und dann hat man Fliegen g'fressen, zirka drei, vier Pfund.

Wenn die Menschen fliegen können, ach, das wird a Pracht,
Fliegt man dann zu der Geliebten, heimlich bei der Nacht,
Fliegt bei ihr zum Fenster eini, zu der süßen Maus,
Kommt da Vater mit dem Stecken, fliegt man wieder 'raus.

Wenn die Menschen fliegen können, trug ich eben vor,
Will denn der noch nicht bald aufhör'n, klang es an mein Ohr,
's Publikum wird ungeduldig über mein Couplet,
Und daß ich net selber »'nausflieg'«, druck i mi und geh'.

Parodie auf Hupf mei Mädel!

Parodie von Karl Valentin.

I.

Ich habe gesungen und ist mir gelungen
Hier oben manch' schönes Couplet,
Man soll Neues bringen,
Doch was soll man singen,
Es fehlt einem oft die Idee;
Doch ununterbrochen
Seit einigen Wochen,
Ich schon die Beobachtung mach,
Da singen fast alle auf dem Erdenballe,
Es pfeifen die Spatzen am Dach.

Hupf mei Mädel ıc. ıc.[1]

II.

Ich ging mit mei'm Schatzerl,
A zuckersüß' Katzerl,
Zum Baden ins Freie hinaus;
Es war eine Plage,
'S war heiß an dem Tage,
Vor'm Baden da zog'n wir uns aus,
Wir standen am Strande,
Es war eine Schande;
Das Wasser das schien mir zu tief,
Doch sie wollt' es haben
Wir sollten uns baden,
D'rum sprach sie zu mir inniglich:

Hupf Geliebter, ach hupf geschwind,
Hupf ins Wasser hinein,

---

[1] *Bei der ersten Strophe wird der Originalrefrain gesungen.*

Hupf nur, hupf nur du süßer Mann,
Ich hupf dann auch, weil ich auch hupfen kann;
Hupf Geliebter, ach hupf geschwind,
Oder hupf ma zu zweit,
Wir haben ja Platz, o du herziger Schatz,
Denn das Bad, da[s] ist ja ziemlich breit.

III.

A G'scheerta von Lochham,
Der fahrt mit der Trambahn
Und steht auf der Plattform ganz g'schwoll'n,
Er schimpft zum Verrecka,
Er möcht zum Sternecka *(bekanntes Wirtshaus)*
Und hätt scho' längst aussteigen soll'n,
Er öffnet das Gitter,
Aufs Trittbrett da tritt er
Und macht a ganz saudummes G'sicht;
Sehr schnell fährt der Wagen,
Das liegt ihm im Magen,
Der Schaffner der warnt ihn und spricht:

Hupf fei net von der Trambahn ro,
Doch der G'scheerte verweg'n,
Er hupft runter und wunderschön
Is er mit 'n G'sicht in ara Drecklacka g'leg'n;
Und wie er sich vom Schreck' erholt
Hat a Schutzmann ihn zupft,
Jetzt tun's ihm fürs Hupfen
Drei Mark no rausrupfen,
Ja, G'scheerter, drum warst halt net g'hupft.

Das Gretchen

Vortragende(r) ist als komische Soubrette gekleidet und hat im Busen einen Stein, den sie bei der dritten Strophe auf die Bühne wirft. Melodie: »Tonkinesin«

1.

Wie Sie mich hier vor sich sehen,
Muß ich es frei, muß offen ich es eingestehen,
Ich heiße Gretchen und bin Chansonett',
Sehr zierlich und kokett,
Das schöne Bein, die vollen Waden,
Ein jedes Mannesauge kann sich daran laben,
Das kleine Händchen mit der zarten Haut,
Ich bin pompös gebaut.
– Ich heiße Gretchen und bin ein Mädchen,
Voll Temp'rament, voll Schneid, voll Schick,
Ich bin auch nicht besonders mager, ich bin auch nicht besonders dick.
Ich will es wagen,
Es hier zu sagen,
Ich mach' in meinem Herzen Platz,
Ich bin schon über 15 Jahre
Und habe noch gar keinen Schatz.

2.

Geh' ich des Sonntags so spazieren,
Da tu' ich mich am allermeisten amüsieren,
Denn jeder Herr, der mich einmal erblickt,
Der ist von mir entzückt.
Es ist schon öfters vorgekommen,
Daß mich hat einer ins Kaffeehaus mitgenommen,
Doch fing er dann an mir zu tappen an, (o)
Dann lief ich ihm davo.
– Ich heiße Gretchen und bin ein Mädchen,

Voll Temp'rament, voll Schneid, voll Schick,
Ich bin auch nicht besonders mager, ich bin auch nicht besonders dick.
Ich will es wagen,
Es hier zu sagen,
Ich mach' in meinem Herzen Platz,
Ich bin schon über 15 Jahre
Und habe noch gar keinen Schatz.

3.
Doch nun hab' ich's überwunden
Und habe endlich einen süßen Schatz gefunden.
Dieser schöne, junge, stramme Mann
Schaut mich so liebend an,
O nimm mir diesen Stein *(Stein wegwerfen)* vom Herzen,
Bereite mir nicht so viel Kummer, Sorg' und Schmerzen,
Sag' es aufrichtig, hast du mich denn lieb,
Du kecker Herzensdieb?
– Ich heiße Gretchen und bin ein Mädchen,
Und wie heißt denn nachher du?
Warum bist du denn gar so grantig, du machst a G'sicht wie da Wuhwuh,
Mach' keine Geckerl,
Du süßes Schneckerl,
Warum besinnst du dich so lang?
Willst du mich nicht, dann läßt du's bleiben,
Dann pack' ich halt ein'n andern z'samm'.

Immer wieder Pech

1.

Ich bin ein flottes Mägdelein
Und stell mich Ihnen vor,
Man nennt mich eine süße Maus,
Bin immer voll Humor,
Nur bei den Männern hab' ich Pech,
Bei mir beißt keiner an,
Ich bin jetzt 16 Jahre alt
Und hab' noch keinen Mann.
Fast alle Freundinnen von mir
Sind schon verlobt, ich schwör' es hier.
– Nur ich, ich armes Mägdelein
Muß immer ganz alleine sein.
O habt Erbarmen, meine Herrn,
Ich hätte einen jeden gern,
Zum Beispiel diesen Herrn da dort,
Der mich fixiert in einem fort,
Den möcht' ich gleich, nur ist es fad,
Daß er schon eine »Platt'n« hat.

2.

Ich habe Pech, wohin ich schau',
Ich sag' es frei heraus,
Hab' ich mir einen auserkor'n,
Wird sicher nichts daraus,
Ich laß mir täglich Karten schlag'n
Von einem alten Weib,
Und die versichert mir bestimmt,
Daß ich nicht übrigbleib'.
Doch das ist doch für mich kein Trost,
Wenn es mich meine Jugend kost't.
– O bitte, bitte, greift doch zu,
Ich lasse euch nicht eher Ruh',

Schaut mich doch an von vorn, von hint,
Ob ihr da einen Fehler find't!
Die volle Brust, die zarte Haut,
Ich bin gewiß nicht »schlecht« gebaut.
Wer will mich hab'n, der soll es sag'n,
Er wird sich sicher nicht beklag'n.

3.

Nun endlich findet sich ein Herr,
Ich wußt' es ja bestimmt,
Doch nein, es ist scheint's wieder nichts,
Weil er sich so besinnt.
Ach Arthur oder wie du heißt *(einen Herrn ansingend)*,
Geniere dich doch nicht,
Ich glaube, daß vor Liebesweh
Ihm fast sein Herzlein bricht'
Ach Arthur, o du süßer Mann,
Vor Angst er nicht mehr sprechen kann.
– Ach Arthur, du mein süßer Schatz,
Komm rauf und gib mir einen Schmatz!
O Gott, ich glaub', er lacht mich aus,
Nun wird es wieder nichts daraus,
Pech, wo ich steh', Pech, wo ich geh',
Und weil ich keinen Ausweg seh,
So schwör' ich hier bei Seel und Leib,
Daß ich nun eine »Jungfrau« bleib'.

Kriegsmoritat ... von 1914

Wie sie alle wissen liebes Publikum
geht es in der Welt jetzt ganz gewaltig um
übergrosse Feinde zwangen uns zum Krieg
und für diese Frechheit kriegen sie jetzt Hieb.

Ja wer nichts wagt gewinnt nichts dacht sich der Vater Zar
doch der Herr Poncarre meinte – wart man noch a paar Jahr
aber an Deutschlands Steuer da stand ein kühner Mann
der sprach mit ernster Miene – na komm'se nur mal ran.

2.

Hier auf diesem Bilde das ist ganz enorm
sehn sie den Franzosen in Felduniform
das ist nicht ganz richtig nimmt mans gnau aufs Korn
es soll richtig heissen – fehlt die Uniform
denn mit so feinen Stiefeln halb zrissen halb aus Lack
rote geflickte Hosen und einen blauen Frack
so zieht man nicht zum Kampfe das ist ja ein Skandal
so geht man höchstens im Fasching auf einen Maskenball[.]

3.

Das hier ist ein Belgier weint in einem Fort
er sagt meine Forte sind fast alle fort
er betont die Forte waren aus Beton
aber deutsche Mörser kennen kein Pardon
ja so ne feste Festung die ist nicht gar so fest
dass sie von deutschen Mörsern sich nicht umschmeissen lässt
ja du gescheiter Belgier jetzt erst begreifst du es doch
zweiundvierzig Zentimeter das gibt ein Riesenloch.

4.

Hier sehn sie viel Russen an der weissen Wand
sind mit diesen Russen Names nach verwandt
erstere vertreibt man nur mit Zacherlin
zu den Namensvettern geht man selber hin
ja diese flinken Russen die laufen riesig schnell
aber nur immer rückwärts das ist sehr originell
ich glaub mich nicht zu täuschen aber 'sist schliesslich wahr
für diese Russen wäre dies Wappen wunderbar.

5.
Spricht der Engeländer mir wär alles wurscht
nur die eine Wurst hier ist mir nicht ganz wurst
die macht mir viel Kummer tags sow[ie] bei Nacht
ich kann nicht mehr schlafen seit ich ihr gedacht
ich hab so viele Schifflein doch trau ich mich nicht raus
denn diese deutsche Flotte die schaut gefährlich aus
und bleib ich hier im Hafen dann kommt der Zeppelin
und streut mir auf meine Schifflein keine Rosen hin.

6.
Über eines warn wir deutsche wirklich baff
wer hätt das geahnet von dem gelben Aff
ging in unsre Schule wurd bei uns gescheit
jetzt beweist er deutlich seine Dankbarkeit
dafür sind wir gewitzigt jetzt nun für lange Zeit
uns soll noch einer kommen dem sagen wir Bescheid
erst warn sie sehr anhänglich s' war herzlich anzusehn
jetzt zeigt er aber uns Deutschen dafür seine Zähn.

7.
Sehn sie sich den Galgen hier genauer an
s' wird nicht lange dauern baumeln manche dran
der Franzos der Russe und der Englismann
Montenegrer Serbier und auch der Japan
ihr schlechtes Mordgesindel das hätt ihr nicht gedacht
diesmal habt ihr die Rechnung ohne den Wirt gemacht
wird sie auch präsentieret da wird euch Angst und bang
da werden eure Gesichter noch einmal so lang.

8.
Zwischenspiel – Trompetensignal – . . . .
Nun zum Schlusse wähl ich eine wohlbekannte Melodei
die den Helden unsrer Länder voll und ganz gewidmet sei
und dem greisen Bundesbruder der sich treu zu uns gesellt
Deutschland Deutschland über alles über alles in der Welt.

8. Oktober 1914.

Die vier Jahreszeiten
Blödsinniger Gesang

Wie herrlich ist's doch im Frühling,
Im Frühling, da ist mir so wohl.
O! wäre es immer nur Frühling,
Im Frühling, da fühl' ich mich wohl.
Der Frühling, der hat so was Eig'nes,
Der Frühling besitzet die Kraft.
O! bliebe es immer nur Frühling,
Der Frühling gibt Mut uns und Kraft.

Wie herrlich ist's doch im Sommer,
Im Sommer, da ist mir so wohl.
O! wär es doch immer nur Sommer,
Im Sommer, da fühl' ich mich wohl.
Der Sommer, der hat so was Eig'nes,
Der Sommer besitzet die Kraft.
O! bliebe es immer nur Sommer,
Der Sommer gibt Mut uns und Kraft.

Wie herrlich ist's doch im Herbst,
Im Herbst, da ist mir so wohl.
O! bliebe es immer nur Herbst.
Im Herbst, da fühl' ich mich wohl.
Der Herbst, der hat so was Eig'nes,
Der Herbst besitzet die Kraft.
O! bliebe es immer nur Herbst,
Der Herbst gibt Mut uns und Kraft.

Wie herrlich ist's doch im Winter,
Im Winter, da ist mir so wohl.
O! bliebe es immer nur Winter,
Im Winter, da fühl' ich mich wohl.

Der Winter, der hat so was Eig'nes.
Der Winter besitzet die Kraft.
O! bliebe es immer nur Winter,
Der Winter gibt Mut uns und Kraft.

(Der Vortragende ist als Überbrettlsänger gekleidet und gibt zum Schluß seines Auftretens noch dieses Lied als da capo zum besten. Das Lied muß recht gezogen werden und durch die Langweiligkeit wirken; während der zweiten Strophe beginnt sich schon der Vorhang ganz langsam zu schließen. Die letzte Strophe singt der Sänger hinter dem Vorhang.)

Eine Moritat im Gross-Stadtdunkel
von Karl Valentin

1. 's war mal ein Mann und seine Gattin,
   Doch alle beide taugten nichts,
   Da wollt' er seine Frau ermorden:
   Das war der Plan des Bösewichts.
   's war finstre Nacht – mit der Pistole
   Ins Zimmer er zu seiner Gattin kroch:
   Doch traf er s' nicht – es war zu finster,
   Nur durch die Wand schoss er ein tiefes Loch.

2. Die andern Leute, neben in dem Zimmer,
   Die fanden andern Tags ein Stückchen Blei:
   Das muss von einem Mordversuch herrühren,
   Man holte gleich die hohe Polizei.
   Die Polizei tat dann das Loch betrachten
   Und auch sodann das kleine Stückchen Blei,
   Und hat es auch sofort herausgefunden,
   Dass das a abgeschossne Kugel sei.

3. Die Polizei sah durch das Loch hinüber
   Und die behauptete es ganz gewiss,
   Dass diese Kugel unbedingt von drüben
   Durch dieses Loch herüber gflogen is'.
   Die Polizei ging schleunigst nun hinüber,
   Und siehe da, nun war es ganz gewiss,
   Dass diese Kugel gänzlich ohne Zweifel
   Von hier hinüber gschossen worden is.

4. Nun ging man dran, den Mörder aufzusuchen,
   Man hat durchsucht beinah das ganze Haus,
   Doch schliesslich hat man es dann aufgegeben,
   Denn wie es schien – war der gar nicht zu Haus.
   Die Polizei nahm einen weissen Zettel
   Und schrieb darauf, dass sie jetzt geht,
   Der Mörder soll bestimmt zu Hause bleiben,
   Weil sie dann morgen wieder kommen tät.

5. Als andern Tags – genau wie sie versprochen –
   Die Polizei kam wieder in das Haus,
   Da war die Polizei doch sehr verwundert,
   Denn da war wieder niemand z'Haus.
   Und auf dem weissen Zettel stand geschrieben –
   Das war der Polizei dann doch zu barsch –
   Da stand geschrieben – dreimal unterstrichen:
   »Die Polizei ––– sie lebe dreimal hoch!«

»Lorelei«

Vortragender sitzt auf einer Leiter oder einem Stuhl, der mit einem Tuch zugedeckt ist.

Melodie: »Ich weiß nicht was soll es bedeuten.«

Grüß Gott und ich hab die Ehre,
das heißt, ich bin halt so frei,
sie werden mich alle wohl kennen,
man heißt mich kurz die Lorelei,
was wurd über mich schon gesungen,
ich muß es ganz offen gestehn,
und niemand hat mich noch gesehn
und ich bin doch so fabelhaft schön.

Viel tausend Jahr hock ich hier oben
bei Sonnenschein, Regen und Schnee
auf diesem steinigen Felsblock,
mir tut schon mei Rückgebäud weh,
ich singe und zupfe die Harfe,
ich wüßt ja net, was ich sonst tat,
ich weiß nicht was soll es bedeuten,
das Lied wird mir jetzt schon bald fad.

Ich hab keine menschliche Seele,
ich leb nur als Märchen dahin,
drum ist es auch ganz leicht erklärlich,
daß viel tausend Jahr alt ich bin.
Wär ich eine menschliche Jungfrau,
ich sage es offen heraus,
hielt ich es so viel tausend Jahre
alloa da heroben net aus.

Ein Schiffer, ein bildschöner Jüngling,
fährt oft mit dem Kahn hier vorbei,

er liebt nur ein einziges Wesen,
er liebt nur mich, die Lorelei.
Da kommt er schon wieder gefahren,
(schaut nach dem Schiffer)
was willst denn du närrischer Tropf,
wenn du dich net gleich aus dem Staub machst
na wirf i dir d'Harpfa am Kopf.

Nun hab'n d'Lorelei sie gesehen,
vergessen sie nie diese Pracht,
nun werde ich wieder verschwinden,
es dunkelt schon heimlich die Nacht,
s' wird finster und immer finst'rer
und langsam geh ich zur Ruh,
und daß sie jetzt wissen, daß gar is,
geht langsam der Vorhang zu.

NB. Als Kopfbedeckung ist eine goldene Perücke oder gelbe Wollperücke erforderlich, in der Hand eine Lyra.
Bei der 5. Strophe wird ein kleines Schifflein, in welchem eine Puppe (Schiffer) sitzt, mit einem schwarzen Faden über die Bühne gezogen.

Der Orgelmann

Melodie: Verlorenes Glück.

O' hört die Töne eines armen Mannes,
der mit der Orgel hier vor Ihnen steht,
der wo sein Geld sich spielend muß verdienen
damit er alle Tage was z' essen hätt.
Mit greisen Füßen und mit krummen Haaren
dreh ich die Orgel stets mit frohem Mut.

Ich hab oft nächtelang kein Bier getrunken
da merkt man erst wie weh der Hunger tut.
Mit meiner Orgel tu ich Geld verdienen,
es ist zwar traurig, aber in der Tat
muß man den Eltern ewig dafür danken,
wenn man als Kind Musik gelernet hat.

Können Sie sich vielleicht noch dran erinnern,
wie es vor 100 Jahr in München war.
Ich könnte es bestimmt nicht mehr behaupten,
war's im Oktober oder Januar.
Ich glaub es ist im Januar gewesen,
es kann zwar auch schon März gewesen sein,
das spielt ja auch dabei gar keine Rolle,
ganz g'nau fällt mir der Datum nicht mehr ein,
in früherer Zeit war so etwas leicht möglich,
doch wenn das heute mal passieren wird,
da würde sich das ganze Volk empören,
doch ist das seit der Zeit nicht mehr passiert.

Als einst der David diesem Riesen Goliath
an harten Stein warf auf den Kopf hinauf,
da hörte plötzlich bei dem Herkulessen
das Lebenslicht ganz schnell zu brennen auf.
Daraus ersieht man ja ganz klar und deutlich,
was mit an Stein für Unglück kann gescheh'n,
drum solln die Steine all' vernichtet werden,
es braucht doch keine Steine mehr zu geb'n.
Nur Edelsteine, die sind ungefährlich,
da könnte nie mehr so ein Mord gescheh'n,
mit an Brillanten einen tot zu werfen,
das würde sich doch mancher überleg'n.

Ich bin jetzt Komiker schon viele Jahre,
und hab schon manchen tollen Spaß gemacht,
doch bin ich sonst in meine[m] ganzen Leben

oft furchtbar ernst, hab selten noch gelacht;
doch meine Braut hat kürzlich was geliefert,
so etwas Dummes hab ich nie gesehn,
als ich das sah, da mußt ich furchtbar lachen,
das war zu dumm, ich muß es eingestehn.
Dies schöne Sacktuch *(zeigt dem Publikum ein
   gehäkeltes Taschentuch)* hat sie mir gehäkelt
und hat es mir dann zum Geschenk gemacht,
als ich es hab das erstemal benützet,
in allem Ernst, da hab ich drüber g'lacht.

Was zulang dauert, wird ei'm oft zuwider,
drum werd ich schließen jetzt mit dem Gesang,
ich hör jetzt auf und werde Abschied nehmen,
denn wenn ich weitersinge, dauerts z'lang.
Aus diesem Grund will ich mein Lied beenden,
weil es vielleicht Sie noch langweilen tät,
obwohl Gesang, wenn er sehr schön gesungen,
fast allen Menschen stets zu Herzen geht.
Ja, wer nicht singen kann, der laß es bleiben,
schlechter Gesang der bringt die Menschen um,
ich möchte nicht zum Massenmörder werden,
Drum lebe wohl mein teures Publikum.

Der Maskenball der Tiere

Parodie auf »Vogelhochzeit«

Die Tiere auf der Erde all',
die hielten einen Maskenball.
Vide rallala, vide rallala,
Vide rallalalala.

Die Ameise, die Ameise,
die tanzte nur die Franceise.
Vide rallala, vide rallala,
vide rallalalala.

Die Fliege, die Fliege,
Saß draußen auf der Stiege.

Nach jeder Strophe ist das »Vide rallala« zu singen.

Der Feuersalamander
Rutscht 'runter am Stieg'ng'lander.

Der Schellfisch und das Känguruh,
die spiel'n mitsammen »Blinde Kuh«.

Da plötzlich wird's ganz still im Saal,
sie saßen jetzt beim Mittagmahl.

Der Rabe, der Rabe,
Fraß d' Supp'n mit der Gabe.

Die Giraffe, die Giraffe,
die fraß a Schokoladewaffe.

Das Eidachsel, das Eidachsel,
das fraß a abbräunt's Schweinshaxel.

Die Schlange, die Schlange,
aß eine Blutorange.

Die Schnepfe, die Schnepfe,
die hat die größte Hepfe.

Das Lama, das Lama,
das fraß zum Schluß all's z'samma.

Der Maskenball ist nun zu End',
Drum bitte, klatschen S' in die Händ'.

Ein Vorstadtkind

Text von Karl Valentin
Musik von Anton Degen
Gesungen mit großem Erfolg von Lisl Karlstadt

Der Vortragende kostümiert sich als Vorstadttype, Hut in das Gesicht hereingesetzt, Hände im Hosensack, Hose hinaufgestülpt. Zwischen jeder Strophe soll sich der Vortragende mit sogenannten Vorstadtsprüchen mit dem Kapellmeister unterhalten.

I.

Der liebste Tag der ganzen Woch
Is mir der Donnerstag;
Da freu' i mi die ganze Woch,
Wei i da Ausgang hab.
An Flins hab i im Hosensack –
Zehn Markel in Papier.
Da kann man was riskieren,
Ein Mädel auszuführen,
Weil i de Krampf gern hab.
Dann harpf i zu der Geliebten,
Weil mir halt so was mög'n;
Sie wohnt in Hoadhausen,
Am Wörthplatz Nummra zehn.

Ein Pfiff *(mit den Fingern pfeifend, während die Musik
einen Augenblick aussetzt)* der genüget,
Und 's Mädchen kommt herab;
Dann geht's hinauf ins Isartal im Trab.

II.
Erst kürzlich war ich mit der Maid
In einem Automat,
I hab zehn Quartel Bier nag'stemmt,
Und sie zehn Schokolad.
Hierauf is oana kemma,
I hab ihn nicht gekannt,
Der wollte es riskieren,
Die Braut mir zu entführen,
I hab's halt grad no g'spannt,
Da wurd' ich windi und koppte,
Auch »Er«, er koppte fest,
Dann hab i eahm an d' Wange
A Riesenschell'n hinpreßt.
Er hat ihr nichts mehr wollen,
Und hat sich glei verzog'n,
In derer Weis' da bin i fei verwog'n.

III.
Im Tanzkurs da verkehre ich
Schon viele, viele Jahr,
Das Linksumdrellen is mei Sport,
Das find ich reizendbar.
Den »An der blauen Donauwalzer«,
Hätt' i net oft draht,
Aber rechtsum ausgeschlossen,
Dös hätt' mi stark verdrossen,
Weil i dös niemals tat.
Und dann nur Wange an Wange,
De Hand bei ihr im Kreuz,
De Kniescheiben aneinander,

Dös hat für mi an Reiz;
Und dann beim Frankaise,
Is 's Grieß alloa um mi,
Da bin i s'raffinierterst wis a wie.

Chinesisches Couplet

Dieses Couplet wurde mit großem Erfolg gesungen von der bekannten Humoristin Lisl Karlstadt.

Vortragender erscheint als Chinese verkleidet, gelb geschminkt mit Zopf-Perücke und chinesischem Schirm.

I.

Mantsche Mantsche Pantsche Hon kon Tsching Tschang
Kaifu schin sie Peking gigi wai hai wai
Tschitschi tatschi makka zippi zippi zappi
Guggi dutti suppi Mongolai.
Tingeles Tangeles Hundi Hundi guschdi
Tschinschinati wuschi wuschi tam tam tam
Wann i ko na kimm i, kumm i aber nimmi,
Kimm i, kumm i, aber i kimm kam.
Wo wie we wie bobi hopsi tsching tschang
Asi Stasi Wasi Wisi Tschin Tschin Tschin
Taubi Taubi Piepi Piepi sei si indi ändi
Wase bobi widdi midi Lanolin.
China drinna kenna Kinda mi alsamm
Tam – Tam – Tam.
Refrain. Ziggi zam ziggi zam tschin tschin wuggi gu
Wassi Wassi tscheng patschi zsching wuh-hu wu.

II.

Ni widi tschen mali gan demi detti
La bade schon wette wett wum wum
Goll wudi bum bim wuschi wuschi sitz wetz
Sußi sußi sußi witschi schrumm
So von om runte, giglgiglgoggi
Da legst di nieder plim plam plum
Tutti tutti großi, heiße Suppi blosi
Rahm o schlecken un on inten rum
Anni wiedi well well tam di diti tam tam
Schlucki schlucki wust wust gudi gudi gut
Bier ham mi nimi, sauf ma halt a Wassi
Magi der is lari nachher wirst kaput
Niki nischi waschi schliffi schnack
Wauh, Wauh, Wauh.

Refrain. Ziggi zam ziggi zam tschin tschin wuggi gu
Wassi Wassi tscheng patschi zsching wuh-hu wu.

III.

Snekrededeng widi putzpomade Sachti
Boane wecke, tutti frutti wasch, wasch, wasch
Poppi nanni quaste Millen dunsen
Haferl goggen, Schmecki betzi G'wasch
Ka ko ki ka Kika keki Wanzi
Magi, Magi, Magi, Magi, Magi Magi a
Humi wepsi bieni, um halb elfi gimmi
Heidi bobi tschingreding ins pet
Tsching Tschang Tsching Tschang gibidane buse
Meini lippi Xaxixaxixaxixaxixax
Tsching Tschang Tsching Tschang gisidanan fussi
Andigiggiollipappi haxi haxi hax
Glaub mich lachen's aus, weil bin Chinese
Was ist dös?

Refrain. Ziggi zam ziggi zam tschin tschin wuggi gu
Wassi Wassi tscheng patschi zsching wuh-hu wu.

Prolog von Karl Valentin zur Kriegszeit 1916

Grüss Gott ihr Leut von der Münchnerstadt
ich komm heut zum Gratulieren
doch find ich das Wort schon net recht am Platz
denn besser wär bald – kondulieren
denn unsere Söhne die sahen im Feld die feindlichen Fahnen wehn
sie sangen voll Mut – in der Heimat da gibt es ein baldiges Wiedersehen
doch viele, die kommen halt nimmer mehr, die die feindlichen Kugeln trafen
sie sehen nicht mehr unsre Münchnerstadt, weil sie draussen für ewig schlafen[.]
Vergessen werden wir jene nie, sie haben für uns gelitten
sie haben als tapfre Soldaten gekämpft, und für ihren Kaiser gestritten.
Doch wär es bald Zeit – er ginge zu End, der blutigste von allen Kriegen
Gott möge uns helfen, so gut er nur kann, zum ewigen, ewigen Frieden.
Das blutige Schlachten es dauert schon lang, von Blut tut die Erde sich röten
und Gott sprach zum Menschen im 5. Gebot, da sprach er: Du sollst nicht töten.
Doch der Feinde zu viele erhoben das Schwert, um das deutsche Reich zu bezwingen
da standen wir deutsche auch waffenbereit, um das schneidende Schwert zu schwingen[.]
Durch Kampf zum Sieg – vom Sieg zum Kampf, so klingts bis zum heutige[n] Tage
schon steigt die feindliche Schale zur Höh in der Gerechtigkeitswa[a]ge.
Denn dieses Jahr wird hoffentlich das gewaltige Ringen enden
wir flehen hinauf zu Gott dem Herrn, mit aufgehobenen Händen
»Beschütze unser Vaterland und draussen unsre Lieben
und schenke uns im neuen Jahr – den langersehnten Frieden.«

Neueste Schnadahüpfl
Aus dem Weltkrieg.

I.
Die Engländer sagen, der Zeppelin
Is a lästiger Tropf;
Seitdem der uns b'sucht,
Hat jeder an Kropf.

2.
Deutsche Tauberln, die fliegen
In Paris hin und her,
Als wie wenn der Eiffelturm
A Taubenkobel wär.

3.
Die Franzosen und Engländer
Möchten gern die Dardanell'n;
Bis jetzt hab'ns nix kriegt
Als wia a türkische Schell'n.

4.
Wir Deutsche, wir fürchten
Sonst nichts als wie Gott,
Und d' Engländer fürchten
Unsere Unterseeboot.

5.
A Katz is a falsch' Vieh,
Das weiß ich ganz sicherlich;
Aber no viel falscherer
Sind die Ita=li=e=ner.

6.

Unser Kaiser, der legt sich
Ein Verzeichnis jetzt an,
Weil er sich unsere vielen Feind
Nimmer auswendig merken kann.

7.

D' Italiener, wenn Krieg führen,
Ist es schön ganz bestimmt,
Wenn der Caruso im Schützengrab'n
An Bajazzo drin singt.

8.

Bei einer Brotkarte u. einer Trambahnkarte
Is d' Gebrauchsanweisung gar nicht schwer;
In der Trambahn zeigt man die Trambahnkarte,
Beim Bäcker d' Brotkarte her.

9.

Die Franzosen begreifen
Des immer no net,
Daß halt die Wacht am Rhein
Gar so fest steht.

10.

Die Engländer hab'n
Sehr viele Kriegsschiff,
Und trotzdem da geht bei
Ihnen der Krieg »schief«.

11.

Viel Franzosen, die wandern
Jetzt aus aus Paris;
Sie behaupten, dass dort
So a schlecht's Klima is.

12.
D' Engländer schicken bei der Schlacht
Die Zuaven voran;
Dann schrei'ns zu uns rüber:
»Fürchtet ihr den schwarzen Mann?«

13.
Aber wir Deutsche fürchten gar nix,
Das weiß ich ganz genau;
Kan Schwarzen, kan Teufel,
Net amol an Wau=Wau.

Klagelied und Abschied vom Zinndeckel

Aktuelles Scherzlied von Karl Valentin.

Melodie: »Ich bin eine Witwe«

    Als trauernder Masskrug
    Komm ich jetzt daher
    Mein Deckel is fort
    Mei' is dös a Malheur.
    Das Zinn wurd' beschlagnahmt
    Wer hätt' das gedacht
    Und aus diesem Zinn
    Werd'n Granatenteile g'macht.
    Jetzt steh ich alloa da
    Dös is doch zu dumm
    Mei' Freund wird geschmolzen
    Im Krematorium.
    Und i lauf jetzt traurig
    Des is doch a Schand
    Als echter Münchener Masskrug
    Ohne Deckel umanand.

Ja! – I i bin a Masskruag
A verlassener Masskruag
Hab' an schöna Hut g'habt
Ganz aus silberweissem Zinn
Das schönste hab'ns mit g'nommen
Mei' Stolz der is »zerronnen«
Weil i nur mehr a gscherter
»KEFERLOHER«masskrug bin.

Wenn ich so dran denke
an die grüabige Zeit
Was hatten mit uns Masskrüg
Die Fremden eine Freud'.
Sogar die Berliner
Im Hofbräuhaus drin
Die taten ihre Nasen
Am liebsten in uns »rin«
Wie Sklaven, so wurden
wir Masskrüg verkauft
und droben bei die Preussen
Gar in Spreewasser getaucht.
Und viel von meine Spezin,
San jetzt droben in Berlin
Doch wird ihnen da droben
Auch dasselbe Schicksal blüh'n.
Ja! – I i bin a Masskruag etc.

Die Zeit die heilt Wunden
Und so auch bei uns,
Von sämtlichen Masskrüag
Wär' das unser Wunsch
Dass unser schöner Deckel
Den Einzug wieder hält,
Dass bald der Friede käme
Der uns schon so lange fehlt.
Und wenn der Friede da ist

Kehrt alles wieder ein,
Die Weisswürst und Bretzen
Das wird a Freude sein.
Dann krieg'n wir Masskrüag'
An Deckel wieder a
Die heimgekehrten Krieger
Die empfang' ma mit Hurra!
Ja! – dann das woll'n wir hoffen
Dann wird aus »uns« g'soffen
Doch vorerst da woll'n wir
Deutschlands Sieg und Deutschlands Ruhm.
Bevor wir den nicht haben
Dürf' ma net verzagen
Lieber lauf i no a Zeitlang
ohne Deckel rum.

Moritat Margareta bei der Straßenbahn

Als Moritat vorzutragen mit Drehorgel- oder Gitarrebegleitung
Melodie: »O teure Margarete[«]

Hier seh'n sie einen Vater
Und eine Tochter hat er,
S'is seine einzige
Und heißt Margarete.
Das Mädchen ist noch ledig
Und hat's Verdienen nötig,

Doch ist es heut nicht leicht,
Was man dazu ergreift.
Margarete tat Lehrerin nun werden.
Doch in dem Beruf, da fand sie bald Beschwerden.
Sie gab die Stellung auf.
Der Vater sprach voll Groll:
Man weiß nicht, was man
Einem Mädchen lernen lassen soll.

Der Vater voll Entsetzen
Tat umeinander hetzen,
Daß er nur für sein Kind
Ne andere Stellung find.
Es ist ihm auch gelungen,
Hat sie hineingebrungen.
Sie seh'n, auf eins, zwei, drei
Saß sie in der Kanzlei.
Margarete tat Kontoristin werden,
Doch in dem Beruf gab's abermals Beschwerden.
Sie gab die Stellung auf.
Der Vater sprach voll Groll:
Man weiß nicht, was man
Einem Mädchen lernen lassen soll.

Der Vater voll Ergrimmen
Tat sich nicht lang besinnen;
Chauffeuse wär auch fein
Für's liebe Töchterlein.
Zum Autowagenbesitzer
Läuft schnell dann wie der Blitz er;
Und schon auf Ja und Nein
Hat sie den Führerschein.
Margarete tat Chauffeuse werden,
Doch in dem Beruf gab's abermals Beschwerden.
Sie gab die Stellung auf.
Der Vater sprach voll Groll:

Man weiß nicht, was man
Einem Mädchen lernen lassen soll.

Und zornig denkt der Vater:
Nun muß sie zum Theater.
Er sähe es ganz gern,
Könnt sie 'ne Sängerin werd'n.
Es ist ihm auch gelungen,
Hat sie hineingebrungen
Nach kurzem Studium
Stand sie am Podium.
Margarete tat nun Sängerin werden,
Doch in dem Beruf gab's wieder viel Beschwerden.
Sie gab das Singen auf.
Der Vater sprach voll Groll:
Man weiß nicht, was man
Einem Mädchen lernen lassen soll.

Der Vater wurd' nun böser
Und ging schnell zum Mathöser;
Studiert herum voll Groll,
Was sie nun werden soll.
Es ist ihm auch gelungen,
Hat sie hineingebrungen.
Und im Mathäser drin
Ist sie nun Kellnerin.
Margarete tat nun Kellnerin werden,
Doch in dem Beruf gab's wieder viel Beschwerden.
Sie gab die Stellung auf.
Der Vater sprach voll Groll:
Man weiß nicht, was man
Einem Mädchen lernen lassen soll.

Der Vater tat nun fluchen,
Für sie was anders suchen
Und lief in schnellem Trab

In's Münchner Tageblatt.
Es ist ihm auch gelungen,
Hat sie hineingebrungen.
Und schon in ein'gen Tagen
Tat sie Zeitung austragen.
Margarete tat Zeitungsträgerin werden,
Doch in dem Beruf gab's wieder viel Beschwerden.
Sie gab es wieder auf.
Der Vater sprach voll Groll:
Man weiß nicht, was man
Einem Mädchen lernen lassen soll.

Der Vater wird nun windi,
Kauft einen Karr'n geschwindi
Und fahrt in schnellem Lauf
Zur Obstmarkthalle 'nauf.
Kauft droben Obst zusammen
Birn, Äpfel und Bananen
Und den Hausiererschein
Besorgt er obendrein.
Margarete tat Obsthausiererin werden,
Doch in dem Beruf gab's wiederum Beschwerden.
Sie gab es wieder auf.
Der Vater sprach voll Groll:
Man weiß nicht, was man
Einem Mädchen lernen lassen soll.

Jahrze[h]nte sind verflossen.
Der Vater war verdrossen,
Sagt dann zum Töchterlein:
Nun fällt mir nichts mehr ein.
Er spricht zu ihr im Bösen.
Bist alles nun gewösen;
Und nirgend hältst du stand,
Das ist ne große Schand.
Margarete ist nun sehr gealtert;

Margaretes G'sicht ist nun schon gefaltert.
Margarete schaut zum Himmel auf,
Vertraut auf Gott, und gibt die
Hoffnung immer noch nicht auf.

Des Vaters Zorn, ich sag es,
Verlor sich eines Tages.
Das Glück war plötzlich da
Bei Tochter und Papa.
Der Vater ist entzücket;
Die Tochter ist beglücket.
Der Vater sagt: Ei ei,
Die Sorgen sind vorbei.
Margarete, ich sag es unumwunden,
Hat doch noch eine Existenz gefunden.
Seh'n sie sich das Bild genau mal an,
Nun ist die Margarete
Bei der *Münchner Straßenbahn*.

Das Münchner Kindl als Diogenes

Melodie: Ein Männlein steht im Walde...

Ich bin das Münchner Kindl bekannt in Nah und Fern,
ich komme heut daher mit meiner Stall-Latern.
Wenn ich was nicht finden kann, zünd ich mei Laterne an
und suche alles ab, bis ich's gfunden hab. So zum Beispiel:
Die bessren Zeiten, die man uns seit Wochen
vom Kommunialverband lang uns verspricht,
ich habs gesucht mit meiner Laterne, aber gefunden hab ich sie
nicht.

Man sagt doch stets in München sei es wunderschön,
da kann man lauter liebe, lustge Menschen sehn,
sogar die Beamten sind brav und freundlich wie ein Kind,
und willst Du einen sehn, brauchst nur auf d' Post zu gehn.
Einen freundlichen Herrn am Postschalter zu finden,
auf diese Arbeit war ich verpicht,
ich hab ihn gesucht mit meiner Laterne, aber gefunden hab ich ihn nicht.

Ich war mal Zeuge bei 'ner grossen Rauferei,
die dauerte von Abends elf bis Morgens zwei.
Alles rannte weit umher, wo denn da ein Schutzmann wär'
ich nahm der Geschicht mich an, fing auch zu [s]uchen an.
Bis früh um sechs Uhr bin ich rumgelaufen
dann gab ich es auf, denn zu dumm war die Gschicht,
i hab einen gsucht mit meiner Laterne, aber gefunden hab ich ihn nicht.

Das Publikum ist nicht mehr so als wie es wahr
das nimmt man hier am Abend am besten wahr.
War ein Vortrag sonst zu End, klatschte alles in die Händ'
das war ein Mordsapplaus im ausverkauften Haus.
Zum Beispiel ich möcht Applaus gar zu gerne,
eigentlich ist es des Publikums Pflicht,
Ich such ihn heut Abend mit meiner Laterne, aber finden – werd ich ihn nicht.

Aus der Kriegszeit 1916

Jn England ist das Brot so schwarz wie reiner Strassenteer
das Brot ist schlecht und Semmeln gibt es lange Zeit nicht mehr
Jn England gibt es auch noch Bier doch wird es dünn gebraut
in England braucht man Marken gar zu schlechtem Sauerkraut.

Jn Frankreich gibts kein Leder mehr nur mehr fürs Militär
die Kinder steigen in Paris in Holzsandaln daher
Willst du dir an Bezugschein holn zu ein paar neue Schuh
dann kriegst ihn erst nach hartem Kampf und Grobheiten dazu.

Jn Russland ist es schon ganz miess das Volk ist rabiat
es gibt nicht Tee nicht Schokolad s' gibt nur mehr Marmelad
Drum ham sie Dank der Wissenschaft ein Kriegsmus jetzt entdeckt
das soll sehr gut und nahrhaft sein a Paar sind dran – gestorben.

Jn Japan bei dem gelben Feind da gibt es gar nichts mehr
weil alles doch beschlagnahmt wird jetzt von dem Militär
sogar die Kirchenglocken schmelzt man drüben in Japan
und als Ersatz da läutet man einstweiln mit dem TamTam.

Und ganz Jtalien ist am Hund behaupte ich ganz kühn
da ham sie keinen Zucker mehr s' gibt nur mehr Sacharin
auch ist die Seife aufgebraucht die Seife die ist weg
weil man sich nicht mehr waschen kann, ist man da drübn voll –
  Schmutz.

Jn England haben sie auch noch an Kommunialverband
der bringt die ganzen Englischmänn noch ausser Rand und Band
und treibt er es auch noch so bunt die Sorte ist schon faul
die Engländer sind still dabei und halten ruhig 's Maul.

Kurz alle unsre Feinde sind auf Alles schon gefasst
sie magern alle sichtlich ab der Krieg wird schon zur Last.
Sie zeigens nur noch immer nicht und pochen auf den Sieg
und schicken alte Männer und schon Kinder in den Krieg.

Ja – Ja – Ja –

So ist es dort bei unserm Feind
dem gehts am Kragen wie mir scheint

das hat man vorher schon geahnt
jedoch bei uns wie man so spricht
da existiert so etwas nicht
das ist uns völlig unbekannt.

Der Schleichhändler

Melodie: Ich bin ein Preusse, kennt ihr meine Farben..

1. Ich bin ein G'schäftsmann – aber – pst – verschwiegen
Hab keinen Laden – und auch kein Büro
Ich habe nur, zwei Koffern und nen Rucksack
Ich kaufe ein – detail und auch en gros (engro)
Der Handel, s'ist erklärlich
Erträglich, doch gefährlich
Weil doch das Auge des Gesetzes wacht
Des morgens, mittags und auch bei der Nacht.

2. Von Profession aus bin ich Teer – Eingiesser
Bei dera Arbat gang's da net vui g'nau
Da hoasse Teer raucht ruassi aus dem Ofen
Oft sah ich aus, als wia der Kohlenklau.
Das wurde mir zu ekelhaft
Drum habe ich mich aufgerafft
Und heute zähl ich mich zum Mittelstand
Und bin jetzt Lebensmittel – Lieferant.

3. Alle drei Tage geh ich auf die Reise
Naus, zu de Bauern und dort kauf ich ein
Speziell Geflügel, Butter, Schmalz und Eier
Bring ich auf Umweg in die Stadt hinein.

Abnehmer – stets gefunden
Ich hab, ja meine Kunden
Und find' ich keinen drinnen in der Stadt
Dann nimmt's der Schutzmann mir am Bahnhof ab.

4. So bin ich auf an grünen Zweig gekommen
»So ein Geschäft« das will verstanden sein
Es ist ein ausserordentlich's Gewerbe
Und deshalb kriegt ma kein Gewerbeschein.
Der Krieg ist nun zu Ende,
Wir reiben uns die Hände
Dös hoasst, mir kenna uns die Händ' net reib'n,
Weil ma an die Edelsteine hänga bleib'n.

5. Und bald such ich, mir eine Ehehälfte,
Und schleunigst führ ich sie dann zum Altar
Als Münchner Grosskaufmann mit Frau Gemahlin
hast g'hört, verstehst, dös werd' ja wunderbar.
Von Gelde tun wir strotzen
Drum kenna mir uns protzen
Und bald bin ich ein reicher Privatier
Und hab a Villa am Starnbergersee.

Ein moderner Schreinerlehrling 1915
von Karl Valentin

Melodie: Stiefelputzer.

1.
Seitdem der Krieg ausbrocha is, dös is scho wirklich grass
is d' Lehrzeit für an jeden Buam, aufrichtig gsagt, a Gspass
vorm Krieg da war a Lehrbua jederzeit nur blos a Depp
Ob er jetzt Michl g'hoassn hat, Alisi oder Sepp.

Das Leiden das ist jetzt verschwunden – verschwunden
Ja früher da hams d' Lehrbuam g'schunden – ja g'schunden
Au! tetere – Au! tetere – Au tetere – Au! tetere *(packt sich bei den Ohren)*
Ohrwaschelrennerts glatt – fand täglich statt. *(Zwischenspiel)*
Als echter Münchner Schreinerlehrbub und noch dazu organisiert
kann jedem Moaster ich versichern, dass sowas nicht mehr existiert.
An Arbeitskräften ist jetzt Mangel, das hört man allgemein jetzt sag'n
drum lassen »wir« uns von dö Moaster behutsam auf den Händen trag'n.

2.

Als Lehrbub da verdiene ich die Woche dreissig »M«
Wennst da a Mordsfamilie hättst, da kannst fei net guat leb'n.
de teuern Zigaretten reissen oan so Fetzen weg
und d' Waschfrau alle Samstäg nimmt dir ab an Haufa Speck.
Doch Sonntags kenn ich keinen Jammer – ja Jammer
Da führ ich dann aus meine Klammer – ja Klammer
M tatara – M tatara – M tatara – M tatara!
An dieser holden Maid hab i mei Freud!
Da gehen wir in das Theater – nur erste Reihe im Parkett
Ich mit'm Smoking und de Lackschläuch, »sie« ganz in Seide mit Lorgnett
so ham die Zeiten sich geändert – das ist die höchste Ironie
im Krieg da sitz ma im Parkett drunt – im Frieden auf der Galerie.

3.

Wia war's denn früher in der Lehr – hast g'arbat ganz umsunst
und für des dast na g'arbat hast – da hams die g'schlagn und g'huntzt
a Schusterlehrbub musste da anstatt die Stiefel sohl'n
zum Wirt und dann zum Kramer gehn und Bier und Schmeizler hol'n.
Und dann erst z' Mittag dann des Fressen – ja Fressen
das war samt'n Hunger net z' essen – net z' essen

Ä tatara – Ä tatara – Ä tatara – Ä tatara!
Dö bürgerliche Küch – hätt ich am Strich.
Doch heutzutag als echter Lehrbub – zum Beispiel ich für mei Person
ich geh z' Mittag zum Bauerngirgl, das g'hört wia g'sagt zum guten Ton
dort speis ich immer »à la Carte«, die Serviette unterm Kinn
und mei Herr Chef mit seiner Chefin – speist in der Speisehalle drin.

Andreas Papp
von Karl Valentin

Andreas Papp, wie Sie am Bild hier sehen
War drauss' im Krieg von Anfang bis zum End',
Dem schönen Heldentod ist er entwichen,
Ein Glück, das wohl nicht jeder Krieger kennt.

Doch in der Heimat war es noch viel schlimmer:
Im Vaterland herrscht Hunger und herrscht Not.
Andreas Papp sprach: Dieses zu ertragen –
Da geh' ich lieber selber in den Tod.

Und schnell entschlossen ging er zu an Seiler
Und kaufte sich an meterlangen Strick;
Mit Kriegsspagat kann man sich nicht umbringen,
Der Strick, der reisst, man hat damit kein Glück.

Da dachte sich Herr Papp in der Verzweiflung:
Lässt dich von einem Schnellzug überfahrn –
Doch auf der Strecke tat kein Zug verkehren,
Wegen Kohlenmangel tat man Kohlen spar'n.

Die Starkstromleitung, die ist sicher tödlich,
»Lebensgefahr!« steht deutlich am Plakat,
Doch Tags zuvor hab'n Diebe dort gehauset
Und hab'n g'stohl'n den Kupferleitungsdraht.

Mit Kochgas, wie Sie hier am Bilde sehen,
Geht es auch schnell, das hat man oft gehört,
5 Stunden roch er dran, doch war es vergebens,
Er hat kein Glück, das Gas war abgesperrt.

Von einem Löwen sich zerreissen lassen,
Dacht' sich Herr Papp, dann wär es sicher gar,
S'war wieder nichts, weil drob'n in dem Tiergarten
Der Königslöwe schon verhungert war.

Andreas Papp, der ging nun schnell entschlossen
Zu einem Büchs'nmacher dann hinein,
Doch durft' ihm dieser kein' Revolver geben,
Denn er, er hatte keinen Waffenschein.

Nun war Herr Papp's Geduld damit zu Ende,
Nun nahm er Gift, das Gift das hat gewirkt,
Denn Gift, das kann der Magen nicht vertragen,
Das ist ein Mittel, wo man sicher stirbt.

Doch frägt man sich, woher solch Gift denn nehmen,
Womit Herr Papp, so sicher fand den Tod:
Das Gift bekommt man überall in Deutschland,
Das starke Gift heisst: »*Lebensmittelnot!*«
                                     (Pfüa Gott!)

Verschiedene Träume

Melodie: Weisst du Muatterl

1.

A alter siacher Hofbräuhäusler der liegt schwer krank dahoam im Bett
Das Dünnbier und batzat Hausbrot das reisst'n zamm wia a Skelett
Der Kriegstabak der hat eahm d'Nasn und 's ganze Mai total verzogn
Der Schnupftabak aus g'färbter Sagleim – is eahm im Hirn drobn ranzert worn.
Weisst du Alte, was mir tramt hat, sagt er zu ihr in aller Fruah
Mir hat heit tramt, ich war a König und du warst d' Königin dazua
Doch froh bin i, dass' nur a Traum war – denn in der Residenz o Gott
War grad a so als wia heraussn – – – a grosse Lebensmittelnot!

2.

Beim Kassaschrank da sitzt ein Pärchen und zählt gerad das Wuchergeld
[E]r meint, wir sind seit ein paar Jährchen durch diesen Krieg sehr gut gestellt
Auf einmal wurd's dem Männchen eigen und blasser wurd sein Angesicht
Sie sagt, was ist dir liebes Männchen? Und traurig er dann zu ihr spricht:
Weisst du, was mir heut geträumt hat? Ich sah, der Krieg geht bald zu End'
Und was wir nun am Lager hatten, das fiel im Preis in dem Moment
Als ich am Morgen dann erwachte und nahm die Zeitung in die Hand
Und las da »Fortsetzung der Kämpfe«, da dachte ich mir »Gott sei Dank«.

3.

Mei kloaner Hanserl ist recht hoakli, das Hundertste das schmeckt eahm z' fad
Denn er verschmäht an Künstlerhonig und unser süsse Marmelad'
Er möcht halt lauter guate Sachen, vom Essen tramt eahm Tag und Nacht
Doch wia ihn in der Früh heut aufweck, hat er a fade Letschen g'macht.
Woasst du Muatter was mir tramt hat? I hab in d' Volksküch eineg'sehn
Und auf der Mordstrumm Ofaplattn da taten viele Hafa stehn
Die Auswahl die is ja grossartig – was werds denn da heut alles gebn?
Derweil ist fast in jedem Hafa – a schwarzer Mehlpapp drinna g'wen.

Ich hatt' einen Kameraden
Parodie

Ich hatt einen Kameraden,
heißt ein ganz bekanntes Lied,
ich will es jetzt probieren,
dieses Lied zu parodieren,
was außerm Kamerad
ich sonst noch alles hab.

Ich hatt auch eine Mutter,
die war älter als wie ich,
ihr Beruf war zwar recht kläglich,
denn sie mußte fast tagtäglich
im Theater, o wie nett,
bedienen das Klosett.

Ich hatt auch einen Bruder,
dieser war ein Theolog,
und er konnte es nicht sehen,
tat ich mit an Mäderl gehen,
sofort verbot ers mir,
und dann ging er mit ihr.

Ich hab auch einen Verwandten,
s' ist zwar nur ein Bauersmann,
trägt er auch nur Lederhosen,
trotzdem könnt ich ihn liebkosen,
um einen Kübel Schmalz
fall ich ihm um den Hals.

Ich hatt auch ein Paar Schuhe,
mit Bezugschein warns gekauft,
und die Sohlen, das sah ein jeder,
warn aus echtem guten Leder,
blos in einer, o wie schlimm,
war auch schon der Holzwurm drin.

Ich hatt auch eine Pfeife,
und an Rauchtabak dazu,
doch leider muß ich's sagen,
ich konnt es nicht vertragen,
mei Mag'n kennt da koan G'spaß,
es war ja *nur* »Seegras«.

Ich hatte auch ein Fahrrad,
ohne Gummi fuhr ich drauf,
mit Patent=Stahl=Spiral=Fädern,
tat ich sozusagen mich rädern,
seit der Zeit, es ist zu dumm,
hab ich »Gehirn=Erschütterung«.

[Hier in diesem Album stehen...]

Hier in diesem Album stehen
Viele Worte gut gemeint
Von der Freundin, von dem Freunde
Von Bekannten schön gereimt.
Jedes wünscht Dir nur das Beste
»Glück« auf Deinem Lebensweg
Auch die Mutter baut voll Hoffnung
Daß es Dir stehts gut ergeht.
– Und Dein Pappa wünscht dasselbe
seinem *lieben* Töchterlein
Noch dazu, daß grad wie er selbst,
Immer »Sie« soll lustig sein.
      Dein
  schöner Pappa.

München 28. Februar. 1919.

Das futuristische Couplet

Ein Gegenstück zu der modernen Malerei.
Original-Couplet von Karl Valentin.

In Nürnberg kam das Ganze,
Es sind ja mal er recht,
Doch als es mir ganz falsch war,
Ist es ohnedies zu schlecht.
Mit wessen ich grad dachte,
Von ohne sie berührt,

So sind sie denn von vorne rein
Ganz ohne dizipliert.

Wer allzulange sind ist,
Ob arm, geht sich bei dem,
Das einmal es oft lieber sein,
Drum wird ja ohnedem,
Mitsammen, ja denn so kann,
Bei Deinen nicht schon sein,
Sobald man kann es bleiben soll,
Zusammen fein zu sein.

Wenn einmal in der Nase,
Hast manchmal Du in Ruh,
Die Plattform in der Tasche hast,
Und treibst in allem zu,
So wittert aus den Mitteln,
In Spanien aus und ab,
Der Blumen Augenbrauen senkt,
Mit Asien und in Trapp.

Münchnerkindl – Prolog
*1921 vorgetragen im Mathäserbräu-Saal
bei dem grossen Fest »Alt-München«.*

Grüss Gott, Ihr Leut' von der Münchnerstadt
Ihr Junga und a Ihr Alten,
Mir ham heut a schwunghafte Blechmusik da
damit wir Euch guat unterhalten.
Dö Tanz dö moderna, dö lassen wir weg
wir san heut in koan Cabaret

koan Shimmy, koan Foxtrott, koan schmerzhaft'n G'sang
mir ham a koan Conferencier.
Mir ziagn dö alte Musi von damals daher
aus früherer goldener Zeit
und wenns alle mitsingts a so wia i moan
kommt Stimmung nei unter enk Leut.
Aber teats ma heut alle den oanzigen G'falln
Reds koa Wörtl heut von – Politik
heut san ma koa Partei – nur lustige Leut
alls andere hätt ich heut dick.
Alt oder Jung, ob Bayer ob Preuss
das ist uns heut vollständig wurst.
Unser Musik spielt jeden fürs Herz und Gemüt
und 's Bier dös löscht Euch an Durst.
Nehmts an Masskrug in d' Hand voll Mathäserbräubier
wir eröffnen somit das Programm!
Seids grüabe und zünfte, seids g'schmiese und zerm
und stimmts jetzt alle mit an:
/: »Ein Prosit, ein Prosit der Gemütlichkeit!!!!!!«:/

Oans – zwoa – drei – g'suffa
hie[r]auf: [»]So lang der alte Peter«

Parodie auf den Lindenbaum

von Karl Valentin 1921

1.

Ein Vöglein sitzt am Lindenbaum
horch horch – schau schau – ei ei
und schmettert leise voll Gefühl
die süsse Melodei
und ich sitze hier und lausche zu
dem Vöglein auf dem Baum

es sitzt da oben auf dem Ast
so hoch man sieht es kaum..........
(Zwischenmusik mit Nachtigallenpfeife)
(Melodie: Alle Vöglein sind schon da)

2.

Vor einem Jahr da sass ich hier
mit meinem lieben Schatz
auch unter diesem Lindenbaum
genau auf diesem Platz.
Da sang ein Vöglein grad wie heut
hoch oben in der Luft.
Doch er, er ist mir durchgebrannt
er war ein grosser Schuft.........
(Zwischenmusik mit Nachtigallenpfeife
Melodie: Alle Vöglein sind schon da)

3.

Vergessen habe ich ihn nie
trotz heissem Liebesschmerz
fest eingeschlossen sehn sie ihn
ich trag ihn stets am Herz.
(Bild des Geliebten wird auf Bluse projektiert)
Doch was man halt nicht ändern kann
s' ist so der Liebe Brauch
liebt er dich nicht – dann ist's mir wurscht
dann pfeift ihm der Vogel drauf.......
(Bei dieser letzten Zeile öffnet sich bei dem Vogel ein Ventil
und es ergiesst sich ein Brei aus Eidotter auf die Bluse, die
weisse des Mädchens, respektiv in das Gesicht des projektier-
ten Geliebten.)

»Herr Harry – ans Telephon!«
Text von Karl Valentin u. Liesl Karlstadt.
Musik von Georg Huber

1. Harry ist ein Mädchenschwärmer – man kennt ihn überall,
in der Bar und im Kaffeehaus – in jedem Tanzlokal.
Sieht er wo ein Mäd-chen sitzen – hat er sie schon,
aber seine Frau verfolgt ihn – per Telephon...
   Refrain:
Brr Brr Brr – Ist ein Herr Harry hier –
   der soll ans Telephon,
   die Frau Gemahlin ruft
   zum fünften Male schon.
   Sag, geht das dich an, spricht zu ihm das Mägdelein
   oh nein, sagt er – das muß ein andrer Harry sein.

2. Fünf Uhr Tee ist im Kasino – an dem bekannten Ort,
und um fünf Uhr ist der Harry – mit seinem Liebchen dort
und um fünf beginnt – die Jazzband – wie überall
und um fünf Uhr ruft der Ober – laut in den Saal...
   Refrain:
Brr Brr Brr – Ist ein Herr Harry hier –
   der soll ans Telephon,
   die Frau Gemahlin ruft
   zum fünften Male schon.
   Sag, geht das dich an, spricht zu ihm das Mägdelein
   oh nein, sagt er – das muß ein andrer Harry sein.

3. Wiederum sucht sich der Harry – ein neues Mägdelein,
geht mit dieser Ahnungslosen – ins Kabarett hinein.
Dort passiert ihm dann – dasselbe – oh weh, o weh,
denn da spricht jetzt von der Bühne – der Conferenzier...
   Refrain:
Brr Brr Brr – Ist ein Herr Harry hier –
   der soll ans Telephon

die Frau Gemahlin ruft
zum fünften Male schon.
Sag, geht das dich an, spricht zu ihm das Mägdelein
oh nein, sagt er – das muß ein andrer Harry sein.

Coue

Text von Karl Valentin und Liesl Karlstadt, München

1. Ich kenn einen Mann – der ist immer traurig,
   er sieht alles schwarz – und das ist sehr schaurig.
   Er ist Pessimist – Hypochonder en gros,
   bald stichts ihn am Herz – und bald hint' am Woh-Woh.
   Bei jeglichem Weltschmerz und Weh
   bewährt sich Methode »Coue«...
   Refrain:
   Mach dir frohe gesunde Gedanken,
   dann wirst künftig – du nicht mehr – erkranken,
   wirst gesund bald – an Körper und Geist
   was dir Coue – in Nancy – beweist.
   Bist du dick – oder krank – und gebrechlich,
   bist du dürr – oder sonstwo sehr schwächlich,
   glaub an Coue – den Prophet,
   du wirst sehn – daß es dir – in jeder Hinsicht
   von Tag zu Tag – immer besser geht.

2. Ich kenn eine Frau – die ist immer traurig,
   ihr Mann liebt sie nicht – und das ist sehr schaurig.
   Einst hat er ihr Kinder versprochen en gros,
   Klapperstorch kam nicht – hm – da fehlts irgendwo.
   Bei jeglichem Weltschmerz und Weh,
   bewährt sich Methode »Coue«...
   Refrain:

3. Und ich kenn ein Weib – o wie ist das traurig,
ist drei Zentner schwer – da wird einem schaurig.
Sie kauft sich im Dampfbad Billeten en gros,
und läßt sich massieren – am Bauch und Woh-Woh.
Bei jeglichem Weltschmerz und Weh
bewährt sich Methode »Coue«...
Refrain:

Aff – Aff – Afra

Text von Karl Valentin. Musik von Georg Huber

1. Komm eß und trink – und trink und eß,
was ist noch dein Begehr:
du bist nicht satt – ich seh dirs an,
ruf schnell den Kellner her.
Für dich da geb ich, auf mein Wort,
den letzten Pfennig hin;
du hast ja keine Ahnung,
wie vernarrt ich in dich bin.
Refrain: Aff – Aff – Afra
du zuckersüße Maus.
Aff – Aff – Afra
ich führ dich heut nach Haus.
Aff – Aff – Afra
ich bin in dich verliebt,
weil es in unsrer ganzen Stadt
kein schönres Mädchen gibt.

2. Seit ich dich kenn – bin ich wie blöd,
ich sehe nichts als dich.
Und tanzt ein andrer Mann mit dir,
das quält mich fürchterlich.

Dein Bubikopf – dein schlanker Leib,
dein raffiniertes Gschau,
nur so wie du geschaffen,
so verlang ich eine Frau...
Refrain: Aff – Aff – Afra
    du zuckersüße Maus.
    Aff – Aff – Afra
    ich führ dich heut nach Haus.
    Aff – Aff – Afra
    ich bin in dich verliebt,
    weil es in unsrer ganzen Stadt
    kein schönres Mädchen gibt.

3. Und daß du alle Tänze kannst,
das find ich einfach bon.
Als wie ein echter Kannibal
tanzt du den Charleston.
Dein Leib dreht sich – dein Auge rollt,
ein Mädel eigner Raß,
ist so ein Weib beschaffen,
dann macht sie dem Manne Spaß...
Refrain: Aff – Aff – Afra
    du zuckersüße Maus.
    Aff – Aff – Afra
    ich führ dich heut nach Haus.
    Aff – Aff – Afra
    ich bin in dich verliebt,
    weil es in unsrer ganzen Stadt
    kein schönres Mädchen gibt.

Fräulein Kunigund

von Karl Valentin

Seh'n sie dort das schlanke Mädchen sitzen
in der Ecke mit den gelb und weissen Spitzen
mit den Siegfriedhaaren und der weissen Hand
elegant – elegant ....

Das ist das Fräulein Kunigund
die war wie eine Kugel rund
seh'n sie das Mädchen an
nun ist fast nichts mehr dran
sie trieb aus starker Koketterie
zu heftig die Punktrollerie
das Fett schwand augenblicklich
nun ist sie dürr und glücklich.

2
Seh'n sie dort das schlanke Mädchen baden
keinen Busen – keine Dingsda – keine Waden
Wie ein Aal so glatt, so schlängelt sie dahin
spindeldünn – spindeldünn ....

3
Seh'n sie dort das Mädchen mensendieken
treibt Gymnastik, schwingt die Beine bis zum Rücken
zählt Kalorien dann wird sie auch nicht krank
und bleibt schlank – und bleibt schlank ....

Hänschen als Sportsmann
Von Karl Valentin.

Hänschen wollte Sport betreib'n, denn er war sehr schwächlich,
Und der Sport der ist gesund, das ist doch tatsächlich.

Er probierte jeden Sport, den es gibt auf Erden,
Um somit wie er es möcht, ganz gesund zu werden.

Hänschen wollte radeln lernen, fuhr kaum zwei drei Wochen,
Kam zu Fall und hat im Nu – sich ein Bein gebrochen.

Hänschen wollte fischen gehen, Kenntnisse ihm mangeln,
Und er tat sich o Malheur – in die Lippen angeln.

Hänschen tat nun Bergsport treiben, und er sprach »Gott walte«,
Patsch er fiel – o welch ein Schreck – in 'ne Gletscherspalte.

Hänschen ging nun auf die Jagd, stolz mit seiner Flinten,
Sieh, da traf ein Fehlschuß ihn – noch dazu von hinten.

Hänschen ließ sich nicht abschrecken, wollen Sie es wissen,
Denn beim Tennis wurd ein Ball ihm ins Aug' geschmissen.

Hänschen wollt' Motorrad fahren, brach am Rad die Gabel,
Hänschen fiel auf seinen Bauch – tat sich weh am Nabel.

Hänschen trieb nun Jiu Jitsu, Gott soll Glück ihm schenken,
Dabei tat man ihm beinah – jedes Glied ausrenken.

Hänschen tat nun reiten lernen, doch ein Gaul hat Tücken,
Er fiel runter und verletzte – sich am hintern Rücken.

Hänschen kaufte sich nun Ski, 's ist die große Mode,
Wär im Schnee gar bald erstickt – nah dem weißen Tode.

Hänschen tat nun Faltboot fahren, fuhr an eine Klippe,
Kippte um und wurde naß – und bekam die Grippe.

Hänschen wollte rodeln lernen, da – bei einer Kurve
Schürfte er die Haut sich ab – bei dem starken Wurfe.

Hänschen ging am heißen Tag, mit der Laute wandern,
Da bekam den Sonnenstich – er – und auch die andern.

Hänschen ging zum Schlittschuhlaufen, fuhr in großen Bogen,
Stürzte und hat sich sofort – Prellung zugezogen.

Hänschen wollte Boxen lernen, soll ichs Ihnen sagen,
Bei der ersten Runde wurd' – ihm 's Gebiß zerschlagen.

Hänschen tat nun Schwimmsport treiben, schwamm zu weit hinaus,
Kriegte einen Muskelkrampf – man zog ihn grad noch raus.

Hänschen tat nun Fußball spielen, auf dem grünen Grase,
Außer einem Schienbeinbruch – war kaput die Nase.

Hänschen wollt das Fliegen lernen, wollt dem Flugsport trotzen,
Bei dem ersten Fluge – tat er halbtot sich kotzen.

Hänschen tat nun täglich tanzen, Shimmy, Jazz und Blueß,
Saxophon und Negertrommel – Irrsinn war der Schluß.

Hänschen ist nun Hans geworden, und er sagt tatsächlich,
Durch den Sport – ich schwör's bei Gott – *wurd'* ich erst gebrechlich.

Und das Ende von dem Lied: Nehmt es euch zu Herzen,
Sport hat Licht- und Schattenseiten – Freuden und auch Schmerzen.

[Wenn du einst in deinem Leben...]

Wenn du einst in deinem Leben
fest auf einen Menschen baust,
schau ihm oft und tief ins Auge,
eh' du dich ihm anvertraust.
Schau ihm oft und tief ins Auge;
denn stets offen ist sein Blick:
Menschenworte können trügen,
doch das Auge trüget nicht.
      Dein Vater

Geht zu den Volkssängern!
1933
Von Karl Valentin.

Die Münchner aus der alten Zeit
war'n wirklich urfidele Leut'
a Stolz, a Neid is nirgends g'wen,
mit oan Wort: früher war's no schön.
Da ging zum Beispiel der Herr Gruaber
und sag'n ma, die Familie Huaber
mit zwoa, drei Kinder, oder mehr
am Sonntag zu de »Komiker«.
Da hab'n die Kinder »Juchhu« plärrt,
an Vater an sein Frack hint zerrt,
und weil ma net viel Auswahl g'habt
is ma zum »Papa Geis« hin trabt.
Dös war a G'schäft, dös war a Freud',
ganz schlichte und auch feine Leut'
hab'n alle mitanander g'lacht,
wenn Geis hat seine G'spassl g'macht.

Am andern Sonntag ging's zum »Kern«,
da war die Gaudi auch ganz zerm,
g'sunga und trunka is da word'n,
da hätt' ma schier oft 's G'hör verlor'n.
Beim »Welsch« drauss war's ja grad a so,
dös war wohl a a Mordshallo,
hat der das Lied vom »Schimmi« g'sunga,
da bist vor lacha schier dasprunga.
Der »alte Weil«, »Kern's Sängerhalle«,
ich kann sie hier nicht nennen alle,
kurzum, es war in früh'rer Zeit
recht guat g'sorgt für den Zeitvertreib.
Und viel Jahrzehnte, 's wird kaum g'langa,
is so dös Treiben weiterganga,
d' Stadt München is zwar grösser word'n,
doch den Humor hat's net verlor'n.
Gar viele Sänger sind entstanden,
zu Gruppen sie sich fest verbanden,
der Rechnung tragend für die Zeit,
hab'n sie erheitert stets die Leut'.
Da tauchte auf vor 30 Jahren
ein gross' Gespenst mit viel Gefahren,
und streckte seine knoch'ge Hand
ganz grausam über'n Sängerstand.
Da is die Zeit ganz anders word'n,
die G'müatlichkeit hat sich verlor'n,
»der Kino« hiess die Konkurrenz,
wollt' töten uns're Existenz.
Des Sonntags, wie Ihr alle wisst,
kein Platz im Kino z'kriegen ist,
desweg'n hat man schnell Rat geschafft
und glei an Haufen Kinos g'macht.
Doch kurze Zeit drauf, o Malheur,
da reichten auch bald *die* nicht mehr,
kaum war'n sie fertig, es war toll,
da war'n auch die schon g'rammelt voll.

Und heute es niemand mehr wundert,
hat München Kinos, ich glaub' hundert,
die Volkssänger hat man indessen
des Kinos wegen *fast* vergessen.
So was soll's doch bei uns net geb'n,
wir woll'n doch schliesslich auch noch leb'n,
drum Publikum, mach uns die Freud',
besuch auch uns in schwerer Zeit.
Gar mancher von dem Sängerstand
kämpft *auch* jetzt für das Vaterland,
nun Kinofreund, sei nicht beleidigt,
wenn sich der Volkssänger verteidigt.
Vermisst Du bei uns »blut'ge Dramen«,
wir bleiben halt in »unser'm Rahmen«
und bieten Dir für Aug' und Ohr
den *echten Münchner Volkshumor!*

Architekt Sachlich
Lichtbildervortrag von Karl Valentin. 1938

Herr Architekt »Sachlich« wer hätt es gedacht,
Der hat schon viel Handwerker brotlos gemacht,
Bildhauer und Drechsler, sogar Modelleur,
Die haben durch »ihn« keine Arbeit jetzt mehr.
Fassad'maurer, Schreiner und Gipsformatoren
Die haben durch ihn nun die Arbeit verloren
Das 3. Reich hat ihm den Garaus gemacht
Darüber hat Sachlich geweint, statt gelacht.

Herr Architekt »Sachlich«, der wollt es probieren
und wollt uns're Münchner Stadt modernisieren,
Es käm dabei wohl nichts Gescheites heraus,

Denn wie Sie hier *sehen*, schaut er selbst sachlich aus;
Ideen und Skizzen, die nennt er sein eigen,
Wir hab'ns ihm genommen und tuns Ihnen zeigen.
Sie sehen jetzt in Bildern mit eigenen Aug'n,
So tät es in Zukunft in München ausschaug'n.

Zuerst hätt Herr Sachlich uns'rem herrlichen Dom
gegeben so eine extreme Facon
Was alte Meister einst haben gemacht
Darüber hat Sachlich stets spöttisch gelacht.

Das kleine Münchner Kindl o Graus,
Das schaut für heute zu kitschig aus.
Man verwandelt den Kitsch zur ruhigen Facon
So, arm's Münchner Kindl, das hast du davon.

Dann wär er vielleicht zum Marienplatz gekommen
Und hätt' hier das Alte ganz mitgenommen,
Er hätte sogar, ich hätte gewettet
den Fischbrunnen und die Mariensäul' geglättet.

Der Wittelsbacher Brunnen, der schönste von allen
der hat Herrn Sachlich noch nie gefallen;
nach seinem Geschmack, er hätt sich nicht g'schamt,
hätt er einen so schönen Brunnen geplant.

Das Sendlingertor so verträumt und so schön,
Das tät bei Herrn Sachlich auch nicht mehr lang steh'n,
er würd es vernichten das alte Gebäude
und an seinem »Neuen« – hätten wir keine Freude.

Herr Sachlich, der hätt es auch nicht versäumt
der hätt auch die Bavaria weggeräumt
und alle Vernunft ist da umsunst
o Herr, mach uns frei von dieser Kunst.

Der Herr Peter Trem und der Architekt Lehm
die finden den Sendlingertorplatz nicht schön,
Kastanien, Blumen, Fontäne soll'n weg
Ein Denkmal von Lehm erfüllt seinen Zweck.

Der Friedensengel auf hoher Terasse
der ist eine Schönheit von erster Klasse.
Herr Sachlich findet die Sache fad
und plant eine Säule lang und grad.

Der schöne, alte chinesische Turm
Der sollt auch erhalten die sachliche Furm
Doch beim Anblick des neuen, gewiss ohne Zweifel,
hätt' jeder gerufen: Entsetzlich! – Pfui Teufel!

Herr Sachlich wollt es auch probieren
das Brunnenbuberl z' demolieren,
da hätt' er nicht lange nachgedacht
und dieses schöne Werk vollbracht.

Dann hätt er noch – o welch Verdross
geändert den Monopteros –
und hätt' vielleicht aus [L]inien g'rad
gesetzet hier dies Steinquadrat.

Das schöne historische Isartor
das kommt Herrn Sachlich nicht praktisch vor,
Herr Sachlich schwärmt nicht für den alten Kitt
er meint ganz energisch – weg damit.

Der Markt inmitten un'rer Stadt
ein ganz idyllisch Aussehn hat.
Man hätt gemacht in jedem Falle
aus »ihm« 'ne einzig grosse Halle.

Sogar unser Münchner Oktoberfest
hätt' man nicht verschont von dieser Pest.
Milchstuben, Eisdielen, Bananen, Kaffee –
o altes Oktoberfest – München adje.

Wo einst ein Gebäude stand, herrlich und schön,
da sehn Sie heut steinerne Kisten dort steh'n
unförmig, geschmacklos, öde und tot
o schöne Stadt München – pfüat di Gott!

Den englischen Garten, das schöne Stück Land
Herr Architekt Sachlich nie herrlich fand.
Der Plan ist gemacht, Sie ersehen daraus,
in Zukunft schaut er ganz anders aus.

Der Starnbergersee, das ist eine Pracht
den hat unser Herrgott so reizend gemacht.
Herrn Architekt Sachlich ist sowas verhasst
er ändert ihn um und zwar so wie's ihm passt.

Herr Sachlich verdient sich gewiss keinen Orden
er wär' jetzt beinah übersachlich geworden
denn er hätt in Zukunft, wer hätt das gedacht
die Käselöcher viereckig gemacht.

Es wär in Ost, Süd, West und Norden
die Wurst auch noch versachlicht worden,
a Blut- und Leberwurst, o Graus!
die sähe nicht mehr »wurschtig« aus.

Nun hört und staunet, liebe Leut'
es war auch schon die höchste Zeit,
zu retten unser'n Leberknedel
die Zukunftsform wär nicht so edel.

So hätte Herr Sachlich nun weiter gehaust
hätt' Bauten gebaut, wovor manchem graust –
In »Neu – Deutschland« ihm das nicht mehr gelingt
worüber Herrn Sachlich der Schädel zerspringt.

Lisl Karlstadt im Baugartenpalais

Mit Windeseile
geht durch Augsburgs Häuserzeile
der unglaubliche Bericht,
was mit dem kleinen Kapellmeister geschiecht,
mit dem vom »bekannten Vorstadt-Theater«
mit dem ausgestopften Bauch,
mit der Plattn wie a Atelierdach,
mit den spärlichen Haaren u. den lustigen Aug'n.
Was is denn mit dem? Da wirst horchn und schaugn:
»Verduft und verschwunden –« sagn dir die oan,
»eingesperrt« vielleicht – die andern moan.
»Übergschnappt« jene ganz sicher wissen,
drum hat man 'n halt einliefern müssen:
auf Nr. sicher, Zelle dreissigdrei,
dort hat der Kapellmeister Kost und Logis frei.
Wer is denn der Kapellmeister, den man eingeliefert hat?
Dös woast net, dös is ja unsre Lisl Karlstadt.
Zur neuen Villa, weils obdachlos ist,
sucht sie jetzt a Platzerl, dort wo der »Baugarten« ist.
Dort liegt's auf der Pritschn,
die fidele Gitschn,
dort muss sie nun husten, gurgeln und Speib'n
und schön brav im Betterl drin bleibn.
Im Apollo hats ihr den Hals verdreht – jo
drum hats jetzt richtig Angina – Halsweh.
Da liegts zwischen Bücher, Briefen und Rollen
zwischen Gurgelwasser, Salben und Butterstollen,
und kann sich vor lauter Sorgen noch nicht erholen.
Am liebsten möcht sie schon morgen wieder raus,
dös kranke Hascherl, die lustige Maus.
Sie möcht naus auf die Bühne, die Bretter der Welt,
dös ist ja net möglich, dass man's so schnell wieder herstellt.

Glühwürmchen-Idyll
(Von Paul Lincke).

I. Wenn die Nacht sich niedersenkt,
die Nacht sich niedersenkt,
auf Flur und Heide,
manches Liebespärchen lenkt,
manch' Liebespärchen lenkt
den Schritt zum Walde.
Doch man kann im Wald zu zwei'n,
man kann im Wald zu zwei'n
sich leicht verirren,
deshalb wie Laternchen klein,
ja wie Laternchen klein,
Glühwürmchen schwirren.
Und es weiset Steg und Busch
uns leuchtend ihr Gefunkel,
da taucht's auf, und dort, husch husch,
sobald der Abend dunkel:
Refrain:
Glühwürmchen, Glühwürmchen flimm're, flimm're,
Glühwürmchen, Glühwürmchen schimm're, schimm're,
Führe uns auf rechten Wegen,
Führe uns dem Glück entgegen!
Glühwürmchen, Glühwürmchen flimm're, flimm're,
Glühwürmchen, Glühwürmchen schimm're, schimm're,
Gib' uns schützend dein Geleit
Zur Liebesseligkeit!

Parodie von Karl Valentin auf »Glühwürmchen-Idyll« – 1939.

II. Wenn's in München Abend wird,
in München Abend wird,
die Sterne funkeln,
dann tut man, das muss so sein,
tut man, das muss so sein,
die Stadt verdunkeln.
Geht man von zu Hause fort,
dann von zu Hause fort,
Sie werd'n das kennen,
kannst dir in der Finsternis,
ja in der Finsternis
das Hirn einrennen.
Zündholz und Petroleum
sind hier nicht zu gebrauchen;
deshalb tat sich jeder ein
elektrisch Lämpchen kaufen.
    Refrain:
Glühlämpchen, Glühlämpchen flimm're, flimm're,
Glühlämpchen, Glühlämpchen schimm're, schimm're.
Führe mich auf rechten Wegen,
Führ' mich sicher, nicht daneben.
Glühlämpchen, Glühlämpchen flimm're, flimm're,
Glühlämpchen, Glühlämpchen schimm're, schimm're,
Flimm're und erlösche nie!
Dös is die letzt' Batt'rie.

Ja so war'ns die altn Rittersleut

Ein uralter Rittersong mit neuen Versen – v. Karl Valentin 1940

Der Vortragende ist mit Wamps und Ritterhelm kostümiert.
Maske: Dicke Nase und riesiger Schnauzbart.
Die drei letzten Zeilen von jeder Strofe werden eventl. vom Publikum mitgesungen.

1

Da herunt' an diesem Ort
Sicherlich – mein Ehrenwort
Da ha'bn edle Ritter g'haust
Denen hat's vor gar nix g'raust.
Refrain: Ja, so war'ns, ja so war'ns
Ja so war'ns die alten Rittersleut,
Ja so war'ns, ja so war'ns, die alten Rittersleut.

2

G'suffa hab'ns und dös net wia
Aus die Eimer Wein und Bier
Hab'ns dann als zamm g'suffa g'habt
Dann san's unterm Tisch drunt' g'flackt.
Refrain: *(wie beim ersten Vers!)*

3

Auch für Wein, Weib und Gesang
Schwärmte jeder Rittersmann
Schwärmt er für Gesang allein
Musst' er schon ein Siebz'ger sein.
Refrain: *(wie beim ersten Vers)*

4

So ein früherer Rittersmann
Hatte soviel Eisen an

Die meisten Ritter, i muass sag'n
Hat deshalb da Blitz daschlag'n.
Refrain: (wie oben)

5
Jeder Ritter allbekannt
Trug a ganz a blechers G'wand
Hat er sich a Loch nei'griss'n
Hat's der Spengler löten müss'n.
Refrain: (wie beim ersten Vers)

6
Ritt ein Ritter auf dem Ross
War das Risiko oft gross
Hat so a Ross an Hupferer do
Lag im Dreck der gute Mo.
Refrain: (wie beim ersten Vers)

7
Hat ein Ritter den Katharr
Damals war'n die Mittel rar
Er hat der Erkältung trotz
Er hat g'räuschpert, g'schnäuzt und g'rotzt.
Refrain: (wie beim ersten Vers)

8
So ein früh'res Ritterwei
War dem Manne niemals drei
Dem Ritter war das einerlei
Der war auch nur halbedrei.
Refrain: (wie beim ersten Vers)

9
D'Ritter, die war'n lustige Leut
In der guat'n alten Zeit

S'war ja no a schöner's Leb'n
S'hat no koa Finanzamt geb'n.
Refrain: *(wie beim ersten Vers)*

10

Meck'rer gab's in alter Zeit
Damals nicht soviel wie heut
Denn das Leb'n war damals schön
S'hat auch nix zum Meckern geb'n.
Refrain: *(wie beim ersten Vers)*

11

Friedlich war'n die Ritter nicht
Hielten es für heil'ge Pflicht
Schwertgeklirr war ihr Symbol
Nur im Kampf war ihnen wohl.
Refrain: *(wie oben)*

12

D' Ritter war'n auch sehr reinlich
Jeder Dreck war ihnen peinlich
Waren auf sich selbst bedacht
Selten hab'ns in d'Hos'n g'macht.
Refrain: *(wie beim ersten Vers)*

13

Bayern's Ritter waren kühn
Ritten einmal nach Berlin
Ritten bald drauf wieder heim
Was mag da gewesen sein.
Refrain: *(wie beim ersten Vers)*

14

Wenn die Ritter lange ritten
Hab'n sie sich oft aufgeritten
Ach der Wolf tat gar so weh,
Schrieen oft Herjemine.
Refrain: *(wie beim ersten Vers)*

15
Und der Ritter Habenichts
Der hat nämlich wirklich nichts
S'einz'ge, was der Ritter hott
Ist ein cronischer Bankrott.
Refrain: *(wie beim ersten Vers)*

16
Vom Färbergrab'n die Rittersleut
Leb'n nicht mehr, seit langer Zeit
Nur die Geister von densölben
Spuken Nachts in den Gewölben.
Refrain: *(wie beim ersten Vers)*

Ritterg'stanzeln
v. K. Valentin 1940

[M]elodie: Pfarrer Gstanzln

Rittersmänner lasst die Becher klingen
Heute wollen wir das Glück besingen
Heute woll'n wir alle lustig sein,
Hoch lebe unser Enkelein.

2
Und der Ritter drunt von Eulenbach
hat mit seiner Gattin öfters einen Krach
Sie ist ein Mistvieh ein ganz derfeist's
Mit dem Wei' hat der Mo sei Kreuz.

3
Und der Ritter von Oberdiessen
dem is neulich s' Papier zerissen

hat er sich mit die Finger einig'langt
da hat er sie g'schamt.

4

Und der Ritter von Hahnenspiess
der hat den Wolf zwischen die Füss
sitzt er mit'm Wolf auf dem Ross
san d'Schmerzen sehr gross.

5

Und der Ritter von Berg am Laim
der geht a Zeitlang nimma hoam
zu seiner Frau kommen öfters Herrn
und da will er net stör'n.

6

Und der Ritter von Gräfelfing
dem sei Frau is a gspassig's Ding
alle 4 Wochen macht's a grandig's G'sicht
ja da geht's halt a mal nicht.

7

Und der Ritter von Freising drunt
is a ganz gspassiger Hund
sieht er ein Mädchen gehn
bleibns alle zwoa stehn.

8

Und der Ritter von Oberleutstetten
tut sich mit a andern rumfretten
er sagt er is so gwohnt
dass er die Frau dabei schont.

Hinter jedem Vers singt der Chor:
𝄇 Holaradio – holaradio, s' Dearndl steht knieweit da 𝄆

Klapphornverse
Von Karl Valentin 1941.

1. VALENTIN: *(singt)* Zwei Soldaten stiegen auf einen Turm
   B: *(spricht)* Ja, was is dös!
   VAL: *(singt)* Sie hatten keine Unifurm
   B: *(spricht)* Ja freili!
   VAL: *(singt)* Auch keine Säbel beide hatten
   B: *(spricht)* Ja, und?
   VAL: *(singt)* Das war'n eigentlich keine Soldaten.
   B: *(spricht)* Auuu-wehhh!!!
   VAL: *(singt)* Mariechen sass auf einem Stein,
   Warum denn nicht auf zwei.

2. V: Zwei Katzen fingen eine Maus
   B: Ja, was is dös!
   V: Da kam sie ihnen wieder aus,
   B: Ja freili!
   V: Da dachten sich die beiden Katzen
   B: Ja, und?
   V: Das nächste Mal fang' ma an Ratzen!
   B: Auuu-wehhh!!!
   V: Mariechen sass auf einem Stein,
   Warum denn nicht auf zwei.

3. V: Zwei Knaben pflückten im Felde Blumen,
   B: Ja, was is dös,
   V: Da ist ein Aufseher gekummen,
   B: Ja freili!
   V: Der hat ihnen die Blumen genummen,
   B: Ja, und?
   V: Da sind ihnen Tränen runterg'runnen.
   B: Auuu-wehhh!!!
   V: Mariechen sass auf einem Stein,
   Warum denn nicht auf zwei.

4. V: Zwei Knaben stiegen auf einen Baum,
   B: Ja, was is dös!
   V: Sie wollten Aepfel runterhau'n,
   B: Ja freili!
   V: Am Gipfel dabei wurd's ihnen klar,
   B: Ja, und?
   V: Dass das a Fahnenstange war.
   B: Auuu-wehhh!!!
   V: Mariechen sass auf einem Stein,
   Warum denn nicht auf zwei.

5. V: Ein Kätzlein sagte zu dem andern,
   B: Ja, was is dös!
   V: Ich glaube schon an's Seelenwandern,
   B: Ja freili!
   V: Die andere sprach: du hast's erraten,
   B: Ja, und?
   V: Aus uns da macht man Hasenbraten.
   B: Auuu-wehhh!!!
   V: Mariechen sass auf einem Stein,
   Warum denn nicht auf zwei.

6. V: Zwei Spieler taten mitsamm' tarocken,
   B: Ja, was is dös!
   V: Dem einen tat er mächtig hocken,
   B: Ja freili!
   V: Der andre sagt: was soll das heissen?
   B: Ja, und?
   V: Ich glaube gar, du willst be......trügen.
   B: Auuu-wehhh!!!
   V: Mariechen sass auf einem Stein,
   Warum denn nicht auf zwei.

7. V: Zwei Knaben stiegen auf eine Leiter,
   B: Ja, was is dös!
   V: Der obere war etwas gescheiter,

    B: Ja freili!
    V: Der untere Knabe, der war dumm,
    B: Ja, und?
    V: Auf einmal fiel die Leiter um.
    B: Auuu-wehhh!!!
    V: Mariechen sass auf einem Stein,
       Warum denn nicht auf zwei.

8. V: Zwei Herren taten mitsammen raufen,
    B: Ja, was is dös!
    V: Sie mussten beide heftig schnaufen,
    B: Ja freili!
    V: Ich denk' mir halt, die soll'n nicht raufen,
    B: Ja, und?
    V: Dann müssen s' auch nicht so fest schnaufen.
    B: Auuu-wehhh!!!
    V: Mariechen sass auf einem Stein,
       Warum denn nicht auf zwei.

9. V: Zwei Knaben fingen ein Eidachsel,
    B: Ja, was is dös!
    V: Der wo es g'fangt hat, der hiess Maxel,
    B: Ja freili!
    V: Der andre packte es beim Schwanzel,
    B: Ja, und?
    V: Und dieser Knabe, der hiess........
    B: Franzel!
    V: Na, ... Gabriel hat der g'heissen!
    B: Auuu-wehhh!!!
    V: Mariechen sass auf einem Stein,
       Warum denn nicht auf zwei.

Allerlei Musikalisches
Von Karl Valentin, 1941

Gesprochen: Nicht jede Musik liebt das Ohr,
Wer das behauptet ist ein Thor.

Gesang: 1.
Sieben Jahr alt ist der Franzl
Er soll lernen Violin
Und der Vater kauft 'ne Geige
Fährt zum Musiklehrer ihn.
Nach 10 Stunden spielt der Franzl
Schon beinah das erste Lied
In der Nachbarschaft die Hunde
Heulen all' vor Rührung mit.
Alles neu, macht der Mai – – *(von Ferne Hundegehäul)*

2.
[G]esprochen: Wohltuender ist schon ein Jodler
Gesang: Auf den Bergen wohnt die Freiheit
Auch Musik kann man oft hör'n
Spielt die Sennerin auf der Klampf'n
Tut an Jodler dazu blärr'n.
Bin i a koa Imitator, will ich es einmal probiern
eine Sennerin auf den Bergen
Ganz natürlich zu kopier'n.
(Schallplatte mit echter Jodlerstimme)

3.
Nun als nächstes werd' ich bringen
Die Kopie vom Lochner Sepp
Der am Kirchweihtanz in Giging
Bläst sehr schneidig Klarinett'.
Wie ein aufgeblas'ner Rollmops
D' Klarinett' steckt er ins Mäu'

| | Im Dreiviertel Takt voll Rythmus
| | Bläst er dann die Melodei: *(Hr. Roth Klarinette –*
| | *Karlstadt Basstrompete, Valentin: Bombardon – Klarinetten Ländler?)*

4.

Gesprochen: Nun was Kleines, aber was Feines:
Gesang: Hier hab ich noch ganz was Kleines
's is a Mundharmonika
Weil man sie am Mund umherschiebt
Nennt man sie Fotzhobel a.
Drauss im Krieg bei den Soldaten
Klingt das kleine Ding sehr schön
Denn da wär ein Blüthner Flügel
Beim marschiern sehr unbequem *(Mundharmonika Schallplatten[)]*

5.

Wenn man so bei einem Volksfest
eine Schaubude betracht'
Habe ich schon manche Träne
über die Musik gelacht.
Drei Mann Musiker, die blasen
schneidig einen festen Marsch
Wenn man da a Zeitlang zuhört
Fällt man unbedingt am – – Bauch *(Alter Jägermarsch, schmierig geblasen mit Bombardon, Basstrompete u. Klarinette)*

Taucherlied

Von Karl Valentin 1941.

Melodie: Wer das Scheiden hat erf.

1.

Ein Beruf hat Schattenseiten,
Geld verdienen ist sehr schwer,
Deshalb muss der Taucher runter
In das tiefe, tiefe Meer.

2.

Ja, der Taucher, dieser arme,
Steiget in das Meer hinab,
Dass der Reiche sich kann schmücken,
Bricht er drunt Korallen ab.

3.

Wenn der Reiche liegt im Bette,
Schafft der Taucher unterm Meer,
Wo hätt' denn König und Kaiser
Seine Perlenkrone her?

4.

Wenn ein Schiff im Meer versinket,
Untergeht mit Mann und Maus,
Zieht der Taucher anderntages
Alle tot vom Meer heraus.

5.

Oefters ist's schon vorgekommen,
Dass der brave Tauchersmann,
Weil er krank war, gar nicht tauchte,
Und dem sichern Tod entrann.

6.

Horch, die Totenglocke läutet,
Wer wird heut gestorben sein?
's ist der Tauchersmann, der gute,
Sein Grab soll im Meere sein.

7.

Seine Frau und seine Kinder
Sind betrübt und weinen sehr,
Haben nun kein Brot zu essen,
Denn der Vater taucht nicht mehr.

8.

Und sein Grab, das war'n die Wellen
In dem tiefen, weiten Meer,
Und die Witwe stand am Ufer,
Doch der Taucher kam nicht mehr.

Das Volksauto
Von Karl Valentin 1941.

Melodie: 3 Lilien.......

1.

Es war einmal ein junger Mann
Und eine junge Frau,
Die kauften sich ein Auto,
Das war sehr schlau.

2.

Ein Volksauto um 1000 Mark
Das schafften sie sich an,
Es hatten alle beide
Viel Freude dran.

3.
Er machte einen Autokurs,
Bekam den Führerschein,
Und fuhr mit seiner Gattin
Nach Garmisch 'nein.

4.
Doch bei der allerersten Fahrt,
Es war als wie ein Traum,
Da fuhren sie vor Garmisch
An einen Baum.

5.
Der Baum, der war ein Hindernis,
Der Baum, der gab nicht nach,
Doch das Auto ward zertrümmert,
O welche Schmach!

6.
Da lagen alle Dreie,
Sie, Er und 's Autolein,
Verwundet und zerschellet
Im Abendschein.

7.
Das Auterl wurde abgeschleppt,
Es sah ganz furchtbar aus,
Und ihn und sie – sie fuhr man
Ins Krankenhaus.

8.
Dass Er dabei den Kopf verlor,
Das leuchtet jedem ein,
Und Sie wurd' aufgenommen
Im Witwenheim.

9.

Zum Autofriedhof, wie Sie seh'n,
Fuhr man das Auto 'naus,
Es hauchte, kaum geboren,
Sein Dasein aus.

10.

Und die Moral von der Geschicht',
Ich offen sagen muss:
Ihr Leute, fahrt's nicht Auto,
Geht's lieber – z' Fuss!

Der Mord in der Eisdiele!
Moritat von Karl Valentin

Mel. »Sabinchen war....[«]

1.

Das alte Mädchen da am Bilde
Sie hieß Annemarie.
War Köchin viele Jahre lang,
Verheirat' war sie nie.
Sie hat sich Geld ersparet,
Das hat einer erfahret,
Ein Lieb'sverhältnis wurde draus,
Der Bursche, der hieß Kraus.

2.

Er 20 und sie 50 Jahre,
Der Unterschied war groß.
Sie hatte ein Sparkassenbuch,
D'rum ließ er sie nicht los.

Er liebte sie platonisch,
Sie fand an ihm das komisch.
Das Herz des Burschen, das blieb kalt,
Sie war ihm stets zu alt.

3.

Wie komm' ich zu dem Sparbüchlein?
So sann er her und hin.
Er kaufte Mausgift, ein Paket,
Mausgift enthält Strychnin.
Vergiften ist zu gräuslich,
Das fand er selbst zu scheußlich.
Verschwinden muß die Annemarie,
Er wußte nur nicht – wie.

4.

Der junge Kraus, ihr lieben Leut',
Studierte hin und her.
Erschießen wäre auch nicht schlecht.
Er kauft an Revolver,
Er hat es nicht gemachet,
Weil der Revolver krachet.
(Aber) verschwinden muß die Annemarie,
Er wußte nur nicht – wie.

5.

Da holte sich der junge Kraus
Ein Beil vom Keller 'rauf,
Mit einem Schlag, denkt er bei sich,
Da gibt den Geist sie auf.
Doch blutig soll's nicht gehen,
Er kann kein Blut nicht sehen.
(Aber) verschwinden muß die Annemarie,
Er wußte nur nicht – wie.

6.
Als Mörder war er viel zu weich,
Er kam auf die Idee:
Er führte dann sein Opferlamm
In eine Eisdiele.
Dort hat sie sich vergessen
Hat so viel Eis gefressen,
Daß sie daran erfroren ist,
Das war des Mörders List!

Die Stadt beim Morgengrauen

Gesang von Anno Dazumal
Couplet von Karl Valentin und Lisl Karlstadt (mit Ballett).

Melodie: »Die Musik kommt« (Autor unbekannt).

I.
Früh morgens wenn die Glocke klingt
Das Leben in der Stadt beginnt
da gibt es schon beim Morgengrau'n
Gestalten allerlei zu schau'n – –
Erst die Laternanzünder – anzünder – anzünder –
erst die Laternanzünder – –
die steh'n am ersten auf.

II.
Wie Geister huschen sie dahin
mit ihren Stangen lang und dünn
und löschen das Laternenlicht
weil schon der neue Tag anbricht.
Dann komma d'Millimadln, – die Madln – die Madln –
dann komma d'Millimadln –
die trag'n die Milli aus.

III.

Mit blaue Aeugerln, blonde Zöpf
mit G'sichterln als wia Engelsköpf
a winzig's Grüaberl meist im Kinn
im Kübel hams a Milli drin.
Und dann die Bäckerbuben – die Buben – die Buben –
und dann die Bäckerbuben – –
die bringen's täglich Brot.

IV.

In raschem Lauf, Stiag'n ab, Stiag'n auf,
da trag'ns dö frischen Semmeln rauf
denn vom Parterr bis zum Juhe
da braucht mans schleunigst zum Kaffee.
Dann komma d'Schornsteinfeger – die Feger – die Feger –
dann komma d'Schornsteinfeger – –
san auf in aller Früh.

V.

In schwarzer Wichs von Kopf bis Fuss
in aller Früh sind's schon voll Russ
so wandern sie von Haus zu Haus
kehr'n überall die Löcher aus.
Und dann die Metzgerbuben – die Buben – die Buben –
und dann die Metzgerbuben – –
die dürfen auch nicht fehl'n.

VI.

Das Fleisch das trag'n sie zu dö Leit
die »Schmankerln« für die Mittagszeit
da gibt es Leber, Milz und Hirn
Schweinshaxln, Kuttelfleck und Nier'n.
Und dann die Hafnbinder – die Binder – die Binder –
und dann die Hafnbinder – –
geh'n singend durch die Stadt.

VII.
Sie schrei'n solange »Hafa bind«
bis dass sich eine Kundschaft find'
und ham sie dann a Arbeit kriegt
wird alles sauber zammag'flickt.
Und dann die Polizisten – ja zisten – ja zisten –
und dann die Polizisten – –
sind auch schon auf der Hut.

VIII.
Das Auge des Gesetzes wacht
in unserer Stadt bei Tag und Nacht.
In aller Früh da geht schon an
der übliche Patrouillengang.
Und so geht's alle Morgen
ob Freude oder Sorgen
Drum stimmt jetzt an ein Lied
voll Herz und voll Gemüt:

(Das ganze Ballett singt und tanzt im Walzertempo.)

So lang da drunt am Platzl
Noch steht das Hofbräuhaus
So lang stirbt die Gemütlichkeit
In München niemals aus
So lang stirbt die Gemütlichkeit
In München niemals aus.

(Vorhang zu).

Da das Münchner Kindl das Couplet vorn an der Rampe singt, muss sich das ganze Ballett mit grösster Ruhe bewegen – das ganze Bild soll zu geisterhafter Wirkung kommen.
Statt dem Vortrag des Münchner Kindls kann auch das Couplet durch Lautsprecher übertragen werden, wobei das Ballett nur die Bewegungen auszuführen hat, ohne mitzusingen.

Ein Laternenanzünder aus der alten Zeit
Text von Karl Valentin.

Musik: Wer uns getraut? (Zigeunerbaron).

I.
Wer mich nicht kennt, dem sage ich's
Laternen, die zünde ich an
Laternen, die zünde ich an.
Doch nur bei Nacht beschäftigt mich
der Ma-a-gi, der Ma-agi, der Magi- Magistrat,
der Ma-a-gi, der Ma-a-gi, der Magi- Magistrat.
Ich wandle bei Nacht in allen Gassen her und hin
weil ich ein – weil ich ein – Laternanzünder bin.

II.
Wer mich nicht kennt, dem sage ich's
Laternen, die lösche ich aus,
Laternen, die lösche ich aus.
Doch nur des Morgens beschäftigt mich
der Ma-a-gi, der Ma-a-gi, der Magi-Magistrat,
der Ma-a-gi, der Ma-a-gi, der Magi-Magistrat.
Ich wandle des Früh's in allen Gassen her und hin,
weil ich auch – weil ich auch – Laternauslöscher bin.

Zeitgemässes Liederpotpourri. 1941

Melodie: Grüass Euch Gott u.s.w.
Grüass Euch Gott alle Volksgenossen
alle Volksgenossen, alle Volksgenossen
Grüass Euch Gott alle Volksgenossen
alle Volksgenossen grüass Euch Gott.

Melodie: Oh Strassburg oh Strassburg....
Oh Dachau – o Dachau du wunderschöne Stadt
dort drinnen wohnt gar mancher
der Witz erzählet hat.

Melodie: Kommt ein Vogerl geflogen.....
Kommt ein Vogerl geflogen
lässt was fallen von ob'n
weil er nichts hat getroffen
ist er weiter geflog'n.

Melodie: Jm tiefen Keller sitz ich hier.....
Jm Luftschutzkeller sitzen wir
bei keinem Fass voll Reben
weil es da drunt verboten ist
tut's keinen Alkohol dort unten geben.

Melodie: Still ruht der See.......
Still ruht der See, die Schifflein schwimmen
da macht es öfters bum – bum – bum –
da gehen viele Schifflein unter
und manche kehren schleunigst um
von diesem vielen bum – bum – bum –.

Melodie: Puppchen du bist mein Augenstern...
Kaffee, du bist mein Augenstern
Kaffee, hab dich zum trinken gern
Kaffee, mein guter Kaffee
wir ham dich gern, du wächst so fern.

Melodie: Walzertraum,......
Aber – leise, ganz leise tralalala
schleichen wir uns nach Ostafrika
hol'n uns den Kaffee von Kamerun rum
wenn wir das nicht täten
da wärn wir schön dumm.

Melodie: Wien Wien Wien sterbende Märchenstadt...
Wien Wien Wien Sterbende Märchenstadt
die nun statt Märchen jetzt
nützliche Arbeit hat
Wien Wien Wien, Träumen hat keinen Sinn
mit Märchen schön, kann man nicht leb'n
du liebes Wien Wien Wien.

Melodie: Steh ich in finstrer Mitternacht......
Steh ich in finstrer Mitternacht
hab ich schon oft für mich gedacht
in unsrer guten alten Zeit
da war es heller als wie heut.

Melodie: Glühwürmchen Glühwürmchen flimmre......
Glühlämpchen, Glühlämpchen flimmre flimmre
Glühlämpchen, Glühlämpchen schimmre schimmre
glühe und erlösche nie
du bist mei letzte Batterie.

Melodie: Oh Tannenbaum.......
Amerika, Amerika du bist doch zu bedauern
du tatest ja schon lange Zeit
im Hintergrunde lauern
Herr Roosevelt, Herr Roosevelt
du liesest dich verführen
dafür wirst du, oh glaube mir
die Achsenmächte spüren.

Melodie: Ein Männlein steht im Walde...
Ein Männlein steht in England und schreit oh weh
ich fürchte nur die Stuckas und U Boote
kommt die Jnvasion oh Schreck
das behaupte ich ganz keck
Trallalalalala
flieg ich nach Kanada.

Melodie: Heimlich still und leise....
Heimlich still und leise
kommt der Friede
wenn er nachher da ist, das ist klar
dann ist endlich Ruh in ganz Europa
hoffentlich auf 1000 Jahr.

Melodie: Wandern ach Wandern......
Aber Meckern, ach meckern
an jedem Ort
Meckern ach meckern
in einem fort
und g'rad der Münchner
das ist bekannt
meckert am meisten
im Deutsche[n] Land.

Habt nur Geduld

(Zeitgemässe Parodie über ein altes Couplet) 1942.

Wir leben jetzt im Krieg, das weiss doch jeder Mann
Und jeder weiss, dass man daran nichts ändern kann.
Lebten wir auch wie bekannt – früher im Schlaraffenland,
Wir schicken uns nun drein – und singen den Refrain:
Habt nur Geduld!
Alles kommt einmal wieder,
Wie es im Frieden war
Nur die Geduld nicht verlieren,
S'wird wieder wie es war.
Dauert es auch noch ein Weilchen,
Ist auch die Welt jetzt nicht schön,

Kommenden Generationen
Wird es um so besser geh'n.

Wie war doch das Oktoberfest so herrlich schön,
Da hat es wie bekannt ist guate »Schmankerln« geb'n
Brat'ne Hendl'n, welch' Genuss – Steckerlfisch und Cocosnuss
Das war a so a Frass – dazua a Wiesenmass.
Habt nur Geduld! –
Refrain wie oben.

Und alle Frühjahr' lieber Münchner denke dran,
Da ging da drob'n am Nockerberg die Gaudi an.
Schweinswürstl und zwei – drei Mass – war'n für'n Münchner nur a G'spass
A Maderl noch im Arm – wie wurd's ein'm da so warm.
Habt nur Geduld! –
Refrain wie oben.

Text v. Karl Valentin 12. III. 42

Ich bin der Ritter Unkenstein

Rittergstanzln von Karl Valentin – Oktober 1942

Ich bin der Ritter Unkenstein – zwilli – willi – wum – bum – bum
Ich möchte auch kein andrer sein – zwilli – willi – wum – bum – bum
Kömmt mir etwas der Kreuz und Quer
Zerfetz ich alles um mich her.
(Zwischenspiel)
Ich habe eine Kampfnatur – zwilli – willi wum – bum – bum
Von Angst, da hab ich keine Spur – zwilli – willi – wum – bum – bum.

Je mehr ich Feinde hab dahier,
Ja desto lieber ist es mir.
(Zwischenspiel)
Auf meiner Burg muss Ordnung sein – zwilli – willi – wum – bum – bum
Dort hab ich auch ein Töchterlein – zwilli – willi – wum – bum – bum
Und kommen Freier zu ihr rauf,
Die spiess ich mit dem Schwerte auf.
(Zwischenspiel)
Ich fürcht mich nicht vor Ach und Weh – zwilli – willi – wum – bum – bum
Glaubn S', dass ich zu an Zahnarzt geh – zwilli – willi – wum – bum – bum
Mit einer Beisszang, sehn Sie an, *(zeigt einen grossen Schweinszahn)*
Riss ich mir gestern diesen Zahn.
(Zwischenspiel)
Der Gerichtsvollzieher kam zu mir – zwilli – willi – wum – bum – bum
Mit kleinen Wapperln aus Papier – zwilli – willi – wum – bum – bum
Ich brach ihn in der Mitt entzwei,
Aus war die Wapperlpapperei.
(Zwischenspiel)
Ich fürchte gar nichts um mich her – zwilli – willi – wum – bum – bum
Ich fürchte nicht des Feindes Heer – zwilli – willi – wum – bum – bum
Nur wenn die Schwiegermutter spricht,
Lauf ich davon – ich feiger Wicht.
(Zwischenspiel)

(Die 2 letzten Zeilen singt der Ritter ganz furchtsam und zitternd und verschwindet ganz ängstlich von der Bühne)

Wenn ich einmal der Herrgott wär'

(Zeitgemässes Couplet v. Karl Valentin – Nov. 1942)

Melodie: »Da streiten sich die Leut' herum.....«

Wenn ich einmal der Herrgott wär'
Mein erstes wäre das,
Ich schüfe alle Kriege ab,
Vorbei wär' Streit und Hass.
Doch weil ich nicht der Herrgott bin,
Hab' ich auch keine Macht;
Zum ew'gen Frieden kommt es nie,
Weil's immer wieder kracht.

Wenn ich einmal der Herrgott wär'
Mein zweites wäre dies'
Ich schüfe alle Technik ab,
's wär besser, ganz gewiss.
Dann gäb' es auch kein Flugzeug mehr,
Oh Gott! Wie wär das nett!
Und ohne Angst, da gingen wir
Allabendlich ins Bett.

Wenn ich einmal der Herrgott wär'
Ich gäbe in der Welt
Den Menschen alle die Vernunft,
Die, scheints, noch vielen fehlt.
Doch weil mir das nicht möglich ist,
Die Sache ist zu dumm,
Drum bringen sich die Menschen mit
der Zeit noch alle um.

Wenn ich einmal der Herrgott wär'
Ich glaub, ich käm in Wut,
Weil diese Menschheit auf der Welt

Grad tut, was sie gern tut.
Ich schaute nicht mehr lange zu,
Wenn s' miteinander raufen;
Ich liesse eine Sintflut los
Und liess' sie all' ersaufen.

Ja, lieber Herrgott, tu das doch,
Du hast die Macht in Händen,
Du könntest diesen Wirrwarr doch
Mit einem Schlag beenden.
Die Welt, die Du erschaffen hast,
Die sollst auch Du regieren!
Wenn Du die Menschheit nicht ersäufst,
Dann lass sie halt erfrieren.

Der Dreckhaufa

Gedicht München 1930
Von Karl Valentin.

Die Firma Moll in München hier,
die hat zwei Brücken baut
und wie die Brücken fertig war'n
da hab'n die Münchner g'schaut.
Der alte Schutt vom Brückenbau
der überblieb'n zum Schluss
liegt – *heut noch* – broat im Flussbett drinn
zum anschaun kein Genuss.

»So lang die Grüne Isar« heisst's,
durch's Münchner Stadtl geht,
so heisst's in einem alten Lied,
doch stimmt das Lied heut net,

denn statt der grünen Isar hier
die Fremden – die wer'n schaun,
sehn die an grossen Haufen Dreck,
in unsern Isaraun.

Deshalb, verehrte Firma Moll,
besinn Dich nur nicht lang
und räum Dein Dr[e]ck, den'st g'macht hast a
gefälligst wieder z'samm.
Das ist der Wunsch von allen den'
die von der Brücken schaun,
wir möchten *Wasser*, statt an Dreck
in unsern' Isarau'n.

Nachtrag
Planegg 1943

Dasselbe gilt auch von der Würm
inmitten von Planegg,
da liegt gleich links am Isarwerk
a grosser Haufa Dreck.
Am schönsten Platzerl noch dazua
direkt am Brückenkopf,
da bleiben öfters Leute steh'n
und schütteln nur den Kopf.

Herr Bürgermeister von Planegg
Sie sind der einzige Mann,
der diesen Schönheitsfehler dort
ganz leicht beheben kann.
S'wird doch ein *anderes* Platzerl geb'n
Planegg ist doch sehr gross,
Geh', suchen's eins, dann wären wir
den »*Saustall*« *endlich* los.

Der Herrgott schaut oft von oben runter
Neuzeitliches Lied von Karl Valentin 1943
Gesungen nach Wiener Art.

Melodie von

I.

Die Welt die hat der Herrgott g'macht
Mit allem Drum und Dran
Hat dann zwei Menschen einig'stellt
Und sprach: »Nun fanget an.«
Die zwei hab'n sich dann fortgepflanzt
Bis rauf zum heutigen Tag,
Aber ob der Herrgott z'frieden is
Das is a zweite Frag'.

Refrain: Der Herrgott schaut oft von ob'n runter
Auf seine Welt – die er so wundervoll g'macht.
Wenn i das g'wusst hätt – sagt er –
Dass die Menschen das nicht schätzen –
Hätt i mir net – so viel Müha – damit g'macht.

II.

Der Herrgott hat sich einmal denkt
Jetzt hab i a Idee
Und pflanzte wo ein Zweiglein ein
Dies nannte er Kaffe.
Kaffe der wurd' ein Weltprodukt
Wir – krieg'n ja keinen mehr
Da – is er schon, – man nimmt ihn »Drüb'n«
Zum Kesselheizen her.

Refrain: Der Herrgott schaut oft von ob'n runter
Auf seine Welt – die er so wundervoll gemacht.
Wenn i das g'wusst hätt – sagt er –
Dass die Menschen das nicht schätzen –
Hätt i mir net – so viel Müha – damit g'macht.

III.
Die letzten Jahr – Ihr lieben Leut'
Ich sags ganz ungeniert
Da is der Herrgott selber schon
Auf 's schwerste depremiert.
Die Welt, die er g'schaffen hat,
so ruft er ganz empört, –
wird, – wenn's no lang so weiter geht
Vom Menschen ganz zerstört:

Refrain: Der Herrgott schaut oft von ob'n runter
Auf seine Welt – die er so wundervoll g'macht.
Wenn i das g'wusst hätt – sagt er –
Dass die Menschen das nicht schätzen –
Hätt i mir net – so viel Müha – damit g'macht.

Alte Volksliedertexte – wieder »zeitgemäss«
von Karl Valentin – Okt. 1943

Es ist doch lustig, wenn heute (1943!) der verliebte Erich oder Egon sein Lottchen ansingt, mit dem alten Schlagerlied:
»Liebchen, ich kaufe dir ein Automobil.........«
Was hat sie schon davon, wenn er ihr eins kauft? Sie darf ja nicht fahren! Sie kann sich nur hinein setzen und saudum drein schauen.

Ein altes Lied heisst:
»Im tiefen Keller sitz ich hier.......« Heute?
Dieses Lied kann uns heute wirklich nicht mehr begeistern.

»Oh! Du lieber Augustin, alles ist hin.........«
Dieses Lied hat man stets gern gehört; heute hat es einen anderen Sinn bekommen, genau so, wie das Rheinlied:
»Nur am Rhein, da möcht ich leben, nur am Rhein,........«

»Hamburg ist ein schönes Städtchen, siehste wohl........«
»Es war einmal« Musik von Paul Linke.

»Wenn die Schwalben wieder kommen, die wer'n schau'n, die wer'n schau'n..«
All diese alten verstaubten Liedertexte wirken heute geradezu frisch, aber tragikomisch!
Man vergleiche z. B. den Text eines uralten Liedes mit der heutigen Zeit:
»So leb' denn wohl, – Du stilles Haus
Wir zieh'n betrübt – von dir hinaus.
Wir zieh'n betrübt – und traurig fort
Doch unbestimmt – an welchen Ort.«
Noch drastischer und aktueller wirkt jetzt das Lied aus dem »Rattenfänger von Hameln« das da heisst:
»Wandern, ach wandern – von Ort zu Ort,
Wandern, ach wandern – in einem fort.
Weiter ach eilen – von Land zu Land
Nirgends verweilen – von Niemand gekannt.«

»Weh, dass wir scheiden müssen......«

»Nach der Heimat möcht ich wieder.......«

»Verlassen, verlassen, verlassen bin i.....«

»Wer weiss ob wir uns wiederseh'n.....«
Alle diese Volkslieder und viele andere mehr, haben in der Jetztzeit einen bitteren Beigeschmack erhalten!
»Vater, Mutter, Schwestern, Brüder,
Hab' ich auf der Welt nicht mehr.......«

Um die Jahrhundertwende komponierte und dichtete ein bekannter Wiener Volkssänger das Lied:
»Mondnacht is'.....«

War dieser Dichter nicht auch zugleich ein glänzender Prophet, als er seinem Lied den Refrain anknüpfte:
»Wenn der Mond in seiner Pracht – so vom Himmel runter lacht,
Da g'schieht gar manches oft – ganz unverhofft.....«

»Was kommt dort von der Höh' – was kommt dort von der Höh?
Was kommt dort von der Höh' juhe.......«
Der Freudenslaut »Juhe« kann heute als überflüssig betrachtet werden.

»So leben wir – so leben wir – so leben wir alle Tage.....«
Auch diesem alten Scherzlied könnte man ruhig heute den alten Sang entgegen setzen:
»Glücklich ist, – wer vergisst,
Was nicht mehr – zu ändern ist......«

Auch Paul Linkes Marschlied:
»Lasst den Kopf nicht hängen.......«
wirkt momentan sehr aufmunternd.

Es gibt sogar einen Liedertext, der da lautet:
»Ja, die Welt ist schön......«

»Oh schöne Zeit – oh selige Zeit,
Wie liegst Du fern – wie liegst Du weit.....«
(Geht zurück bis auf das Jahr 1914)

Aber trösten wir uns mit dem alten netten Volkslied, das da lautet:
»Alles neu – macht der Mai.....«

Und zum Schluss, die »Münchner Nationalhymne«:
»Solang der alte Peter – am Petersberg'l steht,
Solang die grüne Isar – durch d' Münchner Stadt no geht,
Solang da drunt' am Platzl – noch steht das Hofbräuhaus,
»Solang« stirbt die Gemütlichkeit – der Münchner niemals aus.«
Was heisst: »S o l a n g«?
Dieses Lied gehört verboten.

Ganz neue, echt hagelbuachane und teils ungereimte Schnaderhüpfl

D' Reiter Fanny is in d' Apothek'n nei ganga,
für d' Leis wollt s' a Salb'n valanga.
»Für was für Leis?« hat da Apotheker g'fragt,
aba d' Fanny hat's eam net g'sagt.

D' Schnaderhüpfl san g'spaßige Sachen,
über d' Schnaderhüpfl, da muaß ma oft lachen,
außerdem is das Lachen sehr gesund,
wer net lacht, is a fader Hund.

D' Kuahmagd hat se d' Fingernägel rot lackiert,
d' Aug'nbrau'n hat se se a no rasiert,
d' Zähn hot se se no nia putzt – dös is ihr nei,
drum stinkt s' a so aus'm Mei.

A Sommerfrischler hat se an d' Resi hing'macht,
da kriag i amal was Ländlich's, hat er sich gedacht,
aber d' Resi hat'n zu da Kamma 'nausg'schmiss'n,
hat eam auf deutsch g'sagt, was ... g'huast.

D' Bäurin hat se a Gebiß macha lass'n,
fest tut's sitzen und gut tut's ihr passen,
nur beim Knödlessen is es unbequem,
da bleibt 's Gebiß im Knödeltoag drin kleb'n.

D' Hofa Leni is zum Beicht'n ganga.
»Na, Herr Pfarrer«, hat s' g'sagt, »dös is koa Verlanga,
ganz ohne Sinnlichkeit zu leben, dös is z'vui,
für was hätt' man denn 's G'fui.«

Da Veichtl Edi is in d' Abtrittgruab'n g'fall'n,
d' Bäurin hat'n wieda außizog'n,
sei Leb'n war dadurch gerettet, gottlob!
Aba fragt's net, wia der g'stunka hat.

Unser Meßner hot an riesengroßen Kopf,
no größer wia sei Kopf is sei Kropf,
jammern tuat er net, nur hört ma 'n oft sag'n,
a jeder hat sei Packl z' trag'n.

Mei Liaba, des wui scho was heiß'n,
an Weltrekord hot der Schorsch im Fingernägelbeiß'n,
d' Fingernägel san scho weg, sogt der Mo,
jetzt kumma d' Zähanägel dro.

Im Dorfweiha ham zwoa Bauernmadln gebadet,
splitternackat san s' im Wassa 'rumgewatet,
da Bürgermeister hat dös g'sehg'n – war net recht erbaut
und hat sofort weggag'schaut.

An Winkler Lenz sei ganze Familie,
er – sie – der Sepp – der Jakob – und Ottilie,
a so a Saustall is doch wirklich a Schand,
oa Zahnbürstl hab'n olle mitanand.

Z' Riadering is da G'moastier auskumma,
d' Stalltür hat er a glei mitg'numma,
is in an fremd'n Kuahstall einig'rennt,
aba de Küah ham ihn alle scho kennt.

Da Bauer hat an kloanen Seitensprung g'macht,
de Bäurin hat's erfahr'n und hat sich gedacht,
was du konnst, kon i a und hat sich g'rächt,
mit'n Bauern sein'm Knecht.

Auf'm Land, da gibt's vui saubere Madln,
großduttat und kugelrunde Wadln,
bis zu de Knia auffaschaug'n derfst jed'n schönen Kind,
aber weita auffi is a Sünd.

Bei da Nacht, wenn's finsta is,
ohne Licht siegt ma nit, dös is g'wiß,
im Finstern hat da Hans nur griffa bei der Lies,
weil's so finsta g'wes'n is.

Lerne leiden, ohne zu klagen,
dies Sprichwort hört ma d' Leut' öfter sagen,
dieses Sprichwort ist so wahr und bieder,
aba oiwei heirat'n d' Leut' wieder.

Die Stadtleit schneitzen in a Sacktüchl nei,
weil s' moaner, sie müss'n gebildet sei,
da Bauer hebt an Dama an d' Nas'n,
da werd' des Zeig außablas'n.

Und an Meindl Sepp sei siebzehnjährig's Mariandl
hat a Eiaköpfe wia a Kinderbadwannl,
rinnaugert is wia a Tropfstoahoihn,
so a Madl ko eam doch net g'foin.

Da Wag'n is stecka blieb'n im Dreck,
zwei Ochsen bringen den Wagen net vom Fleck,
da hilft der Bauer a no schiab'n,
zu dritt, sagt er, wer ma's scho kriag'n.

So! – Jetzt ham S' neue Schnaderhüpfl g'hört,
guat pfeffert, wia ma sagt, »richtig g'schert«,
san a nur für G'scherte gedacht,
drum habts ihr a drüber g'lacht.

Umtauschstelle

Musik u. Text v. Karl Valentin.
Klavier Begleitung
wird ganz schnell gesungen (ohne Zwischenspiele)

I.

Vor dem Kriege liebe Leute
war es anders als wie heute
dieses will ich jetzt besingen
und es wird mir auch gelingen.
Brauchen sie was in der Schnelle
geh'n sie in die Umtauschstelle
was es dorten gibt an Waren
sollen sie jetzt gleich erfahren.

II.

Damenhüte – Unterhosen
Stafeleien – Zuckerdosen
Rodelschlitten – Hängematten
Notenblätter – Maurerlatten
Kaugummi – und Drahtmatratzen
Puppenwägen – Kinderlatzen
Nudelwalgler – Bleistiftspitzer
Nagellack – und Ohrenschützer.

III.

Stallaternen – Leiterwägen
Zugposaunen – Schreinersägen
Schiefertafeln – Packpapiere
Kegelkugeln – Kochgeschirre
Wandkalender – Herrensocken
Kupferblech und Schillerlocken
Radio und Puderquasten
Blitzableiter – Farbenkasten.

IV.

Handtuchhalter – Bleisoldaten
Lippenstifte – Fensterladen
Drahtantennen – Messingstangen
Stabbatterien – Badewannen
Stopselzieher – Nähmaschinen
Honiggläser – Tüllgardinen
Lampenschirme – Zündholzständer
Autoreifen – Fahnenbänder.

V.

Lorbeerkränze – Platzpatronen
Dampfmaschinen – Kehrichttonnen
Hosenträger – Gummibälle
Hundehütten – Hasenfelle
Christbaumkerzen – Handschuhleder
Ofenrohre – Mühlenräder
Löschpapier und Spagattschnürl'n
Kohlensäcke – Ofentürl'n.

VI.

Gasmotoren – Wandtapeten
Wasserstiefeln – C-Trompeten
Fliegengitter – Watteballen
Feuerwerke – Mausefallen
Hopfenstangen – Sportkravatten
Fussball – Ski – und Marmorplatten
Rettungsringe – Kupferdrähte
Laubsägholz und Turngeräte.

VII.

Tabakspfeiffen – Blumenstöcke
Tennisschläger – Unterröcke
Firmenschilder – Reisetaschen
Ahornteller – Wärmeflaschen
Muskelstärker – Zwirn und Seide

Kragenschoner – Tafelkreide
Stacheldraht – Zitronenpresser
Irrigator – Küchenmesser.

VIII.

Bilderrahmen – Schubladknöpfe
Saxophon – und Puppenköpfe
Linoleum und Korsetten
Bügeleisen – Klarinetten
Alles das es ist zum Lachen
und noch tausend andre Sachen
denn das Losungswort für Alle
das heisst heute – Tauschzentrale.

IX.

Doch die meisten Ehemänner
die die Umtauschstelle kennen
würden es halt sehr begrüssen,
wenn sich Frauen tauschen liessen[.]
Tauschte man für's alte Weiberl
dort ein junges Turteltäuberl.
So ein Tausch der wäre fein
leider, – darf so was nicht sein.

Neue Morgenrotverse von Karl Valentin

jede Strophe andre Tonart

Neue Steuer – neue Steuer – ja das ist ja ungeheuer
Ja, so steuern wir denn hin – Zukunft du erscheinst uns schlimm
Zahl'n ma halt so lang ma kenna.

Fragebogen, Fragebogen – mancher hat darin gelogen
Es ist nicht's so fein gesponnen – es kommt alles an die Sonnen
Und er ist nun Hilfsarbeiter.

Strassenbahn – Strassenbahn – hängen viele aussen dran
Warum gehn sie denn nicht nein – aussen darf sowas nicht sein
Frische Luft ist heut gesünder.

Bei Behörden – bei Behörden – ach da gibt es oft Beschwerden
Ja du lieber Gott im Himmel – schuld daran ist der Amtsschimmel
Dieses Pferd wird ewig leben.

Schokolade – Schokolade – gibt es bei uns nicht, das ist schade
Manche Mädchen ham indessen, sich daran schon satt gefressen
Aber alles nur aus Liebe.

Kaugummi – Kaugummi, manche kauen spät und früh
manche kau'n sogar beim Küssen – manche Mädchen wer'n das wissen
und aus Liebe kleben's aneinander[.]

Zigeretten – Zigeretten – oh ihr Dinger ihr ganz netten
Leer sind alle Tabakg'schäfter – ja das wird noch viel, viel schlechter
Allzu viel ist ungesund.

Katzenfreunde – Katzenfreunde – oh ihr habt auch eure Feinde
Ich sag es ganz unverholen – viele Katzen werden gestohlen
Denn der Hunger, der tut weh.

Militär – Militär – das entsteht aus Milli – Teer
Tust du Teer und Milli mischen – lass dich dabei nicht erwischen
Dann entsteht ein Militär.

Schwarzhändler – Schwarzhändler, ich geb »Euch die gute Lehr«
Weizenmehl könnt ihr verschieben, grosse Mengen nach Belieben
Weizenmehl ist doch nicht schwarz.

Schlangenstehen – schlangen-stehen, werden wir noch lange sehen
Dass die Schlangen stehen können, könnt man fast ein Wunder nennen,
Schlangen können doch nur kriechen.

Die Sirenen – die Sirenen, tuen jetzt nicht mehr ertönen
Hie und da soll man sie schmieren, aber ja nicht abmontieren
Im Fall ma's wi der braucha tat'n.

Schutt-abräumen, Schutt-abräumen, keiner solle das versäumen
S'zuschauen hat jetzt keinen Zweck, davon geht der Schutt net weg
Freiwillig – soll jeder müssen.

Hier in München – ein Gebäude, brachte manchem sehr viel Freude
Hoffentlich wird's bald hergrichtet, weil man drauf nicht gern verzichtet
In der Senefelderstrasse.

Oh die Wahlen – oh die Wahlen, die bereiten immer Qualen
Viele sagen, ich wähl nimmer, wird's nun schlechter oder schlimmer
So wias is kann's niamals bleiben.

Radio – Radio, täglich hör ich ihn mir o,
D' Bayern tun sich stets beschweren, weil wir hier viel' Preussen hören
[»]Alles Gute kommt von oben«.

Holzaktion – Holzaktion, ach die Wirkung merkt man schon
Steht ein Baum im Odenwald, dieses Liedchen ist schon alt
Doch bald geht es in Erfüllung.

Da stimmt was nicht, da stimmt was nicht, da ist was nicht in Ordnung

Originalcouplet von Karl Valentin – 1946   Musik von Köppl.

Ich hab zu Haus an Radio
Was fang ich mit dem Kasten o
Der surrt und pfeift, der zischt und brummt,
Dass ich ihn oft dawerfn kunnt
Ref.: Da stimmt was nicht, da stimmt was nicht,
Da ist was nicht in Ordnung.

Ein Mann kommt in an Laden rein,
Im Laden heisst es nein, nein, nein
Wir ham nichts mehr, wir ham nichts mehr
Schaun sie halt später wieder her,
Ref.: Da stimmt was nicht, da stimmt was nicht
Da ist was nicht in Ordnung.

Das Lottchen ist erst 16 Jahr
Ein kleines Knäblein sie gebar
Stumpfnäsig und gekräuselt Haar
Das Knäblein ist so sonderbar.
Ref.: Da stimmt was nicht, da stimmt was nicht
Da ist was nicht in Ordnung.

Nen jungen Burschen gibts dös a
Verhaftete die Razzia
Er hatte Schmuck und mancherlei
Und hunderttausend Mark dabei.
Ref.: Da stimmt was nicht, da stimmt was nicht
Da ist was nicht in Ordnung.

Ich bin ein echtes Münchner Kind
Doch ausgebombt wie viele sind
Krieg keine Wohnung in der Stadt
Wenn Preuss, – ich wär ging alles glatt
Ref.: Da stimmt was nicht, da stimmt was nicht
Da ist was nicht in Ordnung.

In USA wie kann das sein
Heizt man mit Bohnenkaffee ein
Bei uns in Deutschland das ist stark
Zahlt man pro Pfund dreihundert Mark.
Ref.: Da stimmt was nicht, da stimmt was nicht
Da ist was nicht in Ordnung.

Der Friede ist nun endlich da
Wir freuen uns Halleluija
Und trotzdem hört man spät und früh
Nichts als wie Atomenergie.
Ref.: Da stimmt was nicht, da stimmt was nicht
Da ist was nicht in Ordnung.

Die Tabakspflanze allbekannt
Die wächst doch fast in jedem Land
Doch ist die Tabaksfrage schwer
Tabak gibt's immer weniger.
Ref.: Da stimmt was nicht, da stimmt was nicht
Da ist was nicht in Ordnung.

In Deutschland wächst nur deutscher Wein
Dort an der Mosel und am Rhein
Drum sind wir Deutschen sehr betrübt
Dass es gar keinen Wein mehr gibt.
Ref.: Da stimmt was nicht, da stimmt was nicht
Da ist was nicht in Ordnung.

Der Meier Maxl kommt in Wut
Weil's ihm am Kopf so jucken tut
Er kratzt und kratzet immer mehr
Die Mutter sprach, setz dich mal her.
Ref.: Da stimmt was nicht, da stimmt was nicht
Da ist was nicht in Ordnung.

Ein Mann fährt in der Eisenbahn
Und zünd sich seine Pfeife an
Ihm schmeckt der Tabak scheint es gut
Wenn er auch nicht gut riechen tut.
Ref.: Da stimmt was nicht, da stimmt was nicht
Da ist was nicht in Ordnung.

Zwei Freunde haben sich sehr gern
Zufällig kenne ich die beiden Herrn
Auffällig ist bei diesen zwei
Dass nie ein Mädchen ist dabei.
Ref.: Da stimmt was nicht, da stimmt was nicht
Da ist was nicht in Ordnung.

Expressionisten gibt es viel
Die malen im modernen Stil
Ein so ein Bild, ob gross ob klein,
Man frägt sich nur, was soll das sein?
Ref.: Da stimmt was nicht, da stimmt was nicht
Da ist was nicht in Ordnung.

Der Deutsche spricht, wie kann das sein
Mir dürfen nicht nach Oest'reich nein
Doch d'Östreicher, das ist frivol
Die fühl'n in Deutschland sich ganz wohl.
[*Ref.:*] Da stimmt was nicht, da stimmt was nicht
Da ist was nicht in Ordnung.

Am Münchner Bahnhofsplatz – o Schreck
Liegt, wo man hinsieht, Schmutz und Dreck
Wann wird der Dreck denn weggeräumt
Hat man die Reinlichkeit versäumt?
Ref.: Da stimmt was nicht, da stimmt was nicht
Da ist was nicht in Ordnung.

Die Hungersnot, das ist bekannt,
Die herrscht im ganzen Deutschen Land
Doch viele gibt es aber noch
Die hab'n zu essen, noch und noch.
Ref.: Da stimmt was nicht, da stimmt was nicht
Da ist was nicht in Ordnung.

Ein Jeder, das ist interessant
Wird heut erfasst am Arbeitsamt
Drum wunderts einem umsomehr,
Wo kommen heut die Schwarzhändler her?
Ref.: Da stimmt was nicht, da stimmt was nicht
Da ist was nicht in Ordnung.

Die Fleischnot herrscht im Bayernland
Gab kurz der Radio bekannt
Im Münchner Schlachthof lagert Vieh
In solchen Mengen wie noch nie.
Ref.: Da stimmt was nicht, da stimmt was nicht
Da ist was nicht in Ordnung.

Schnadahüpfl

A Schnadahüpfl is der kürzeste Gesang.
Die Melodie ist nicht wichtig, aufn Text kommt es an.

Als wir Preussen in Bayern noch nicht einjewöhnt,
da hatten uns die Bayern oft noch verhöhnt.

Nu sind wir in Bayern ganz feste zu Haus.
Da bringt uns nich mal mehr ein Herr Högner heraus.

In Berchtesgaden, Obersalzberg, an der Welt schönstem Ort,
Solls noch ein paar Bayern geben,
Aber die sind auch nimmer lang dort.

Die Bayern sind kräftige Leute,
das weiss jedermann,
aber gegen a echte Berliner Schnauze,
da können se nicht ran.

Die Bayern bauen auf
bauen Wohnungen gross und klein
und sind s' alle fertig,
setzen sich die Preussen hinein.

Malz-Schieber

Moritat Weltkrieg 1917. [1947]

Zu singen nach der Melodie: Auf, auf, zum Kampf sind wir geboren.

Oh, Publikum wir nehmen uns die Freiheit
Und singen jetzt, hier eine Moritat
Und zwar was sich im schönen Bayernlande
Für grosses Unheil sich ereignet hat.

Im Bayernland, da gib'ts viel Brauereien
Die brauen wie bekannt, das beste Bier
Und dieses Bier besteht aus Malz und Hopfen
Und ist ein wahres Lebenselexier.

Das Malz wird fabriziert aus reiner Gerste
Und diese Gerste wächst bei uns am Feld
Der Händler kauft dem Bauern ab die Gerste
Damit verdient der Händler sehr viel Geld.

Das was der Herrgott uns hat wachsen lassen,
Das geht zuerst durch böse Wuchrershand
Die Gerste wurd aus Bayern nausgeschoben
In Möbelwägen, dass es niemand spannt.

Am Bahnhof draussen, waltet die Kontrolle
Die strenge Wacht, bei Tag und auch bei Nacht
Und als die Malztransporte abgefahren
Da hat der Kontrolleur grad Brotzeit g'macht.

Nun war'n wir Bayern arm an Malz und Gerste
Und brauten Dünnbier für des Volkes Durst
Die Schieber aber, soffen nur Champagner
Die Not des Volkes ist doch denen wurst.

Zweihundert Jahre sind bereits verflossen
So schreibt die Chronik unsrer Münchner Stadt
Wo am Marienplatz, auf zwei hohen Galgen
Zwei Malzschieber man aufgehänget hat.

Doch heutzutag, im Jahre siebenundvierzig
Da geht das nicht mehr, denn das wäre toll
Da wäre ja ein Galgen an dem andern
Der ganz' Marienplatz, hing voll Schieber voll – jawohl.

Mein Muenchen

Karl Valentins letztes Couplet 1947

In München war es schön,
Muß jeder eingestehn,
Und jeder sagt auf Ehr:
So wird es nimmermehr.
Die Münchner G'müatlichkeit
Verschwunden ist die Zeit;
Und erst im Hofbräuhaus
Da schaugt es traurig aus!
D' Münchner werden immer blasser
Von dem dünnen Gerstenwasser –
Doch was nützt die Jammerei,
Was vorbei ist, ist vorbei.
Soll der Aufbau nun beginnen,
Müssen wir uns erst besinnen.
Ja, da ist schon etwas dran;
Ja, wo fang ma denn da an?
In München, in München, in München fang ma o
Da kommt natürlich s'Hofbräuhaus am allerersten dro!

S' Finanzamt ist zwar auch kaputt – doch dös tut uns net leid,
Daß dös die Flieger troffen ham – dös hat uns alle g'freut!

Erinnert man sich heut
5 An die vergangne Zeit,
Wie sittsam und wie fein
Warn da die Mägdelein,
So mollig und so nett,
So dantschig und adrett,
10 Dös war in dieser Zeit
A Sehenswürdigkeit!
Doch schaust heut d' Maderln o,
Hint und vorn is nix mehr dro,
Fettlos ist fast jede Maid,
15 Fettlos wie die ganze Zeit.
D' Augenbrauen, welch ein Graus,
Reißen sie sich selber aus.
Und zu so einem Skelett
Sagt der Mann – »ah –! Du bist nett!«
20 O München, o München, du bist nicht mehr die Stadt,
Die außer ihrem guten Ruf die schönsten Maderln hat.
Statt Münchner Kindl'n kann man nur noch Hopfenstangen sehn
Und wenns auch nicht mehr mollig sind – so sind sie doch mondän.

25 Nun kommt die Straßenbahn,
Sieht man die näher an,
Mit ihr, wie intressant,
Erlebt man allerhand;
Denn ist das Wetter schön,
30 Dann tun die meisten gehn.
Doch fangts zu regnen an,
Fährt alles Straßenbahn.
Oana hängt ganz hinten dro,
Daß er a no mitfahrn ko,
35 Auf'm Trittbrett, wanns no geht,
Stehn die Leut – es ist zu blöd.

Und der Schaffner voller Angst
Schreit: »A so a G'schäft – mir gangst!«
Ziagt die Glock'n, bitte schön,
Und der Wag'n bleibt pfeilgrad stehn –!
In München, in München is Trambahnfahrn a Freud!
Zugleich is a Zerstreuung, denn da kommt ma unter d'Leut.
Und wenn der Münchner noch so schimpft, das ist ganz einerlei,
So ist er doch wie allbekannt – ganz »höflich« nebenbei.

Ja, ja bei uns ists mies
Das wiß ma ganz gewiß
Und dann erst, pfüat di Gott
Dazu die Kohlennot.
Da jammert Groß und Klein
Wie teiln ma denn dös ein?
Mir ham ja nix zum Schürn
Da müß ma ja dafriern.
Doch mir Menschen mir san schlau
Ja dös wiß ma ganz genau
Ham a Mittel gleich erdacht
Und so wird es auch gemacht.
Wenn auch jetzt a schwere Zeit,
Denkt der Münchner voller Freud
Alls – ob alt, ob reich, ob jung
Tanzt jetzt voll Begeisterung:
In München, beim Tanzen, da wirds oan bacherlwarm,
Da spürst nix von ka Kohlennot, hast d'Flamme glei im Arm!
Trotz Hunger, Not und Elend tun mia zum Tanzen gehn, fesch
Drum sage ich, o glaubt es mir, in München ists *doch* schön!

Von jeher gab es hier
Das allerbeste Bier
Und München, wie bekannt,
Wurd Bierstadt nur genannt.
In jeder Straß ei, ei,
War fast a Brauerei

Dös war do no a Lebn,
Nix schöners hats net gebn.
Doch die Stadt hat sich verwandelt,
Denn der Krieg hat sie verschandelt
Und ganz München ist empört,
Wie die Münchnerstadt zerstört.
D' Sauferei hat nun ein Ende,
Spuckts jetzt fleißig in die Hände,
Nehmts die Schaufel in die Hand:
Jetzt gehts los am Isarstrand.
In München, in München geht d' Bauerei jetzt o
Und wer sei Heimatstadt liebt, soll nun zeigen, was er ko.
Wir und auch unsre Kindeskinder wern s' nicht mehr derleb'n,
Doch unsre Kindeskinder*kinder* – – *die* hams nachher schö!

(Im Ton des alten Wienerliedes »Am Wasser bin i z'Haus«)

Friedensschluss

Gedicht von Karl Valentin – 1947

Es tobte einst ein grosser Krieg,
Ein Volk – es kämpfte für den Sieg;
Doch nach sechs Jahren kam die Wende:
Der Krieg, er nahm ein tragisch Ende.
Von Ferne tönt der letzte Schuss (bum!)
Der Krieg war aus – s'war Friedensschluss.

Ende

Moritat »Franz & Lotte«
von Karl Valentin – 1947

1) Hört – nun – zu – ihr lieben Männer und ihr Frauen –
Auch – ihr – Kinder, heute gibt's hier was zu schau'n
Franz – und – Lotte riss das Schicksal auseinand'
Doch – die treue Lieb' – ihr gutes Ende fand.

2) Er war – 17 Jahr und sie ein Jahr jüng – er
Er – war – raffiniert, doch sie – war – viel dü – mmer.
Sie lern – te – ihn kennen, drinnen in der Stadt
Dass – war s'ein – zige, was sie gelernet hat.

3) Er war Ausgeher, so ein Beruf ist leicht
Ausgehn ist nicht schwer, weil's jeder leicht begreift.
Doch am Sonntag soll ein Ausgeher nichts tun
Sechs Tag' sollst du, und am siebten sollst du ruh'n.

4) Ihr Beruf, wie schad, war Platzanweiserin
Bis – auf d'Nacht hat sie zu tun, im Kino drinn'
An den Sonntagen, da hat sie niemals frei
Ihm bricht nun allein das Herz zuhaus' entzwei.

5) Hah! – das wird geändert, er fasst einen Plan
Morgen – Nacht zünd' ich das Kino einfach an.
Dann ist meine liebe Lotte stellungslos
Dann kommt sie zu mir, der Plan ist ganz famos.

6) Und die Nacht darauf – brennt lichterloh das Haus
Doch der Brandstifter befand sich noch im Haus
Und man brachte ihn sofort nach Stadelheim
Ohne Lotte ist er drinnen nun allein.

7) Lottchen weinte sich nun schier die Aeuglein aus
Er in Stadelheim, sie stellungslos zuhaus

Was wird nun gescheh'n aus dem verliebten Paar
Er wird Zuchthaus krieg'n, vielleicht a fünf – sechs Jahr.

8) Sie wird treu ihm bleiben, diese lange Zeit
Liebe ist nur echt, in Freude und in Leid
Kommt er einstens dann zurück aus Stadelheim,
Ist mit seinem Lottchen endlich er allein.

Oh, wie bitter
(Neue Verse)

1) Am schwarzen Markt, wie jeder weiss
Ist alles z'hab'n – jedoch der Preis
Für'n Schnaps 300 Mark der Liter
»Oh, wie bitter«.

2) Wenn einer schiebt – ist das ein Schieber
Statt arbeiten is's Schieb'n ihm lieber
Doch mancher sitzt schon hinter Gitter
»Oh, wie bitter«.

3) Zur Milchablieferung denkt ein Bauer
Die Sache mache ich viel schlauer.
In d' Milch viel Brunnenwasser schütt' er
»Oh, wie bitter«.

4) Die Rittersfrau'n in alter Zeit
Trug'n Keuschheitsgürtel um den Leib.
Den Schlüssel nahm zu sich der Ritter
»Oh, wie bitter«.

5) Ich musste gestern schnell wohin
In diesem Raum war schon wer drin.
Da tobte drinnen ein Gewitter
»Oh, wie bitter«.

6) Einst hatte in der Hochzeitsnacht
Marie eine Entdeckung g'macht.
Ihr Neuvermählter war ein Zwitter
»Oh, wie bitter«.

Loreley

Das Lied: »Die Loreley« zum zweitenmal verboten!
Im dritten Reich durfte es nicht mehr gesungen werden, weil es von dem
jüdischen Dichter »Heine« stammt, und im vierten Reich darf es nicht
gesungen werden, weil Reichsleiter Robert Ley eine Tochter hatte, die
hiess: Lore Ley.

Ich weiss nicht, was soll es bedeuten,
Dass ich so traurig bin,
Ein Liedchen aus uralten Zeiten,
Das kommt mir nicht aus dem Sinn.
Ich weiss nicht, was soll es bedeuten,
Was ist denn in Bayern geschehn,
Da leben mehr Preussen als Bayern,
O Bayern, wie *warst* du so schön!

Moritat vom kleinen P. G.

Hier seh'n sie einen ganz zerlumpten Menschen
War angestellt in einer Schleiferei
Weil sein Fabrikherr einst es haben wollte
Presste man ihn hinein in die Partei[.]

Die Zeiten haben sich jedoch geändert
Heut' ist der Mann, wie viele ein P. G.
Arbeitsverbot, hat nichts mehr zu erwarten
Bald sagt er selbst vielleicht der Welt adieu.

Ja – wäre er ein grosser Nazi g'wesen
Solch' Beispiele, die kennt man weit und breit
Ging es ihm gut, doch so ist er verdammet
für jetzt und auch für alle Ewigkeit.

[D' Madl sagt hier will mich kana...]

D' Madl sagt hier will mich kana
Vielleicht nimmt mich a Indianer
A ja sagt d'Mutter zu der Tochter
Aber nur als Kochter[.]

Wenn die Gattin eines Fürsten
Thut nach wahrer Liebe dürsten
Und sie nimmt sich an Zigeuner
– Ja – wegen meiner –

Muß einer jetzt per Flugzeug fliegen
Braucht er doch keine Angst zu kriegen

liegt er heute denn in Fetzen
muß ihn die Lufthansa ersetzen[.]

Bei der »Palagy« Feier in Wien
hams gschrien durch die Bank
Die Deutschen solln leb'n
aber womöglich net lang (1875)

Die Völker möchten an Frieden – die Idee ist sehr gut –
es kommt nur drauf an wer zuerst abrüsten tut[.]

[Mariechen saß träumend im Garten...]

Mariechen saß träumend im Garten
im Hause lag schlummernd ihr Kind
mit dessen schwarzbraunen Tatzen
gespielt hat der Abendwind
schon als ganz kleiner Knabe
hab ich das Lied geplärrt
und seitdem hab ich nichts mehr
von diesem Kind gehört[.]

[Vater unser, der Du bist im Himmel...]

Vater unser, der Du bist im Himmel,
erlöse die Menschen nun endlich von den Menschen.
Diese Sippschaft ist nicht mehr wert
als daß Du sie vernichtest.

Sie wissen nichts anderes mehr zu tun
als Blut zu vergießen
indem sie sich gegenseitig abschlachten.
Mache Du nun endlich Schluß
mit den unseligen Kriegen
auf der ganzen Erde.
Du allein bist der Größte Feldherr.
Du brauchst keine Giftgase
und keine Kanonen
keine Tanks und keine Bomben.
Du brauchst nicht so grausame Waffen.
Lasse Du harmlose Schneeflocken vier Wochen lang
Tag und Nacht ununterbrochen auf die Erde fallen,
dann ist der wahre Frieden auf Erden –
                                                Amen.

Expressionistischer Gesang

Ueberliterearischer Gesang von Karl Valentin 1948

Wie die Maler heute malen
Wie der Dichter heute dicht'
So will ich jetzt humoristeln
Ob es gut ist, oder nicht.

Kanapee glüht Meeresfreiheit
Lippen blau aus Abendrot
Stille Nacht in Marmelade
Edle Kunst, behüt' dich Gott.

A – b – c – d – e – f – g – h
I – k – l – m – n – o – p
Qu – r – s – t – u – v – w – x
Ypsilon – z – f – f – f *(drei Pfiffe)*

La la la la la la la la
La la la la la la li
Li li li li li li li li
Li li li li li li la.

In der Nacht die Sterne funkeln
Und der Rundfunk funkelt auch
Funkeln tun auch die Karfunkeln
Und ein funkelnagelneuer Anzug auch.

Wer will unter die Soldaten
Der muss haben ein Gewehr
Das muss er mit Pulver laden
Und so weiter und so wei – ter.

Ein Gewitter ist im Anzug
Dieses leuchtet mir nicht ein
Ein Gewitter in der Hose
Das könnt' leichter möglich sein.

Leiser Sturmwind heult in Strömen
Wenn die Katze Kikerikiet
Und der Vater melkt die Enten
Wenn der limburger blüht.

Wenn die Blätter leise klappern
Und das Bächlein fliesst bergauf
Saust das Dampfschiff durch die Wälder
D' Gmütlichkeit hört sich dann auf.

Wenn die Ringelnatter ringelt
Und die Fischlein geh'n zu Fuss
Hört! Die Osterglocken pfeifen
Was sein muss, das muss sein muss.

Hundekuchen frisst die Katze
Und ein Kompass singt Tenor
Und es sinkt der Barometer
Das kommt jedem spanisch vor.

Wenn die Reblaus rebiglauselt
Und das Dünnbier ist zu dünn
Billige Heimat sei gegrüsset
Mei' Vaterl war a Weanerin.

Suerkraut ist kein Getränke
Denunzieren tut ein Schuft
S' beste Flugzeug wär' ein Unsinn
Gäb's im Freien keine Luft.

Ob es heiss ist oder kälter
Ob es warm ist oder weit
Ob es kühl ist oder lustig
Ja, so ändert sich die Zeit.

In Berlin, in Prag und Hamburg
Auch in Bremen und Bayreuth
Auch in Salzburg und am Chiemsee
Und auch in Holzapfelskräut.

Und zum Schlusse muss ich schlusseln
Nehmet eure Händ' in d' Hand
Schlagt dieselben oft zusammen
Das wird dann Applaus genannt.

Bruchstücke

Rassend könnt man werd'n
1905

Jüngst war ich in einer Stadt, sah mir an die Wachparad Blieb dann auf dem Platze stehn, ach die Musik ist doch schön Plötzlich kam die Feuerwehr, Alles rannte Kreuz u. quer Alles schreit u. Alles rennt, auf den Schreckensruf »es brennt[«].

In meinem ganzen Leben möcht ich das nicht mehr erleben was ich bei diesem Erlebnis erlebt habe. Wie gesagt ich stand mitten im Gedränge und hörte mir eben die lustigen Weisen der Millitärkappele an, die Musik spielte eben pianissimo, als man plötzlich die Rufe vernahm »es brennt[«] Nun kam die ganze Menge ins Schwanken. Woh brennt's Da hört man Alles wirr durcheinanderrufen, »daß muß Großfeuer sein[«], schreit ein etwas kurzsichtiger Professor[.] Da kommt schon die Dampfspritzn daher, sie Kamel schreit [...] Latrinenreinigungs Lokomobile, Jessas schreit a Fräulein auf dem Dach d'vorn da rauchts was wollns den schreit a Packträger des ist ja ein Kaminrauch woll'n uns Sie vielleicht foppen, sie [...], da plötzlich hört man Glockenzeichen, kling kling kling, die Feuerwehr kommt
dazwischen, Alles rennt rettet flüchtet, [...]
gelichtet, rot [...]
Glut, die Feuerwehr kann aber durch das [...] kaum durchfahren »Hopp Obacht[«], »Gemeinheit[«] schreit a alte Spitalerin den auf dem Bock sitzenden Feuerwehrman an der nicht faul, haut dieser alten Spitalerin eine neben i[h]m zur Seite steckende halbverbrannte Pechfackel auf'n Schedel nauf, daß diese gleich mit aller Wucht unter eines des Wegs daherkommenden Fiaker neinfliegt. Zu allem Unglück entgleiste noch die Trambahn, ein Automobil fuhr neben einem Milchfuhrwerk vorbei. [...] das bekannte Signal »tu, tu[«], durch dieses tete wurden die Pferde des Milchfuhrwerks scheu, sausten im Raasendem Tempo die Straße entlang und überfuhren einen gerade die Straße kreuzenden Radler nun kam die Sanitätskolonne um den Verunglückten

zu holen, die Frau des verunglückten Radlers schrie in erschütternder Weise, O mein Mann O mein Mann. Eine alte Jungfrau welche im Gedränge ihr Mopserl verloren hatte schrie voller Verzweiflung die Hände ringend Mei Mopserl mein Mopserl
rrrrrrrrrrrrassend könnt man werd'n

> ja das geben sie doch zu
> Wenns im Himmel auch so ist
> dank ich für die [se]l'ge Ruh[.]

Das ist aber noch gar nix, da müssen Sie mal zwischen [...] Uhr Vormittags über den Münchner Viktualienmarkt gehn, da könnens was hörn u sehn, wenn die sämtlichen Köchinnen Bürgersfrauen sich an diesem Orte einfinden, da herrscht noch ein echts Münchner Leben, Enten, Hühner, Gänse, Blaukraut Wirsching, Gelbe Rüb'n alles schreit wirr durcheinander[.]
Geht man vor einem Stand vorbei, da krath oan so a windige Obstlerin o, »Gengas her schöner Herr was geht den ab, was nehmens eahna den heut mit schöne Apfi s (Pfd) 25 (Pfg). Malaga Biern und Bergamod Weintraub'n, gengas her schöner Herr kaufens na was o[«], an a ran anden Marktstand da loant grad a bsuffner Pakträger und zuzelt an einer halbverfaulten Zitrone umanand, die er eben dem Innern einer Kehricht=Tonne entlockt hat, ein gerade des Wegs kommender Passant sieht das zufälliger Weise, und im Nu laufen dem 2 Maß Wasser im Maul zam. – Auf der andren Seite, überkreuzt ein Student mit seinem Hund die Straße, Nichts ahnend und sehr kurzsichtig, fällt ein alter Herr Professor, über den Hund, fliegt in eine gerade neben ihm zur Seite stehende Eierkiste'n, aus der er dann in schnellster Umwandlung als Kanarienvogel rauskrabbelt »Jessas meine ganzen Oar san hi. Plötzlich ertönt der Ruf, Halts'n auf, halts auf[.] Eine hundertköpfige Menschen Menge rasst in schnellstem Tempo durch die schmalen Gassen, um den Flüchtling zu erwischen, do is er nei schreit der Schutzman No. 332[.] Alles umzingelt mit Stöcken und Schirmen bewaffnet einen Marktstand, da plötzlich streckt der Flüchtling unter einer Stellage den Kopf heraus, und schreit aus vollen

Leibeskräften »Kikeriki[«]; dem so fortigen energischen, Eingreifen des Schutzmanns hatte, es der Flüchtling zu verdanken, um nicht zur Mittagszeit, in der Bratröa eines der Verfolger auf u ab zu hupfen. Sie hab'n glaubt es handel sich um einen Verbrecher, [...], [...] gibts am Viktualien Markt nicht. – Hab'n sie schon so was unverschämtes gesehn schreit eine den besseren Münchnern angehörige Dame, grad im Moment les ich da das auf dem elektrischen Gaskandelaber angepappte Plakat »Warnung vor Taschendieben[!«], daweil stiehlt mir im selben Moment, so ein ganz gemeiner Kerl, mein ganzes Portmonaise, mit 2.50 (Pfg) Inhalt, ja i bin nun grad froh das er mi net gstohl'n hat, sonst hät'n i gar nimma auf Polizei geh könna. – Weil mir jetzt gerade im Zeichen der Zeit leben kommt, auch hier durch die Straßen, des Marktes ein Automobil gefahren, um dicht neben einer Reihe Käsständen, die Lage zu passieren, – Ganz entrüstet erhebt sich ein wahres Indianer Geheul, aus den Mundwinkl'n der betreffenden Käsweiber'n. – Kahrts woh anders umanand mit engam stinkad'n Dampfscheßna, unser Limburger Auroma brauchst uns net verpesten. An einem vis a vis liegenden Stande ist eben eine Frau, Dame mit dem Ankauf einer Ente beschäftigt – Nachdem Sie diese Ente nach allen Himmelsrichtungen, mit Ihren zarten Fingerchen im Gefühle des Herrseins absolviert hat, und; und dann sich weigert diese zu kaufen, ist Sie den schmeichelhaftesten Titulationen der betreffenden Ganshandlerin unterworfen. – Sie ganz ausgschamte Büchsel Madam, fängt die nun zu schimpfen an Sie ausgschamte Person, Sie städischer Trankhafa, sie alts Kraklewe, ietzt, weils ma die ganze Ant'n, mit eanane boanane Finger scho ganz dadruckt, u dabatzt hab'n jetzt woll'nsas net kaufa, glei hau i eana de [...] Ant'n ums Mai uma, daß d' Schoß davo spritz, Na – schenga thu is eana Sie überspannta Schachterl Teufi, Was sag'ns, die Ant'n is scho ganz blau, leg'n eana Sie 3 Tag nackat auf mein Stand hera, na wern's a blau, *sie Fratz.*

Das ist ein Gewinsel, das ist ein Gepappel
Das ist ein Geschnatter, das ist ein Gezappel
Das ist ein Geblärr, das ist ein Geschimpf
Im Jahre 1905

Eingang
Ich will jetzt was singen, ich will etwas reden
Sie jetzt unterhalten von etwas ganz Blödem
Das ganze ist ja nur a Ratscherei
Vom Jahre 1903

Komischer Zithervortrag (Zithersolo)

GESANG: Die Zither ist ein Instrument
             Man hört sie immer gern
             Auch ich beherrsch das Zitherspiel
             Sie sollen es gleich hör'n
             Natürlich dürfen Sie nicht glaub'n
             Daß ich ein Künstler sei'
             Denn was *ich* auf der Zither spiel
             Ist nur a Viecherei[.]

PROSA:
Großpappa hat heute seinen 70 sten Geburtstag.
Der kleine Maxl bringt außer seinem
Glückwunschverserl seinem lieben Großpappa
auch ein Zithersolo dar, welches ihm sein
Zitherlehrer nach 6 stündigem Unterricht für
diesen feierlichen Tag eingepaukt hat

GESANG: Ich will es nun probieren
             dem Maxel zu kopieren[.]

ZITHERSOLO: *Piano Akort:*

II.

GESANG   Wenn Du Dir eine Zither kaufst
         So schau das Geld nicht an
         Kauf lieber eine teuere
         Sonst bist Du übel d'ran
         Den so ne Zither um 5 M
         Schaut wie ne andre aus
         Nur kommen bei der billigen
         Ganz andre Töne raus[.]

PROSA
Wenn einer das Zitherspielen lernen will
muß er doch zuerst eine Zither haben, um [...]

[1 Blatt fehlt]

[...] klingt, bloß wenn sie gestimmt ist,
gleich beweisen.

GESANG: Ich will es nun probieren
          So eine Zither zu coupieren.

SOLO:

III Alljährlich beim Oktoberfest
    Daß is a Viecherei
    Da geht das Pferderennen an
    Nachmittags uma drei
    Auch mich hats immer intressiert
    Da spitz ich Aug u Ohr
    Ich hab mir Alles recht gemerkt
    Und trags nun Ihnen vor.

PROSA:
Daß man ein Pferderennen auf der [...]
tragen kann, das scheint ein Ding der [...]
zu sein, wenn ich Ihnen aber dann
eine komische Imitation, des Rennens [...]
führen will so ist daß eher begreiflich[.]

GESANG: Ich will es nun probieren
Ein Rennen zu koupieren.

Nehmen wir an, wir stehen im Haupt [...]
unter der dichten Menschenmauer das [...]
zu beobachten. – Vom Turm schlägt es [...]
da ertönt der Ruf, der Prinzregent kommt
von der Rennbahn bis zum Königszelt
das Leibregiment mit einem schneidigen Marsch[.]

[...] Nach einer Weile, beginnt die Pr[ämierung]
der größten u schönsten Rindviecher vom König [...]

Notenbeispiele zu den Couplets

Herr Harry – ans Telefon

Foxtrot-Lied.
Valentin-Huber.

Coué

Foxtrot-Lied.
Text von Karl Valentin & Liesl Karlstadt.
Musik von Georg Huber.

Afra

Foxtrot-Lied.
Valentin-Huber.

Anhang

Editorische Notiz

Quellen und Druckgeschichte

Mit dem vorliegenden Band werden erstmals sämtliche überlieferten Couplets Karl Valentins veröffentlicht. Dabei wurden die Prinzipien wissenschaftlicher Textkritik angewandt. Ediert werden in Band 2 alle die Texte Valentins, die nach konventioneller Auffassung als unzweifelhafte Vertreter der Gattung *Couplet* gelten können. Dabei ergaben sich einige Zweifelsfälle in gattungstheoretischer Hinsicht gegenüber anderen Formen (Gedichte, Moritaten, Schnaderhüpfl etc.). Trotzdem wurden diese Texte in Bd. 2 aufgenommen: Vollständigkeit und Überlieferung sprachen für diese Präsentation, schließlich K. V.s eigene Zuordnung.
Textgrundlage ist prinzipiell die späteste zu Lebzeiten des Autors veröffentlichte Druckfassung (»Ausgabe letzter Hand«). Liegt keine Druckfassung vor, wurde das späteste Typoskript (erkennbar an den verwendeten Typen und an den Zusätzen und Korrekturen durch Valentins Hand) bzw. die späteste Handschrift herangezogen. Die in den Volkssängerlokalen verkauften bedruckten Handzettel, die dem Publikum das Mitsingen der Couplets erleichtern sollten (vgl. Glasmeier, S. 25), kamen angesichts ihrer unklaren Redaktion als Textgrundlage nicht in Frage.
Die überlieferten Typoskriptfassungen und Handschriften der Couplets stammen (vgl. Bachmaier, S. 221–226) aus dem »Kölner Nachlaß« des Theatermuseums Köln-Wahn (Sammlung Niessen) sowie aus folgenden Nachlaßbeständen: des Piper Verlags, München, dem Liesl-Karlstadt-Nachlaß, München, dem Bestand des Rechtsvertreters der Erben Valentins, Rechtsanwalt Gunter Fette, München (vgl. Fette), sowie dem der Stadtbibliothek München (Monacensia). Bei dem Bestand Gunter Fettes handelt es sich um vier Aktenordner mit Texten und Dokumenten. In vier Fällen (»Erinnerung an die Erste Liebe«, »Hier in diesem Album stehen«, »Wenn du einst in deinem Leben«, »Vater unser«) mußte auf Veröffentlichungen in den Erinnerungen der Valentin-Töchter Bertl und Gisela zurückgegriffen werden.
Die wichtigsten Druckfassungen der frühen Couplets sind die »Original-Vorträge von Karl Valentin«, die um 1916 im Eigenverlag erschienen sind. Diese Sammlung von 34 Vorträgen (darunter ca. ein Drittel Monologe; s. Sämtliche Werke, Bd. 1) gehört zum Bestand der Monacensia – insbesondere zum Nachlaß Ludwig Ganghofers (vgl. Brief Nr. 17, Sämtliche Werke, Bd. 6) – und des Valentin-Musäums. Die Veröffentlichungsart

dieser Couplets und Monologe als lose, nicht gebundene Blätter sollte ihren preiswerten Verkauf an das Publikum wie an Komikerkollegen fördern. Die Bezeichnung »Original-Vorträge« unterstreicht dabei das alleinige, nur gegen eine Lizenzgebühr abzutretende Aufführungsrecht des Autors. Diesen juristischen Vorbehalt haben die schon erwähnten, massenhaft vertriebenen Handzettel nicht. Bei diesen handelt es sich um an den Tischen verkaufte »Gedächtnis-Stützen« bzw. um Erinnerungen an vergnügliche Volkssängerabende. Von Valentins Couplets liegen (z. B. im Bestand des Valentin-Musäums) bislang allerdings nur wenige derartige Handzettel vor, nämlich von den Couplets: »Parodie auf: Hupf mei Mädel!«, »O München wie schaug'st du so traurig aus!« [= »Mein Muenchen«], »Andreas Papp«, »Taucherlied«, »Das Volksauto«, »Der Mord in der Eisdiele!«. Die Abweichungen dieser Fassungen von den für den vorliegenden Band maßgeblichen Textzeugen sind minimal. In einem Fall jedoch (»Parodie auf Hupf mei Mädel!«) fand sich auf einem solchen Zettel eine zusätzliche Strophe, die im Kommentar wiedergegeben wird.

Für die Volkssängerforschung von großer Bedeutung sind die zunächst von Max Höher, später von Heinrich Bauderer verlegten Hefte der Reihe »Münch'ner Blut«, deren erste um die Jahrhundertwende mit Couplets v.a. von Karl Wilhelm und Alois Hönle erschienen sind (vgl. Laturell, S. 25 f.). Neben einigen Monologen veröffentlichte Karl Valentin dort die Couplets: »Rezept zum russischen Salat«, »Versteigerung!«, »Das Gretchen« und »Immer wieder Pech«. Das »Münch'ner Blut« erschien in drei »Abteilungen« (A: Couplets, B: komische Szenen, C: Prosavorträge). Mit Valentins »Versteigerung!« (Heft 429) endet um 1930 die traditionsreiche, aber längst veraltete Reihe A der Münchner Couplets.

Das erste gebundene Buch Karl Valentins ist »Allerlei Blödsinn«, das um 1920 in München noch im Eigenverlag erschien. Es besteht zur Hälfte aus Monologen und zur anderen Hälfte aus Couplets, darunter das frühe (1904?) »Mich geht's ja nix an«. Eingeleitet wird das 48-seitige Bändchen von einem launigen Vorwort: »Auch meine lieben Herrn Kollegen werden dieses Buch in die Hand bekommen, diese werden zu dem Inhalt dieses Buches sagen ›Mist‹ – dasselbe, was ich zu dem Inhalt ihrer Bücher sage. Daraus ersieht man, daß verschiedene Menschen den gleichen Gedanken haben können.«

1926 erschienen bei Max Hieber in München die »Originalvorträge« als Buchausgabe. Ergänzt wurde diese Ausgabe um den Band »Liesl Karlstadt, Original-Vorträge von Karl Valentin«, der ebenfalls 1926 bei Max Hieber herauskam. Neben den populärsten Soloszenen, die Valentin für seine Partnerin bis dahin geschrieben hatte, enthielt der Band auch die berühmte »Lorelei«-Parodie. In Max Hiebers Musikalienverlag erschienen dazu um 1926 mit der auskomponierten Klavierbegleitung des Komponi-

sten Georg Huber die Couplets »Herr Harry – ans Telephon!«, »Coué« und »Aff-Aff-Afra«, jeweils mit eingelegtem Textblatt. Diese erfolgreichen Produktionen werden im vorliegenden Band unter »Notenbeispiele zu den Couplets« (215 ff.) wiedergegeben.
Der 1938 bei Hugendubel in München edierte Band »Brilliantfeuerwerk« enthält keine Couplets, sondern vorwiegend Monologe, Dialoge, Stücke und kürzere Texte.
Karl Valentins letztes zu Lebzeiten veröffentlichtes Buch sind die 1941 ebenfalls bei Hugendubel erschienenen »Valentiniaden«, worin als einziges Couplet das damals bereits 33 Jahre alte »Was man alles machen kann« enthalten ist.
Besondere Beachtung verdienen noch Valentins Beiträge für die »Münchener Feldpost«, ein Propaganda- und Durchhalteblättchen für die aus dem »Gau München« stammenden Frontsoldaten, in dem auch Adolf Gondrell und Weiß Ferdl veröffentlichen. 1942 erschienen darin unter der Rubrik »Unsere Valentiniade« die wohl politisch und kriegspsychologisch unverdächtigen Couplets »Der Mord in der Eisdiele!« und die »Ganz neuen, echt hagelbuachanen...«.
Nach dem Ende des Zweiten Weltkriegs veröffentlichte Karl Valentin noch einige Monologe, Artikel und Dialoge, so etwa im »Münchener Magazin« (1946/47), aber keine Couplets. Für die Gattung Couplet gilt, daß sie eine bestimmte Art der Unterhaltungskultur voraussetzt (s. Nachwort), die nach dem Zweiten Weltkrieg nicht mehr vorhanden war.
Zu den Werkausgaben nach Valentins Tod s. Bibliographie.

Textkonstitution

Alle Texte werden strikt nach den herangezogenen Textzeugen wiedergegeben, einschließlich aller Abweichungen von Orthographie und Interpunktion. Wo Eingriffe durch die Herausgeber, etwa bei beschädigten oder unleserlichen Stellen bzw. offensichtlichen Tippfehlern, nötig waren, wurden diese durch eckige Klammern [...] markiert.

Textdarbietung, Apparat, Varianten, Kommentar

Die Darbietung der Texte folgt der chronologischen Reihenfolge ihrer Entstehung. Gibt es keine eindeutigen Datierungshinweise (im Untertitel, durch handschriftlichen Zusatz, gemäß Aufführungsverzeichnis oder aufgrund inhaltlicher Hinweise), so folgt die Anordnung dem von Valentin

selbst angefertigten Repertoireverzeichnis, das sich im Kölner Nachlaß befindet. Unberücksichtigt bleibt die Numerierung seiner »Original-Vorträge« um 1916, da ungeklärt ist, ob die Vorträge auch in dieser Reihenfolge entstanden sind.
Der kritische Apparat gliedert sich wie folgt: Es wird die Textüberlieferung bis zu Valentins Tod nachgezeichnet, wobei die Textzeugnisse nach folgenden Siglen mit ihrem Fundort angegeben werden:

H Handschrift,
h fremde Handschrift,
T Typoskript,
D Druckfassung.

Die hochgestellten Ziffern bezeichnen die einzelnen Textzeugnisse in der im jeweiligen Nachlaß vorgefundenen Reihenfolge, bei den Druckfassungen die chronologische Ordnung. Dabei werden auch textidentische Fassungen aufgelistet, sofern sie eigene handschriftliche Zusätze enthalten, als eigenständige Abschrift oder im Druck überliefert sind. Unberücksichtigt bleiben reine Durchschläge und Kopien.
Liegen wichtige Varianten zu den einzelnen Couplets vor, werden diese zwischen den Angaben der »Textgrundlage« und der »Entstehung« abgedruckt. Liegen mehrere Varianten vor, so werden diese in der (wahrscheinlichen) Reihenfolge ihrer Entstehung dargeboten. Den Hinweisen zur Entstehung folgen Angaben zu etwaigen Quellen und der eigentliche Stellenkommentar. Erläuterungsbedürftige Stellen der Varianten werden im Anschluß an den Kommentar zur Textgrundlage kommentiert. In einigen Fällen liegen zusätzlich wichtige ergänzende Texte (z. B. szenische Fassungen) vor, die im Anschluß an den Variantenkommentar wiedergegeben werden. Solchen Texten folgt jeweils die Angabe ihres Fundorts und – soweit nötig – ein Stellenkommentar.

Handschriftliche Fassung des Couplets »Die schmerzhafte Beleidigung« (S. 19/20)

Kommentar

Der Kommentar hat die Aufgabe, der Lektüre alle Kontexte biographischer, historischer, lokaler, dialektaler Art zu erschließen, die geeignet sind, das Verständnis der Couplets zu fördern. Dabei wird auch auf werkimmanente Bezüge sowie auf weiterführende Literatur verwiesen.
Es soll nicht verschwiegen werden, daß in einigen wenigen Fällen auch den nachdrücklichsten Bemühungen, Hinweise zu erhalten, Grenzen gesetzt waren. Dies war etwa der Fall bei den Lebensdaten wenig bekannter, von keinem Nachschlagewerk erfaßter Personen oder bei einigen inzwischen gänzlich vergessenen Liedtiteln, zu denen kein Dichter und Komponist gefunden werden konnte. Eine Frage bleibt freilich, ob Valentin diese Titel auch immer korrekt zitiert.
Der Stellenkommentar gibt neben Sachinformationen auch die Abweichungen der einzelnen Handschriften, Typoskripte und Druckfassungen gegenüber dem im Textteil des Bandes abgedruckten Textzeugen an, so daß die Entwicklungsgeschichte der Couplets nachvollziehbar wird. Dabei mußten minimale Abweichungen in Form von offensichtlichen Tippfehlern, eingefügten oder gestrichenen Satzzeichen, Anführungszeichen, Füllwörtern, Unterstreichungen etc. angesichts der Fülle unerwähnt bleiben.
Der Stellenkommentar beginnt jeweils mit der Angabe der Seite und Zeile des zu kommentierenden Lemmas. Dieses wird kursiv wiedergegeben und mit einer nicht kursivierten eckigen Klammer abgeschlossen.
Bei den Angaben zu den »Quellen« handelt es sich entweder um äußere Einflüsse (etwa des Moritatengesangs) oder um innere, biographisch bedingte Schreibmotive (etwa Valentins nostalgischen Neigungen). Der Möglichkeit, gerade letzteren nachzuspüren, ist freilich eine enge Grenze gesetzt.
Zu den Nachlaßbeständen, den Editionsprinzipien etc. vgl. Bachmaier.

Das suesse Maedel

Textüberlieferung
T¹   Typoskript im Nachlaß, Theatermuseum Köln-Wahn: Vorträge von Karl Valentin (Album), (Au 11748).
Textgrundlage: T¹.

Entstehung
Laut Untertitel: 1899.

Quellen
Die »böse Schwiegermutter« gehört zur Standard-Thematik volkstümlicher Komik; vgl. Röhrich 1977, S. 104 u. 107; Freud 1912/13, S. 308, analysiert: »Eine solche Störung [der ehelichen Beziehung] geht wohl zumeist von der Person der Schwiegermutter aus, die ihn [den Mann] durch so viele gemeinsame Züge an die Tochter mahnt und doch all der Reize der Jugend, Schönheit und psychischen Frische entbehrt, welche ihm seine Frau wertvoll machen.«

Stellenkommentar
15,2 *Parodie*] Vermutlich auf das Lied »Hedi mein süßes Mädel« des erfolgreichen (Couplet-)Komponisten Wilhelm Aletter (geb. am 21. 1. 1867 in Bad Nauheim, gest. am 30. 6. 1934 in Wiesbaden).
15,6 *Blunz'n*] Bayer.: 1. Blutwurst, 2. Schweinsblase, 3. dicker Bauch oder Hintern.
15,9 *Fiakergaul*] Bayer./Österr.: Gaul einer Mietkutsche (von frz. »fiacre« nach dem Pariser Gasthaus zum Hlg. Fiacrius, wo im 17. Jhd. Kutschen zu mieten waren).

Does soll ma gar nicht glauben

Textüberlieferung
T¹ Typoskript im Nachlaß, Theatermuseum Köln-Wahn: Vorträge von Karl Valentin (Album), (Au 11748).
Textgrundlage: T¹.

Entstehung
Vermutlich um 1900 als K. V. als »Vereinshumorist« in zahlreichen Münchner Gaststätten auftrat.

Stellenkommentar
16,9 *Platt'n*] Bayer.: Glatze.

Ist das schon Alles

Textüberlieferung
T¹ Typoskript im Nachlaß, Theatermuseum Köln-Wahn: Vorträge von Karl Valentin (Album), (Au 11748).
Textgrundlage: T¹.

Entstehung
Laut Untertitel: 1900.

Stellenkommmentar
16,24 *C Fey 1900*] Handschriftlicher Zusatz. K. V., der eigentlich Valentin Ludwig Fey hieß, war bereits 1902 in Nürnberg unter dem Künstlerna-

men »Karl Valentin« aufgetreten, nannte sich aber noch 1907 »Charles Fey«; das Münchner Adreßbuch von 1907, I. Teil, S. 122, spätestens gibt an: »Fey, Val. (gen. Karl Valentin)«, K.V. scheint also 1907 endgültig seinen Künstlernamen angenommen zu haben.
16,32 *öffnete*] Handschriftlich korrigiert, ursprünglich: »öffnet«.
16,32 *drauf*] Handschriftlicher Zusatz.
17,11 *bringt die*] Handschriftlich korrigiert, ursprünglich: »kommt mit der«.
17,12 *die*] Handschriftlich korrigiert, ursprünglich: »mit«.
17,18 *ein Freund von mir*] Handschriftlich korrigiert, ursprünglich: »mein Hausherr schon«.
17,22 *Kerl*] Handschriftlich korrigiert, ursprünglich: »Mann«.
17,31 *Professor Falb*] Rudolf Falb (geb. am 13.4.1838 in Obdach/Steiermark, gest. am 29.9.1903 in Berlin-Schöneberg), populär-wissenschaftlicher Schriftsteller, der abenteuerliche Theorien zu Erdbeben, Vulkanismus, der Einwirkung von Sonne und Mond auf das Wetter u.ä. veröffentlichte. – Vgl. das Couplet »Professor Falb« des Wiener Volkssängers Carl Lorens (geb. am 7.7.1851 in Lichtental bei Wien, gest. am 14.12.1909 in Wien).
17,33 *prophezeihen tut*] Handschriftlich korrigiert, ursprünglich: »prophezeiet.«
18,1 *Statt'n*] Handschriftlich korrigiert, ursprünglich: »Statt«.
18,1 *da bricht vielleicht*] Handschriftlich korrigiert, ursprünglich: »bricht wie vielleicht«.

O das ist ungezogen

Textüberlieferung
T¹   Typoskript im Nachlaß, Theatermuseum Köln-Wahn: Vorträge von Karl Valentin (Album), (Au 11748).
Textgrundlage: T¹.

Entstehung
Laut Untertitel: 1900.

Stellenkommentar
18,10 *O das ist ungezogen*] Handschriftlicher Zusatz.
18,11 *Couplet v. C.Valentin 1900*] Handschriftlicher Zusatz.
18,16 *Augustiner*] Gemeint ist der »Augustiner Bräu-Ausschank« bzw. der »Augustiner Keller«, ein Münchner Traditionslokal mit berühmtem Innenhof (1896/97) in der Neuhauser Straße; vgl. Bauer/Graf/Münz, S. 107 ff.
18,26 *Soubretten*] Vertreterinnen eines weiblichen Rollenfachs (die spitzbübische Kokette) in Operette und Singspiel, vor dem 19. Jhd. auch auf der Sprechbühne; vgl. Pemsel, S. 31.

18,35 *Deutsche Theater*] Das Deutsche Theater in München, Schwanthalerstraße 13, wurde 1894–96 von Alexander Bluhm und Joseph Rank errichtet und am 26.9.1896 eröffnet. Seit der Jahrhundertwende wurden dort prunkvolle Faschingsbälle veranstaltet. In den 20er Jahren fanden unter der Direktion von Hans Gruss (geb. am 12.3.1883 in Chemnitz, gest. am 8.4.1959 in München), der das Theater 1920–1933 leitete, in Konkurrenz zum traditionellen Volkstheater Cabaret, Revue und Musical statt, wegen seiner spärlich bekleideten Tänzerinnen oft zum »Entsetzen« des sittenstrengen Münchner Establishments. Frank Wedekind thematisierte die Gründung des Deutschen Theaters in seinem Schauspiel »Der Marquis von Keith« (1901). Auch K.V. trat zusammen mit Liesl Karlstadt dort in den 20er und 30er Jahren mehrere Male in verschiedenen Revuen auf, in die er teilweise eigene Szenen einbaute; vgl. Rep.Nr.247, »Bei Benz« (Sämtliche Werke, Bd. 7) sowie Brief Nr. 61 an Hans Gruss (Sämtliche Werke, Bd. 6, S. 61).

18,36 *Ball-parè*] Frz.: Ball in festlicher Kleidung (recte: Bal paré).

Die schmerzhafte Beleidigung

Textüberlieferung
H¹ Handschrift im Nachlaß, Theatermuseum Köln-Wahn: Vorträge von Karl Valentin (Album), (Au 11748).
Textgrundlage: H¹.

Entstehung
Laut Untertitel: 1901.

Himmel Herrmann Sapprament

Textüberlieferung
H¹ Handschrift im Nachlaß, Theatermuseum Köln-Wahn: Vorträge von Karl Valentin (Album), (Au 11748).
Textgrundlage: H¹.

Entstehung
Laut Untertitel: 1901.

Stellenkommentar
20,11 *Karneval*] Vgl. Rep.Nr.239, »Licht- und Schattenseiten des Münchner Karnevals oder ›Etwas über Konfetti‹« bzw. Rep.Nr.239a, »Fasching – früher und heute« (Sämtliche Werke, Bd. 7).
20,15 *Seid u Atlas*] In der Textiltechnik bezeichnet ›Atlas‹ ein kostbares Seidengewebe in Satinbindung, d.h. mit verstreuten Bindungspunkten, wodurch auf beiden Seiten glatte, strukturlose Flächen entstehen.

20,20 *Wöhringerhofen*] Gemeint ist das durch die Wasserheilkuren des Pfarrers Sebastian Kneipp (geb. am 17.5.1821 in Stefansried, gest. am 17.6.1897 in Wörishofen) entstandene Kneipp-Heilbad in Bad (seit 1920) Wörishofen im bayer. Schwaben.
20,29 *Drin im Thal beim Metzgerbräu*] Münchner Traditionslokal (Tal 62), um die Jahrhundertwende von dem damals bekannten Ringkämpfer Franz Blonner gepachtet; vgl. Bauer/Graf/Münz, S. 45.

Mein Vater war ein Riese

Textüberlieferung
T¹ Typoskript im Nachlaß, Theatermuseum Köln-Wahn: Vorträge von Karl Valentin (Album), (Au 11748).
Textgrundlage: T¹.

Entstehung
Vermutlich um 1900.

Stellenkommentar
22,1 *Manderl*] Bayer.: Männchen.
22,8 *Wuhwuh*] Bayer.: Kinderschreck (Kindersprache).
22,14 *Zwicker*] Bügellose Brille.
22,29 *Meerschaumspitz*] Meerschaum ist ein Mineral von reinweißer Farbe, das u. a. zur Herstellung kostbarer Tabakspfeifen und Zigarrenspitzen verwendet wird.
22,35 *wenn*] Handschriftlicher Zusatz.

So amüsiert sich jeder so gut er eben kann

Textüberlieferung
H¹ Handschrift im Nachlaß, Theatermuseum Köln-Wahn: Vorträge von Karl Valentin (Album), (Au 11748).
Textgrundlage: H¹.

Entstehung
Vermutlich um 1900.

Stellenkommentar
23,19 *Gouvernant*] Erzieherin, Haushälterin.
23,33 *Bader*] Friseur und »Chirurg« kleinerer Eingriffe (vor allem im Mittelalter).
24,12 *Er dient beim Amtsgericht*] Gemäß Gerichtsverfassungsgesetz vom 27.1.1877 waren die Amtsgerichte im Deutschen Reich u. a. für die »Hilfsvollstreckung in das unbewegliche Vermögen« zuständig, während die sog. »Mobiliarexekution« (Pfändung von beweglichem Vermögen)

Sache der Gerichtsvollzieher war, die aber nicht »beim Amtsgericht dienten«, sondern in eigener amtlicher Verantwortlichkeit arbeiteten.
24,21 *Begegnen sich per Rad*] Zur Fahrradmode in München zu Beginn des Jahrhunderts vgl. Krauss, S. 96 f.

Das kleine Gigerl!

Textüberlieferung
T¹   Typoskript aus dem Bestand des Rechtsvertreters der Erben Valentins, Rechtsanwalt Gunter Fette, München.
Textgrundlage: T¹.

Entstehung
Vermutlich um 1900. K.V. verwendete es allerdings noch 1939 in der »Ritterspelunke« (Sämtliche Werke, Bd. 3).

Quellen
Vgl. Rep. Nr. 82, »Valentins Jugendstreiche« (GW, S. 141, bzw. Sämtliche Werke, Bd. 7): »Damals um die Jahrhundertwende war das Gigerltum große Mode.« »Gigerl-Couplets« aller Art wurden ebenfalls zur Modeerscheinung (Paul Lincke: »Die Gigerlkönigin«, A. Frankl: »Der Gigerl-Franz«, u.v.m.). Vgl. Brief Nr. 128 (Sämtliche Werke, Bd. 6, S. 125). In Johann Nestroys Posse »Das Mädl aus der Vorstadt« (1841) tritt die Figur des Gigl auf.

Stellenkommentar
25,1 *Gigerl*] Bayer.: Geck.
25,21 *Brennabor aus Nickel*] 1871 gründeten die Gebrüder Adolf, Hermann und Carl Reichstein die Firma »Brennabor« in Brandenburg an der Havel, die zunächst Kinderwagen, ab 1880 hölzerne Hoch- und Dreiräder produzierte. 1890 begann die Produktion des bald populären Brennabor-Niederrades, ab 1900 auch die von Automobilen; vgl. o. 236 (24,21).

Da dreh' ich mich am Absatz rum und geh

Textüberlieferung
T¹   Typoskript im Nachlaß, Theatermuseum Köln-Wahn: Vorträge von Karl Valentin (Album), (Au 11748).
Textgrundlage: T¹.

Entstehung
Laut Untertitel: 1902.

Stellenkommentar
26,24 *Und geht es über tausend Meter*] 1901 erreichten die Ballonfahrer Joseph A. St. Berson (geb. am 6.8.1859 in Neusandez/Polen, gest. am

3.12.1942 in Berlin) und Reinhard Süring (geb. am 15.5.1866 in Hamburg, gest. am 29.12.1950 in Potsdam) die Höhe von 10.800 m und wiesen so das Vorhandensein der Stratosphäre nach.

Neuigkeit von 1899

Textüberlieferung
H¹, T¹ Handschrift und Typoskript im Nachlaß, Theatermuseum Köln-Wahn: Vorträge von Karl Valentin (Album), (Au 11748).
Textgrundlage: H¹,T¹.

Entstehung
Wegen des Hinweises auf die »verschobenen Brücken« vermutlich 1902.

Stellenkommentar
27,12 *Auch Brücken hat man schon verschob'n*] 1902 wurde in München die 1832 erbaute Reichenbach-Brücke um 25 m verschoben.
27,25 *sag'n*] Handschriftlich korrigiert, ursprünglich: »erzähl'n«.
27,29 *Pegasus*] In der griech. Mythologie geflügeltes Wunderpferd, dessen Hufschlag auf dem Musenberg Helikon die Hippokrene (Roßquelle) öffnete und das zum Sinnbild dichterischen Schaffens wurde.
27,30 *Ein schneidiger Leutenant*] Anspielung auf Rudolf Krafft (geb. am 10.11.1864 in Erding, gest. 1916) und seine Schrift »Glänzendes Elend, eine offene Kritik der Verhältnisse unseres Offizierkorps«, die 1895 in Stuttgart erschien. Krafft, ein auf eigenen Wunsch verabschiedeter »Premierlieutenant« der bayer. Armee, kritisierte darin militärische Mißstände und sorgte so im In- und Ausland für größtes Aufsehen. »Glänzendes Elend« erschien bereits im Erscheinungsjahr in sechs Auflagen. Durch Ehrengericht, Kriegsministerium und Prinzregent wurde Krafft daraufhin der Offiziersgrad aberkannt; vgl. Rumschöttel, S. 264–272.
27,34 *Jnvention*] Erfindung.
27,36 *Prädestination*] Bestimmung des einzelnen Menschen zur ewigen Seligkeit oder Verdammnis (etwa im Calvinismus oder Islam); umgangssprachlich: Geeignetheit, Talent.
28,8 *»Jn der kleinen Garnison«*] Vgl. das um die Jahrhundertwende populäre Couplet »Aus einer kleinen Garnison«, op. 10 von Rudolf Lips (keine Lebensdaten ermittelt).

Erinnerung an die Erste Liebe

Textüberlieferung
D¹ Bertl [Böheim] Valentin: »Du bleibst da, und zwar sofort!«. Mein Vater Karl Valentin, München 1972 (2. Aufl.), S. 17f.
Textgrundlage: D¹. (Als Handschrift oder Typoskript nicht überliefert.)

Entstehung
Das Gedicht ist mit dem Datum »5. August 1902« unterschrieben. Der Text ist eine Huldigung an Valentins spätere Frau Gisela Royes (geb. am 22.1.1881 in Aufhausen bei Regensburg, gest. am 13.11.1956 in Planegg), die seit dem 15.8.1899 Hausbedienstete bei der Familie Fey war. Sie heiratete K.V. am 31.7.1911.

Stellenkommentar
29,16 *KARL VALENTIN*] Vgl.o. 232 (16,24).

Ringà – Ringa – Reihà

Textüberlieferung
H¹ Handschrift aus dem Bestand des Rechtsvertreters der Erben Valentins, Rechtsanwalt Gunter Fette, München.
Textgrundlage: H¹.

Entstehung
Wegen der Hinweise auf den regen Brückenbau in München, das eigene Alter K.V.s (»cirka 20 Jahr«) sowie den Getreidezoll vermutlich 1902.

Stellenkommentar
29,22 *Ringà – Ringa – Reihà*] Das bekannte »Ringelreihe-Lied« findet sich bereits in der Sammlung »Des Knaben Wunderhorn« (1806/1808) von Achim von Arnim und Clemens Brentano.
29,29 *dann druck ich mich*] Bayer.: dann verdrück ich mich.
29,34 *Student*] Der »ewige Student« ist ein Standardthema der Volkssänger. Bekannt wurde das Couplet »Bemoostes Haupt« von Jakob Geis (geb. am 27.12.1840 in Athen, gest. am 3.3.1908 in München); vgl. Laturell, S. 31.
30,3 *Häuser werd'n gebaut*] Zum Bauboom um die Jahrhundertwende in München vgl. Angermair.
30,6 *Na hast a Mordstrum Loch*] Bayer.: Dann hast du ein großes Loch.
30,16 *das Sendlingerthor*] Das Sendlinger Tor ist ein um 1318 entstandenes südliches Tor der ehemaligen, unter Kaiser Ludwig dem Bayern errichteten Stadtbefestigung. Aus verkehrstechnischen Gründen mußten 1906 die ehemaligen drei kleinen Toreingänge dem heutigen großen Torbogen weichen. Bis dahin war umstritten, ob das Sendlinger Tor überhaupt erhalten werden sollte. Schon Jakob Geis hatte in einem Couplet auf diese Diskussion reagiert; vgl. Pemsel, S. 107f.
30,17 *kommt mir spanisch vor*] Die bekannte Redensart dürfte unter dt. Protestanten mit Bezug auf die durch den Hof Kaiser Karls V. anläßlich des Wormser Reichstags (1521) eingeführten »katholischen Moden« aufgekommen sein.
30,23 *Getreidezoll*] Der hohe Zufluß billigen amerikanischen Getreides

führte 1879 zur Einführung eines Schutzzolls, der z. B. für Weizen 1 RM pro Doppelzentner betrug. Nach Erhöhungen 1885 und 1887 wurde der Zolltarif 1902 erneut erhöht: 7,50 RM für den Doppelzentner Weizen.

30,26 *Hausbrot*] Bayer.: Schwarzbrot.

30,27 *Ludwigs Apothek*] Münchner Apotheke (Neuhauser Straße 8), die seit 1827 bis heute besteht.

31,3 *Brücken werd'n gebaut*] 1900–1901 wurde die 1899 infolge Hochwassers eingestürzte Prinzregentenbrücke erneuert, 1901 wurde die Corneliusbrücke errichtet (1903 eingestürzt), 1901–1905 die Maximiliansbrücke erneuert, 1902 wurden die Max-Joseph-Brücke und die Bogenhauser Brücke erbaut, der Bau der Wittelsbacher Brücke begonnen (bis 1904) und die Reichenbachbrücke um 25 m verschoben.

31,11 *Rathhausbau*] Gemeint ist das Neue Rathaus, das von Georg Joseph Ritter von Hauberrisser (geb. am 19. 3. 1841 in Graz, gest. am 17. 5. 1922 in München) in drei Bauabschnitten errichtet wurde. Grundsteinlegung war am 25. 8. 1867, 1908 wurde es bezogen, erst 1909 war der 85 m hohe Turm fertiggestellt; vgl. u. 242 (36,7) und 306 (117,23).

31,19f. *Bei mir da herrscht die Fleischnot/jetzt schon cirka 20 Jahr.*] Anspielung auf K. V.s eigene Magerkeit; vgl. Rep. Nr. 2, »Ich bin ein armer, magerer Mann« (Sämtliche Werke Bd. 1, S. 15–17).

31,23f. *die deutschen Colonien/R. sind jetzt sitzen bliebn*] Vermutlich eine komische Umschreibung der Tatsache, daß die Erhebungen und Aufstände der Ur-Bevölkerung in den deutschen Kolonien (vorübergehend) nachließen; in den neunziger Jahren des vorigen Jhds. war es wiederholt zu schweren Kämpfen deutscher Schutztruppen mit Eingeborenen gekommen (gefürchtet waren die Hottentotten-Aufstände in Deutsch-Südwestafrika).

31,30 *Großhesseloh*] Großhesselohe ist ein Münchner Stadtteil.

31,32 *Au*] Münchner Stadtteil, in welchem K. V. geboren und aufgewachsen ist.

32,6 *Na werdn's nimmer à.*] Bayer.: Dann werden sie es auch nicht mehr.

Rezept zum russischen Salat

Textüberlieferung

T¹ Typoskript im Nachlaß, Theatermuseum Köln-Wahn: Repertoire Nr. 15; Mappe I (Au 11750).

T² Typoskript im Nachlaß, Theatermuseum Köln-Wahn: Repertoire Nr. 15; Mappe I (Au 11750).

T³ Typoskript im Nachlaß, R. Piper Verlag, München: Repertoire Nr. 15.

T⁴ Typoskript im Liesl-Karlstadt-Nachlaß, München: Repertoire Nr. 15.

D¹ Karl Valentin, Rezept zum russischen Salat, Verlag von Karl Valentin, München um 1916 (= Original-Vorträge von Karl Valentin, Nr. 5).
D² Münch'ner Blut, Nr. 410, München um 1918/20.
Textgrundlage: D².

Entstehung
K. V. schreibt in einem Brief aus Nürnberg an die Eltern vom 5. 10. 1902 (Sämtliche Werke, Bd. 6, S. 11 f.): »Das Couplet ›Der russische Salat‹ gefällt *nicht im geringsten*. Ich habe es nur einmal gesungen.« Vgl. die Schallplattenaufnahmen »Der komische Salat« vom 2. 12. 1928 (Berswordt, S. 305) und vom 25. 9. 1940 (ebda., S. 308).

Quellen
Dieses Couplet steht in der Reihe des Zungenfertigkeits-Couplets, die bis in die (komische) Oper des 18./19. Jhds. zurückreicht (vgl. Leporellos »Registerarie« aus Mozarts »Don Giovanni»[1787], Dulcamares Auftrittsarie aus Donizettis »Liebestrank»[1832] u.a.). Unter den Münchner Volkssängern war insbesondere das große Vorbild K. V.s, nämlich Karl Maxstadt (geb. am 1. 9. 1853 in Lahr/Schwarzwald, gest. am 14. 1. 1930 in München), für seine Schnellsprechkünste bekannt; vgl. K. V.s Couplets »Was man alles machen kann« (vorliegender Band, S. 66), »Versteigerung!« (S. 84), und »Umtauschstelle« (S. 182).

Stellenkommentar
32,11 *russischen Salat*] Ein Kartoffelsalat mit Mayonnaise und Meerrettich. T¹, T², T³, T⁴: »komischen Salat«.
32,15 *Jahrmarktsrummel von Paul Linke*] Paul Lincke (geb. am 7. 11. 1866 in Berlin, gest. am 3. 9. 1946 in Clausthal-Zellerfeld) war ein überaus erfolgreicher Komponist unzähliger Schlager, Couplets, Revuen, Operetten (»Frau Luna«, 1899), Filmmusiken und Märsche. Sein Couplet »Jahrmarktsrummel« war zu Beginn des Jahrhunderts sehr populär und wurde mehrfach bearbeitet.
32,19 *Hafen*] Bayer.: Topf.
32,34 *Schweizerpill'n*] Gemeint sind »Brandts Schweizer Pillen«, ein seit den achtziger Jahren des 19. Jhds. bis in die dreißiger Jahre des 20. Jhds. verbreitetes Abführ- und Blutreinigungs-»Geheimmittel«, das im wesentlichen aus Aloë bestand und von einem gewissen R. Brandt aus Zürich vertrieben wurde.
32,35 *Zungenwurst*] T², T³: »Zungenwurscht«.
33,1 *Naphthalin*] Aus Teer gewonnenes Grundmaterial zur Herstellung u. a. von Lösungsmitteln, Farbstoffen, Mottenkugeln.
33,3 *Karfiol*] Blumenkohl (von ital. cavolfiore).
33,4 *Odol*] Mundwasserkonzentrat (seit 1893 im Handel) der »Lingner-

Werke A.-G., Dresden«, die von Karl August Lingner 1888 gegründet wurden. T⁴: »Lysol«.
33,7 *Zibeb'n*] Rosinen (von ital. zibibbo).
33,10 *Lüneburger*] Gemeint ist vermutlich Limburger Käse. T¹, T², T³, T⁴,D¹: »Lineburger«.
33,10 *Kokusnüss'*] T⁴: »Kokosnuss«.
33,10 *Schwartenmag'n*] Ein Saumagen, in den die Schwarten (grobgeschnittene Stücke von Rinds- und Schweineköpfen, Speck) gefüllt werden.
33,17 *Kletzenbrot*] Bayer.: Früchtebrot (Gläzn = gedörrte Birne).
33,17 *Glyzerin*] Alkohol, der u.a. bei der Herstellung von Kosmetika, Schmiermitteln und Lacken verwendet wird.
33,18 *Terpentin*] Harz, das u.a. bei der Herstellung von Farben und Lakken verwendet wird.
33,22 *Zichorie*] Gemeine Wegwarte, deren Wurzel als Kaffee-Ersatz verwendet wird. T¹, T², T³, D¹: »Zigorri«.
33,28 *Messerputzpomad*] Ein Fett zum Polieren des Eßbestecks. D¹: »Messingputzpomad«.
34,1 *Hafnerlehm*] Ausgangsmaterial der Hafnerkeramik (glasierte Tonware, Geschirr, Ofenkacheln).
34,1 *Bügelkohl'n*] Gemeint sind vermutlich die in älteren Bügeleisen verwendeten Kohlen.
34,7 *Hetschebetsch*] Bayer.: Hagebutte(nmarmelade).
34,8 *Bauerng'selcht's*] Bayer.: Geräuchertes Schweinefleisch.
34,10 *'ner zerhackter Besenstiel*] T¹, T², T³, T⁴, D¹: »'Nen zerhackten Besenstiel«.
34,11 *Zwiebelzelt'ln*] Bayer.: Zwiebelfladen (ein Gebäck).
34,11 *Kreosot*] Antiseptisches Öl.
34,19 *Leoniwurst*] Bayer.: Lyonerwurst (Fleischwurst).
34,19 *Bleiweiß*] Weißes Pulver zur Herstellung wetterfester Farben.
34,21 *Anguilotti*] Ital.: kleine gesalzene Aale (recte: Anguillotti). T¹, T², T³, T⁴, D¹: »Anquilotti«.
34,25 *Stearin*] Hauptbestandteil fester tierischer und pflanzlicher Fette, das u.a. zur Kerzenherstellung verwendet wird.
34,26 *Zacherlin*] Mittel gegen (Küchen-)Ungeziefer. T⁴: »Sacharin«.
34,27 *Kaisertinte*] Tinte aus Blauholzextrakt.
34,27 *Schusterpapp*] Schusterleim.
34,28 *Salmiak*] Umgangssprachlich synonym mit Salmiakgeist, der u.a. in Reinigungsmitteln enthalten ist.
34,31 *dann*] T⁴: »das«.
34,34 *russische*] In T¹ handschriftlich korrigiert in: »komische«. T², T³, T⁴: »komische«.

Mich geht's ja nix an

Textüberlieferung
H¹ Handschrift im Nachlaß, Theatermuseum Köln-Wahn: Vorträge von Karl Valentin (Album), (Au 11748).
D¹ Karl Valentin, Allerlei Blödsinn, Verlag von Karl Valentin, München um 1920, S. 35 ff.
Textgrundlage: D¹.

Entstehung
Wegen des Hinweises auf das »Glockenspiel« vermutlich 1904.

Stellenkommentar
35,1 *Mich geht's ja nix an*] H¹: »I hab mir's glei denkt, aber i hab nix sag'n woll'n, denn mi gehts ja nix o.«
35,6 *frißt*] H¹: »ißt«.
35,16 *wer*] H¹: »oaner«.
35,17 *das is doch*] H¹: »Si's wirklich«.
35,17 *G'frett*] Bayer./Österr.: Plagerei, Ärger (von mhd. ›vrete‹ = Entzündung, Wunde).
35,19 *ganz großer*] H¹: »rechts Mordstrum«.
35,25 *um a zehn*] H¹: »so um 10«.
36,7 *Das Münchner Glockenspiel*] Gemeint ist wohl das Glockenspiel, das – gestiftet von dem Münchner Karl Rosipal – 1904 in den Turm des Neuen Rathauses eingebaut wurde; vgl. o. 239 (31,11). Es ist das größte Glockenspiel Deutschlands und hat 43 Glocken von 10–2300 kg Gewicht (dreieinhalb Oktaven Umfang) sowie 32, bis zu 2,20 m hohe Figuren aus der Münchner Stadtgeschichte und wird von einem Dutzend Elektromotoren angetrieben. Bekannt ist das Spiel des »Schäfflertanzes«.
H¹ hat an dieser Stelle zwei zusätzliche Strophen:

>»Es kam mal Herr *Petrus*
>Nach Afrika nein
>Doch mit schwarzen Menschen
>Da hatt man viel Pein
>Doch Deutschland über Alles
>Hat ihnen gezeigt was es kann
>Ja i hab mirs glei denkt
>Aber i hab nix sag'n woll'n
>Den[n] mich gehts ja nix an.

>Ein Rechtsanwalt suchte
>Ein Zimmerchen fein
>Er zog auch nach Kurzem
>Bei Herrn *Wölfl* ein
>Zimmer in ›Aftermiethe‹

> Plötzlich fuhr sein Zimmerherr davo
> Ja i hab mirs glei denkt
> Aber i hab nix sag'n woll'n
> Denn mi gehts ja nix o.«

36,11 *und fängts an zu spiel'n*] H¹: »Fängt es an zu spielen«.
36,12 *rennt jeder davo'*] H¹: »Lauft Alles davo«.

Das dritte Geschlecht!

Textüberlieferung
T¹ Typoskript im Nachlaß, Theatermuseum Köln-Wahn: Vorträge von Karl Valentin (Album), (Au 11748).
Textgrundlage: T¹.

Entstehung
Die Datierung durch den Untertitel (»1900«) kann nicht zutreffen, da Harden erst 1902 seine Kampagne gegen Moltke und Eulenburg (s.u.) begann. Der Text stammt vermutlich aus der Zeit zwischen 1907 und 1909. Dafür spräche auch der Hinweis K.V.s auf das eigene Alter »fünfundzwanzig Jahr«, das er 1907 erreichte.

Quellen
Angriffe gegen Homosexuelle als Repräsentanten einer normüberschreitenden Sexualität gehören zum Standardrepertoire volkstümlicher Komik (vgl. Röhrich 1977, S. 2, 12, 15, 153, 166); vgl. das Couplet »Da stimmt was nicht, da stimmt was nicht, da ist was nicht in Ordnung« (S. 189,15 ff.).

Stellenkommentar
36,20 *Das dritte Geschlecht!*] Das Schlagwort vom »Dritten Geschlecht« stammt ursprünglich aus der feministischen Bewegung und bezeichnet dort ledige und kinderlose Frauen. Geprägt hat es Elsa Asenijeff (geb. 1868 in Wien, gest. 1941) mit ihrer Schrift »Aufruhr der Weiber und das dritte Geschlecht« (1898). In diesem Sinne verwendet es ein Jahr später Ernst Ludwig Frh. von Wolzogen (geb. am 23.4.1855 in Breslau, gest. am 30.8.1934 in München) in seinem Roman »Das dritte Geschlecht«. (Wolzogen gründete 1901 in Berlin das berühmte »Überbrettl«-Kabarett; vgl. u. 287 [97,6]).
36,24 *Die Musik kommt!*] Populäres Lied (op.54) von Oscar Straus (geb. am 6.3.1870 in Wien, gest. am 11.1.1954 in Bad Ischl). Der auch als Operettenkomponist berühmt gewordene Straus (»Ein Walzertraum«, 1907) schrieb 1901 dieses Lied während seines Engagements als Pianist und Komponist in Wolzogens »Überbrettl« (s.o.).
36,30 *nun auch etwas*] Handschriftlich korrigiert, ursprünglich: »Euch Neues 'was«.

36,35 ff. *Verwickelt sich ein Graf...*] Der Publizist Maximilian Harden (Pseudonym für: Felix Ernst Witkowski; geb. am 20.10.1861 in Berlin, gest. am 30.10.1927 in Montana/Schweiz) bezichtigte in seiner Wochenschrift »Die Zukunft« ab 1902 wiederholt den Stadtkommandanten von Berlin, General Kuno Graf von Moltke (geb. am 13.12.1847 in Neustrelitz/Mecklenburg, gest. 1923) und dessen Freund, den dt. Botschafter in Wien, Philipp Fürst Eulenburg-Hertefeld (geb. am 12.2.1847 in Königsberg/Preußen, gest. am 17.9.1921 in Schloß Liebenberg bei Templin) – beide enge Berater von Kaiser Wilhelm II. – der Homosexualität. Die dadurch ausgelösten, staatserschütternden Gerichtsprozesse (1907–1909) führten zu keiner endgültigen Klärung; vgl. Young, S. 93–136. Die Affäre inspirierte auch den Volkssänger Max Hermann (gest. 1919) zur fünften Strophe seines Couplets »Am Isarstrand« (abgedruckt in: Laturell, S. 30).

37,1 *HOMOSEXUALITAET!*] Das Reichsstrafgesetzbuch (RStGB) vom 15.5.1871 stellte Homosexualität unter Haftstrafe (§ 175).

37,5 *Herr Harden!*] S.o.

37,10 *warm*] Im 18. Jhd. ist die Bedeutung: »gefühlvoll«, daneben aber auch: »wollüstig«, in der Gaunersprache des 18./19. Jhds. dann: »päderastisch« bzw. »homosexuell«.

37,21 *Musterung*] Wegen seines lebenslangen Asthma-Leidens war K. V. für den Militärdienst tatsächlich untauglich; eine erste Musterung 1904 hatte noch ergeben: »Landsturm mit Waffe«.

38,3 *Dös haut!*] Bayer.: Das haut hin!, Prima!

38,7 *Herr Wölfl*] Nicht ermittelt.

38,8 *»Neudeck«*] Gefängnis im Münchner Stadtteil Au.

38,17 *Sie; Sie ich hätt'*] Handschriftlich korrigiert, ursprünglich: »Sie; ich hätt'«.

38,21 *die Neu'ste*] Die Tageszeitung »Münchner Neueste Nachrichten«, die von 1848–1945 erschien.

38,25 *Graf Moltke*] S.o.

38,36 *probat*] Veraltet für: bewährt.

39,9 *KONKUBINAT*] Veraltet für: außereheliches Liebesverhältnis.

39,10 *die*] Handschriftlicher Zusatz.

39,13 *drücken nein*] Handschriftlich korrigiert, ursprünglich: »rücken ein«.

Parodie über das Lied »Margarethe«

Textüberlieferung
T¹ Typoskript im Nachlaß, Theatermuseum Köln-Wahn: Vorträge von Karl Valentin (Album), (Au 11748).
Textgrundlage: T¹.

Entstehung
Laut Untertitel: 29. Dezember 1906.

Stellenkommentar
40,1 »*Margarethe*«] Gemeint ist das Ständchen »O theure Margarethe« aus der Gesangsposse »Ein armes Mädel« (1893) von Leopold Kuhn (geb. am 26.8.1861 in Wien, gest. am 16.1.1902 bei Wien), Text: Leopold Krenn und Carl Lindau.
40,2 *Cousine Margarethe*] Nicht ermittelt.
40,3 *Zittau*] Nach dem Notverkauf der elterlichen Speditionsfirma, die K.V. seit dem Tod des Vaters Johann Valentin Fey (geb. am 2.7.1833 in Darmstadt, gest. am 7.10.1902 in München) mit der Mutter Johanna Maria Fey, geb. Schatte (geb. am 3.1.1845 in Zittau, gest. am 24.1.1923 in München) geleitet hatte, zieht er mit dieser im November 1906 in deren Heimat nach der Stadt Zittau in Sachsen, wo er bis zum Beginn seiner Orchestrion-Tournee im Februar 1907 wohnt; vgl. Schulte 1982, S. 22–25.

Die Oybinbahn

Textüberlieferung
T^1 Typoskript im Nachlaß, Theatermuseum Köln-Wahn: Vorträge von Karl Valentin (Album), (Au 11748).
Textgrundlage: T^1.

Entstehung
Während des Aufenthaltes in Zittau zwischen dem November 1906 und dem Februar 1907. Das Datum im Untertitel (»1905«) ist wohl aus dem Gedächtnis notiert.

Stellenkommentar
41,1 *Oybinbahn*] Oybin ist ein Kurort im Zittauer Gebirge, am Fuße des gleichnamigen Sandsteinfelsens. Die 1890 eingerichtete Schmalspurbahn verbindet Oybin mit dem 8 km entfernten Zittau. Handschriftlich korrigiert, ursprünglich: »Oezbinbahn«.
41,2 *(in Sachsen bei Zittau)*] Handschriftlicher Zusatz.
41,4 *Jch weiss nicht was soll es bedeuten*] S. das Couplet »Lorelei« (vorliegender Band, S. 99).
41,23 *Oezbinbahn*] Verballhornung von: Oybinbahn.

Der Franzel

Textüberlieferung
T^1 Typoskript im Nachlaß, Theatermuseum Köln-Wahn: Vorträge von Karl Valentin (Album), (Au 11748).
Textgrundlage: T^1.

Entstehung
Während K. V.s Aufenthalt im Gasthaus »Stubenvoll« (s.u.) im Sommer 1907 nach seiner glücklosen Orchestrion-Tournee. K.V. war vom 15.6.1907 bis Anfang September 1907 Pensionsgast des »Stubenvoll«, wo er am Abend als zitherspielender Couplet-Sänger auftrat; vgl. Schulte 1982, S. 25 f.

Stellenkommentar
42,1 *Der Franzel*] Das Münchner Adreßbuch 1907, I. Teil, S. 437, nennt einen Franz Riedl als Gastwirt im Unteranger 26 (= Gasthaus Stubenvoll).
42,5 *Unteranger*] Straße in München.
42,8 *Stubenvoll*] Das Münchner Traditionslokal »Zum Stubenvoll« (Unteranger 26) ist benannt nach Hans Stubenvoll, der 1659 das Haus erwarb, in dem sich bis 1852 auch die gleichnamige Brauerei befand. Bekannt wurde das Lokal durch die »Stubenvoll-Gesellschaft«, eine Vereinigung Münchner Künstler (Friedrich von Gärtner, Wilhelm von Kaulbach u.a.), die von ca. 1830 bis 1870 dort bestand; vgl. Bauer/Graf/Münz, S. 88 f.
42,21 *etwas über Gass'n geht*] Anspielung auf den damals sehr verbreiteten »Gassenverkauf« von Flaschenbier.
42,27 *gscherrten*] Bayer.: ordinären, groben, gewöhnlichen, vom Land stammenden (abfällig); die gängige Beleidigung hat ihre Wurzeln im Mittelalter, als die leibeigenen Bauern geschorene Köpfe tragen mußten; zum »Gscheerten« als ein Opfer der Volkssänger vgl. Pemsel, S. 155–157, und Laturell, S. 31 f.
42,31 *der Tag des Herrn*] Anspielung auf das Gedicht »Das ist der Tag des Herrn!« (Titel: »Schäfers Sonntagslied«) von Ludwig Uhland, das zweimal vertont wurde: einmal von Conradin Kreutzer, zum anderen von Felix Mendelssohn Bartholdy.
43,4 *der Tritschverein der neue*] K.V. war 1907 Mitglied der im »Stubenvoll« ansässigen »Freien Vereinigung Tritschbund«. Der Name könnte von bayer. tritschln = 1. ausplaudern, 2. trödeln bzw. eher vom veralteten Verb: tritschen = schwatzen, plaudern, klatschen (tratschen) herrühren. Das Münchner Adreßbuch 1907, III. Teil, S. 149, nennt einige Geselligkeits- und Wirtshausvereine mit dem Namen »Tritschbrüder«, »Tritschler« u. ä.; insgesamt bestanden in München zu dieser Zeit ca. 500 derartige Stammtischvereine, die sich teilweise originelle Namen gaben: »Preßiert net«, »Mir bleib'm sitzen«, »Die Überflüssigen« seien nur genannt.
43,11 f. *ja die Liebe, ja die Liebe/das ist eine Himmelsmacht*] Zitat aus dem zweiten Akt der Operette »Der Zigeunerbaron« (1885) (Duett: »Wer uns getraut«) von Johann Strauß (Sohn), Libretto: Ignaz Schnitzer.
43,14 *roten Feder*] Vermutlich der Spitzname K.V.s im Gasthaus »Stuben-

voll« bzw. im »Tritschbund«; vgl. das folgende Couplet »Trommelverse von der roten Feder!«

43,15 *Karl Valentin*] Handschriftlicher Zusatz.

Trommelverse von der roten Feder!

Textüberlieferung
T¹ Typoskript im Nachlaß, Theatermuseum Köln-Wahn: Vorträge von Karl Valentin (Album), (Au 11748).
Textgrundlage: T¹.

Entstehung
Während K. V.s Aufenthalt im Gasthaus »Stubenvoll« (s. voriges Couplet) Sommer 1907; vgl. Schulte 1982, S. 25 f.

Stellenkommentar
43,20 *Trommelverse*] Vgl. das Couplet »Trommel-Verse« (vorliegender Band, S. 79).
43,20 *roten Feder*] S. o. 246 (43,14).
43,24 *Bum Bum Bum*] Vgl. den Dialog Rep. Nr. 269, »Bum-Bum-Bum« (Sämtliche Werke, Bd. 4).
43,30 *Herrn Riedl*] Offenbar (s. folgende Strophe) der Seniorchef vom Gasthaus »Stubenvoll«.
43,35 *halbert*] Bayer.: zur Hälfte.
44,1 *sein Sohn der Franzl*] S. das vorige Couplet.
44,6 *damisch*] Bayer.: 1. dämlich, 2. schwindlig (taumelig).
44,8 *Herr Salzer*] Vermutlich der Trödler und Pfandvermieter Bernhard Salzer, wohnhaft Unteranger 25 (Münchner Adreßbuch 1907, I. Teil, S. 458).
44,13 *Platt'n*] S. o. 232 (16,9).
44,17 *Preiter Seppl*] Vermutlich der Magazinier (Lagerarbeiter) Josef Preiter, wohnhaft Unteranger 20 (Münchner Adreßbuch 1907, I. Teil, S. 410).
44,22 *Herr Mangold*] Das Münchner Adreßbuch 1907 nennt zahlreiche Personen dieses Namens, auch in der Nähe des »Stubenvoll«.
44,29 *Stubenvoll*] S. o. 246 (42,8).
45,1 *Charles Fey*] »Musical-Fantast Charles Fey« nannte sich K. V. 1907 während seiner glücklosen Tournee mit dem selbstgebauten Orchestrion, die ihn bis nach Leipzig und Halle an der Saale führte; im selben Jahr 1907 hat K. V. aber seinen endgültigen Künstlernamen angenommen; vgl. o. 232 (16,24).
45,3 *Asthma*] Vgl. o. 244 (37,21).
45,6 *an Schiefer einziehen*] Bayer.: (sinngemäß) ins Fettnäpfchen treten (Schiefer = Holzsplitter).
45,12 *Biller Heini*] Vermutlich der im Stubenvoll-Haus (Unteranger 26)

wohnhafte Ausgeher (Austräger) Heinrich Biller (Münchner Adreßbuch 1907, I. Teil, S. 44).

45,18 *Lemuth Hans*] Vermutlich der Sekretariatsgehilfe Johann Lemuth, wohnhaft Bereiteranger 11 (Münchner Adreßbuch 1907, I. Teil, S. 303).

45,19 *Votz'n*] Bayer.: Mund (abfällig).

45,20 *bluati*] Bayer.: blutig (im übertragenen Sinne auch: ganz arg, sehr).

45,21 *d'Letsch'n oft dakrein*] Bayer.: das Maul oft zerkratzen (mit den Krallen).

45,26 *Lemuth*] S. o.

45,28 *Pfeiffer*] Vermutlich der Zitherlehrer Josef Pfeiffer, wohnhaft Bereiteranger 12 (Münchner Adreßbuch 1907, I. Teil, S. 399).

45,33 *Vogl Sepp*] S. das folgende Couplet.

45,34 *Obstler*] Scherzhaft für: Obstbauer, bzw. -händler.

45,36 *umanand*] Bayer.: umher.

46,1 *Ortner*] Vermutlich der Schuhmacher Michael Ortner, wohnhaft Unteranger 27 (Münchner Adreßbuch 1907, I. Teil, S. 387).

46,6 *Fritsch*] Vermutlich der Zimmermann Georg Fritsch, wohnhaft Unteranger 20 (Münchner Adreßbuch 1907, I. Teil, S. 139).

46,14 *Martin*] Vermutlich der Schlosser Andreas Martin, wohnhaft Unteranger 25 (Münchner Adreßbuch 1907, I. Teil, S. 339).

46,16 *Riedl Wastl*] Vermutlich Sebastian Riedl, ebenfalls Sohn des Seniorchefs vom »Stubenvoll« und Freund K. V.s; vgl. Brief Nr. 4 (Sämtliche Werke, Bd. 6, S. 13 f.).

46,16 *dös haut*] S. o. 244 (38,3).

46,17 *Wally*] Vielleicht K. V.s frühere Freundin Wally; vgl. Bertl [Böheim] Valentin, S. 16 f.

46,21 *Wissmann Fritz*] Vermutlich der Monteur Friedrich Wißmann, wohnhaft Münchnerstr. 9 (Münchner Adreßbuch 1907, I. Teil, S. 627).

46,26 *Herr Seiler jun.*] Vermutlich Karl Seiler jun., Juniorchef der Seiler-Malzfabrik, wohnhaft im Stubenvoll-Haus (Unteranger 26; Münchner Adreßbuch 1907, I. Teil, S. 523).

Da Säpi

Textüberlieferung

T¹ Typoskript im Nachlaß, Theatermuseum Köln-Wahn: Vorträge von Karl Valentin (Album), (Au 11748).

Textgrundlage: T¹.

Entstehung

Laut Untertitel: 14. 9. 1907, also wohl noch während K. V.s Aufenthalt im Gasthaus »Stubenvoll« Sommer 1907 (s. die beiden vorigen Couplets); vgl. Schulte 1982, S. 25 f.

Stellenkommentar

47,1 *Da Säpi*] Vermutlich handelt es sich um den »Vogl Sepp«, einen fahrenden Obsthändler und Stammgast im »Stubenvoll«, der auch im vorigen Couplet (45,33) genannt wird. Dafür spricht auch der Hinweis auf den großen Kopf in beiden Couplets (45,35 f. u. 48,2). Das Münchner Adreßbuch 1907, I. Teil, S. 587, nennt den Landesprodukten- und Obsthändler Josef Vogl, dessen Geschäft sich im Rosental 16 und dessen Wohnung sich im Unteranger 28 befand.

47,2 *Zwife*] Bayer.: Zwiebel, hier: Spitzname für den »Säpi«.

47,5 *roten Feder*] S. o. 246 (43,14).

47,7 *Früh morgens wenn die Hähne kräh'n*] Anfang des Gedichtes »Waldandacht« von Leberecht Blücher Dreves (geb. am 12. 9. 1816 in Hamburg, gest. am 19. 12. 1870 in Feldkirch/Vorarlberg), das in der Vertonung von Franz Abt (geb. am 22. 12. 1819 in Eilenburg/Sachsen, gest. am 31. 3. 1885 in Wiesbaden) populär wurde.

47,8 *Obster*] Vgl. o. 248 (45,34).

47,27 *köppeln*] Bayer.: sich beschweren, schimpfen.

47,32 *Arbet's fest, es Deppen*] Bayer.: Arbeitet fest, ihr Tölpel.

47,33 *siegst an*] Bayer.: siehst du den.

48,10 *Stubenvoll*] S. o. 246 (42,8).

48,11 *Anger*] Das zwischen Tal und Sendlingertor liegende Gebiet ist das »Angerviertel« in München.

48,16 *der Franzl*] S. o. 246 (42,1).

48,18 *is g'fehlt*] Bayer.: ist es aus.

48,34 *aufrumpeln*] Bayer.: abrupt und geräuschvoll aufstehen.

Heinrich und Liese

Textüberlieferung

H¹ Handschrift im Nachlaß, Theatermuseum Köln-Wahn: Vorträge von Karl Valentin (Album), (Au 11748).

Textgrundlage: H¹.

Entstehung
Das Manuskript trägt das Datum: 1907.

Quellen
K. V. verfaßt hier (noch vor der Bekanntschaft mit Liesl Karlstadt, die ab dem Jahr 1910 anzusetzen ist) eine humoristische Duo-Szene. Nach Pemsel, S. 62 f., stellt zu dieser Zeit das Auftreten des Volkssängers als Alleinunterhalter sogar die Ausnahme dar, »komische Duette« hingegen waren sehr verbreitet: Bekannt waren u. a. die Gebrüder Seppl (gest. Mai 1938) und Hansl (gest. 1928) Albrecht (vgl. Lutz, S. 35–37), das Ehepaar Fritz

und Minna Ebner (vgl. Lutz, S. 41f.), Hans Blädel (geb. am 18.8.1871 in Sulzbürg/Oberpfalz, gest. am 24.6.1908 in München) mit Partnerin Rosalie (vgl. Lutz, S. 46–48).

Stellenkommentar

49,2 *1907*] Das Datum befindet sich am unteren Rand des Manuskripts.

49,5 *I woas net was soll des bedeuten*] S. das Couplet »Lorelei« (vorliegender Band, S. 99).

49,14f. *Zu jener Zeit wie liebt ich dich mein Leben/Ich hätt geküsst die Spur von deinem Fuß*] Zitat aus dem Salonlied op. 101 »Verlornes Glück«, Text und Musik von Leopold Sprowacker (keine Lebensdaten ermittelt) aus dem Jahre 1896. Sprowacker griff dabei auf die französische Vorlage »Tu ne m'aimais pas« von Charles Malo (geb. am 29.7.1835 in Boulogne-sur-Mer) zurück, der einen Text von Léon Laroche vertonte. K.V. verwendet das populäre Lied auch in der Szene, Rep. Nr. 53, »Souffleur in 1000 Ängsten« (»Theater in der Vorstadt«; Sämtliche Werke, Bd. 5) sowie in dem Film »So ein Theater« (1934); vgl. K.V.s Filme, S. 130ff. Das Couplet »Der Orgelmann« (vorliegender Band, S. 100) ist ebenfalls nach der Melodie des Liedes zu singen.

49,15 *Fuß*] Handschriftlich korrigiert, ursprünglich (wie im Originaltext des Liedes): »Tritt«.

49,17 *vui*] Bayer.: viel.

49,23 *Bläcka*] Bayer.: Weinen (wörtlich: Blöken).

49,24 *Batz'laug'n*] Bayer.: hervorquellende Augen.

49,29 *schiali*] Bayer.: häßlich.

49,30 *gräußlicher*] Handschriftlich korrigiert, ursprünglich: »schialiger«.

50,4 *Hagenbeck*] Karl Hagenbeck (geb. am 10.6.1844 in Hamburg, gest. am 14.4.1913 ebda.), baute seit 1866 die väterliche Tierhandlung zu einer der weltweit größten aus und gründete 1907 den bekannten Tierpark in Hamburg-Stellingen.

50,6 *Verfangt es*] Bayer.: Fängt das.

50,19 *des geht uns grad no o*] Bayer.: das hat uns gerade noch gefehlt.

50,20 *ro*] Bayer.: herunter.

50,34 *'d'Levit'n les'n*] Die Redensart »jemandem die Leviten lesen«, d.h.: ihn energisch rügen, geht auf das 3. Buch Moses (Leviticus) zurück, worin Vorschriften für die Leviten (Priester) enthalten sind.

50,35 *da g'langst*] Bayer.: Da hast du genug.

51,23 *Figur als wie a Suppenbein*] Derselbe Vergleich findet sich im Monolog, Rep. Nr. 2, »Ich bin ein armer, magerer Mann« (Sämtliche Werke, Bd. 1, S. 15).

51,27 *Pratzerl*] Bayer.: kleine Pratze.

51,29 *Wenns hinschaugst nacha siehagstas gnau*] Bayer.: Wenn du hinschaust, dann würdest du es genau sehen.

52,1 *Nimm mich mit – Nimm mich mit*] Vermutlich zitiert K. V. hier das populäre Lied »Nimm mich mit!« aus dem musikalischen Schwank »Bis früh um fünfe« (1904) von Paul Lincke (s. o. 240 [32,15]).

Walzertraum von Karl Valentin

Textüberlieferung
T¹ Typoskript aus dem Bestand des Rechtsvertreters der Erben Valentins, Rechtsanwalt Gunter Fette, München.
Textgrundlage: T¹.

Entstehung
Äußerer Anlaß war wohl die Uraufführung der populären Operette »Ein Walzertraum« von Oscar Straus (s. o. 243 [36,24]) am 2. 3. 1907 in Wien, deren Libretto Felix Dörmann (Pseudonym für: Biedermann) und Leopold Jacobson besorgten. Da Obszönitäten in den Singspielhallen der Volkssänger untersagt waren (vgl. Lutz, S. 7f., und Pemsel, S. 40), kann angenommen werden, daß K. V. dieses Couplet für den Vortrag im kleinen Kreis sog. »Herrenabende« schrieb.

Quellen
»Anal- und Fäkalwitze« gehören zum Grundbestand des Komischen; vgl. Röhrich 1977, S. 98, 151–153. Zum infantil-sexuellen Ursprung des »Exkrementellen« im Witz vgl. Freud 1905, S. 93.

Stellenkommmentar
52,16 *narrisch*] Bayer.: närrisch, sehr.
52,28 *Leise, ganz leise*] Wendung aus dem Duett »Da draußen im duftigen Garten« aus dem zweiten Akt von Straus' »Walzertraum«.
52,32 *Da gengas aussi*] Bayer.: Da gehen Sie hinaus.
53,5 *schwummerlich*] Ugs.: benommen, schwindlig.
53,13 *grübig*] Bayer.: gemütlich, in aller Ruhe (geborgen wie in einer Grube).
53,16 *Kölner Leim*] Ein durch Zinkweißzusatz getrübter, gelblicher Leim, wie er u. a. für Furnierarbeiten verwendet wird.
53,17 *Haferlschuh*] Bayer.: seitlich geschnürter kräftiger Halbschuh, wie er in den Bergen getragen wird.
53,18 *g'seachelt*] Bayer.: nach Urin gestunken.
53,22 *Kletzentauch*] Nicht nachgewiesen. Ein »Kletzenkopf« oder »Kletzensepp« bezeichnet einen langweiligen, uninteressanten Menschen; vgl. o. 241 (33,17).

Ein Prosit der Gemütlichkeit

Textüberlieferung
T¹ Typoskript aus dem Bestand des Rechtsvertreters der Erben Valentins, Rechtsanwalt Gunter Fette, München.
Textgrundlage: T¹.

Entstehung
Nicht vor 1901; der zum Mitsingen einladende Refrain läßt eine Entstehung um 1908 vermuten.

Stellenkommentar
54,1 *Ein Prosit der Gemütlichkeit*] Musikalischer Trinkspruch (1901) von Georg Kunoth (geb. am 17.2.1863 in Bremen, gest. am 9.9.1927 in Wiesbaden).
54,5 f. *Ich bin ein Preuße/kennt ihr meine Farben*] Handschriftlicher Zusatz; gemeint ist das sog. »Preußenlied« des Komponisten August Heinrich Neithardt (geb. am 10.8.1793 in Schleiz/Thüringen, gest. am 18.4.1861 in Berlin) nach einem Text von Bernhard Thiersch (geb. am 26.4.1794 in Kirchscheidungen/Sachsen, gest. am 1.9.1855 in Bonn).

Am linken Rand von T¹ findet sich in der Handschrift Valentins die folgende, teilweise unleserliche Skizze:

> »Ritterbalade ?
> Der Ritter Kunz von fischer[...]
> ritt in finstrer Nacht mit
> einem Rapen Hals über Kopf
> hinab, da [...]«

Blödsinn-Verse

Textüberlieferung
T¹ Typoskript im Nachlaß, Theatermuseum Köln-Wahn: Repertoire Nr. 3; Mappe I (Au 11750).
T² Typoskript im Nachlaß, Theatermuseum Köln-Wahn: Repertoire Nr. 3; Mappe I (Au 11750).
T³ Typoskript im Nachlaß, R. Piper Verlag, München: Repertoire Nr. 3.
T⁴ Typoskript im Liesl-Karlstadt-Nachlaß, München: Repertoire Nr. 3.
D¹ Karl Valentin, Blödsinn-Verse, Verlag von Karl Valentin, München um 1916 (= Original-Vorträge von Karl Valentin, Nr. 3).
Textgrundlage: D¹.

Entstehung
Das Karl Valentin Buch, S. 50, zitiert die zweite Strophe des Couplets

unter dem Titel »Mein erstes Auftreten 1908«. In diesem Jahr erhielt
K. V. sein erstes festes Engagement im »Hotel Frankfurter Hof« (Schillerstraße 49) bei Josef Durner (geb. am 4. 9. 1872 in Kühbach bei Augsburg),
wo er bis 1915 auftrat; vgl. Schulte 1982, S. 36.

Stellenkommentar

55,14 *Blödsinn-Verse*] T²: »Blödsinn-Verse!« T¹, T³ haben in fremder Handschrift und T² den maschinengeschriebenen Zusatz: »Fagottcouplet«.
55,15 *Text u. Musik v. Karl Valentin*] Fehlt in T².
55,33 *hier oben*] T¹, T², T³: »vielleicht hier«.
55,36 *Soll's*] T¹, T², T³, T⁴: »Sollt's«.
56,14ff. *Erst kürzlich fuhr ein Auto, ...*] Diese Strophe fehlt in T¹, T², T³.
56,36 *hinein in*] T¹, T², T³: »'nein in den«, T⁴: »hinein in den«.

Romanze in C-Moll

Textüberlieferung

h¹ Manuskript (Zierschrift von fremder Hand) im Nachlaß, Theatermuseum Köln-Wahn: Repertoire Nr. 5; Mappe I (Au 11750).
T¹ Typoskript im Nachlaß, R. Piper Verlag, München: Repertoire Nr. 5.
T² Typoskript im Liesl-Karlstadt-Nachlaß, München: Repertoire Nr. 5.
D¹ Karl Valentin, Romanze in C-Moll, Verlag von Karl Valentin, München um 1916 (= Original-Vorträge von Karl Valentin, Nr. 1).
Textgrundlage: D¹.

Entstehung
Um 1908; vgl. die Schallplattenaufnahmen vom 20. 8. 1937 und 13. 5. 1939 »Das Lied vom Sonntag« (Berswordt, S. 307).

Quellen
K. V. greift wiederholt zur komischen Musikparodie, die »als Karikierung modischer Stilauswüchse und als harmlos heitere Verspottung kompositorischer Mittelmäßigkeit« (MGG 10, Sp.832) mindestens seit dem 16. Jhd. zu verzeichnen ist; vgl. die Couplets »Die vier Jahreszeiten« (vorliegender Band, S. 96), »Lorelei« (S. 99), »Parodie auf den Lindenbaum« (S. 130). Ausdruck des »gespannten« Verhältnisses K. V.s zur klassischen Musik sind auch die Texte Rep. Nr. 370, »Klassische Musik« (Sämtliche Werke, Bd. 4), und Rep. Nr. 401, »Dös is a Musi« (Sämtliche Werke, Bd. 7); vgl. Glasmeier, S. 39–53.

Stellenkommentar
57,8 *Romanze*] In der romanischen Musik des 16./17. Jhds. tragen Sologesänge mit Lautenbegleitung, aber auch reine Lautenstücke den Titel »Ro-

manze«, der in der Folge verstärkt auf (volkstümliche) Strophenlieder (bes. in der Oper), im 19. Jhd. auch auf Charakterstücke etwa für Klavier oder Violine angewandt wird.

57,9 *Originalvortrag*] Diese unter Volkssängern übliche Bezeichnung weist darauf hin, daß das Aufführungsrecht allein beim Verfasser liegt und nur von diesem erworben werden kann; vgl. Pemsel, S. 60. T² hat den Untertitel: »Text von Karl Valentin, Musik von Anton Degen.«

57,12 *Es war ein Sonntag hell und klar*] Volkstümliches Kunstlied mit dem Titel: »O schöne Zeit, o sel'ge Zeit!« von Karl Götze (geb. 1836 in Weimar, gest. am 14. 1. 1887 in Magdeburg) auf ein Gedicht von August Freudenthal (geb. am 2. 9. 1851 in Fallingbostel/ Lüneburger Heide, gest. am 6. 8. 1898 in Bremen).

57,20 *Stockfinster wurd' es um mich her*] h¹ hat am Ende dieser Zeile in K. V.s Handschrift den Zusatz: »-Husten-Husten«.

57,23 ff. *Ein Auto stand an einem Eck...*] Diese Strophe fehlt in h¹.

57,31 *stad*] Bayer.: still.

57,34 *elektrischen Straßenbahn*] Bereits 1895 fuhr die elektrische Trambahn vom Färbergraben zum Isartalbahnhof, ab 1900 war in München das gesamte Trambahnnetz auf einer Strecke von 93 km elektrifiziert; die Trambahn ist wiederholt Thema K. V.s: vgl. das Couplet »Moritat Margareta bei der Straßenbahn« (vorliegender Band, S. 113) und die Szene »Valentin fährt Straßenbahn« (Sämtliche Werke, Bd. 3); vgl. Krauss, S. 91 f., Angermair, S. 323–325, und Hess.

58,7 *Dann fährt der vord're Wagen »allein«.*] In T² folgt: »Dieses Couplet verlangt eine *ganz eigene* Vortragsweise um komisch zu wirken.«

D' Sennerin auf der Alm

Textüberlieferung
T¹ Typoskript im Nachlaß, Theatermuseum Köln-Wahn: Repertoire Nr. 6; Mappe I (Au 11750).
T² Typoskript im Nachlaß, R. Piper Verlag, München: Repertoire Nr. 6.
T³ Typoskript im Liesl-Karlstadt-Nachlaß, München: Repertoire Nr. 6.
T⁴ Typoskript im Liesl-Karlstadt-Nachlaß, München: Repertoire Nr. 6.
Textgrundlage: T¹.

Entstehung
Laut Untertitel: 1908.

Quellen
Dieses und die beiden folgenden Couplets sowie das Couplet »Neue Neubayerische G'stanzl« (vorliegender Band, S. 63) stellen Parodien auf die anspruchslosen Auftritte der seit den siebziger Jahren des vorigen Jhds.

populären »Tiroler« Sängergruppen dar, »deren Mitglieder allesamt aus den Vorstädten Münchens stammten und Tirol meist nie gesehen hatten« (Schulte 1982, S. 72). In München war u. a. die Tiroler Sängergesellschaft »Trinkl-Göbl« sehr erfolgreich, deren Darbietungen im wesentlichen aus Schuhplattlern und Jodelgesang mit Gitarre- und Zitherbegleitung bestanden; vgl. Lutz, S. 12 f. K.V.s Couplets, die die Form von paarreimigen »Schnaderhüpfl'n« haben (Neck- und Stegreifverse, vermutlich benannt nach den »Schnitterhüpfln«, den früher nach der Ernte üblichen Tänzen mit Scherz- und Spottliedern; vgl. Werner, S. 151 f.), sind auch als Vorarbeiten zur 1911 entstandenen ersten Fassung der Szene »Schuhplatten Text« [»Alpensängerterzett«] (Sämtliche Werke, Bd. 3) zu betrachten.

Die schöne Zilli

Textüberlieferung
T¹ Typoskript im Nachlaß, Theatermuseum Köln-Wahn: Repertoire Nr. 7 a ; Mappe I (Au 11750).
T² Typoskript im Nachlaß, R. Piper Verlag, München: Repertoire Nr. 7.
T³ Typoskript im Nachlaß, R. Piper Verlag, München: Repertoire Nr. 7.
T⁴ Typoskript im Liesl-Karlstadt-Nachlaß, München: Repertoire Nr. 7 a.
T⁵ Typoskript im Liesl-Karlstadt-Nachlaß, München: Repertoire Nr. 7.
Textgrundlage: T¹.

Entstehung
Aufgrund des thematischen und stilistischen Zusammenhangs mit dem vorigen Couplet: um 1908.

Quellen
S. »D' Sennerin auf der Alm« (254).

Stellenkommentar
59,18 *Die schöne Zilli*] T⁵: »Die schöne Zilli!«.
59,22 *a sauber's Bluat*] Bayer.: ein hübsches Mädchen.

A Mädchen vom Land

Textüberlieferung
T¹ Typoskript im Nachlaß, Theatermuseum Köln-Wahn: Repertoire Nr. 7 b ; Mappe I (Au 11750).
T² Typoskript im Nachlaß, R. Piper Verlag, München: Repertoire Nr. 7.
T³ Typoskript im Nachlaß, R. Piper Verlag, München: Repertoire Nr. 7.

T⁴ Typoskript im Liesl-Karlstadt-Nachlaß, München: Repertoire Nr. 7b.
T⁵ Typoskript im Liesl-Karlstadt-Nachlaß, München: Repertoire Nr. 7.
Textgrundlage: T¹.

Entstehung
Aufgrund des thematischen und stilistischen Zusammenhangs mit den beiden vorigen Couplets: um 1908.

Quellen
S. »D' Sennerin auf der Alm« (254).

Stellenkommentar
60,14 *A Mädchen vom Land*] In T⁴ Zusatz in der Handschrift Liesl Karlstadts: »B dur«.
60,20 *Zwischenländler*] »Ländler« nennt man einen bayer./österr. Volkstanz im langsamen Dreiertakt.
60,25 *Gmoawirt*] Bayer.: Gemeindewirt, Wirtshaus am Ort.
60,28 *hab i mi vor eahm oiwei g'schamt*] Bayer.: habe ich mich vor ihm immer geschämt.
61,2 *wia i spann*] Bayer.: wie ich merke.

Parodie auf Still ruht der See

Textüberlieferung
T¹ Typoskript im Nachlaß, Theatermuseum Köln-Wahn: Repertoire Nr. 8; Mappe I (Au 11750).
T² Typoskript im Nachlaß, Theatermuseum Köln-Wahn: Repertoire Nr. 8; Mappe I (Au 11750).
T³ Typoskript im Nachlaß, Theatermuseum Köln-Wahn: Repertoire Nr. 8a; Mappe I (Au 11750).
T⁴ Typoskript im Nachlaß, R. Piper Verlag, München: Repertoire Nr. 8.
T⁵ Typoskript im Nachlaß, R. Piper Verlag, München: Repertoire Nr. 8[a].
T⁶ Typoskript im Liesl-Karlstadt-Nachlaß, München: Repertoire Nr. 8.
T⁷ Typoskript aus dem Bestand des Rechtsvertreters der Erben Valentins, Rechtsanwalt Gunter Fette, München.
D¹ Karl Valentin, Parodie auf Still ruht der See, Verlag von Karl Valentin, München um 1916 (= Original-Vorträge von Karl Valentin, Nr. 7).
Textgrundlage: D¹.

1. Variante T⁷.

Ein Couplet »Still ruht der Schnee«

Jch ersuche Sie bei diesem Couplet nicht zu lachen, weil ich da selber lach.

1.

Wenn sich ein Herr ein Zimmer mietet
ist es ein Zimmerherr sodann,
doch wenn ein Mann ein Zimmer mietet
so ist es dann ein »Zimmermann«,
das geht doch ihnen gar nichts an!

Ha ha ha hab'ns g'hört wie ich g'lacht hab'? Jch kann natürlich nimmer so von Herzen lachen, bei mir klingt das Lachen so mechanisch, i kann nicht mehr anders lachen als wie ha ha ha ha!

Der zwoate Vers.

Das Kanapee, das steht im Zimmer
Es sitzt darauf ein kleines Kind
das Kind das spielte mit den Kissen
denn »küssen« ist doch keine Sünd.

Ha, ha ha, über den Vers hab ich mich die erste Zeit krank g'lacht jetzt gefällt er mir gar nicht mehr.

Der dreite Vers.

Die schwarzen Blattern sind erkenntlich
sofort bei einem weissen Mann
bei einem Neger ist das anders, der
der müsste weisse Blattern hab'n
dass sie der Arzt erkennen kann.

Ha, ha ha, der ist glänzend der Vers, ha ha ha ha ha ha!

Der vierte oder sogenannte nächste Vers.

An einem Haus, da hing ein Kasten
Jch glaubt' es sei ein Automat;
ich zog den Griff heraus, welch' Schrecken
da kam die Feuerwehr, o fad
und ich, ich wollt doch Schokolad'.

Jetzt der Vers gefällt mir selber nicht, über den Vers könnt' ich auch nicht lachen, höchstens einmal – ha, ha!

Ein politischer Vers.

(den werden Sie nicht verstehen)
Nach Hamburg, Dresden und nach Leipzig
nach Frankfurt, Mainz und nach Stettin,
nach Jngolstadt, nach Berchtesgaden

>   nach Aibling, Köln und Dingolfing,
>   nach Metz, nach Holland und Berlin *(Pause)*
> das hab ich mir gedacht, dass sie den nicht versteh'n.
>   Der nächste Vers.
>   Wenn man die Tür aufmacht, dann zieht es,
>   das ist doch schon a alte G'schicht,
>   doch wenn man sie dann wieder zumacht,
>   das ist doch klar, dann zieht es nicht
>   an schönen Gruss aus Eglfing – –
> ha ha ha ha, jetzt bin ich in a andere Zeile neikomma.

2. Variante T³.

Ein Couplet »Die Bayrischen Seen«

Ich ersuche Sie, bei diesem Couplet nicht zu lachen, weil ich da selber lach.

>   1.
>   Still ruht der See in Starnberg drüben
>   Da kam ein Dampfer in die Näh
>   Da kam der See dann in Bewegung
>   Und aus war es, mit der Ru – he.
>   Dasselbe gilt für'n Ammersee.
> Ha ha ha, ham sie's g'hört wie ich selber glacht hab – ich kann natürlich nimmer so von Herzen lachen, bei mir klingt das Lachen so mechanisch, ich kann nicht mehr anders lachen als wie Ha ha ha ha!
>   Der zwoate Vers.
>   Am Königsee fuhr einst ein König,
>   Am Chiemsee da fuhr einst ein Chiem
>   Am Tegernsee fuhr einst ein Tegern,
>   Am Walchensee, o das ist schlimm,
>   Da ist schon bald kein See mehr drin.
> Ha ha ha ha – über den Vers hab ich mich die erste Zeit krank g'lacht – jetzt g'fallt er mir gar nicht mehr.
>   Der dritte Vers.
>   In Kleinhessloh, ist auch ein See,
>   O glaub'n Sie mir, das ist kein Spass,
>   Bei Regenwetter s'is ganz logisch
>   Da wird sogar der See ganz nass
>   Ja, sapperament, wie kommt denn das?
> Ha, ha, ha, ha – der ist glänzend der Vers – ha ha ha ha ha

Der vierte oder sogenannte nächste Vers.
Ein jeder Mensch hat eine Seele,
Das ist ein Stück der Seligkeit
Der Schwabe sagt: S'Starnbergerseele
Das liegt vor Augsburg nit so woit
Des dürfzmer glauba, liabe Loit.
Jetzt der Vers g'fallt mir selber nicht – über den Vers könnt ich auch nicht lachen – höchstens einmal – ha ha.

Die Nordsee ist zwar nicht in Bayern,
Die ist dort oben in Norddeutschland,
Die ghört den Preussen – doch wie lang noch
Dann habens auch die vom Bayernland –
Doch jetzt ghörns uns noch – vor der Hand.

Ich seh sehr gut, doch einen See
den seh ich nie, der bog so ein –
Er war sehr schmal, doch ziemlich länglich,
Das muss a Autostra–ssee sein –
Von München bis nach Rosenheim.

Wir haben auch a Seefischhalle,
Die ist zurzeit fast immer leer.
Die Fische sind ein Nahrungsmittel,
Doch leider gibt es keine mehr –
Höchstens noch bei einem Schwarzhändler.

Ein politischer Vers.
In Russland und in Grossbritannien,
In Frankreich und in der Türkei,
In Serbien, Dänemark und Schweden,
In China und der Mongolai
In Saloniki und Hawai
Das hab ich mir gedacht, dass Sie den nicht verstehn, den versteh ich nämlich selber nicht – aber lachen muass ich – ha ha ha ha.

Der letzte Vers – sind's froh.
Den ersten Vers, sang ich am Anfang,
den letzten Vers sing ich zum Schluss
Die andern Vers war'n zwischen drinnen,
Das Ganze war ein Hochgenuss.
Schad! Dass ich jetzt aufhören muss!
Ha ha ha ha – jetzt bin ich in an andern Vers neikomma.

Entstehung
Um 1908; T³ und T⁵ stellen späte Fassungen aus dem Jahre 1947 dar, zu

denen T⁷ eine Vorarbeit zu sein scheint; vgl. die Schallplattenaufnahme »Karl Valentin singt und lacht selbst dazu« vom 2.12.1928 (Berswordt, S. 305).

Stellenkommentar
61,10 *Still ruht der See*] Volkstümliches Kunstlied (op.10,1 aus dem Jahre 1871) von Heinrich Pfeil (geb. am 18.12.1835 in Leipzig, gest. am 17.4.1899 in Gohlis bei Leipzig), der ein eigenes Gedicht vertonte.
61,11 *Text von Karl Valentin*] T¹, T⁶: »Originalvortrag von Komiker Karl Valentin.«, T², T⁴: »Originalvortrag von Karl Valentin«.
61,14 ff. *Ein Maler malt ein Seegemälde...*] Diese Strophe fehlt in T¹, T², T⁴.
61,20 ff. *Die Frauen tragen auch Manschetten...*] Diese Strophe fehlt in T¹, T², T⁴.
61,26 *Zentrum*] 1870 von Peter Franz Reichensperger, Hermann von Mallinckrodt u.a. gegründete Partei des politischen Katholizismus, die 1933 zwangsweise aufgelöst wurde.
61,32 ff. *Ein jeder Mann trägt eine Hose...*] Diese Strophe fehlt in T¹, T², T⁴.
62,2 *Automat*] In Deutschland sind Warenautomaten seit ca.1885 verbreitet; die Idee stammt vermutlich aus England. Um 1890 wurden großflächig in den Innenstädten und an den Bahnhöfen die rasch beliebten »Stollwerk-Chocolade-Automaten« aufgestellt.
62,11 *»küssen« ist doch keine Sünd'*] Wander 2, Sp.1735, nennt das Sprichwort: »'S Küsse is ka Sünd und's Greife gibt ka Kind.«
62,14 *Zimmerherr*] Untermieter.
62,19 *Aquarium*] Vgl. die Soloszene, Rep. Nr.1 , »Das Aquarium«, Sämtliche Werke, Bd. 1, S. 13 ff.
62,35 *Tegernsee*] See und Gemeinde in Oberbayern, ca. 40 km südlich von München.

T⁷

257 *Die schwarzen Blattern*] Eine vor der allgemeinen Impfung tödlich verlaufende schwere Pockenerkrankung.
257 *weisse Blattern*] Nicht tödliche, aber mit Fieber und Ausschlag einhergehende Pockenerkrankung.
258 *Aibling*] Kurort nahe Rosenheim in Oberbayern.
258 *Dingolfing*] Kleinstadt an der unteren Isar.
258 *Eglfing*] Dorf nahe des Staffelsees.

T³

258 *Ein Couplet »Die Bayrischen Seen«*] In T⁵ heißt diese Fassung »Still ruht der See« mit dem Untertitel: »Parodie von Karl Valentin 1947«.
258 *Ich ersuche Sie, bei diesem Couplet nicht zu lachen, weil ich da selber lach.*]

In T⁵ folgt: »Oft ist ein recht fades Publikum anwesend, das nicht lacht, deshalb lach ich selber.«
258 *Starnberg*] Stadt am Starnberger See in Oberbayern.
258 *Ammersee*] See in Oberbayern.
258 *Königsee*] Königssee, See bei Berchtesgaden. Der Name rührt von den königlichen Jagdgebieten um den See her.
258 *Chiemsee*] Der größte See (»Bayerisches Meer«) in Oberbayern nahe Traunstein. Der Chiemsee hat seinen Namen nach dem Uferort Chieming.
258 *Tegernsee*] Vgl. o. 260 (62,35); im achten Jhd. wurde der See »Tegarinseo« genannt, was soviel wie »großer See« bedeutete (ahd. tegar = groß).
258 *Walchensee*] See in den Oberbayrischen Alpen.
258 *Da ist schon bald kein See mehr drin*] Anspielung auf das »Walchenseewerk«, ein Elektrizitätswerk (1925 vollendet), das das Gefälle zwischen dem höher gelegenen Walchensee und dem Kochelsee ausnutzt.
258 *Der dritte Vers.*] T⁵: »Der dreite Vers:«
258 *Kleinhessloh, ist auch ein See*] Anspielung auf den »Kleinhesseloher See«, der 1802 von Reinhard Freiherr von Werneck (geb. wahrscheinlich 1757, gest. am 27.7.1842 in Tegernsee) im Englischen Garten angelegt wurde.
258 *Ha, ha, ha, ha – der ist glänzend der Vers – ha ha ha ha ha*] T⁵: »Ha ha ha, der is glänzend«.
259 *Ein jeder Mensch hat eine Seele...*] In T⁵ folgt hier die Strophe: »Die Nordsee ist zwar nicht in Bayern...«.
259 *Jetzt der Vers g'fallt mir selber nicht...*] Dieser Zwischentext fehlt in T⁵.
259 *Die Nordsee ist zwar nicht in Bayern...*] Diese und die beiden folgenden Strophen sind auf das Typoskript geklebt.
259 *Doch jetzt ghörns uns noch – vor der Hand*] T⁵: »Doch g'hörn's uns noch – vorüberhand.« In T⁵ folgt dann der Zwischentext: »Über den Vers könnt ich nicht lachen, der ist furchtbar traurig, höchstens einmal ha ha.«
259 *Rosenheim*] Stadt in Oberbayern.
259 *Seefischhalle*] Vermutlich Fischhalle auf dem Viktualienmarkt.
259 *Höchstens noch bei einem Schwarzhändler*] Zum Schwarzmarkt nach dem Zweiten Weltkrieg in München s. Bauer 1983, S. 27 f., und Fuchs.
In T⁵ folgt die Strophe:

>»Die Hausfrau möcht gern Kuchen backen
>Doch leider gibt es jetzt ka' Mehl
>Ka!mel hat nicht amal der Bäcker
>Das ist doch traurig – meiner Seel
>In Hellabrunn gibt's a Kamel.«

259 *Ein politischer Vers.*] Fehlt in T⁵.
259 *Das hab ich mir gedacht, dass Sie den nicht verstehen,...*] Dieser Zwischentext fehlt in T⁵.
259 *Der letzte Vers – sind's froh.*] Fehlt in T⁵.
259 *Ha ha ha ha – jetzt bin ich in an andern Vers neikomma.*] Fehlt in T⁵.

Neue Neubayerische G'stanzl

Textüberlieferung
T¹ Typoskript im Nachlaß, Theatermuseum Köln-Wahn: Repertoire Nr. 9; Mappe I (Au 11750).
T² Typoskript im Nachlaß, R. Piper Verlag, München: Repertoire Nr. 9.
T³ Typoskript im Liesl-Karlstadt-Nachlaß, München: Repertoire Nr. 9.
T⁴ Typoskript im Liesl-Karlstadt-Nachlaß, München: Repertoire Nr. 9.
D¹ Karl Valentin, Neue Neubayerische G'stanzl, Verlag von Karl Valentin, München um 1916 (= Original-Vorträge von Karl Valentin, Nr. 28).
Textgrundlage: D¹.

Entstehung
Aufgrund des thematischen und stilistischen Zusammenhangs mit den Couplets »D' Sennerin auf der Alm«, »Die schöne Zilli« und »A Mädchen vom Land« ist eine Entstehung um 1908 anzunehmen.

Quellen
S. »D' Sennerin auf der Alm« (254).

Stellenkommentar
63,1 *G'stanzl*] Bayer.: kurzer Spaß- oder Spottgesang. Die Etymologie ist unklar; es ist die Ableitung von lat. ›stare‹ möglich, da das G'stanzl zum Stehenbleiben verführt, es ist aber auch eine Verwandtschaft mit ital. ›stanza‹ = achtzeilige Strophe denkbar. Weitgehend synonym wird es mit ›Schnadahüpfl‹ (vgl. o. 255) verwendet. T¹: »G'stanzl'n«.
63,2 *Originalvortrag von Karl Valentin*] Vgl. o. 254 (57,9). Fehlt in T⁴.
63,5 *(Vortragender ist als Sennerin kostümiert)*] Fehlt in T¹, T⁴. In T¹ folgt die Anweisung: »Zu singen nach dem altbayr. Volkslied S'Diandl mit'n rot'n Miada«. T³ hat den Zusatz in der Handschrift Liesl Karlstadts: »B Dur«.
63,10 *guat beieinand*] In gutem (übergewichtigem) Zustand.
63,20 *tu i*] T¹: »tean's halt«.
63,22 *sie*] T¹: »ma«.
63,24 *Tu i*] T¹: »tean's halt«.
63,26 *tu i*] T¹: »teans halt«.

63,29 *am Kopf hint an Schopf*] T⁴: »an Kopf hint am Schopf«.
63,31 *hinterm*] T¹: »unterm«.
63,33 *Und am Schopf an Zopf*] T⁴: »Und am Zopf an Kopf«.

Karre rauch doch nicht diese Zigarre!

Textüberlieferung
T¹ Typoskript im Nachlaß, Theatermuseum Köln-Wahn: Repertoire Nr. 34; Mappe I (Au 11750).
T² Typoskript im Nachlaß, R. Piper Verlag, München: Repertoire Nr. 34.
T³ Typoskript im Liesl-Karlstadt-Nachlaß, München: Repertoire Nr. 34.
D¹ Karl Valentin, Karre rauch doch nicht diese Zigarre!, Verlag von Karl Valentin, München um 1916 (= Original-Vorträge von Karl Valentin, Nr. 9).
Textgrundlage: D¹.

Entstehung
Vermutlich 1908/09 als K. V. auf Anraten des Gastwirts, Zeichners und Gestalters zahlreicher Valentin-Plakate Ludwig Greiner (geb. am 6. 10. 1880 in München, gest. am 3. 5. 1956 ebda.) begann, verstärkt als Körper- bzw. »Instrumental-Karikatur-Komiker« aufzutreten; vgl. KVVD, S. 325, sowie die Abb. in: Das Karl Valentin Buch, S. 53.

Quellen
Kar(r)e und Luggi (Karl und Ludwig) sind Namen fiktiver Nichtstuer und Lebenskünstler aus der Münchner Vorstadt (vergleichbar den Kölnern Tünnes und Schäl), die in unzähligen Witzen und eben auch in den Darbietungen der Volkssänger regelmäßig vorkommen. Als geistiger Vater dieser Gestalten gilt August Junker (geb. am 28. 5. 1872 in München, gest. am 16. 4. 1946 ebda.); vgl. Lutz, S. 38 ff., und Pemsel, S. 157–159; nach Pemsel kommen der Vorstadttype Kare folgende Merkmale standardmäßig zu: Er ist von Beruf Steinträger bei der Baufirma »Heilmann & Littmann«, aber meist bewußt arbeitslos, grob und rauflustig, eitel und großtuerisch, stammt aus den Arbeitervierteln Giesing, Au oder Schwanthalerhöhe, ist kriminell, nebenbei Zuhälter, sein Stammlokal ist der anrüchige »Soller« im Tal; vgl. K. V.s Couplet »Ein Vorstadtkind« (vorliegender Band, S. 104).

Stellenkommentar
64,14 *Zigarre!*] T¹, T², T³: »Zigarre.«
64,16 *G. Huber*] Vermutlich der Komiker Georg Huber (keine Lebensda-

ten ermittelt), der auch die Musik zu den Couplets »Herr Harry – ans Telephon!«, »Coue« und »Aff-Aff-Afra« (vorliegender Band, S. 132 ff.) schrieb. Georg Huber war ein Mitglied der »Münchner Sängergesellschaft«, danach der Gruppe um den Volkssänger Jakob (»Papa«) Geis (s.o. 238 [29,34]) und schließlich im »Apollotheater« (Dachauer Straße 19); vgl. Lutz, S. 22.
64,21 *Prinzipal*] Veraltet für: Lehrherr oder Geschäftsinhaber.

Was man alles machen kann

Textüberlieferung
T¹ Typoskript im Nachlaß, Theatermuseum Köln-Wahn: Repertoire Nr. 81; Mappe III (Au 11750).
D¹ Karl Valentin, Was man alles machen kann, Verlag von Karl Valentin, München um 1916 (= Original-Vorträge von Karl Valentin, Nr. 6).
D² Karl Valentin, Valentiniaden, Paul Hugendubel Verlag, München 1941, S. 50–52.
Textgrundlage: D².

Entstehung
1908. In Rep. Nr. 247, »Bei Benz« (Sämtliche Werke, Bd. 7) schreibt K.V.: »[...] 1902 [diese in der Druckfassung übernommene falsche Jahreszahl ist auf dem Typoskript in der Handschrift K.V.s korrigiert in: »1908«; Anm. d. Hgg.] trat ich zum ersten Male bei Benz auf und gleich nach dem Auftreten sofort wieder ab. [...] Als ich in meinem Zungenfertigkeitskouplet ›Was man alles machen kann‹ – die Stelle passierte ›der Hafner macht den Hafen und das Kind, das macht hinein‹, da schrie mich Direktor Benz an wie ein Feldwebel: ›Was fällt Ihnen ein, bei meinem Elite = Publikum, solche Schweinereien usw.‹« (Josef »Papa« Benz [geb. am 19. 10. 1863 in Gengenbach/Schwarzwald, gest. am 9. 2. 1928 in München] gründete 1900 die berühmte Benz-Kleinkunstbühne, ein Varieté-Theater in der Schwabinger Leopoldstraße); vgl. die Schallplattenaufnahme des Couplets vom 25. 9. 1940 (Berswordt, S. 308).

Stellenkommentar
66,1 *Was man alles machen kann*] T¹,D¹ haben den Untertitel: »Text von Karl Valentin«, D¹ mit dem Zusatz: »Musik von O. Lehmann«.
66,14 *Rechnung*] D¹: »Gäste«.
66,19 *voll*] Fehlt in T¹.
66,25 *Sago*] Stärkemehl aus dem Mark der Sagopalme, das in Klümpchen auch als Suppeneinlage verwendet wird. D¹: »Maggi«.
66,26 *Schlemmkreide*] Recte: Schlämmkreide, gereinigte, pulverisierte Kreide, die u.a. in Zahnpasten verwendet wird. D¹: »Odol«.

66,27 *Die Milch*] D¹: »Kosmin«.
66,28 *Been'*] T¹,D¹ fügen hinzu: »(Beine)«.
67,3 *Hafner*] Töpfer.
67,3 *Haferl*] Bayer.: kleiner Topf.
67,35 *Und mach jetzt, daß ich geh'.*] T¹ fügt hinzu: »Adjö.«

Trompeten-Couplet

Textüberlieferung
T¹ Typoskript im Nachlaß, Theatermuseum Köln-Wahn: Repertoire Nr. 11; Mappe I (Au 11750).
T² Typoskript im Nachlaß, R. Piper Verlag, München: Repertoire Nr. 11.
T³ Typoskript im Liesl-Karlstadt-Nachlaß, München: Repertoire Nr. 11.
T⁴ Typoskript im Liesl-Karlstadt-Nachlaß, München: Repertoire Nr. 11.
D¹ Karl Valentin, Trompeten-Couplet (Passende Melodien), Verlag von Karl Valentin, München um 1916 (= Original-Vorträge von Karl Valentin, Nr. 18).
Textgrundlage: D¹.

Entstehung
Vermutlich um 1909 als K. V. verstärkt als Instrumental-Komiker auftrat. Legt man die Datierung von Rep. Nr. 190 »Bierkrampf« (s. u.) zugrunde, dann ist als Entstehungsdatum 1908 anzunehmen; zur »Instrumental-Komik« K. V.s vgl. Glasmeier, S. 54–68.

Stellenkommentar
68,7 *Bigotphontrompete*] Ein kleines, 1883 von einem gewissen Bigot (keine Lebensdaten ermittelt) erfundenes Musikinstrument, das lediglich die Form einer Trompete vortäuscht, in das man hineinsingt und das der menschlichen Stimme einen blechernen, scharf näselnden Klang verleiht.
68,14 *Nimm mich mit, nimm mich mit*] S. o. 251 (52,1).
68,17 *Strychnin*] Gift des indischen Brechnußbaumes, das in kleinen Dosen auch als Heilmittel eingesetzt wird.
68,20 *Trink ma noch a Tröpfchen*] Vermutlich das populäre Couplet Nr. 174 »Trink'n wir noch'n Tröppchen« von Otto Reutter (Pseudonym für: Pfützenreutter; geb. am 24. 4. 1870 in Gardelegen/Sachsen, gest. am 3. 3. 1931 in Düsseldorf), das 1906/07 auch auf Schallplatte erschien; vgl. die Briefe Nr. 20 und Nr. 25 (Sämtliche Werke, Bd. 6, S. 26f. und S. 31f.).
68,22 *Leich'*] Bayer.: Beerdigung.
68,26 *Hoch soll er leben*] Traditioneller gesungener Trinkspruch.

68,28 *Lucki*] Bayer.: Ludwig; vgl. Quellen »Karre rauch doch nicht diese Zigarre!« (263).
68,28 *Haidhausen*] Münchner Stadtteil.
68,29 *Stadelheim*] Münchner Stadtteil, das ugs. mit dem dort 1894 erbauten Gefängnis gleichgesetzt wird.
68,30 *Zeiserlwagen*] Wagen zum Gefangenentransport (bayer. Zeiserl = Zeisig; Anspielung auf den Käfigcharakter des Wagens).
68,32 f. *Muß i denn, muß i denn...*] Schwäbisches Volkslied, das vor allem in der Bearbeitung durch den Komponisten August Wilhelm Julius Rietz (geb. am 28.12.1812 in Berlin, gest. am 12.9.1877 in Dresden), der einen von Friedrich Wagner (geb. 1811, gest. 1866) überarbeiteten Text vertonte, populär wurde.
69,5 *Weibi, Weibi, sei doch nicht so hart*] Humoristisches Lied von Karl Haupt (geb. 1876 in Gnadendorf/Niederösterreich, gest. am 19.6.1934 in Wien).
69,11 *Hinaus in die Ferne*] Volkstümliches Kunstlied, Text und Melodie von Albert Gottlieb Methfessel (geb. am 6.10.1785 in Stadtilm/Thüringen, gest. am 23.3.1869 in Heckenbeck/Braunschweig).
69,17 *Jetzt trink'n ma no a Flascherl Wein*] Populäres Wienerlied von Carl Lorens (s.o. 233 [17,31]).
69,19 ff. *Vor'm Zeiserlwagen steht a Maid...*] Diese und die folgende Strophe fehlen in T².
69,23 *Hupf mei Mädele, hupf recht hoch*] 1908 in den USA erschienener Schlager (Originaltitel: »Yip-I-Addy-I-Ay«) von John H. Flynn (keine Lebensdaten ermittelt), Text: Will D. Cobb (geb. am 6.7.1876 in Philadelphia, gest. am 20.1.1930 in New York), der 1909 unter dem Titel »Hupf mein Mäderl« auch in Deutschland herauskam; 1910 brachte der Komponist Victor Holländer (geb. am 20.4.1866 in Leobschütz/Oberschlesien, gest. am 24.10.1940 in Hollywood) in Wien die Operette »Hupf mein Mäderl« heraus; vgl. das Couplet »Parodie auf Hupf mei Mädel!« (vorliegender Band, S.88).
69,29 f. *Behüt dich Gott,...*] »Jung Werners Abschiedslied« aus dem zweiten Akt der Oper »Der Trompeter von Säckingen« (1884) von Viktor Nessler (geb. am 28.1.1841 in Baldenheim/Elsaß, gest. am 28.5.1890 in Straßburg), Libretto: Rudolf Bunge.

K.V. erzählt in »Bierkrampf«, was sich im Anschluß an eine Aufführung des »Trompeten-Couplets« ereignete:

Bierkrampf

V. Karl Valentin. 1908

Nach einem Kouplet sagt Valentin: Heut hats eine Hitz, eine direkte Hitz heut war a Bier recht, da muss i eahna was erzähln. Gestern Abend war ein sehr nettes Publikum bei uns, und ein Herr der hat mir, weils gar so heiss war, eine halbe Bier gestiftet auf die Bühne, die Kassierin hats da vorne hergestellt, ich geb net obacht, und stoss mitn Fuss um. Das ganze Bier war beim Teufel. Heut, weil ich obacht gebn tät – heut hab ich koans kriagt. *(Nun bekommt er ein Bier auf die Bühne).*
Nana, dös brauchst wirklich net, ich habs ja blos so erzählt, deswegn hab ichs wirkli net gsagt. – Annehmen tu ichs schon, aber wie gsagt es brauchs net, ... no ja, es is ja a nur eine halbe, und heut gib i ja obacht, heut wenn 2 Halbe dastehn taten, würd ichs auch nicht nunterwerfen.
(Es kommt die 2. Halbe) Dank schön, ... wann war jetzt des glei? Wo ich amal an einem Abend glei 5 Halbe kriagt hab.. da hab ich 5 Halbe trunken. *(Als die 5. Halbe gebracht wird)* Sehns des ist natürlich nur a Protzerei von dem Herrn, der jetzt 5 Halbe schickt.. wenn schon, dann müsst er jetzt 10 Halbe schicken das wär der Rede wert.
(Wenn die 10. Halbe kommt) So jetzt richt ich sie alle schön über die Bühne, dass auch schön ausschaut.... nicht dass sie glauben, ich will sie auffordern dazu, aber einmal, ich weiss nicht mehr, wann es war, da hab ich so viel Bier kriagt, da hab ich die Gläser alle über die Bühne rüber gestellt, die ganze Bühne hat ausgschaut, wie ein Gartenzaun und der Garteneingang waren 2 grosse Humpen.
Aber i moan, jetzt hör i auf, sonst kriag i statt an Bier noch Schläg.

Textüberlieferung
T¹ Typoskript im Nachlaß, Theatermuseum Köln-Wahn: Repertoire Nr. 190; Mappe IX (Au 11750).
T² Typoskript im Nachlaß, R. Piper Verlag, München: Repertoire Nr. 190.
T³ Typoskript im Liesl-Karlstadt-Nachlaß, München: Repertoire Nr. 190.
Textgrundlage: T¹.

Entstehung
Laut Untertitel von T¹, T²: 1908.

Stellenkommentar
267 *Bierkrampf*] Darunter findet sich in T¹ der handschriftliche Zusatz: »zu Couplet No. 11«.
267 *1908*] Handschriftlicher Zusatz. Fehlt in T³.

267 *Sehns des ist natürlich nur a Protzerei...*] In T² heißt der Satz: »Sehn's, des is natürlich nur a Protzerei von dem Herrn der jetzt 10 Halbe schickt, das wär der Rede wert.«

Klarinettenkouplet mit Tanz

Textüberlieferung
T¹   Typoskript im Nachlaß, Theatermuseum Köln-Wahn: Repertoire Nr. 14; Mappe I (Au 11750).
T²   Typoskript im Nachlaß, R. Piper Verlag, München: Repertoire Nr. 14.
T³   Typoskript im Liesl-Karlstadt-Nachlaß, München: Repertoire Nr. 14.
T⁴   Typoskript im Liesl-Karlstadt-Nachlaß, München: Repertoire Nr. 14.
Textgrundlage: T¹.

Entstehung
Vermutlich um 1909.

Stellenkommentar
70,2 *Text von Karl Valentin*] Fehlt in T³. T⁴: »von Karl Valentin«.
70,9 *Guter Mond*] »Guter Mond, du gehst so stille durch die Abendwolken hin« ist ein Volkslied, das in der Bearbeitung von Karl Enslin (geb. am 21.9.1819 in Frankfurt am Main, gest. am 14.10.1875 ebda.) große Verbreitung fand.
70,9 *Storchtrott*] Komischer Tanz.
70,14 *da herrscht die Fleischnot schon 39 Jahr*] Vgl. o. 239 (31,19 f.); die Altersangabe ist hier wohl um ca. zehn Jahre zu hoch. Zur Versorgungslage vgl. Hollweck, S. 113.
70,17 *das Fliegen*] Vgl. den Monolog, Rep. Nr. 35, »Auf dem Flugfeld« (Sämtliche Werke, Bd. 1, S. 32–34), das Stück, Rep. Nr. 66(a), »Sturzflüge im Zuschauerraum« (Sämtliche Werke, Bd. 5) sowie das Couplet »Wenn die Menschen fliegen können« (vorliegender Band, S. 86); zur »literarischen Aviatik« seit dem Futurismus vgl. Ingold.
70,18 *Aeroplan*] Flugzeug.

Der Komet kommt

Textüberlieferung
T¹   Typoskript im Nachlaß, Theatermuseum Köln-Wahn: Vorträge von Karl Valentin (Album), (Au 11748).
Textgrundlage: T¹.

Entstehung
Das Typoskript trägt das Datum: »10. Februar 1910«.

Stellenkommentar

70,26 *Der Komet kommt*] Im Frühjahr 1910 tauchte der Halleysche Komet auf, dessen Schweif fast den ganzen Himmel durchquerte und zeitweise die Sonnenscheibe verdeckte. Am besten war er im Mai 1910 zu sehen. Der Halleysche Komet (benannt nach dem engl. Mathematiker und Astronomen Edmond Halley) erscheint alle 76 Jahre.

70,29 *Die Welt die steht jetzt nicht mehr lang*] Vgl. Nestroys Posse »Lumpazivagabundus« (1833), worin der kometengläubige Schuster Knieriem singt (III,8): »Da wird einem halt angst und bang,/Ich sag': D'Welt steht auf kein' Fall mehr lang.«

71,8 *Lackl*] Grober, rücksichtsloser Kerl (vermutlich nach dem frz. General Mélac [gest. 1709], der im 17. Jhd. die Pfalz verwüstete).

71,12 *Jungfrau keusch und rein*] Wohl eine Anspielung auf das Sternbild der Jungfrau, vielleicht aber auch auf die Jungfrau Maria, die im katholischen Glauben als »Himmelskönigin« verehrt wird.

71,16 *G'spussi*] Bayer.: Liebelei (von ital. ›sposa‹ = Braut).

71,21 *»verseucht«*] Kometen gelten seit alters her als Unglücksbringer (vgl. Matthäus 24,29).

71,28 *Zentrum*] S. o. 260 (61,26).

71,32 *Zeppelin*] Ferdinand Graf von Zeppelin (geb. am 8.7.1838 in Konstanz, gest. am 8.3.1917 in Berlin) konstruierte das erste lenkbare Starrluftschiff (Start: 1900).

72,5 *Parseval*] August von Parseval (geb. am 5.2.1861 in Frankenthal/Pfalz, gest. am 22.2.1942 in Berlin) konstruierte 1897 mit Hans Bartsch von Sigsfeld (geb. am 7.12.1861 in Bernburg/Sachsen, gest.[abgestürzt] am 1.2.1902 bei Antwerpen) den Drachenballon und 1902–06 das erste der nach ihm benannten nicht-starren Pralluftschiffe.

Der Kavallerist

Textüberlieferung

T[1] Typoskript im Nachlaß, Theatermuseum Köln-Wahn: Repertoire Nr. 16a; Mappe I (Au 11750).
T[2] Typoskript im Nachlaß, Theatermuseum Köln-Wahn: Repertoire Nr. 16; Mappe I (Au 11750).
T[3] Typoskript im Nachlaß, R. Piper Verlag, München: Repertoire Nr. 16.
T[4] Typoskript im Liesl-Karlstadt-Nachlaß, München: Repertoire Nr. 16.
D[1] Karl Valentin, Der Kavallerist, Verlag von Karl Valentin, München um 1916 (= Original-Vorträge von Karl Valentin, Nr. 15).

Textgrundlage: D[1].

Entstehung
Laut Münz (KVVD), S. 316, ist K. V. bereits 1906 im Frankfurter Hof (Schillerstraße 49) als »Schwerer Reiter« aufgetreten. Dieses und die folgenden drei »Soldaten-Couplets« sind aber vermutlich zusammen 1911 entstanden. K. V. schreibt in Rep. Nr. 247, »Bei Benz« (Sämtliche Werke, Bd. 7): »Im Jahre 1911 war ich abermals bei Benz engagiert und sollte da mit meiner neuesten Nummer als Schwerer Reiter mit dem Holzpferd ein einmonatliches Gastspiel geben. [...] Zwei Monate lang sang und blies ich mit dem dicken Bombardon den Schweren Reiter zum allgemeinen Gaudium.« Zu »Papa« Benz, s. o. 264); vgl. Brief Nr. 14 (Sämtliche Werke, Bd. 6, S. 20 f.) – T^2 stellt eine späte Fassung aus dem Jahre 1941 dar.

Quellen
Die Militärkomik war besonders zur Kaiserzeit populär. Sie ergibt sich aus der Darstellung von Normabweichungen innerhalb eines streng reglementierten Kasernen- und Manöveralltags: Die Anpassungsschwierigkeiten des vom Lande stammenden Rekruten oder »Gemeinen« wurden zum Standardthema. Dabei wurde insbesondere der »Schwere Reiter« zu einem Lieblingscharakter der Volkssänger; vgl. Laturell, S. 31, und Flatz, S. 167–175, sowie Pemsel, S. 130 f. u. S. 149 f. Aus K. V.s Werk vgl. den Monolog, Rep. Nr. 12, »Ein schneidiger Soldat« (Sämtliche Werke, Bd. 1, S. 19–21), das Stück, Rep. Nr. 123, »Die Raubritter vor München« (Sämtliche Werke, Bd. 5) und das Film-Exposé »Höher Peter« (Sämtliche Werke, Bd. 8); vgl. dazu Schulte 1982, S. 129 ff., und Pemsel, S. 192. Zur Bedeutung des Militärs in Bayern 1866–1914 vgl. Rumschöttel sowie Bauer 1988, S. 295 f.

Stellenkommentar
72,15 *Kavallerist*] Berittener Soldat. In T^1, T^4 ist der Titel in fremder Handschrift abgeändert in: »Soldaten Lied«. T^2: »Soldatenmarschlied« mit dem Untertitel: »Von Karl Valentin 1941.« T^3: »Soldatenlied«.
72,16 *Text von Karl Valentin*] In T^1 folgt der aufgeklebte Zusatz: »Eigene Melodie muss erst gemacht werden.«
72,19 f. *Vortragender erscheint...*] Fehlt in T^2, stattdessen steht dort: »*Vorspiel*: Ich hab' mich ergeben.« T^3: »Vortragender erscheint in Soldatenuniform, etwas angeheitert.«
72,23 ff. *Zwei Jahre sind bereits dahingeflossen...*] Diese Strophe fehlt in T^2.
73,2 *Infant'rie*] Truppe der Fußsoldaten.
73,3 *flaggen*] Bayer.: liegen (von lat. ›flaccere‹ = schlaff sein).
73,4 *Wir müssen raus um 4 Uhr in der Früh.*] In T^2 folgt: »*Zwischenmusik*: Ich hab' mich ergeben.«
73,7 *Mein lieber Vater*] T^1: »Der liebe Vater«. T^2: »Die lieben Väter«.
73,7 *und die liebe Mutter*] T^2: »und die lieben Mütter«.
73,8 *Der liebe Bruder*] T^2: »Die lieben Brüder«.

73,10 *Ein liebes Brieflein*] T²: »Liebe Brieflein«.
73,11 *Der Lechner Franz und auch der Kramer Xaver,*] T²: »Auch alle Spezi – und die lieb'n Verwandten, –«.
73,12 *Der Moser Simmerl*] T²: »Der Urgrossvater«.
73,14 *mir*] T²: »uns«. Nach dieser Strophe folgt in T²: »*Zwischenmusik:* Ich hab' mich ergeben.«
73,16f. *Dieses Soldatenlied...*] Fehlt in T¹,T²,T³. In T¹ folgen noch drei weitere Strophen; die dritte Strophe ist aufgeklebt und findet sich ohne die beiden anderen auch in T². In T³,T⁴ folgen lediglich die ersten beiden dieser drei Strophen.

>»Alle 8 Tage heisst es Posten brennen
>da[s] ist sehr geistreich und sehr intressant
>Für was das sein muss, kann ich mir nicht denken
>Das ist bis heute mir ganz unbekannt.
>Jnstruktionsstunde hatten wir erst gestern
>Jn dieser Frag wurd ich examiniert
>Jch sagte drauf:
>|: Die Schildwach, die muss da sein,
>Dass s'Schildwachhäusl nicht gestohlen wird :|

>Wenn wir ausreiten, das ist ein Gaudi
>Da geht es zu als wie am Karussell
>Der oa sitzt drob'n als wia a alter Kater
>A jeder hat beinah' a anders G'stell.
>Vorm Reiten tut sich keiner von uns fürchten
>Und fallen wir auch öfters auf die Erd.
>|: Das macht das Reiten stets nur intressanter,
>fürchten tun wir uns höchstens vor dem Pferd :|

>Früh Morgens geht es schon zum exerzieren
>Ob es in Strömen schüttet das ist Wurst
>Im Laufschritt über Feld und über Wiesen
>Der Magen knurrt, es quälet uns der Durst.
>Die Flieger brummen über unsern Köpfen
>Von allen Seiten knattern die M.G.
>Die Tanks die fahren durch die grössten Pfützen
>Da spritzt der Dreck dann meterhoch in d'Höh.«

Bin der schönste Mann von der ganzen Kavallerie

Textüberlieferung
T¹ Typoskript im Nachlaß, Theatermuseum Köln-Wahn: Repertoire Nr. 17; Mappe I (Au 11750).

T² Typoskript im Nachlaß, R. Piper Verlag, München: Repertoire Nr. 17.
T³ Typoskript im Liesl-Karlstadt-Nachlaß, München: Repertoire Nr. 17.
T⁴ Typoskript im Liesl-Karlstadt-Nachlaß, München: Repertoire Nr. 17.
D¹ Karl Valentin, Bin der schönste Mann von der ganzen Kavallerie, Verlag von Karl Valentin, München um 1916 (= Original-Vorträge von Karl Valentin, Nr. 16).
Textgrundlage: D¹.

Entstehung
1911 (nach Bertl [Böheim] Valentin, S. 63 f.).

Quellen
S. »Der Kavallerist« (270).

Stellenkommentar
73,22 *Bin*] T¹, T²: »J bin«.
73,24 *Text von Karl Valentin*] In T¹, T² folgt: »Melodie: Wir sind vom K. und K. Jnfanterieregiment... (Trio vom Deutschmeister Regimentsmarsch)«.
73,36 *Kürassier*] Die Kürassiere sind gepanzerte (»Schwere«) Reitersoldaten (Küraß = Brustharnisch) mit hohen weißen Federbüschen auf dem Helm, dem sog. Pallasch; Das Karl Valentin Buch, S. 40 u. S. 45, zeigt K. V. im Kostüm des »Schweren Reiters«; vgl. Bauer 1982, S. 137.
74,9 *Denn mir san guat beinand*] S. o. 262 (63,10). T¹, T²: »weil wir so zuckrig sind«.
74,17 *zuzelns*] Bayer.: saugen sie.
74,17 *uns ganz zamm*] T¹, T²: »uns ganz aus«.
74,19 *Denn i bin der Vollblütigste*] T¹, T²: »Denn er ist der schönste Mann«.
74,22 *Er ist der Vollblütigste*] T¹, T²: »Er ist der schönste Mann«.

Es lebe hoch die schwere Reiterei

Textüberlieferung
T¹ Typoskript im Nachlaß, Theatermuseum Köln-Wahn: Repertoire Nr. 18; Mappe I (Au 11750).
T² Typoskript im Nachlaß, R. Piper Verlag, München: Repertoire Nr. 18.
T³ Typoskript im Nachlaß, R. Piper Verlag, München: Repertoire Nr. 18.
T⁴ Typoskript im Liesl-Karlstadt-Nachlaß, München: Repertoire Nr. 18.

T⁵ Typoskript im Liesl-Karlstadt-Nachlaß, München: Repertoire Nr. 18.

Textgrundlage: T¹.

Entstehung
Dieses Couplet ist vermutlich zusammen mit den beiden vorigen und dem folgenden Couplet 1911 entstanden; vgl. »Der Kavallerist«.

Quellen
S. »Der Kavallerist« (270).

Stellenkommentar
75,1 *lebe*] T³: »leben«.
75,2 *Text von Karl Valentin*] Fehlt in T³, T⁴, T⁵.
75,5 *Steck mir den Ring am Finger...*] Nicht ermittelt. Fehlt in T³, T⁴, T⁵.
75,8 *kleines*] T³: »kleine«.
75,14 *Trompete*] In T², T³ handschriftlich korrigiert in: »Trompeten«.
75,15 *Epaulette*] Frz.: Achselstück, bei höheren Offizieren mit Fransen. In T² handschriftlich, in T³ maschinenschriftlich korrigiert in: »Epauletten«.
75,17 *scharmant*] T², T⁵: »charmant«.
75,18 *Trompetchen*] In T² handschriftlich, in T³ maschinenschriftlich korrigiert in: »Trompetechen«.
75,20 *lebe*] T³: »leben«.
75,25 *Musterung*] Vgl. o. 244 (37,21).
75,29 *boani*] Bayer.: knöchern.
76,4 *Sporn*] In T² in fremder Handschrift korrigiert in: »die Sporn«.
76,6 *dann setz ich mich*] T³: »und setz mich«. T⁴, T⁵: »Und setzte mich«.

Soldatenlieder

Textüberlieferung
T¹ Typoskript im Nachlaß, Theatermuseum Köln-Wahn: Repertoire Nr. 19; Mappe I (Au 11750).
T² Typoskript im Nachlaß, R. Piper Verlag, München: Repertoire Nr. 19.
T³ Typoskript im Nachlaß, R. Piper Verlag, München: Repertoire Nr. 19.
T⁴ Typoskript im Liesl-Karlstadt-Nachlaß, München: Repertoire Nr. 19.
T⁵ Typoskript im Liesl-Karlstadt-Nachlaß, München: Repertoire Nr. 19.
D¹ Karl Valentin, Allerlei Blödsinn, Verlag von Karl Valentin, München um 1920, S. 38 ff.

Textgrundlage: D¹.

Entstehung
Vermutlich zusammen mit den drei vorigen Couplets 1911; vgl. »Der Kavallerist«.

Quellen
S. »Der Kavallerist« (270); vgl. die bei Queri, S. 182 ff., abgedruckten Münchner »Soldatenlieder«.

Stellenkommentar
76,11 *Soldatenlieder*] T¹, T³: »Soldatenschnaderhüpferl. Text von Karl Valentin.« T² in fremder Handschrift: »Soldatenschnaderlhüpferl«. T⁴, T⁵: »Soldatenschnaderhüpferl«.
76,16 *bring ich*] T¹, T³, T⁴, T⁵: »bringen wir«.
76,16 *Leben*] Hier wohl im Sinne von: Stimmung.
76,17 *Zugharmoni*] Bayer.: Ziehharmonika; vgl. Das Karl Valentin Buch, S. 44.
76,18 *los*] T¹, T³, T⁴, T⁵: »und los«.
76,18 *Geplärr*] Geschrei.
76,20 *Viermal wiederholen*] Fehlt in T¹, T², T³, T⁴, T⁵.
76,23 *brauchen wir kein*] T¹, T³: »schlafen wir auf keine«.
76,24 *weil's so eingeführet is*] T¹, T³, T⁴, T⁵: »wenn der Strohsack auch hart is«.
76,25 *dennoch*] T¹, T³, T⁴, T⁵: »desweg'n«.
76,27 *Hias*] Bayer.: Matthias.
76,29 *g'neckt*] T⁴: »gnennt«.
76,30 *ganze*] Fehlt in T¹, T³.
76,30 *oba g'schleckt*] Bayer.: abgeleckt.
76,32 *Geliebte*] T¹, T³: »Geliebete«.
76,33 *herzinniglich*] T¹, T³: »inniglich«.
76,34 *Schani*] Bayer./Österr: Diener, Kellner, Handlanger (nach dem frz. Vornamen Jean).
76,35 *de g'scheerte Ruam*] Bayer.: die ordinäre Person (wörtl.: Rübe); vgl. o. 246 (42,27). T¹, T³: »dö untreue Ruam«.
77,2 *ausgeschmiert*] Vielleicht von: bayer. ›Schmirer‹ = rasch verliebter, aber untreuer Mann (Schmeller II, Sp. 555).
77,3 *versetzet*] T¹, T³: »verlassen«.
77,8 *abgebettelt*] T¹, T³: »beschlagnahmet«.
77,11 ff. *Und mei Freund der Müller Steffi...*] Diese Strophe fehlt in T⁵.
77,12 *d' Kartoffel*] T¹, T³, T⁴: »an Schweinsbraten«.
77,13 *gscheert*] S. o. 246 (42,27).

Ein zufriedener Ehemann

Textüberlieferung
T¹ Typoskript im Nachlaß, Theatermuseum Köln-Wahn: Repertoire Nr. 22; Mappe I (Au 11750).
T² Typoskript im Nachlaß, Theatermuseum Köln-Wahn: Repertoire Nr. 22a; Mappe I (Au 11750).
T³ Typoskript im Nachlaß, R. Piper Verlag, München: Repertoire Nr. 22.
T⁴ Typoskript im Liesl-Karlstadt-Nachlaß, München: Repertoire Nr. 22.
D¹ Der Klampf'n Toni, eine Sammlung humoristischer echt bayrischer Lieder, urwüchsiger G'sang'ln und 92 Schnadahüpf'ln, Verlag Max Hieber, München 1915, S. 7–9.
D² Karl Valentin, Ein zufriedener Ehemann, Verlag von Karl Valentin, München um 1916 (= Original-Vorträge von Karl Valentin, Nr. 4).
Textgrundlage: D².

Entstehung
Vermutlich um 1911.

Quellen
Der Ehestand gehört zum festen Bestand volkstümlicher Komik; vgl. Röhrich 1977, S. 22 ff. u. ö. Zu K. V. vgl. den Dialog, Rep. Nr. 254, »Der Hasenbraten« (Sämtliche Werke, Bd. 4), die Oktoberfestszenen (Sämtliche Werke, Bd. 3), die Stücke, Rep. Nr. 169, »Ehescheidung vor Gericht« und Rep. Nr. 170, »Theaterbesuch« (Sämtliche Werke, Bd. 5); vgl. Schulte 1982, S. 82 ff., und Pemsel, S. 105 f.

Stellenkommentar
77,19 *Ein zufriedener*] T¹: »Der zufriedene«.
77,20 *Text von Karl Valentin*] Fehlt in T¹.
77,21 *Finikuli-Finikula*] Recte: Funiculì-Funiculà, Lied von Luigi Denza (geb. am 24. 2. 1846 in Castellammare, gest. am 26. 1. 1922 in London), das er anläßlich der Eröffnung der Zahnradbahn (ital. ›funicolare‹) von Neapel 1880 komponierte und das fälschlicherweise für ein neapolitanisches Volkslied gehalten wird. Fehlt in T¹,D¹. T², T³: »Zu singen nach der Melodie: Finikuli Finikula (altes ital. Volkslied)«.
77,24 *(Der Vortragende soll...)*] Fehlt in T¹,D¹. In T² folgt der Zusatz von fremder Hand: »siehe Bild«.
77,26 *Ich bin jetzt zirka 13 Jahr verheirat'*] K. V. heiratete am 31. 7. 1911 – also ungefähr zum Zeitpunkt der Entstehung dieses Couplets – Gisela Royes; vgl. Entstehung »Erinnerung an die Erste Liebe« (238).
77,30 *Wau-Wau*] Vgl. o. 235 (22,8).
77,34 *Trumm*] Bayer.: Stück.

77,35 *Bachratz*] Bayer.: Bachratte.
78,24 *no aufdrahn tät'*] Bayer.: noch Sprüche machen würde (hier: mich noch aufregen würde).
78,34 *Trut*] Bayer.: alte Frau, Hexe.
79,8 *Sau*] T¹,D¹: »Haut«.

Trommel-Verse

Textüberlieferung
T¹ Typoskript im Nachlaß, Theatermuseum Köln-Wahn: Repertoire Nr. 26; Mappe I (Au 11750).
T² Typoskript im Nachlaß, R. Piper Verlag, München: Repertoire Nr. 26.
T³ Typoskript im Liesl-Karlstadt-Nachlaß, München: Repertoire Nr. 26.
D¹ Karl Valentin, Trommel-Verse, Verlag von Karl Valentin, München um 1916 (= Original-Vorträge von Karl Valentin, Nr. 24).
Textgrundlage: D¹.

Entstehung
Nicht vor 1910, da in T¹ Liesl Karlstadt genannt wird.

Stellenkommentar
79,11 *Trommel-Verse*] T¹: »Geistreiche Verse« mit dem handschriftlichen Zusatz: »Tromel-Verse«.
79,14 *Jupeidi, jupeida*] Recte: Jupheidi! Jupheida!, Couplet von Karl Wilhelm (keine Lebensdaten ermittelt). Fehlt in T¹, T². T¹ hat den Untertitel: »Von Karl Valentin.« T²: »Original Couplet v. Karl Valentin«.
79,17 *Sind s' net bös*] In T¹ vorangestellt: »Beide:«.
79,17 *jupeidi, jupeida*] Fehlt in T¹, T².
79,18 *damischös*] S. o. 247 (44,6).
79,18 *jupeidi, peida*] Fehlt in T¹, T².
79,20 *mir*] T¹: »uns«.
79,20 *jupeidi, jupeida*] Fehlt in T¹.
79,23 *Paris ist eine schöne Stadt*] In T¹ vorangestellt: »Valentin:«.
79,24 *Woher sie ihren Namen hat:*] Die Römer nannten die Siedlung »Lutetia Parisiorum« nach dem dort ansässigen Keltenstamm der Parisier.
79,29 *Fliegen die Schwalben in der Höh'*] In T¹ vorangestellt: »Karlstadt:«.
79,35 *Auf dem Tisch, da liegt ein Fisch*] In T¹ vorangestellt: »Valentin:«.
80,5 *Ich wohn' in einem Rückgebäud'*] Laut amtlichem Meldebogen wohnte K. V. seit 1.11.1909 in der Münchner Kanalstraße 16/1 »b. d. Mutter«. Am 10.5.1913 zog er ein paar Häuser weiter in die Kanalstraße 8/2 (links, Gartenhaus), wo er bis zum 14.9.1932 wohnte. Ein Verzeichnis der Wohnungen K. V.s findet sich in: Freilinger-Valentin, S. 173. In T¹ vorangestellt: »Karlstadt:«.

80,11 *Junge Katzerln, junge Katzerln*] In T¹ vorangestellt: »Valentin:«.
80,12 *Pratzerln*] S. o. 250 (51,27).
80,17 *In einer Anlag' geht ein Mann*] In T¹ vorangestellt: »Karlstadt:«.
80,23 *A Meister steht am Schwurg'richt drob'n*] In T¹ vorangestellt: »Valentin:«.
80,29 *Ein fünfundsiebzigjähriger Mann*] In T¹ vorangestellt: »Karlstadt:«.
81,2 *A Herr, der kommt zum Doktor g'rennt*] In T¹ vorangestellt: »Valentin:«.
81,8 ff. *Neulich schau i' in Spiegel nei'*] Diese Strophe fehlt in T¹. Zum Spiegel-Motiv bei K. V. vgl. das Stück, Rep. Nr. 170, »Theaterbesuch« (Sämtliche Werke, Bd. 5) und den Film »Die karierte Weste« (K. V.s Filme, S. 144 f.).
81,10 *Daweil*] Bayer.: Stattdessen.
81,14 *Kürzlich ging der Sturm recht arg*] In T¹ vorangestellt: »Beide:«.
81,15 *Ich wollte*] T¹: »Wir wollten«.
81,15 *Herzogpark*] Münchner Stadtteil.
81,17 *Neuhausen*] Münchner Stadtteil. T¹: »Pasing«.
81,19 *Die Zwischenmelodie...*] Diese Anweisung fehlt in T¹, T².

Neue Stumpfsinn-Verse

Textüberlieferung
T¹ Typoskript im Nachlaß, Theatermuseum Köln-Wahn: Repertoire Nr. 28; Mappe I (Au 11750).
T² Typoskript im Nachlaß, R. Piper Verlag, München: Repertoire Nr. 28.
T³ Typoskript im Nachlaß, R. Piper Verlag, München: Repertoire Nr. 28.
T⁴ Typoskript im Liesl-Karlstadt-Nachlaß, München: Repertoire Nr. 28.
D¹ Karl Valentin, Neue Stumpfsinn-Verse, Verlag von Karl Valentin, München um 1916 (= Original-Vorträge von Karl Valentin, Nr. 19).
Textgrundlage: D¹.

Entstehung
Vermutlich um 1912.

Stellenkommentar
81,24 *von Karl Valentin*] T¹, T², T³, T⁴ fügen hinzu: »München«.
81,26 *(Nach alter Melodie)*] Nicht ermittelt.
82,1 ff. *Der G'sundheitskuchen der is g'sund...*] Diese Strophe fehlt in T³. Gesundheitskuchen ist ein einfacher Rührkuchen aus Mehl, Butter, Eiern, Zucker und Milch.
82,7 *Wenn du dir 'nen Brillantring kaufst*] Diese Strophe ist in T¹ durchgestrichen und fehlt in T³.

82,9 *spannt*] Bayer.: merkt.
82,10 *Bera*] Bayer.: Bär. Der übertragene Sinn (›Lüge‹, ›Fälschung‹) könnte mit der Redensart »Jemand einen Bären aufbinden« zusammenhängen, die ihrerseits auf eine Sammlung erfundener Anekdoten mit dem Titel »Wiener Bären« (1825 ff.) von Ignaz Franz Castelli (geb. am 6. 3. 1781 in Wien, gest. am 5. 2. 1862 ebda.) zurückgeht.
82,15 *Fensterstock*] Süddt.: Fensterrahmen.
82,16 *Gefrette*] S. o. 242 (35,17).
82,25 ff. *Ein Wirt, der hatte 's Gasglühlicht...*] Diese Strophe fehlt in T³. Beim Gasglühlicht erhitzt eine Gasflamme einen sog. »Glühstrumpf« (ein mit Chemikalien getränktes Baumwollgewebe), der in dem brennenden Gas strahlend weiß glüht.
82,26 *tat er ihm hocken*] Bayer.: ärgerte er sich (wörtl.: [der Ärger] hockte auf ihm).

Die Barfußtänzerin

Textüberlieferung
T¹ Typoskript im Nachlaß, Theatermuseum Köln-Wahn: Repertoire Nr. 30; Mappe I (Au 11750).
T² Typoskript im Nachlaß, R. Piper Verlag, München: Repertoire Nr. 30.
T³ Typoskript im Liesl-Karlstadt-Nachlaß, München: Repertoire Nr. 30.
T⁴ Typoskript im Liesl-Karlstadt-Nachlaß, München: Repertoire Nr. 30.
D¹ Karl Valentin, Die Barfußtänzerin, Verlag von Karl Valentin, München um 1916 (= Original-Vorträge von Karl Valentin, Nr. 14).
Textgrundlage: D¹.

Entstehung
Vermutlich um 1912.

Quellen
1902 sorgte in München das Auftreten der barfüßigen Ausdruckstänzerin Isadora Duncan (geb. am 27. 5. 1878 in San Francisco, gest. am 14. 9. 1927 in Nizza) für Aufsehen. Vor K. V. hatte bereits Jakob Geis (s. o. 238 [29,34]) mit einem Couplet darauf reagiert (vgl. Laturell, S. 23).

Stellenkommentar
83,1 *Die Barfußtänzerin*] T¹, T² haben den handschriftlichen Zusatz: »Die süße Lilli«. In T³ ist der Titel in der Handschrift Liesl Karlstadts korrigiert in: »Die süsse Lilly«. T⁴: »Die süsse Lilly!«.
83,7 *So 'ne ganz e kleine Frau*] »Gesangs-Polka f. Zither« von Wilhelm Aletter (s. o. 232 [15,2]).

83,11 *Ella*] In T³ in der Handschrift Liesl Karlstadts korrigiert in: »Lilly«. T⁴: »Lilly«.
83,14 *Barfußtänzerin*] T¹, T², T³, T⁴: »Solotänzerin«.
83,25 *Daglfing*] Münchner Vorort (1930 eingemeindet), bekannt für seine Trabrennbahn und großen Stallungen.
83,26 *Allach*] Münchner Vorort (1938 eingemeindet).
83,26 *Glonn*] Kleiner Ort, 30 km südöstlich von München.
83,28 *Schwabing*] Münchner Künstlerviertel; vgl. Schulte 1982, S. 38 ff.

Versteigerung!

Textüberlieferung
T¹ Typoskript im Nachlaß, Theatermuseum Köln-Wahn: Repertoire Nr. 33; Mappe I (Au 11750).
T² Typoskript im Nachlaß, R. Piper Verlag, München: Repertoire Nr. 33.
T³ Typoskript im Liesl-Karlstadt-Nachlaß, München: Repertoire Nr. 33.
D¹ Karl Valentin, Versteigerung, Verlag von Karl Valentin, München um 1916 (= Original-Vorträge von Karl Valentin, Nr. 8).
D² Münch'ner Blut, Nr. 429, München um 1930.
Textgrundlage: D².

Entstehung
Vermutlich um 1912; vgl. die Schallplattenaufnahme vom 25. 9. 1940 (Berswordt, S. 308).

Quellen
S. »Rezept zum russischen Salat« (240).

Stellenkommentar
84,12 *Versteigerung!*] T¹, T², T³, D¹: »Versteigerung.«
84,13 *Originalvortrag von Carl Valentin*] Vgl. o. 254 (57,9). T¹, T², T³, D¹: »Dieses Couplet muss sehr schnell gesungen werden. – Text und Musik von Karl Valentin.«
84,14 *Seitenstück zu Carl Valentins: »Rezept zum russischen Salat«*] Fehlt in T¹, T², T³, D¹.
84,30 *Grablaternen – Leichenwägen*] T¹, T², T³: »Stallaternen – Bauernwägen«.
84,32 *Kupferberg*] 1850 von Christian Adalbert Kupferberg (geb. 1824, gest. 1876) in Mainz gegründete Sektfabrik.
84,32 f. *Henkell trocken*] Sektmarke. Adam Henkell (geb. 1800, gest. 1866) gründete 1832 in Mainz eine Sektkellerei.
85,1 *Gummibusen – Gummmiwaden*] T¹, T², T³: »Gummibesen – Gänsebraten«.

85,3 *Stopselzieher*] Bayer.: Korkenzieher.
85,4 *Fensterstöcke*] S. o. 278 (82,15).
85,4 *Mandelseife*] T¹,T², T³: »Autoreifen«. D¹: »Döringseife«.
85,10 *Fließpapiere*] Südd.: Löschpapiere.
85,11 *Gasmotore*] 1888 konstruierten Léon Malandin und Édouard Delamarre-Debouteville den ersten industriell nutzbaren Gasmotor.
85,11 *C-Trompeten*] In ›C‹ gestimmte Trompeten (Standard: ›B‹).
85,14 *Kupfernattern*] Eine Schlangenart.
85,14f. *schwarze Blattern*] S. o. 260.
85,20 *Äroplane*] S. o. 268 (70,18).
85,24 *weh'.*] In T¹ folgt in fremder Handschrift: »Druckrecht 1912 Bauderer«. In T³ folgt in K.V.s Handschrift: »Alleiniges Recht hat Herr Heinrich Bauderer (Rosenthal) [= der damalige Verleger der Sammlung ›Münch'ner Blut‹; Anm. d. Hgg.] künftig reinschreiben«.

Wenn die Menschen fliegen können

Textüberlieferung
T¹ Typoskript im Nachlaß, Theatermuseum Köln-Wahn: Repertoire Nr. 36; Mappe II (Au 11750).
T² Typoskript im Nachlaß, R. Piper Verlag, München: Repertoire Nr. 36.
T³ Typoskript im Liesl-Karlstadt-Nachlaß, München: Repertoire Nr. 36.
D¹ Karl Valentin, Wenn die Menschen fliegen können, Verlag von Karl Valentin, München um 1916 (= Original-Vorträge von Karl Valentin, Nr. 10).
Textgrundlage: D¹.

Entstehung
Vermutlich um 1912; vgl. die Soloszene, Rep. Nr.35, »Auf dem Flugfeld« (Sämtliche Werke, Bd. 1, S. 32–34).

Quellen
Fliegen und Flugtechnik sind seit dem Futurismus (vgl. u. 315f.) in der Literatur ein Motiv, das auch K.V. mehrfach aufgreift (vgl. o. 268 [70,17]); zur »literarischen Aviatik« der Zeit vgl. Ingold.

Stellenkommentar
86,3 *Straßmeier*] Vermutlich der Wiener Komiker Leopold Straßmeyer (geb. am 23.12.1846 in Wien, gest. am 3.2.1927 ebda.), der auch in München großen Erfolg hatte.
86,20 *schreit*] In T³ handschriftlich korrigiert in: »schrie«.
86,22 *Wenn wir nun noch Flügel hätten, wär'n wir vogelfrei*] In T³ handschriftlich korrigiert in: »Seit wir das Flugzeug haben, sind wir vogelfrei«.

86,23 *Darum schon im Voraus lebe*] In T³ handschriftlich korrigiert in: »und ein dreifach hoch«.
86,31 *Karre*] Vgl. Quellen »Karre rauch doch nicht diese Zigarre!« (263).
87,1 ff. *Wenn die Menschen fliegen können, ach, das wird a Fraid...*] Diese Strophe ist in T³ durchgestrichen.
87,2 *de kosch'ren Laid*] Die rechten Leute (nach jiddisch ›koscher‹ = den jüdischen Speisegesetzen gemäß).
87,3 *Moritzleben*] Nicht ermittelt.
87,4 *ebbas*] Bayer.: etwas.
87,9 *Flugpumphoserln*] Pumphosen sind halblange, bauschige Hosen mit einem Gummizug oder Bund unter dem Knie.
87,14 *Gnack*] Bayer.: Genick.
87,16 *probat*] S.o. 244 (38,36).
87,29 *druck i mi und geh'*] T³ hat den handschriftlichen Zusatz: »darum stimmt jetzt alle an«. Vgl. o. 238 (29,29).

Parodie auf Hupf mei Mädel!

Textüberlieferung
T¹ Typoskript im Nachlaß, Theatermuseum Köln-Wahn: Repertoire Nr. 40; Mappe II (Au 11750).
T² Typoskript im Nachlaß, R. Piper Verlag, München: Repertoire Nr. 40.
T³ Typoskript im Liesl-Karlstadt-Nachlaß, München: Repertoire Nr. 40.
T⁴ Typoskript im Liesl-Karlstadt-Nachlaß, München: Repertoire Nr. 40.
D¹ Karl Valentin, Parodie auf Hupf mei Mädel!, Verlag von Karl Valentin, München um 1916 (= Original-Vorträge von Karl Valentin, Nr. 2).
Textgrundlage: D¹.

Entstehung
Vermutlich um 1911, nicht aber vor 1909, dem Erscheinungsjahr des amerikanischen Schlagers »Yip-I-Addy-I-Ay« in Deutschland (unter dem Titel »Hupf mein Mäderl«); vgl. o. 266 (69,23).

Stellenkommentar
88,1 *Mädel!*] T¹, T², T³, T⁴: »Mädel«
88,2 *Parodie*] Fehlt in T¹, T², T³, T⁴.
89,9 *G'scheerta*] S. o. 246 (42,27).
89,9 *Lochham*] Vorort Münchens.
89,10 *Trambahn*] Vgl. o. 254 (57,34).

89,11 *g'schwoll'n*] Bayer.: angeberisch, aufgeblasen.
89,13 *Sternecka*] Gemeint ist das »Sterneckerbräu«, ein im Zweiten Weltkrieg zerstörtes Münchner Traditions-Lokal (Tal 54–55); vgl. Bauer/Graf/Münz, S. 52 f.
89,25 *g'leg'n;*] T⁴: »g'legn?«.

Es liegt den Hgg. eine nicht zu identifizierende Druckfassung des Couplets vor, bei der es sich vermutlich um einen der Handzettel handelt, die in den Volkssängerlokalen an den Tischen verkauft wurden (vgl. Editorische Notiz); darin findet sich folgende zusätzliche Strophe, die mit minimalen Abweichungen auch auf einem von K. V.s Hand beschriebenen, an D¹ angehefteten Blatt aus dem Bestand der Stadtbibliothek München (Monacensia) überliefert ist.

»Vor dem Polizeigebäud',
Manchem macht das a Freud'
Wenn er dort zuschauen kann,
Kommt der ›Zeiserlwagen‹
Daher mit Behagen
Um abzuhol'n Weiblein und Mann.
Manch ›besseres‹ Mäderl
Das steht vor dem Wägerl,
Der Schutzmann der öffnet die Tür.
Mit bitterem Zagen
Steht ›Sie‹ vor dem Wagen,
Der Schutzmann spricht freundlich zu ihr:
Hupf mei Mädele, hupf geschwind,
Hupf in den Wagen hinein,
Drinnen ist es sehr nett und fein,
Dann geht die Fahrt nach St. Adelheim.
Hupf, mein Mäderl, hupf geschwind,
Hupf in den Wagen hinein,
Wir sind ja bald drauß'
Nachher hupfst wieder 'raus,
Dann hupfst erst auf 14 Tag' nei.«

Das Gretchen

Textüberlieferung
T¹ Typoskript im Nachlaß, Theatermuseum Köln-Wahn: Repertoire Nr. 42; Mappe II (Au 11750).
T² Typoskript im Nachlaß, Theatermuseum Köln-Wahn: Repertoire Nr. 42; Mappe II (Au 11750).

T³ Typoskript im Nachlaß, R. Piper Verlag, München: Repertoire Nr. 42.
T⁴ Typoskript im Liesl-Karlstadt-Nachlaß, München: Repertoire Nr. 42.
D¹ Münch'ner Blut, Nr. 419, München um 1918/20.
Textgrundlage: D¹.

Entstehung
1911; D¹ hat den Untertitel »Soubretten-Couplet von Liesl Karlstadt«, doch bezieht sich dieser allein auf die Interpretation. Liesl Karlstadt erzählt selbst, daß K. V. – kurz nach ihrer ersten Begegnung im »Frankfurter Hof« – sie, die eigentlich »ernste« Soubrette sein wollte, mit diesem Couplet für das komische Fach gewonnen habe; vgl. Schulte 1982, S. 47.

Stellenkommentar
90,1 *Das Gretchen*] T¹, T², T³ haben den Untertitel: »Soubretten-Couplet v. Karl Valentin.«, T⁴: »Soubretten = Couplet von Lisl Karlstadt«.
90,4 *Soubrette*] S. o. 233 (18,26).
90,6 *Melodie: »Tonkinesin«*] Diese Anweisung fehlt in T⁴.
90,18 *voll Schneid,*] Fehlt in T⁴.
90,34 *zu tappen*] Bayer.: zu tatschen.
91,15 *(Stein wegwerfen)*] Diese Anweisung fehlt in T¹, T², T³, T⁴.
91,21 *grantig*] Bayer.: mürrisch (von mhd. ›granen‹ = bejammern).
91,22 *Wuhwuh*] S. o. 235 (22,8).
91,23 *Mach' keine Geckerl*] Bayer.: Stell dich nicht so an.
91,27 *Dann pack' ich halt ein'n andern z'samm'*] Bayer. (vulgär): Dann lege ich halt einen anderen aufs Bett.

Immer wieder Pech

Textüberlieferung
T¹ Typoskript im Nachlaß, Theatermuseum Köln-Wahn: Repertoire Nr. 43; Mappe II (Au 11750).
T² Typoskript im Nachlaß, R. Piper Verlag, München: Repertoire Nr. 43.
T³ Typoskript im Liesl-Karlstadt-Nachlaß, München: Repertoire Nr. 43.
D¹ Münch'ner Blut, Nr. 419, München um 1918/20.
Textgrundlage: D¹.

Entstehung
Aufgrund des thematischen und stilistischen Zusammenhangs mit dem vorigen Couplet, mit dem es auch im »Münch'ner Blut« gemeinsam erschien: vermutlich 1911. D¹ hat den Untertitel »Soubretten-Couplet von Liesl Karlstadt«; vgl. o. Entstehung »Das Gretchen«.

Stellenkommentar
92,1 *Immer wieder Pech*] T¹, T², T³ haben den Untertitel: »Soubretten=
Couplet von Liesl Karlstadt«
92,22 *»Platt'n«*] Bayer.: Glatze.
92,29 *Karten schlag'n*] Karten legen.
93,13 *(einen Herrn ansingend)*] Fehlt in T¹, T², T³.

Kriegsmoritat... von 1914

Textüberlieferung
T¹ Typoskript im Liesl-Karlstadt-Nachlaß, München: Repertoire Nr. 74.
Textgrundlage: T¹.

Entstehung
Das Typoskript trägt das Datum: »8. Oktober 1914«.

Quellen
K. V. schreibt in Rep. Nr. 247, »Bei Benz« (Sämtliche Werke, Bd. 7):
»Vierzehn Tage nach Ausbruch des Krieges durfte, um den in der Heimat weilenden Artisten, Schauspielern usw. Verdienstmöglichkeit zu geben, wieder gespielt werden mit der Bedingung, zeitgemäße Darbietungen zu bringen. Auch ich mußte, obwohl es eigentlich von mir als Blödsinn = Interpret niemand gewohnt war, auch ernste Sachen bringen, so unter anderem eine Kriegsmoritat. Der Erfolg war groß und zwei Monate sang ich als Komiker traurige, ernste Vorträge.« Vgl. die Couplets »Prolog von Karl Valentin zur Kriegszeit 1916« und »Neueste Schnadahüpfl« (vorliegender Band, S. 108 f.).

Stellenkommentar
93,30 *Kriegsmoritat*] Das Wort ›Moritat‹ ist vermutlich durch gesangliche Dehnung von ›Mordtat‹ entstanden und bezeichnet die Lieder des »Bänkelsangs«, d. i. der Gesang der seit dem 17. Jhd. umherziehenden, Schauergeschichten verbreitenden Jahrmarktssänger. Diese standen meist auf einer Holzbank und zeigten mit einem Stab auf eine Bildertafel. Daneben entstand seit dem 18. Jhd. der Bänkelsang als Kunstform (Gottfried August Bürger, Heinrich Heine, Bertolt Brecht); vgl. Glasmeier, S. 34–38. Der Titel ist handschriftlich korrigiert und lautete ursprünglich: »Moritat... von Karl Valentin 1914«.
94,1 *Vater Zar*] Nikolaus II., russ. Zar von 1894–1917.
94,2 *Poncarre*] Raymond Poincaré, frz. Präsident von 1913–1920.
94,3 *ein kühner Mann*] Anspielung auf Wilhelm II., dt. Kaiser von 1888–1918.
94,18 *Forte*] Festungen (frz. ›fort‹ = Festung).

94,20 *Mörser*] Großkalibriges Artilleriegeschütz.
94,27 *Russen*] Bayer.: Küchenschaben.
94,29 *Zacherlin*] S. o. 241 (34,26).
95,8 *Zeppelin*] S. o. 269 (71,32); die dt. Armee setzte im Ersten Weltkrieg 123 Luftschiffe zur Aufklärung und Bombardierung ein. Allerdings war deren Einsatzfähigkeit wegen ihrer Auf- und Schwerfälligkeit begrenzt, im Verlauf des Krieges gingen 79 Luftschiffe verloren.
95,13 *gelben Aff*] Anspielung auf Japan, das am 23.8.1914 auf seiten der Entente (d. i. die Allianz aus Großbritannien, Frankreich, Rußland, Serbien/Montenegro, Belgien) in den Krieg eintrat.
95,33 *greisen Bundesbruder*] Anspielung auf den Bündnispartner Österreich-Ungarn.
95,34 *Deutschland Deutschland über alles...*] »Das Deutschlandlied« wurde 1922 offizielle Nationalhymne, vorher oft bei patriotischen Anlässen gesungen.

Die vier Jahreszeiten

Textüberlieferung
T¹   Typoskript im Nachlaß, Theatermuseum Köln-Wahn: Repertoire Nr. 39; Mappe II (Au 11750).
T²   Typoskript im Nachlaß, Theatermuseum Köln-Wahn: Repertoire Nr. 39a; Mappe II (Au 11750).
T³   Typoskript im Nachlaß, R. Piper Verlag, München: Repertoire Nr. 39.
T⁴   Typoskript im Liesl-Karlstadt-Nachlaß, München: Repertoire Nr. 39.
D¹   Karl Valentin, Die vier Jahreszeiten, Verlag von Karl Valentin, München um 1916 (= Original-Vorträge von Karl Valentin, Nr. 29).
Textgrundlage: D¹.

Variante T¹.

Die vier Jahreszeiten

Von Karl Valentin. 1937.

(Gemurmel im Zuschauerraum des Konzertsaales.)
KOMMERZIENRAT: Silentium! *(Es wird still)*. Meine verehrten Damen und Herren. Zur allgemeinen Ueberraschung wird uns noch Herr Korbinian Nasenlöcher als unser lieber Gast ein Lied für Bariton bringen. Ich bitte um Ruhe und Aufmerksamkeit!

BARITON: *(spricht):* Die vier Jahreszeiten!
PUBLIKUM: *(Applausplatte)*
KLAVIERSPIELER: *(spielt Vorspiel)*
BARITON: *(räuspert sich)* mi mi mi *(hustet etc.)*

1.

Wie herrrlich ist's doch im Frrrihling,
Im Frrrihling da ist's mirrr so wohl.
O wärrre es immerrr nurrr Frrrihling,
Im Frrrihling, da fühl' ich mich wohl.
Derrr Frrrihling derrr hat so was Eig'nes,
Derrr Frrrihling besitzet die Krrraft,
O bliebe es immerrr nurrr Frrrihling,
Derrr Frrrihling gibt Mut uns und Krrraft.

2.

Wie herrrlich ist's doch im Sommerrr,
Im Sommerrr da ist's mirrr so wohl.
O wärrre es immerrr nurrr Sommerrr,
Im Sommerrr, da fühl' ich mich wohl.
Derr Sommerrr derrr hat so was Eig'nes,
Derr Sommerrr besitzet die Krrraft,
O bliebe es immerrr nurrr Sommerrr,
Derr Sommerrr gibt Mut uns und Krrraft.

3.

Wie herrrlich ist's doch im Herrr-bst,
Im Herrr-bst da ist's mirrr so wohl.
O wärrre es immerrr nurrr Herrr-bst,
Im Herrr-bst, da fühl' ich mich wohl.
Derrr Herrr-bst derrr hat so was Eig'nes,
Derrr Herrr-bst besitzet die Krrraft,
O bliebe es immerrr nurrr Herrr-bst,
Derrr Herrr-bst gibt Mut uns und Krrraft.

4.

Wie herrrlich ist's doch im Win – – – – *(Pfiffe, Rufe:*
Schluss, Aufhören, Lachen etc.)
(Bei Aufnahme Ton etwas vor- und zurückdrehen).
(Dazu nötig: eine Applausplatte, eine Tumultplatte mit Pfiffen, Zischen und Hinaus-Rufen).

Entstehung

Nach Münz (KVVD), S. 328, trat K. V. mit diesem Couplet ab dem 22. 4. 1916 im Kabarett »Wien-München« (im Hotel Wagner, Sonnen-

straße 23) auf. Vgl. Schulte 1982, S. 92. T¹, T², T³ sind späte Fassungen aus dem Jahre 1937; vgl. die Schallplattenaufnahmen vom 13.5.1939 und 13.5.1939 (Berswordt, S. 307).
Quellen
S. »Romanze in C-Moll« (253); vgl. Glasmeier, S. 44f.

Stellenkommentar
96,2 *Blödsinniger Gesang*] In T⁴ folgt: »von Karl Valentin«.
97,6 *Überbrettlsänger*] Das »Überbrettl« war das erste dt. Kabarett und wurde von Ernst von Wolzogen am 18.1.1901 am Berliner Alexanderplatz eröffnet; vgl. o. 243 (36,20), und Kühn, S. 14ff.

T1
285 *Von Karl Valentin.1937.*] T³: »Schallplattentext von Karl Valentin 1937.«
285 *(Gemurmel im Zuschauerraum des Konzertsaales.)... (räuspert sich) 'mi mi mi (hustet etc.)*] Diese ganze Einleitung fehlt in T².
285 *Silentium!*] T³: »Stilentium!«.
286 *Derrr Frrrihling gibt Mut uns und Krrraft.*] In T¹ folgt der handschriftliche Zusatz: »Defilier Marsch Trio«.
286 *Wie herrrlich ist's doch im Win- - - - ...Hinaus-Rufen).*] Dieser ganze Schlußteil fehlt in T², dort steht stattdessen der folgende Schluß: »Wie herrrlich ist's doch im Grossen und Ganzen muss ich Sie bewundern, Was Sie für eine Geduld haben – ich glaub Sie würden sich diesen Blödsinn noch länger anhören. – Aber ich mach den Gescheiteren, i hör vor dem Winter noch auf.«

Eine Moritat im Gross-Stadtdunkel

Textüberlieferung
T¹ Typoskript im Nachlaß, Theatermuseum Köln-Wahn: Repertoire Nr. 49; Mappe II (Au 11750).
T² Typoskript im Nachlaß, R. Piper Verlag, München: Repertoire Nr. 49.
T³ Typoskript im Liesl-Karlstadt-Nachlaß, München: Repertoire Nr. 49.
Textgrundlage: T¹.

Entstehung
Vermutlich handelt es sich um den Text »Großstadtleben«, der laut Münz (KVVD), S. 328, ab 16.6.1916 zum Repertoire K.V.s zählte.

Quellen
K.V. verfaßt hier eine Polizei-Satire, ein Genre, das in der dt. Literatur

mindestens bis Lessings »Minna von Barnhelm« (II,2) von 1767 zurückreicht; vgl. dazu Pinkert; zur Stellung der Münchner Polizei im Ersten Weltkrieg vgl. Krauss, S. 49 ff.

Stellenkommentar
97,15 *Moritat*] S. o. 284 (93,30). T² hat den Titel: »Im Grossstadtdunkel. Eine grausige Geschichte in Moritatmanier«.
97,26 *tiefes*] Fehlt in T², T³.
97,31 *Polizei*] T³: »»Polizei««.
98,5 *schleunigst*] Fehlt in T², T³.
98,23 *auf dem*] T³: »hint' am«.
98,26 *dreimal hoch!*] T²: »hoch! Hoch! Hoch!!!«.

»Lorelei«

Textüberlieferung
T¹ Typoskript im Nachlaß, Theatermuseum Köln-Wahn: Repertoire Nr. 67; Mappe III (Au 11750).
T² Typoskript im Nachlaß, Theatermuseum Köln-Wahn: Repertoire Nr. 67 a; Mappe III (Au 11750).
T³ Typoskript im Nachlaß, Theatermuseum Köln-Wahn: Repertoire Nr. 67 a; Mappe III (Au 11750).
T⁴ Typoskript im Nachlaß, R. Piper Verlag, München: Repertoire Nr. 67.
T⁵ Typoskript im Nachlaß, R. Piper Verlag, München: Repertoire Nr. 67.
T⁶ Typoskript im Nachlaß, R. Piper Verlag, München: Repertoire Nr. 67 a.
T⁷ Typoskript im Liesl-Karlstadt-Nachlaß, München: Repertoire Nr. 67.
T⁸ Typoskript im Liesl-Karlstadt-Nachlaß, München: Repertoire Nr. 67.
D¹ Der Maßkrug (hg. von Michl Ehbauer), Nr. 2, September 1924, S. 36 f.
D² Liesl Karlstadt, Original-Vorträge von Karl Valentin, München (Max Hieber) 1926, S. 21 f.
Textgrundlage: D².

Entstehung
Laut Münz (KVVD), S. 328, ist K. V. seit 1. 5. 1916 als »Lorelei« aufgetreten. T², T³, T⁶ sind späte Fassungen aus dem Jahre 1941; vgl. die Schallplattenaufnahme vom 24. 1. 1941 (Berswordt, S. 308) und den nach dem Zweiten Weltkrieg entstandenen Text »Loreley« (vorliegender Band, S. 199).

Quellen

Die Lorelei wird fälschlicherweise für eine Sagengestalt gehalten, in Wirklichkeit ist sie eine Erfindung des romantischen Dichters Clemens Brentano, dessen Roman »Godwi« (1801) die Ballade der »Lore Lay« (»Zu Bacharach am Rheine«) enthält. Heinrich Heine nimmt in seinem Gedichtszyklus »Die Heimkehr« (1823/24) den Lorelei-Stoff wieder auf, seine Verse (»Ich weiß nicht, was soll es bedeuten«) kommen in der Vertonung von Friedrich Silcher (geb. am 27.6.1789 in Schnait/Württ., gest. am 26.8.1860 in Tübingen) zu größter Popularität; diese Fassung benutzt auch K.V. als Vorlage für seine Parodie; vgl. Glasmeier, S. 41–44. Zur Stoffgeschichte s. Frenzel, S. 467 ff.; vgl. Quellen »Romanze in C-Moll« (253).

Stellenkommentar

99,1 *Lorelei*] T^1: »›LORELEY‹ Originalvortrag von Karl Valentin, München.« T^2, T^3: »Die Loreley. Neuer Text von Karl Valentin 1941.« T^4, T^6: »Die Loreley«. T^5, T^8: »Loreley!«. T^7: »Loreley«. D^1: »Die Loreley‹ nach einer ganz eigenen geistigen Eingebung von Karl Valentin«. In D^1 wird das Couplet mit folgendem Text eingeleitet: »Achtung! Ich glaub, wir könnten jetzt a bißerl Gesang vertragen. Setzen Sie sich also auf eine Stuhllehne – wenn Sie gerade eine Gebirgstour machen, nehmen Sie sich selbstverständlich einen richtigen Felsen zu leihen –. Ist das Gesäßfundament geschaffen, dann nehmen S' eine Klampfen – eine Harfe wird sich doch nicht so leicht auftreiben lassen – fassen sie wie ein geliebtes Wesen um den Hals, drücken sie ans Herz und singen:«

99,4f. *Vortragender sitzt...*] Fehlt in T^2, T^3, T^6, D^1. T^4: »(Eine Solonummer v. Karl Valentin: Er sass auf einem Felsen im weissen Tricot – auch weiss geschminkt und eine goldene Perücke mit offenen langen Haaren auf dem Kopf. dazu feenhafte Beleuchtung in lila.)«

99,7 *Melodie: »Ich weiß nicht was soll es bedeuten.«*] S.o. Fehlt in T^4, T^6. D^1: »Benützung der alten Melodie gestattet.«

99,9 *Grüß Gott und ich hab die Ehre*] In T^2, T^3, T^6 ist die folgende Ansage vorangestellt: »Liebe Hörerinnen und Hörer! Folgen Sie mir im Geiste, wenn Ihnen das möglich ist, an das Rheinufer. Wir setzen uns auf das gegenüberliegende Ufer des Loreley-Felsens. – Ich schalte um! – – Hier sehen Sie jetzt beim bleichen Mondenschein oben auf dem Felsen die Loreley (ich weiss nicht, ob Sie's von hier aus sehen); sie hat eine Leier in der Hand und während unten in einer Gondel auf den silberschimmernden Wellen des Rheines ein Schiffer vorbeifährt und zu ihr hinaufblickt, singt sie im Abend-Aether ein Lied in die dunkle Nacht.«

99,12 *heißt*] T^5, T^8: »nennt«.

99,14 *ich muß es ganz offen gestehn*] T^1, T^2, T^3, T^4, D^1: »und offen muss ich es gestehn«. T^5, T^8: »ich muss es hier offen gestehn«.

99,15 *und niemand hat mich noch gesehn*] T⁴: »Mich hat noch niemand gesehn.« T⁵, T⁸: »es hat mich noch niemand gesehen«. D¹: »doch niemand hat mich noch gesehn«.
99,16 *und ich bin doch so fabelhaft schön*] Vgl. die Abbildung in: Das Karl Valentin Buch, S. 52. In T², T⁴ folgt die Zwischenbemerkung: »(ziag'n tut's da herob'n!)«.
99,26 *Ich hab keine menschliche Seele*] An dieser Stelle haben T¹, T², T³, T⁴, T⁵, T⁶, T⁷,D¹ die zusätzliche Strophe:

>»Wenn morgens vom Schlaf ich erwache
>dann kämm ich mein goldenes Haar,
>das ist ja mein einziger Reichtum
>denn s'Gold des is gegenwärtig rar,
>ich gäbe zwar Gold her für Eisen
>da mach ich mir schliesslich nichts draus,
>doch eiserne Haar, s'wär a Blödsinn
>des haltet mei Kampe net aus.«

99,33 *alloa*] T², T³, T⁴, T⁶: »Allein«.
99,33 *heroben*] T¹, T², T³, T⁵, T⁷, T⁸,D¹: »droben«.
100,4 *(schaut nach dem Schiffer)*] Fehlt in T¹, T², T³, T⁴, T⁵, T⁶, T⁷, T⁸,D¹.
100,5 *närrischer*] In T⁵ in fremder Handschrift korrigiert in: »dappiger«.
100,7 *d'Harpfa*] Bayer.: die Harfe. T¹, T², T³, T⁴, T⁵, T⁶, T⁷, T⁸,D¹: »d'Musik«.
100,16 *geht langsam der Vorhang zu*] T¹: »drum mach ma an Vorhang zu«. T², T³: »Drum mach' ma das Mikrophon zu.« In T³ folgt: »(Schnackler des Schalters)«. T⁴: »Drum zieh'n ma den Vorhang jetzt zu.« T⁵, T⁷, T⁸: »drum mach i mei Mäu wieder zu!« T⁶: »drum mach i das Mikrophon zu!!!« D¹: »mach i mei Maul wieder zu.«
100,18 ff. *N.B...gezogen*] Diese ganze Anweisung fehlt in T², T³, T⁴, T⁶, T⁷. In T⁵, T⁸ folgt:

>»Strophe von Michl Ehbauer.
>
>Ich weiss nicht was soll es bedeuten
>Dass ich so tramhapfert bin
>Ich denke halt noch an die Zeiten
>Mit Karl dem Va-halentin.
>Er hat ja das Liedlein geschrieben
>Der Heine hats gar nicht gespannt
>Als Loreley-Liesl Ihr Lieben
>Grüass i Euch von de Zwoa mitanand.«

Der Orgelmann

Textüberlieferung
T¹ Typoskript im Nachlaß, Theatermuseum Köln-Wahn: Repertoire Nr. 69; Mappe III (Au 11750).
T² Typoskript im Nachlaß, Theatermuseum Köln-Wahn: Repertoire Nr. 69; Mappe III (Au 11750).
T³ Typoskript im Nachlaß, R. Piper Verlag, München: Repertoire Nr. 69.
T⁴ Typoskript im Nachlaß, R. Piper Verlag, München: Repertoire Nr. 69.
T⁵ Typoskript im Liesl-Karlstadt-Nachlaß, München: Repertoire Nr. 69.
D¹ Karl Valentin, Allerlei Blödsinn, Verlag von Karl Valentin, München um 1920, S. 26 ff.

Textgrundlage: D¹.

Entstehung
Vermutlich um 1916.

Stellenkommentar
100,26 *Der Orgelmann*] T¹, T²: »Moritat vom Orgelmann«.
100,29 *Melodie: Verlorenes Glück.*] S. o. 250 (49,14 f.). T³: »Parodie auf das Lied: ›Verlornes Glück‹«. Fehlt in T⁴, T⁵.
100,33 *wo*] T¹, T², T³: »noch«.
100,35 *Mit greisen Füßen und mit krummen Haaren*] T¹, T², T³, T⁵: »Mit krummen Füssen und mit greisen Haaren«. T⁴: »Mit greisen Fingern und mit krummen Haaren«.
101,21 ff. *Als einst der David diesem Riesen Goliath ...*] Diese Strophe fehlt in T⁴.
101,34 ff. *Ich bin jetzt Komiker schon viele Jahre ...*] Diese Strophe fehlt in T², T⁴. Laut Münz (KVVD), S. 311, trat K. V. seit 1897 als »Vereinshumorist« auf.
102,6 f. *(zeigt dem Publikum ein gehäkeltes Taschentuch)*] Diese Anweisung fehlt in T¹, T², T⁵.
102,12 ff. *Was zulang dauert, wird ei'm oft zuwider ...*] Diese Strophe fehlt in T³.
102,12 *oft*] Fehlt in T¹, T², T⁵.
102,22 *zum Massenmörder*] T¹, T², T⁵: »zu einem Mörder«.

Der Maskenball der Tiere

Textüberlieferung
T¹ Typoskript im Nachlaß, Theatermuseum Köln-Wahn: Repertoire Nr. 70; Mappe III (Au 11750).

T²   Typoskript im Nachlaß, Theatermuseum Köln-Wahn: Repertoire Nr. 70; Mappe III (Au 11750).
T³   Typoskript im Nachlaß, R. Piper Verlag, München: Repertoire Nr. 70.
T⁴   Typoskript im Nachlaß, R. Piper Verlag, München: Repertoire Nr. 70.
T⁵   Typoskript im Liesl-Karlstadt-Nachlaß, München: Repertoire Nr. 70.
T⁶   Typoskript im Liesl-Karlstadt-Nachlaß, München: Repertoire Nr. 70.
D¹   Karl Valentin, Allerlei Blödsinn, Verlag von Karl Valentin, München um 1920, S. 30 ff.
Textgrundlage: D¹.

Variante: T¹.

Der Maskenball der Tiere

Parodie auf »Vogelhochzeit«.

1) Die Tiere auf der Erde all'
Die hielten einen Maskenball.
Vide rallalla, vide rallalla
Vide rallallallalla.

2) Die Schildkröte, die Schildkröte
Blies im Orchester Trompete.

3) S'Cameleon, s'Cameleon
Das blies den dicken Bombardon.

4) Die Läuse, die Läuse
Die machten ein Gesäuse.

5) Die Hummel, die Hummel
Die schlug die grosse Trummel.

6) Der Pinguin, der Pinguin
Der spielte erste Violin.

7) Die Kröte, die Kröte
Blies Piccolo und Flöte.

8) Der Marabu, der Marabu
Gab zum Konzert den Takt dazu.

9) Der Aal, der Aal
   Der schwänzelt durch den Saal.

10) Der Leopard, der Leopard,
    Der hat auf seine Gattin g'wart.

11) Der Flamingo, der Flamingo
    Der sucht 'nen Platz sich irgendwo.

12) Der Esel, der Esel
    Sass hinten im Klubsessel.

13) Der Schwan, der Schwan
    Sah sich im Spiegel an.

14) Das Nilpferd, das Nilpferd
    Benahm sich wirklich ganz geschert.

15) Der Elefant, der Elefant
    Der war, wie immer, sehr galant.

16) Das Schwein, das Schwein
    Das war auch hier ein Schwein.

17) Der Büffel, der Büffel
    Scherzt mit der Gans, der Schlüffel.

18) Der Feuersalamander
    Rutscht über's Stiegenglander.

19) Die Fliege, die Fliege
    Stand draussen auf der Stiege.

20) Der Papagei, der Papagei
    Der schrie fortwährend: 1 – 2 – 3

21) Der Panter, der Panter
    Vom Lux war's ein Verwandter.

22) Die Störche, die Störche
    Die war'n maskiert als Lerche.

23) Die Wölfe, die Wölfe,
    Die war'n maskiert als Zwölfe.

24) Der Löwe, der Löwe,
    Der war maskiert als Göwe.

25) Die Wanzen, die Wanzen,
    Die fingen an zu tanzen.

26) Der Adler, der Adler,
    Der tanzte den Schuhpladler.

27) Die Ameise, die Ameise
    Die tanzte nur den Francaise.

28) Die Flöhe, die Flöhe
    Die hupften in die Höhe.

29) Da plötzlich wurd's ganz still im Saal
    Sie sassen alle jetzt beim Mahl.

30) Der Rabe, der Rabe
    Frass d'Supp'n mit der Gabe[.]

31) Der Jaguar, der Jaguar
    Fand in der Suppe drinn ein Haar.

32) Die Giraffe, die Giraffe
    Die frass a Schokoladwaffe.

33) Die Schlange, die Schlange
    Ass eine Blutorange.

34) Das Eidachsel, das Eidachsel
    Das frass a abbräunt's Schweinshaxel.

35) Das Gnu, das Gnu
    Das hatte schon genu.

36) Der Auerochs, der Auerochs
    Der ass nicht auf und frug: »Wer mog's?«

37) Das Dromedar, das Dromedar
    Ass zur Verstärkung – Caviar.

38) Die Schnepfe, die Schnepfe
    Die hat die grösste Hepfe.

39) Das Lama, das Lama
    Das frass zuletzt all's zamma.

40) Dass der Gesang nur Unsinn war,
    Das wird zum Schlusse jedem klar.

Entstehung
Laut Münz (KVVD), S. 328, ist Liesl Karlstadt ab 16. 5. 1916 mit diesem Couplet aufgetreten; vgl. die Schallplattenaufnahme vom 28. 2. 1941 (Berswordt, S. 309).

Stellenkommentar
102,30 »*Vogelhochzeit*«] Die älteste Flugblattversion dieses alten, vorzugsweise auf Hochzeiten gesungenen Scherzliedes (»Ein Vogel wollte Hochzeit machen«) stammt aus dem Nürnberg des frühen 16. Jhds. Die Anzahl der Strophen schwankt und ergibt sich traditionell aus der spontanen Erfindungskraft der geladenen Gäste. Die Melodie geht vermutlich auf ein schlesisches Volkslied zurück.
103,2 *Franceise*] Française, d.i. ein älterer frz. Tanz im 6/8-Takt.
103,12 *Stieg'ng'lander*] Bayer.: Treppengeländer.
103,21 *Gabe*] Gabel.
103,27 *abbräunt's Schweinshaxel*] Bayer.: eine im Ofen braun und knusprig gewordene Schweinehaxe.
103,33 *Hepfe*] Bayer.: Freude, Ausgelassenheit, Rausch (verwandt mit: ›hüpfen‹?).

T1
Anm.: Varianten der Strophenreihenfolge werden nicht vermerkt.
292 *Die Schildkröte...*] Diese Strophe fehlt in T^4, T^5, T^6.
292 *S'Cameleon...*] Diese Strophe fehlt in T^4, T^5, T^6.
292 *Bombardon*] Baßtuba mit drei oder vier Ventilen.
292 *Die Läuse...*] Diese Strophe fehlt in T^4, T^5, T^6.
292 *Die Hummel...*] Diese Strophe fehlt in T^4, T^5, T^6.
292 *Der Pinguin...*] Diese Strophe fehlt in T^4, T^5, T^6.
292 *Die Kröte...*] Diese Strophe fehlt in T^4, T^5, T^6.
292 *Der Marabu*] Diese Strophe fehlt in T^4, T^5, T^6.
293 *Der Flamingo...*] Diese Strophe fehlt in T^4, T^5, T^6.
293 *Der Esel...*] Diese Strophe fehlt in T^4, T^5, T^6.
293 *geschert*] S.o. 246 (42,27).
293 *Der Büffel...*] Diese Strophe fehlt in T^4, T^5, T^6.
293 *der Schlüffel*] Bayer.: der raffinierte Kerl.
293 *Der Papagei...*] Diese Strophe fehlt in T^4, T^5, T^6.
293 *Der Panter, der Panter/Vom Lux war's ein Verwandter*] T^4, T^5, T^6: ».../ Benahm sich eleganter.«
293 *Die Störche...*] Diese Strophe fehlt in T^4, T^5, T^6.
293 *Die Wölfe...*] Diese Strophe fehlt in T^4, T^5, T^6.
293 *maskiert als Zwölfe*] Vermutlich: als die Zwölf Apostel.
293 *Der Löwe...*] Diese Strophe fehlt in T^4, T^5, T^6.
293 *Göwe*] Vielleicht: bayer. Gowe = Gabel.
293 *Die Wanzen...*] Diese Strophe fehlt in T^4, T^5, T^6.
294 *Die Flöhe...*] Diese Strophe fehlt in T^4, T^5, T^6.
294 *Das Dromedar...*] Diese Strophe fehlt in T^4, T^5, T^6.
294 *Dass der Gesang nur Unsinn war,/Das wird zum Schlusse jedem klar.*]

T⁴, T⁵, T⁶ enden: »Der Maskenball ist nun zu End,/Drum bitte, klatschens in die Händ!«. – T⁴, T⁵, T⁶ haben eine zusätzliche Strophe:
»Der Schellfisch und das Känguruh
Die spielten mitsammen Blinde Kuh.«

Ein Vorstadtkind

Textüberlieferung
T¹ Typoskript im Nachlaß, Theatermuseum Köln-Wahn: Repertoire Nr. 71; Mappe III (Au 11750).
T² Typoskript im Nachlaß, Theatermuseum Köln-Wahn: Repertoire Nr. 71; Mappe III (Au 11750).
T³ Typoskript im Nachlaß, R. Piper Verlag, München: Repertoire Nr. 71.
T⁴ Typoskript im Liesl-Karlstadt-Nachlaß, München: Repertoire Nr. 71.
D¹ Karl Valentin, Ein Vorstadtkind, Verlag von Karl Valentin, München um 1916 (= Original-Vorträge von Karl Valentin, Nr. 33).
Textgrundlage: D¹.

Entstehung
Vermutlich um 1916.

Quellen
S. »Karre rauch doch nicht diese Zigarre!« (263).

Stellenkommentar
104,13 ff. *Text von Karl Valentin...*] Der Untertitel fehlt in T², T³.
104,14 *Anton Degen*] Nicht ermittelt; vgl. o. 254 (57,9).
104,15 *Gesungen mit großem Erfolg von Lisl Karlstadt*] In D¹ folgt: »Wien-München, Hotel Wagner«; vgl. Entstehung »Die vier Jahreszeiten« (286).
104,28 *Flins*] Bayer.: Geld (salopp).
104,32 *Krampf*] Bayer.: Angewohnheiten.
104,33 *harpf i*] Bayer.: humpele ich.
104,35 *Hoadhausen*] S. o. 266 (68,28).
105,4 *Isartal*] Landschaft südlich von München.
105,8 *Automat*] Gemeint ist wohl ein Automatenrestaurant; in »Valentins Jugendstreichen«, Rep. Nr. 82, (GW, S. 146 f., bzw. Sämtliche Werke, Bd. 7) erinnert sich K. V.: »1898 eröffnete ein gewisser Strebel, der jedoch im Volksmund nur unter seinem Lieblingsausdruck ›Da feit si nix‹ bekannt war, in der Bayerstraße Münchens erstes Automatenrestaurant. Nach der Losung ›Bediene dich selbst‹ konnte man für zehn Pfennige allerlei Leckerbissen haben.«

105,9 *Quartel*] Bayer.: Viertel (Liter).
105,9 *nag'stemmt*] Bayer.: schnell hinuntergetrunken.
105,15 *g'spannt*] S. o. 256 (61,2).
105,16 *Da wurd' ich windi und koppte*] Bayer.: Da wurde ich zornig und schimpfte.
105,19 *A Riesenschell'n*] Bayer.: Eine arge Ohrfeige.
105,22 *In derer Weis' da bin i fei verwog'n*] Bayer.: Auf diese Weise (bei Angelegenheiten dieser Art) da bin ich recht verwegen.
105,27 *Linksumdrellen*] Bayer.: Linksumdrehen (Tanzen).
105,29 »*An der blauen Donauwalzer*«] Gemeint ist der Orchesterwalzer op. 314 »An der schönen blauen Donau« (1867) von Johann Strauß (Sohn).
105,30 *draht*] Bayer.: gedreht (getanzt).
106,2 *Frankaise*] S. o. 295 (103,2).
106,3 *Is 's Grieß alloa um mi*] Bayer.: reißen sich die Frauen allein um mich.

Chinesisches Couplet

Textüberlieferung
T¹ Typoskript im Nachlaß, Theatermuseum Köln-Wahn: Repertoire Nr. 72; Mappe III (Au 11750).
T² Typoskript im Liesl-Karlstadt-Nachlaß, München: Repertoire Nr. 72.
D¹ Karl Valentin, Chinesisches Couplet, Verlag von Karl Valentin, München um 1916 (= Original-Vorträge von Karl Valentin, Nr. 34).
Textgrundlage: D¹.

Entstehung
Vermutlich 1915/16; vgl. die Schallplattenaufnahme »Liesl Karlstadt singt chinesisch« vom 1. 12. 1928 (Berswordt, S. 304) bzw. »Ein Münchner Chinese« vom 25. 9. 1940 (ebda., S. 308).

Quellen
Das Couplet ist ein Beispiel onomatopoetischer Klanglyrik, wie sie sich auch in der »konsequenten« zeitgenössischen Dichtung, teils unter dem Schlagwort der »absoluten Poesie«, teils dem des »Dadaismus« findet; vgl. etwa die Lyrik von Kurt Schwitters (geb. am 20. 6. 1887 in Hannover, gest. am 8. 1. 1948 in Ambleside/Westmoreland); zu K. V. und Schwitters vgl. Schulte 1982, S. 154ff. Texte wie das vorliegende Couplet erzeugen ihre Komik nach Röhrich 1977, S. 58, aus der »Abweichung von der normalen Vokalität einer vorgegebenen Sprache«, also letztlich aus der Fiktion einer klanglich armen, geistlos-mechanischen Kommunikation; vgl. Glasmeier, S. 27.

Stellenkommentar
106,11 *Chinesisches Couplet*] T¹: »Der Münchner Chinese«.
106,20 *Mantsche*] Vgl. bayer. Mantsch = lieblos zusammengemischtes Essen.
106,29 *Stasi*] Bayer.: Anastasia.
106,30 *Taubi Taubi*] So rief in München das stadtbekannte »Taubenmutterl« (d. i.: Therese Schedlbauer; geb. 1853, gest. 1940 in München), »eine kleine alte Frau, welche sämtliche Münchener Stadttauben auf ihre Kosten füttert« (Rep. Nr.164, Text zu Lichtbilder berühmter Persönlichkeiten, Sämtliche Werke, Bd. 7).
106,31 *Lanolin*] Salbe aus Schafwollfett zu medizinischen und kosmetischen Zwecken.
107,7 *Da legst di nieder*] Bayer.: Da wunderst du dich!
107,23 *Haferl*] Bayer.: kleiner Topf.
107,23 *G'wasch*] Bayer.: 1. Wasser (zum Schwimmen), 2. wässriges Getränk.
107,25 *Magi Magi a*] Bayer.: Magi mag ich auch. T¹, T²: »Magi mag i net«. Vermutlich eine Anspielung auf die Speisewürze des Julius Maggi, die ab 1887 in Singen am Hohentwiel produziert wurde.

Es liegt ein weiterer Text vor, der offensichtlich eine Vorarbeit zum »Chinesischen Couplet« darstellt; er wird hier wiedergegeben:

Chinesenlied!

In dem Lande der Chinesien – nesien
Wohnte einst ein holdes Wesien – wesien
Und in dieses war verliabet – liabet
Selbst der Großmogul von Tiabet – tiabet!

Tsching-Tschang tsching-tschang – bunskellewitzki
Jankerl – killi-killi jankerl – killi-killi
Tsching-tschang tsching tschang bunskellewitzki
Jankerl killi killi wau!
Killiwau, Killiwau – killi-wutscha-wutscha wau-wau!
Killi killi Killi killi wutschango-wutschango-wutschango
Killi killi Killi Killi wutschango – wutschango!

Als ein Knäblein ward geboren – boren
Nahm er es gleich bei den Ohren – ohren
Fraß es auf mit einem Schnaapp – schnaapp
Grad als wär's Kartoffelpaapp – paapp.

Refrain.

Dieses hat sie sehr verdrossen – drossen
Seinen Tod hat sie beschlossen – schlossen
Stiess die Scher' ihm durch die Nas' – nas
Dass er hin war dieses Aas – aas!

Refrain.

Aus der G'schichte die Moral – ral
Werde niemals Kannibal – bal
Dass du nicht wie dieser Färst – färst
Durch die Nas' gestochen wärst – wärst!

Refrain.

Textüberlieferung
T¹ Typoskript aus dem Bestand des Rechtsvertreters der Erben Valentins, Rechtsanwalt Gunter Fette, München.
Textgrundlage: T¹.

Entstehung
Vermutlich vor 1915/16.

Stellenkommentar
298 f. *In dem Lande der Chinesien... Als ein Knäblein ward geboren...Dieses hat sie sehr verdrossen*] K. V. zitiert hier das im 19. Jhd. beliebte Kinderlied »In Chinesien, in Chinesien«. Die »chinesische« und die letzte Strophe stammen von K. V.

Prolog von Karl Valentin zur Kriegszeit 1916

Textüberlieferung
T¹ Typoskript im Liesl-Karlstadt-Nachlaß, München: Repertoire Nr. 75.
Textgrundlage: T¹.

Entstehung
1916.

Quellen
S. »Kriegsmoritat... von 1914« (284).

Stellenkommentar
108,9 f. *in der Heimat da gibt es ein baldiges Wiedersehen*] Anspielung auf das in beiden Weltkriegen vielgesungene Soldatenlied »In der Heimat, in der Heimat, da gibt's ein Wiedersehn« (1911) von Wilhelm Lindemann (geb. am 5. 4. 1882 in Berlin, gest. am 8. 12. 1941 ebda.).
108,13 *sie sehen nicht mehr unsre Münchnerstadt*] Nach Hollweck, S. 118, fielen dem Ersten Weltkrieg 12.943 Münchner Soldaten zum Opfer.

108,29 *Durch Kampf zum Sieg – vom Sieg zum Kampf*] Titel einer Komposition für Orchester von Hans Sommer (Pseudonym für: Zincke; geb. am 20.7.1837 in Braunschweig, gest. am 26.4.1922 ebda.), die im Verlauf des Ersten Weltkrieges von mehreren Komponisten zum Kriegslied arrangiert wurde.

Neueste Schnadahüpfl

Textüberlieferung
T¹ Typoskript im Liesl-Karlstadt-Nachlaß, München: Repertoire Nr. 76.
Textgrundlage: T¹.

Entstehung
Vermutlich 1916.

Quellen
S. »Kriegsmoritat... von 1914« (284).

Stellenkommentar
109,1 *Schnadahüpfl*] S. o. 255.
109,5 *Zeppelin*] Am 31.1.1916 flogen dt. Zeppeline Bombenangriffe auf Liverpool, Manchester, Nottingham, Sheffield und die Humbermündung, am 31.3. auch auf London; vgl. o. 269 (71,32) u. 285 (95,8).
109,11 *Deutsche Tauberln*] Vom 21.2. bis 16.12.1916 fand mit einem bis dahin unbekannten Materialaufwand die für Deutschland letztlich erfolglose Schlacht um Verdun statt, die insgesamt 700.000 Tote forderte. Über Paris ist die dt. Luftwaffe nicht geflogen, 1918 wurde die frz. Hauptstadt lediglich von Ferngeschützen getroffen.
109,14 *Taubenkobel*] Bayer.: Taubenschlag.
109,18 *Dardanell'n*] 1915/16 fanden wiederholt engl.-frz. Eroberungsversuche an den Dardanellen, einer strategisch wichtigen Meerenge, statt, die aber von den Türken bis Kriegsende verteidigt werden konnte.
109,20 *Schelln*] S. o. 297 (105,19).
109,23 f. *Wir Deutsche...*] »Wir Deutschen fürchten Gott, aber sonst nichts in der Welt«, hatte Bismarck in einer Reichstagsrede am 6.2.1888 erklärt.
109,26 *Unterseeboot*] Ab Februar 1916 begann der verschärfte U-Boot-Krieg. Am 19.8.1916 versenkten dt. U-Boote vor der Ostküste Englands zwei brit. Kreuzer. Für internationale Empörung sorgte die Untat des dt. U-Bootes »U 20«, das am 7.5.1915 den brit. Passagierdampfer »Lusitania« mit 1198 Menschen an Bord versenkte.
109,32 *Ita=li=e=ner*] Italien, zunächst neutral, kämpfte ab Mai 1915 auf seiten der Alliierten.

110,10f. *Caruso...Bajazzo*] Enrico Caruso war berühmt für seine Interpretation des Canio, der Hauptfigur aus der Oper »Der Bajazzo« (»I Pagliacci«; 1892) von Ruggiero Leoncavallo (geb. am 8.3.1858 in Neapel, gest. am 9.8.1919 in Montecatini/Toscana). Carusos 1907 entstandene Schallplattenaufnahme der Arie »Lache Bajazzo« (»Vesti la giubba... Ridi, Pagliaccio«) wurde über eine Million Mal verkauft und gehörte zum Grundbestand jedes Plattensammler. Soldat war Caruso nicht, er trat aber 1915 in Monte Carlo zugunsten frz. Soldaten auf, was ihm in Deutschland eine schlechte Presse einbrachte.

110,14 *Brotkarte*] Am 31.1.1915 wurden im Deutschen Reich Brot- und Mehlmarken eingeführt, in München waren sie ab Anfang März erforderlich.

110,22 *die Wacht am Rhein*] Titel des Liedes »Es braust ein Ruf wie Donnerhall... Lieb Vaterland magst ruhig sein« (1854) von Carl Wilhelm (geb. am 5.9.1815 in Schmalkalden, gest. am 26.8.1873 ebda.), der einen Text von Max Schneckenburger (geb. am 17.2.1819 in Thalheim/Württ., gest. am 3.5.1849 in Burgdorf/Schweiz) vertonte.

110,26f. *Die Engländer hab'n/Sehr viele Kriegsschiff*] Am 31.5.1916 lieferten sich vor dem Skagerrak (Nordsee) die dt. und die brit. Flotte die bis dahin größte Seeschlacht der Geschichte: 37 brit. standen 21 dt. Kriegsschiffen gegenüber, wobei 14 brit. und 11 dt. Schiffe versenkt wurden, ohne daß es einen »Sieger« gegeben hätte.

111,3 *Zuaven*] Angehörige der seit 1830 gebildeten frz. Eliteeinheiten, die urspr. aus dem algerischen Berberstamm der »Swawa« rekrutiert, später auch mit Franzosen besetzt wurden. K.V. spielt hier wohl auf die schweren Angriffe der Zuaven auf der »Höhe 304« vor Verdun vom 18.5.1916 an.

111,5 *»Fürchtet ihr den schwarzen Mann?«*] Ein Kinderfangspiel.

111,11 *Wau=Wau*] Vgl. o. 235 (22,8).

Klagelied und Abschied vom Zinndeckel

Textüberlieferung
T¹ Typoskript im Nachlaß, Theatermuseum Köln-Wahn: Repertoire Nr. 78; Mappe III (Au 11750).
T² Typoskript im Nachlaß, R. Piper Verlag, München: Repertoire Nr. 78.
T³ Typoskript im Liesl-Karlstadt-Nachlaß, München: Repertoire Nr. 78.
Textgrundlage: T¹.

Entstehung
Vermutlich 1916 als im Rahmen umfangreicher Metallsammelaktionen Schmuck, Kirchenglocken, Orgelpfeifen und eben auch Zinnkrugdeckel

zur militärischen Wiederverwertung (v. a. Munition) beschlagnahmt wurden; vgl. Hollweck, S. 117.

Stellenkommentar
111,15 *Klagelied und Abschied vom Zinndeckel*] In T¹ handschriftlicher Zusatz: »Zur Metallsammlung«. In T², T³ ist der Titel handschriftlich korrigiert in: »Abschied vom Maßkrugdeckel«.
111,19 *»Ich bin eine Witwe«*] Lied von Josef Hornig (keine Lebensdaten ermittelt), Verfasser zahlreicher Wiener Lieder und Couplets um 1900.
112,7 *gscherter*] S. o. 246 (42,27).
112,8 *»KEFERLOHER«masskrug*] Maßkrug ohne Deckel, urspr. aus dem Ort Keferloh bei München.
112,11 *grüabige*] S. o. 251 (53,13).
112,15 *Hofbräuhaus*] Berühmteste Gaststätte Münchens (Am Platzl); vgl. Bauer/Graf/Münz, S. 59 ff.
113,2 *Weisswürst und Bretzen*] Münchner Traditionsgericht; die Weisswürste sind der Legende zufolge von Sepp Moser, Wirt vom Gasthaus »Zum ewigen Licht« (Marienplatz 26), am Faschingssonntag 1857 »erfunden« worden.

Moritat Margareta bei der Straßenbahn

Textüberlieferung
T¹ Typoskript im Nachlaß, Theatermuseum Köln-Wahn: Repertoire Nr. 79; Mappe III (Au 11750).
T² Typoskript im Nachlaß, Theatermuseum Köln-Wahn: Repertoire Nr. 79; Mappe III (Au 11750).
T³ Typoskript im Nachlaß, R. Piper Verlag, München: Repertoire Nr. 79.
T⁴ Typoskript im Liesl-Karlstadt-Nachlaß, München: Repertoire Nr. 79.
D¹ Karl Valentin, Moritat Margareta bei der Straßenbahn, Verlag von Karl Valentin, München um 1916 (= Original-Vorträge von Karl Valentin, Nr. 32).
Textgrundlage: D¹.

Entstehung
Laut Münz (KVVD), S. 328, ist K. V. mit diesem Couplet ab dem 16. 12. 1916 im »Annenhof« (Liebigstraße 22) aufgetreten. Ein Jahr zuvor wurden in München erstmals weibliche Trambahnschaffner eingestellt.

Stellenkommentar
113,24 *Moritat*] S. o. 284 (93,30).
113,24 *Margareta*] T¹, T², T³, T⁴: »Margarete«.

113,24 *Straßenbahn*] S. o. 254 (57,34).
113,29 *»O teure Margarete[«]*] S. o. 245 (40,1).
114,26 *besinnen;*] T⁴: »besinnen!«.
114,32 *Führerschein*] Nach Hollweck, S. 103, wurde 1899 in München 25 Automobilbesitzern die Fahrerlaubnis erteilt, die erste Autonummer der Welt vergeben (schwarze »1« auf gelbem Grund) sowie der »Bayerische Automobil-Club« gegründet. 1910 sind in der Stadt 1.303 Automobile angemeldet, von 182 Autounfällen enden 11 tödlich (Hollweck, S. 112 f.), 1913 sind es bereits 350 Kfz-Unfälle; vgl. Krauss, S. 126 ff.
115,20 *Mathöser*] »Mathäserbräu«, Münchner Traditions-Lokal (Bayerstraße 5), vor dem Ersten Weltkrieg angeblich der größte Bierausschank der Welt; vgl. Bauer/Graf/Münz, S. 147 ff.
116,1 *Münchner Tageblatt*] Es sind zu unterscheiden: 1. Das »Münchner Tagblatt«, das der Stadtbuchdrucker Joseph Zängl (geb. 1755, gest. 1827 in München) als erste Münchner Tageszeitung 1802/1803 herausgab. 2. Das Skandalblatt gleichen Namens, 1872 hg. von der berüchtigten Hochstaplerin Adele Spitzeder (geb. am 9.11.1832 in Berlin, gest. am 27.10.1895).
116,13 *windi*] Bayer.: aufgebracht (verwandt mit: sich winden; vgl. Schmeller II, Sp. 949 f.).
116,16 *Obstmarkthalle*] Bezeichnung für die 1908–1911 unter dem Architekten Richard Schachner am Südbahnhof erbauten vier Hallen aus Eisenbeton, die 1912 eröffnet und in der Folge beständig erweitert wurden.
116,19 *Hausiererschein*] Gemäß §§ 55–63 Gewerbeordnung des Deutschen Reiches von 1896 erforderlicher »Wandergewerbeschein«.
116,21 *Obsthausiererin*] Vgl. die Soloszene, Rep. Nr. 102, »3 Pfund Äpfe 25 Pfening« (Sämtliche Werke, Bd. 1, S. 79–81).
117,11 *Die Tochter ist beglücket*] Fehlt in T⁴.

K. V. hat dieses Couplet später in einen szenischen Rahmen gestellt, der hier wiedergegeben wird:

Moritat

Margarethe bei der Strassenbahn.
vorgetr. A. Fischer und Peter Schmid.

Schmid mit Drehorgel und zusammengerollter Moritat hinter ihm Fischer treten auf.
SCHMID: So jetzt geh rei' Dearndl – jetz pack ma's wieda. Jetzt is ja sowieso gleich Schluss – des is unser letzter Hof.

FISCHER: Gott sei Dank – i' bin scho so müd – i geh jetzt glei in's Bett.
SCHMID: A lüg' net so – in's Bett wirst gehn! Zum Tanzen gehst halt wieder.
FISCHER: Is ja net wahr. Mit dem Hals kann i' bloss in's Bett gehen.
SCHMID: *(holt Stuhl her, steigt drauf und versucht die Moritat auf einen ziemlich hohen Nagel zu hängen, wobei er laut stöhnt)*
FISCHER: Ja mei – da wirst doch noch naufkommen – Du wirst alt[.]
SCHMID: Wenn der Saunagel auch so weit droben ist. *(steigt wieder herunter – stellt [D]rehorgel, die er verkehrt bzw. mit dem Schwengel nach vorne hereingebracht hat auf einen kleinen Hocker.)*
FISCHER: Jessas, jetzt hast's ja wieder verkehrt.
SCHMID: Ja der Schwengel is vorne.
FISCHER: Du bist blöd.
SCHMID: Dankschön.
FISCHER: Jetztschick Dich doch a mal. Fang doch endlich an.
SCHMID: *(dreht ein Stück auf der Drehorgel – am Schluss langgezogener Ton)*
FISCHER: Ja schläfst denn. Du halt die Margarethe nei.
SCHMID: Ja jetzt kommts Margareterl. Also sing recht schön und dass'd net wieder stecken bleibst. *(will anfangen zu drehen – es kommt jedoch nur ein langgezogener Heulton heraus)*
FISCHER: [D]es is doch net die Margarethe.
SCHMID: [D]es hör i scho *(probiert an der Drehorgel ohne Erfolg herum)*
FISCHER: Scheiss; doch net so lang herum – – Ja hast denn Du die Walzen net dabei.
SCHMID: Ja jetzt hat d' Mutter die Walzen net nei do des Riesenrindvieh.
FISCHER: Ja hast denn Du net nachgschaut zu Haus?
SCHMID: 2 Glaserl Schnaps hab i mir kauft.
FISCHER: Mit Deiner ewigen Sauferei. Wo kriegst Du überhaupt noch an Schnaps her. Du wirst scho mit richtige Schleichhandler verkehren. – Ja was soll mer denn jetzt machen – jetzt steh ma schon heraussen.
SCHMID: Sing's ohne Musi.
FISCHER: A ' ohne Musi klingt's doch so lätschat.
SCHMID: Sing's nur ohne Musi – des is doch dene Leut ganz wurscht:
FISCHER: Des woasst ja Du net. *(schaut verlegen ins Publikum – entdeckt dann den Klavierspieler und sagt zu diesem gewendet)* Könnas net vielleicht Sie spieln.
KLAV.SP. Was denn?
FISCHER: Margarethe.
KLAV.SP. Teure Margarethe?
FISCHER: Des woass i net.
KLAV. SP. Also probier' ma's halt amal. *(spielt die richtige Melodie)*
FISCHER: *(hat eine Zeitlang zugehört)* Ja des is.
SCHMID: Des is.

FISCHER: Da hast fei am Massl g'habt. *(z. Publikum)* Der Leidensweg eines Mädchens.
(Jetzt kommt Original – Margarethen – Moritat, wobei Schmid immer nachbrummt, sowie verschiedene batzige Bemerkungen fallen.)

Textüberlieferung
T^1 Typoskript im Nachlaß, Theatermuseum Köln-Wahn: Repertoire Nr. 79a; Mappe III (Au 11750).
T^2 Typoskript im Nachlaß, Theatermuseum Köln-Wahn: Repertoire Nr. 191; Mappe IX (Au 11750).
T^3 Typoskript im Nachlaß, R. Piper Verlag, München: Repertoire Nr. 79a.
T^4 Typoskript im Nachlaß, R. Piper Verlag, München: Repertoire Nr. 191.
T^5 Typoskript im Liesl-Karlstadt-Nachlaß, München: Repertoire Nr. 191.
Textgrundlage: T^1.

Entstehung
Laut Untertitel von T^2, T^4, T^5: 1939. Die Nennung von Annemarie Fischer in T^1, T^3 deutet darauf hin, daß diese Szene in K.V.s »Ritterspelunke«, also zwischen dem 17.7.1939 und dem 5.6.1940, aufgeführt wurde; vgl. die »Ritterspelunken«-Szenen (vorliegender Band, S. 266ff.).

Stellenkommentar
303 *A. Fischer*] Annemarie Fischer (geb. am 22.12.1917 in München, gest. am 22.6.1988 ebda.) war K.V.s Partnerin zwischen 1939 und 1941.
303 *Peter Schmid*] Ein Partner K.V.s in der »Ritterspelunke«; s. Lutz, S. 64ff.; vgl. Schulte 1982, S. 187, und Brief Nr. 155 (Sämtliche Werke, Bd. 6, S. 151). In T^2, T^4, T^5 fehlen diese Personenangaben, dort ist der Text zwischen »Vater« und »Tochter« inszeniert. T^2, T^4, T^5 haben den Untertitel: »Von Karl Valentin 1939«.
303 *zusammengerollter Moritat*] Hier: die Schautafel, die traditionell den Moritat-Gesang illustriert, vgl. o. 284 (93,30).
303 *jetz pack ma's wieda*] Bayer.: jetzt packen wir es (die Arbeit) wieder an.
304 *(dreht ein Stück auf der Drehorgel...)*] In T^1, T^3 ist dieser Regieanweisung folgender übertippter Text vorangestellt: »Schmid: Pressiert doch net. Also sing schön und dass'd net wieder stecken bleibst«.
304 *lätschat*] Bayer.: lasch.
305 *Massl*] Bayer.: Glück (vgl. hebr. ›másel‹ = Glücksstern, Glück).
305 *(Jetzt kommt Original–Margarethen–Moritat...fallen.)*] In T^2, T^4, T^5 lautet der Schluß: »(Jetzt kommt Original-Moritat: entweder ›Margarethe

bei der Strassenbahn‹, oder ›Der Mord in der Eisdiele‹, oder ›Das Volksauto‹, wobei der Vater immer nachbrummt; verschiedene batzige Bemerkungen fallen).«

Das Münchner Kindl als Diogenes

Textüberlieferung
T^1 Typoskript im Nachlaß, Theatermuseum Köln-Wahn: Repertoire Nr. 84; Mappe III (Au 11750).
T^2 Typoskript im Nachlaß, Theatermuseum Köln-Wahn: Repertoire Nr. 84; Mappe III (Au 11750).
T^3 Typoskript im Nachlaß, R. Piper Verlag, München: Repertoire Nr. 84.
T^4 Typoskript im Liesl-Karlstadt-Nachlaß, München: Repertoire Nr. 84.
Textgrundlage: T^1.

Entstehung
Vermutlich um 1916 im Zusammenhang mit dem Monolog, Rep. 83, »Das Münchner Kindl vom Rathausturm besucht die unter ihm liegende Stadt« (Sämtliche Werke, Bd. 1, S. 43–45); vgl. den »Münchnerkindl – Prolog« (vorliegender Band, S. 129), den Dialog, Rep. Nr. 84a, »Das Münchner Kindl« (Sämtliche Werke, Bd. 4) sowie das Couplet »Die Stadt beim Morgengrauen« (vorliegender Band, S. 163).

Stellenkommentar
117,23 *Münchner Kindl*] Im Stadtwappen von 1477 findet sich noch die Darstellung eines erwachsenen Mönches. Seit 1727 ist die Bezeichnung »Münchner Kindl« für die Wappenfigur nachweisbar, aber erst um 1900 erscheint diese auch tatsächlich mit einem Kindergesicht. Am 29.11.1905 wurde die Münchner-Kindl-Figur auf der Turmspitze des Neuen Rathauses angebracht. Die Plastik stammt von dem Bildhauer Anton Schmid, der seinen fünfjährigen Sohn Ludwig, den später bekannten Volksschauspieler und Direktor der Volkssängerbühne »Platzl« Ludwig Schmid-Wildy (geb. am 3.5.1896 in Aachen, gest. am 30.1.1982 in Rosenheim), als Modell dazu nahm. T^2, T^3, T^4: »Münchner Kind«.
117,23 *Diogenes*] Der Philosoph Diogenes von Sinope (geb. ca. 412 v. Chr., gest. ca. 323 v. Chr. in Korinth) ist bekannt durch zahlreiche Anekdoten (»Diogenes in der Tonne«), in denen seine Askese, aber auch sein Spott über die Gesellschaft zum Ausdruck kommen. So soll er am hellichten Tag mit einer Laterne in der Hand auf dem Markt von Athen »einen Menschen« gesucht haben. Vor K. V. ist auch der Volkssänger Rudolf Schmid (geb. 1856, gest. am 11.6.1938 in München) als Diogenes mit der Laterne aufgetreten; vgl. Lutz, S. 37.

117,26 *Ein Männlein steht im Walde...*] Ein Kinderlied, dessen Text von August Heinrich Hoffmann von Fallersleben (geb. am 2.4.1798 in Fallersleben bei Lüneburg, gest. am 19.1.1874 in Corvey/Weser) stammt und das nach einer niederrheinischen Volksweise gesungen wird. Diese Vortragsanweisung fehlt in T³, dort lautet der Untertitel: »Von Karl Valentin«.
117,28 *Kindl*] T², T³, T⁴: »Kind«.
117,32 *bessren Zeiten*] In T² korrigiert, ursprünglich: »Zwiebeln«.
117,32 *Wochen*] In T³ handschriftlich korrigiert in: »Jahren«.
117,33 *Kommunalverband*] Kommunalverband, Zusammenschluß mehrerer Gemeinden zur Verwaltungseinheit (»Kreis«); der Kommunalverband regelte während des Krieges die Vergabe von Bezugsscheinen.
118,12 *Schutzmann*] Vgl. »Eine Moritat im Gross-Stadtdunkel« (vorliegender Band, S. 97).

Aus der Kriegszeit 1916

Textüberlieferung
T¹ Typoskript im Nachlaß, Theatermuseum Köln-Wahn: Repertoire Nr. 85; Mappe III (Au 11750).
T² Typoskript im Nachlaß, R. Piper Verlag, München: Repertoire Nr. 85.
T³ Typoskript im Liesl-Karlstadt-Nachlaß, München: Repertoire Nr. 85.
Textgrundlage: T¹.

Entstehung
Vermutlich 1916. – Dieses Jahr war für die deutsche Bevölkerung besonders entbehrungsreich. Zu kaufen gab es praktisch nichts ohne Bezugsschein, in umfangreichen Aktionen wurden Metall, Papier, Kleidungsstücke gesammelt, Volksküchen versorgten die Ärmsten, die nächtliche Straßenbeleuchtung wurde gelöscht, Theater, Kinos, Konzerthäuser waren geschlossen, in den Gaststätten gab es kaum mehr als »Dünnbier«, schließlich verschärfte der harte Winter 1916/17 die ohnehin große Kohlennot; vgl. Rudloff sowie Abelshauser, S. 212 ff.

Quellen
K. V.s Couplet könnte man als »Propaganda-Satire« bezeichnen, denn alle beschriebenen »ausländischen« Nöte gehören zum Alltag der deutschen Bevölkerung. Diese wurde propagandistisch auf die Entbehrungen der Kriegszeit eingestimmt, oft mit Hinweisen auf die schlechte Lage des Gegners; vgl. Tönnies, S. 546 ff., und Hardach.

Stellenkommentar
118,30 *Aus der Kriegszeit 1916*] In T¹ Zusatz von fremder Hand: »Das ist

uns völlig unbekannt«. T²: »Das ist uns völlig unbekannt. Kriegscouplet 1916 von Karl Valentin«. T³: »Aus der Kriegszeit 1915« mit dem handschriftlichen Zusatz: »Das ist uns völlig unbekannt« und dem Untertitel: »(Mit grossem Erfolg gesungen von Theo König)«.

118,33 *Brot so schwarz*] Ersatzbrot wurde u.a. mit Bohnenmehl gebacken.

118,34 *Semmeln gibt es lange Zeit nicht mehr*] Nach Hollweck, S. 117, gab es 1916 in München tatsächlich keine Semmeln mehr zu kaufen. T²: »Semmeln gibt's seit langer Zeit nicht mehr«.

118,35 *dünn gebraut*] 1916 wurde auch in München nur noch Dünnbier (mit viel geringerem Hopfen- und Malzanteil) gebraut.

119,2 *die Kinder steigen*] T³: »Die Menschen gehen«.

119,3 *Bezugschein*] Bezugsscheine waren 1916 auch für den Erwerb von Schuhen und Textilien erforderlich.

119,8 *Kriegsmus*] Apfel- oder Pflaumenmus, das mit Süßstoff gekocht wurde.

119,13 *Kirchenglocken*] Im Rahmen der Metallsammlung wurden 1916 in München auch Kirchenglocken beschlagnahmt; vgl. »Klagelied und Abschied vom Zinndeckel« (vorliegender Band, S. 111).

119,14 *TamTam*] Chinesischer Gong.

119,17 *Sacharin*] Saccharin, ein künstlicher Süßstoff.

119,18 *Seife*] Auch der Erwerb von Seife war 1916 durch Bezugskarten geregelt.

119,22 *Jn England*] T²: »In Ungarn«.

119,22 *Kommunialverband*] S.o. 307 (117,33).

119,30 *alte Männer und schon Kinder*] Auf dem Kriegshöhepunkt wurden Männer zwischen dem 15. und 60. Lebensjahr einberufen.

120,1 *geahnt*] T²: »getan«.

120,2 *bei uns wie man so*] T³: »in Deutschland wie man«.

Der Schleichhändler

Textüberlieferung
T¹ Typoskript im Nachlaß, Theatermuseum Köln-Wahn: Repertoire Nr. 86; Mappe III (Au 11750).
T² Typoskript im Nachlaß, Theatermuseum Köln-Wahn: Repertoire Nr. 86; Mappe III (Au 11750).
T³ Typoskript im Nachlaß, R. Piper Verlag, München: Repertoire Nr. 86.
T⁴ Typoskript im Liesl-Karlstadt-Nachlaß, München: Repertoire Nr. 86.
Textgrundlage: T¹.

Entstehung
Laut Titel von T⁴: 1916.

Stellenkommentar

120,10 *Der Schleichhändler*] Zu Lebensmittelknappheit und Schleichhandel vgl. Abelshauser, S. 227 ff. T⁴: »Der Schleichhändler 1916«.

120,13 *Ich bin ein Preusse, kennt ihr meine Farben..*] S. o. 252 (54,5 f.). Fehlt in T⁴, dort lautet der Untertitel: »von Karl Valentin vorgetragen von Karlstadt«.

120,15 ff. *Ich bin ein Geschäftsmann...*] In T², T³, T⁴ lautet diese Strophe:

»Ich bin der Lucki, das sieht doch ein jeder
ich habe einen schicken Körperbau
und meine Heimat die ist rechts der Isar
es ist die wunderbare Vorstadt Au.
Vor Giesing und Haidhausen
da tut es mir stets grausen
und auch in Schwabing drunt, wie jeder woass,
da wohnt doch offen g'sagt – a richtigs G'schmoass.«

120,21 *das Auge des Gesetzes*] Vgl. Schillers »Lied von der Glocke«, V. 296–299: »Doch den sichern Bürger schrecket/Nicht die Nacht,/Die den Bösen gräßlich wecket,/Denn das Auge des Gesetzes wacht.«; vgl. das Stück, Rep. 128, »Im Senderaum« (Sämtliche Werke, Bd. 5), wo K. V. ausgiebig aus Schillers Ballade zitiert.

120,24 *Profession*] T⁴: »Provision«.

120,25 *Bei dera Arbat gang's da net vui g'nau*] Bayer.: Bei dieser Arbeit ging es nicht sehr genau zu.

120,26 *raucht ruassi aus dem Ofen*] T², T³, T⁴: »der war ja net stark ruassi«.

120,27 *Oft sah ich aus, als wia der Kohlenklau*] T², T³, T⁴: »nach Feierabend schaugst aus wia der Wauwau.«

120,30 *Mittelstand*] Zur Lage des Mittelstandes vgl. Abelshauser, S. 242 f.

120,33 *Alle drei Tage geh ich auf die Reise...*] Vgl. Abelshauser, S. 229: »Der Schleichhandel entwickelte sich zu einem einträglichen Gewerbe, die Hamsterfahrten wurden zu Beutezügen, bei denen man die Bauern mit Gewalt bedrohte.«

120,34 *Bauern*] T³, T⁴: »G'scheerten«.

121,6 *bin ich auf an grünen Zweig gekommen*] Die bekannte Redensart rührt entweder von einer biblischen Formulierung (Hiob 15,32), oder von einem Rechtsbrauch des Mittelalters her, wonach jemand, der Grundbesitz erwarb, als Symbol einen grünenden Zweig erhielt.

121,7 *»So ein Geschäft« das will*] T², T³, T⁴: »d'Schleichhändlerei die muass«.

121,10 *Der Krieg ist nun zu Ende*] T³, T⁴: »Und ist der Krieg zu Ende«.

121,11 *Wir reiben uns die Hände*] In T² handschriftlich korrigiert in: »Wir reiben uns froh die Hände«. T³, T⁴: »dann reib'n wir uns die Hände«.

121,15 *Und bald such ich, mir eine Ehehälfte*] T³, T⁴: »Und bald werd ich mir eine Moas'n suacha«.
121,16 *Und schleunigst führ ich sie dann zum Altar*] T³, T⁴: »und bis d' di umschaugst, führ ich s' zum Altar«.
121,21 *Und bald bin ich ein reicher Privatier*] T³, T⁴: »und in an Jahr, dös is a alter Schnee«.
121,22 *Und hab*] T³, T⁴: »hab ich«.

Ein moderner Schreinerlehrling 1915

Textüberlieferung
T¹ Typoskript im Nachlaß, Theatermuseum Köln-Wahn: Repertoire Nr. 88 Mappe III (Au 11750).
T² Typoskript im Nachlaß, R. Piper Verlag, München: Repertoire Nr. 88.
T³ Typoskript im Liesl-Karlstadt-Nachlaß, München: Repertoire Nr. 88.
Textgrundlage: T¹.

Entstehung
Vermutlich 1917/18 als infolge der kriegsbedingten Knappheit der Arbeitskräfte die Löhne der für den Militärdienst zu jungen Lehrlinge deutlich stiegen. Allerdings ging mit diesen Lohnsteigerungen ein zunehmender Mangel an Konsumgütern einher, und die Preise liefen den Löhnen gleichsam davon; nach Münz (KVVD), S. 332, ist K. V. im Mai/Juni 1918 mit diesem Couplet aufgetreten; vgl. Abelshauser, S. 222 ff.

Stellenkommentar
121,27 *Schreinerlehrling*] K. V. war selbst 1897–1899 Schreinerlehrling bei Schreinermeister Johann Hallhuber (Weißenburger Straße 28), 1900 dann Geselle bei Schreinermeister Röder (Arcisstraße 66) und bei Schreinermeister Nürnberger (Barer Straße 70). 1901 war er wieder bei Hallhuber, bevor er 1902 nach dem Tod des Vaters mit seiner Mutter das elterliche Speditionsgeschäft führte; vgl. Rep. Nr. 82, »Valentins Jugendstreiche« (GW, S. 137–140, bzw. Sämtliche Werke, Bd. 7) sowie das Stück, Rep. 179, »In der Schreinerwerkstätte« (Sämtliche Werke, Bd. 5) und die gleichnamige, aber davon verschiedene Tonfilmimitation, Rep. 158, (Sämtliche Werke, Bd. 8). In T³ heißt das Couplet: »Der Schreinerlehrling«.
121,27 *1915*] Handschriftlicher Zusatz.
121,28 *von Karl Valentin*] Handschriftlicher Zusatz.
121,30 *Stiefelputzer*] Wienerlied (»Mei' Standort is beim Opernhaus«) op. 44 von Rudolf Ehrich (Pseudonym für: Ehrlich; geb. am 3.6.1872 in Brünn, gest. am 20.8.1924 in Wien).

121,36 *Alisi*] Bayer.: Alois.
122,5 *Ohrwaschelrennerts*] Bayer.: heftige Ohrfeigen (bayer. ›Rennert‹ = Rennen, Wettkampf). Das alte Wort ›Wäschel‹ bezeichnet den beweglichen Teil von Tierohren.
122,6 *Schreinerlehrbub*] In T² handschriftlich korrigiert in: »Schuster Lehrbub«.
122,6 *organisiert*] 1869 wurden in München die ersten sozialdemokratischen Parteien gegründet, seit 1890 wuchs die Gewerkschaftsbewegung, in der sich v. a. die Arbeiter und Handwerker der Münchner Mittel- und Großbetriebe engagierten. 1916 wurde in Deutschland erstmals seit Kriegsausbruch wieder gestreikt, und 1917 traten insgesamt 670.000 Arbeiter in den Ausstand; vgl. Angermair, S. 329f., und Abelshauser, S. 236.
122,8 *An Arbeitskräften ist jetzt Mangel*] Im Laufe des Ersten Weltkriegs sank in Deutschland die Arbeitslosenquote von 7% (1914) auf unter 1% (1917).
122,14 *die Woche dreissig »M«*] Der Wochenlohn eines männlichen Arbeiters unter 16 Jahren betrug in München zu dieser Zeit um die 18 Mark (1kg Schweinefleisch kostete 1917 in München 3,26 M, ½ kg Weizenbrot 0,35 M, 1l Milch 0,30 M; Quelle: Statistisches Jahrbuch 1919, S. 304f.).
122,15 *a Mordsfamilie*] Bayer.: eine große Familie.
122,16 *Fetzen*] Hier: Geldscheine.
122,17 *an Haufa Speck*] Hier wohl: viel Geld.
122,19 *Klammer*] Ugs.: Freundin (die sich anklammert).
122,23 *Lackschläuch*] Bayer.: Lackschuhe (salopp).
122,24 *Lorgnett*] Brille, die an einem Stiel vor das Gesicht gehalten wird.
122,31 *g'huntzt*] Bayer.: wie einen Hund behandelt.
122,33 *Schmeizler*] Bayer.: Schnupftabak (Schmalzler).
123,5 *Bauerngirgl*] Das Gasthaus »Zum Bauerngirgl« (Residenzstraße 20) war seit 1894 eines der feinsten Lokale in München; vgl. Bauer/Graf/Münz, S. 127.
123,8 *Speisehalle*] 1914 öffnete in München die erste städtische Volksküche. 1916 befand sich eine weitere in der Thalkirchner Straße.

Andreas Papp

Textüberlieferung
T¹ Typoskript im Nachlaß, Theatermuseum Köln-Wahn: Repertoire Nr. 87 Mappe III (Au 11750).
T² Typoskript im Liesl-Karlstadt-Nachlaß, München: Repertoire Nr. 87.
Textgrundlage: T¹.

Entstehung
Vermutlich kurz nach Ende des Ersten Weltkriegs; Deutschland unter-

zeichnete am 11.11.1918 im Wald von Compiègne (Nordfrankreich) das Waffenstillstandsabkommen mit der Entente.

Quellen

K. V. thematisiert hier die katastrophale Versorgungslage unmittelbar nach Kriegsende, als die offiziellen Lebensmittelrationen gerade die Hälfte des tatsächlichen Kalorienbedarfs deckten (vgl. Abelshauser, S. 214). In München betrug 1918 die Fleischration pro Kopf und Woche 200 Gramm. Es fanden Hungerdemonstrationen und Streikaktionen statt, bis es schließlich am 7.11.1918 zur großen Kundgebung auf der Theresienwiese, der anschließenden Ausrufung der Republik durch Kurt Eisner und zur Flucht von König Ludwig III. kam; vgl. Rudloff, S. 344 ff., und Krauss, S. 55 ff.

Stellenkommentar

123,14 *Andreas Papp*] T^2: »Das schlechte Hausbrot«.

123,18 *Andreas Papp*] T^2: »Andreas Gack«.

123,18 *wie Sie am Bild hier sehen*] Deutet darauf, daß K. V. das Couplet als Moritat verfaßt hat (vgl. o. 284 [93,30]). Den Herausgebern liegt ein entsprechend illustrierter Handzettel aus dem Nachlaßbestand des Piper-Verlages vor.

123,21 *das wohl nicht jeder Krieger kennt*] Im Verlauf des Krieges fielen 1,85 Mio. deutsche Soldaten, 4,25 Mio. wurden verwundet. 12.943 Münchner Soldaten kehrten nicht wieder nach Hause zurück.

123,25 *Andreas Papp*] T^2: »Andreas Gack«.

123,30 *Kriegsspagat*] Bayer. ›Spagat‹ = Bindfaden.

123,33 *Herr Papp*] T^2: »Herr Gack«.

124,6 *Kochgas*] T^2: »Leuchtgas«.

124,12 *Herr Papp*] T^2: »Herr Gack«.

124,13 *Tiergarten*] Am 1.8.1911 war der Tierpark Hellabrunn in Thalkirchen eröffnet worden. Während der Inflationszeit verfiel er und mußte 1923 schließen. 1928 wurde er wiedereröffnet.

124,16 *Andreas Papp*] T^2: »Andreas Gack«.

124,21 *Herr Papp's*] T^2: »Herrn Gacks«.

124,27 *Herr Papp*] T^2: »Herr Gack«.

124,28 *überall in Deutschland*] T^2: »jetzt bei jedem Bäcker«.

124,29 *heisst: »Lebensmittelnot!«*] T^2: », das heisst man .... ›Münchner Brot‹«.

124,30 *(Pfüa Gott!)*] Fehlt in T^2.

Verschiedene Träume

Textüberlieferung

T^1 Typoskript im Nachlaß, Theatermuseum Köln-Wahn: Repertoire Nr. 89 Mappe III (Au 11750).

T² Typoskript im Nachlaß, R. Piper Verlag, München: Repertoire Nr. 89.
T³ Typoskript im Liesl-Karlstadt-Nachlaß, München: Repertoire Nr. 89.
Textgrundlage: T¹.

Entstehung
Vermutlich 1918.

Quellen
S. »Andreas Papp« (312).

Stellenkommentar
125,4 *Weisst du Muatterl*] »..., was i träumt hab'?«, ein Wienerlied von Alois Kutschera (gest. am 22. 10. 1919 in Wien).
125,7 *siacher*] Bayer.: ekelhafter, böser (auch: dummer); vielleicht verwandt mit: siech, an einer Seuche leidend.
125,7 *Hofbräuhäusler*] Stammkunde im Hofbräuhaus (s. o. 302 [112,15]).
125,9 *Dünnbier*] S. o. 308 (118,35).
125,9 *batzat Hausbrot*] Bayer.: klumpiges Schwarzbrot.
125,10 *Kriegstabak*] Ersatz- bzw. Zusatzstoffe des Tabaks waren u. a. Kirschbaumblätter und eingesalzene Rosenblätter.
125,12 *Sagleim*] Bayer.: Sägemehl.
125,16 *Residenz*] Bis zur Flucht des Königs am 7. 11. 1918 Sitz der Wittelsbacher. 1920 wurde sie zum »Residenzmuseum« umgewandelt.
125,23 f. *durch diesen Krieg sehr gut gestellt*] Zur sozialen Problematik des Kriegsgewinnlertums und Kriegswuchers vgl. Abelshauser, S. 227.
126,2 *hoakli*] Bayer.: heikel (hier: wählerisch).
126,7 *a fade Letschen*] Bayer.: ein dummes (enttäuschtes) Gesicht; mhd. ›lasche‹ = Lumpen (der schlaff herunterhängt).
126,9 *Volksküch*] S. o. 311 (123,8).
126,11 *auf der Mordstrumm Ofaplattn da taten viele Hafa stehn*] Bayer.: auf der großen Ofenplatte standen viele Töpfe.
126,14 *a schwarzer Mehlpapp*] Mit Ersatzstoffen (Kartoffel-, Bohnenmehl) gestreckter Mehlbrei.

Auf T¹ aufgeklebt ist folgende Variante der dritten Strophe:

»Der kleine Maxerl is' recht heiklich,
Das Hundertste, das schmeckt ihm z'fad,
Er mag nicht unser gutes Hausbrot
Und unser guate Marmelad;
Er möcht' halt lauter gute Sachen,
Vom Essen träumt ihm Tag und Nacht,
Heut in der Früh', als er erwachte,

Hat er a fade Lätsch'n g'macht:
Woasst Du Muatterl was mir träumt hat,
I hab' in unser Küch' nei'g'seh'n,
Und auf der gross'n Ofaplatt'n,
Da tat'n grosse Haf'n steh'n.
Ich hab' die Deck'ln in die Höh' g'hob'n
Was wird's denn heut für Schmankerl geb'n,
Daweil san da wia alle Tage,
Nur bloss Kartoffel drinna g'wen.«

Ich hatt' einen Kameraden

Textüberlieferung
T¹ Typoskript im Nachlaß, Theatermuseum Köln-Wahn: Repertoire Nr. 90; Mappe III (Au 11750).
T² Typoskript im Nachlaß, R. Piper Verlag, München: Repertoire Nr. 90.
T³ Typoskript im Liesl-Karlstadt-Nachlaß, München: Repertoire Nr. 90.
D¹ Karl Valentin, Allerlei Blödsinn, Verlag von Karl Valentin, München um 1920, S. 33 f.
Textgrundlage: D¹.

Entstehung
Vermutlich 1916.

Stellenkommentar
126,20 *Ich hatt' einen Kameraden*] Soldaten- bzw. Veteranenlied von Friedrich Silcher (s. o. 289) auf einen Text von Ludwig Uhland.
126,21 *Parodie*] T¹, T², T³: »Kriegskoupletparodie von Karl Valentin.« In T³ mit dem Zusatz von fremder Hand: »1916«.
127,16 *Bezugschein*] Bezugsscheine für den Erwerb von Schuhen und Textilien waren von 1916–1919 erforderlich.
127,18 *guten*] T¹, T², T³: »Prima«.
127,19 *blos in einer, o*] T¹, T², T³: »doch in beiden ach«.
127,20 *schon*] T¹, T², T³: »bald«.
127,27 »Seegras«] Vgl. o. 313 (125,10).
127,31 *Patent=Stahl=Spiral=Fädern*] Im Ersten Weltkrieg verwendete die dt. Armee wegen Kautschukmangels auch Fahrräder mit einer Ersatzbereifung aus Schraubenfedern; vgl. Rauck, S. 111.

[Hier in diesem Album stehen...]

Textüberlieferung
D¹ Bertl [Böheim] Valentin: »Du bleibst da, und zwar sofort!«, mein Vater Karl Valentin, München, 1972 (2. Aufl.), S. 43 f.
Textgrundlage: D¹. (Als Handschrift oder Typoskript nicht überliefert.)

Entstehung
Dieser Eintrag K. V.s in das Poesiealbum seiner Tochter Berta (Bertl) Fey, verh. Böheim (geb. am 21.9.1910 in München, gest. am 13.8.1985 ebda.) trägt das Datum: »28. Februar 1919«.

Stellenkommentar
128,17 *schöner Pappa*] K. V. hatte auf die gegenüberliegende Seite des Poesiealbums ein Bühnenfoto eingeklebt, daß ihn »mit Kittnase, hautenger Komikerkleidung und Riesenstiefeln« zeigte; vgl. Bertl [Böheim] Valentin, S. 44.

Das futuristische Couplet

Textüberlieferung
T¹ Typoskript im Nachlaß, Theatermuseum Köln-Wahn: Repertoire Nr. 94; Mappe IV (Au 11750).
T² Typoskript im Nachlaß, Theatermuseum Köln-Wahn: Repertoire Nr. 94; Mappe IV (Au 11750).
T³ Typoskript im Nachlaß, Theatermuseum Köln-Wahn: Repertoire Nr. 94; Mappe IV (Au 11750).
T⁴ Typoskript im Liesl-Karlstadt-Nachlaß, München: Repertoire Nr. 94.
T⁵ Typoskript im Liesl-Karlstadt-Nachlaß, München: Repertoire Nr. 94.
D¹ Karl Valentin, Originalvorträge, Verlag Max Hieber, München 1926, S. 23.
Textgrundlage: D¹.

Entstehung
Vermutlich um 1919 im Zusammenhang mit der Soloszene, Rep. Nr. 95, »Der Photograph« (Sämtliche Werke, Bd. 1, S. 58–61), wo K. V. sich ebenfalls über den Futurismus lustig macht, der ihm wohl als Inbegriff »moderner«, ablehnenswerter Kunst galt; vgl. den späten Text »Expressionistischer Gesang« (vorliegender Band, S. 202).

Quellen
Mit diesem und den folgenden Couplets artikuliert sich verstärkt K. V.s Abneigung gegen verschiedene Strömungen der Moderne. Dem »futuri-

stischen« Vertrauen auf die Zukunft hält er eine Sentimentalität für das alte München der Vorkriegs- bzw. Prinzregentenzeit entgegen. Zu K.V. und der avantgardistischen Literatur vgl. Schulte 1982, S. 154ff., und Nachwort.

Stellenkommentar

128,25 *futuristische*] Der Futurismus ist eine ästhetische, später auch politische Bewegung, die um 1910 in Italien aufkam und die im Vertrauen auf den technischen Fortschritt den völligen Traditionsbruch in allen Lebensbereichen forderte. Als geistiger Vater gilt der Schriftsteller Emilio Marinetti (geb. am 22.12.1876 in Alexandria/Ägypten, gest. am 2.12.1944 in Bellagio). In Deutschland finden sich ähnliche Ideen und Ausdrucksformen im »Expressionismus« und z. T. im Dadaismus. In T³ lautet der Titel: »Futuristisches Couplet«.

128,28 *Original-Couplet von Karl Valentin*] Vgl. o. 254 (57,9). Fehlt in T¹, T², T⁴, T⁵.

128,31 *das Ganze*] T⁵: »da Ganze«.

128,33 *als es*] T⁵: »als er«.

129,2 *diszipliert*] Eine Wortschöpfung K.V. s. Neologismen, die Mißachtung grammatischer Konventionen und Lautmalerei sind für die avantgardistische Dichtung der Zeit (Kurt Schwitters, Hans Arp u.a.) charakteristisch.

129,11 *Zusammen fein zu sein*] T¹, T², T⁴, T⁵: »zusammen Wacht am Rhein«.

129,16 *zu*] T¹, T²: »wuh«.

129,17 *wittert*] T²: »witterst«.

129,17 *aus den*] T¹, T², T⁴, T⁵: »in des«.

Münchnerkindl-Prolog

Textüberlieferung

T¹ Typoskript im Nachlaß, Theatermuseum Köln-Wahn: Repertoire Nr. 103; Mappe IV (Au 11750).

T² Typoskript im Nachlaß, Theatermuseum Köln-Wahn: Repertoire Nr. 103; Mappe IV (Au 11750).

T³ Typoskript im Nachlaß, Theatermuseum Köln-Wahn: Repertoire Nr. 103; Mappe IV (Au 11750).

T⁴ Typoskript im Nachlaß, R. Piper Verlag, München: Repertoire Nr. 103.

T⁵ Typoskript im Liesl-Karlstadt-Nachlaß, München: Repertoire Nr. 103.

Textgrundlage: T².

Entstehung

Der Text ist ein Beitrag K.V.s zu einer »Alt-Münchner« Veranstaltung, die am 6.8.1920 unter Mitwirkung von August Junker (s.o. 263) im »Mathäser-Fest-Saal« (Bayerstraße 5) stattfand und dort am 27.8.1920 (»Alt-Münchner Abend«) und am 3.9.1920 (»Alt-Münchner Hetz und Gaudi«) wiederholt wurde. Das Datum des Untertitels (»1921«) ist vermutlich aus dem Gedächtnis notiert.

Stellenkommentar

129,26 *Münchnerkindl*] S.o. 306 (117,23); vgl. Entstehung »Das Münchner Kindl als Diogenes« (306).

129,27 *Mathäserbräu-Saal*] S.o. 303 (115,20). Der Untertitel ist in T¹ handschriftlich und fehlt in T⁵.

129,36 *Cabaret*] Neben Kino und Rundfunk war das Kabarett die stärkste Konkurrenz der Volkssänger; vgl. o. 234 (18,35) und Nachwort.

130,1 *Shimmy*] Um 1920 aus den USA eingeführter Modetanz, bei dem die Schultern stark geschüttelt werden.

130,1 *Foxtrott*] Um 1912 in den USA aufgekommener Gesellschaftstanz.

130,2 *Conferencier*] Humorvoller Programmansager in Kabarett und Varieté. T⁵: »Konferanzier«.

130,6 *unter*] T⁵: »und«.

130,6 *enk*] Bayer.: euch.

130,7 *teats ma*] Bayer.: tut mir.

130,10 *hätt ich heut dick*] Bayer.: könnte ich heute nicht leiden.

130,11 *Alt oder Jung*] Handschriftlich korrigiert, ursprünglich wie in T¹, T³, T⁴, T⁵: »Ob Jud oder Christ«.

130,15 *Mathäserbräubier*] Wurde seit 1914 nicht mehr gebraut.

130,17 *grüabe*] Vgl. o. 251 (53,13).

130,17 *g'schmiese*] Bayer.: frech, hurtig (hier wohl im Sinne von: ausgelassen; vgl. Schmeller II, Sp.558).

130,17 *zerm*] Bayer.: gut aufgelegt (verwandt mit: ziemen, zahm).

130,19 *Ein Prosit, ein Prosit der Gemütlichkeit*] S.o. 252 (54,1).

130,21 *Oans – zwoa – drei – g'suffa*] Handschriftlicher Zusatz. Fehlt in T¹, T³, T⁴, T⁵.

130,22 *hie[r]auf:[»]So lang der alte Peter«*] Handschriftlicher Zusatz. Fehlt in T¹, T³, T⁴, T⁵. Ursprünglich ein Wienerlied (»Die Wianer Gemüthlichkeit stirbt niemals aus«) von Carl Lorens (s.o. 233 [17,31]), das in den siebziger Jahren des vorigen Jhds. komponiert und kurz darauf von Michl Huber (keine Lebensdaten ermittelt) »für München arrangiert« wurde. Aufgrund seiner hohen Popularität wurde es in der Folge von zahlreichen Autoren immer wieder umgedichtet; es wurde zum Pausenzeichen des Bayerischen Rundfunks und gehört zum Repertoire der »Petersturmmusik«; vgl. Laturell, S. 14ff.

Parodie auf den Lindenbaum

Textüberlieferung
T¹ Typoskript im Nachlaß, Theatermuseum Köln-Wahn: Repertoire Nr. 93; Mappe IV (Au 11750).
T² Typoskript im Nachlaß, R. Piper Verlag, München: Repertoire Nr. 93.
T³ Typoskript im Liesl-Karlstadt-Nachlaß, München: Repertoire Nr. 93.
Textgrundlage: T¹.

Entstehung
Laut Untertitel: 1921.

Quellen
S. »Romanze in C-Moll« (253).

Stellenkommentar
130,26 *Lindenbaum*] Volkstümliches Kunstlied (»Am Brunnen vor dem Tore«) von Franz Schubert auf einen Text von Wilhelm Müller (»Griechen Müller«; geb. am 7. 10. 1794 in Dessau, gest. am 30. 9. 1827 ebda.). In T³ lautet der Titel: »Unterm Lindenbaum«.
130,27 *von Karl Valentin 1921*] Fehlt in T³.
131,3 *(Zwischenmusik mit Nachtigallenpfeife)*] Diese Anweisung nach der ersten und zweiten Strophe fehlt in T³. Eine Nachtigallenpfeife ist eine mit Wasser gefüllte Pfeife zur Vogelstimmenimitation.
131,4 *Alle Vöglein sind schon da*] Gedicht (»Frühlings Ankunft«; 1835) von August Heinrich Hoffmann von Fallersleben (s. o. 307 [117,26]), das nach der schlesischen Volksweise »Nun so reis' ich fort von hier« gesungen wird.

»Herr Harry – ans Telephon!«

Textüberlieferung
T¹ Typoskript im Nachlaß, Theatermuseum Köln-Wahn: Repertoire Nr. 130; Mappe VI (Au 11750).
D¹ Karl Valentin/Liesl Karlstadt (Text)/Georg Huber (Musik), Herr Harry – ans Telephon, Musik-Verlag Max Hieber, München um 1926 (Noten für Gesang und Klavier mit separatem Textblatt).
Textgrundlage: D¹.

Entstehung
Um 1925, vermutlich zusammen mit den beiden folgenden Couplets, die in gleicher Aufmachung ebenfalls bei Max Hieber um 1926 als »Foxtrott-Lied« (so der Untertitel aller drei Couplets auf dem Notenblatt) erschienen.

Stellenkommentar
132,1 *Telephon*] 1883 wurde in München ein Ortsfernsprechnetz mit anfangs 145 Teilnehmern eingerichtet. 1909 entstand in Schwabing Europas erstes Selbstwählamt. Für Aufsehen sorgte am 1.10.1924 die telefonische Übertragung der Oper »Aida« aus dem Nationaltheater, die von 1000 Teilnehmern verfolgt wurde und in deren Folge ein »Telefon-Opern-Abonnement« (1928 mit 3500 Teilnehmern) angeboten wurde; vgl. Krauss, S. 92 ff. Zu K.V. vgl. den Dialog, Rep.Nr.290, »Telefon-Schmerzen« (»Buchbinder Wanninger«; Sämtliche Werke, Bd. 4), die gleichnamige Soloszene (Sämtliche Werke, Bd. 1, S. 171–174) sowie die Kurztonfilme »Valentin am Telefon«, »Immer belegt« (Sämtliche Werke, Bd. 8).
132,3 *Georg Huber*] S. o. 263 (64,16).
132,33 *Conferenzier*] S. o. 317 (130,2).

Coue

Textüberlieferung
T¹ Typoskript im Nachlaß, Theatermuseum Köln-Wahn: Repertoire Nr. 131; Mappe VI (Au 11750).
D¹ Karl Valentin/Liesl Karlstadt (Text)/Georg Huber (Musik), Mach Dir frohe, gesunde Gedanken (COUE), Musik-Verlag Max Hieber, München um 1926 (Noten für Gesang und Klavier mit separatem Textblatt).
Textgrundlage: D¹.

Entstehung
Vermutlich 1925 als Coués Hauptwerk unter großer Beachtung in deutscher Sprache erschien; vgl. das vorige Couplet.

Stellenkommentar
133,9 *Coue*] Der Apotheker Emile Coué (geb. am 26.2.1857 in Troyes, gest. am 2.7.1926 in Nancy) übte seit 1910 ein auf Suggestion und Hypnose aufgebautes Heilverfahren aus. Seine Hauptschrift (1913) erschien 1925 in Deutschland unter dem Titel: »Die Selbstbemeisterung durch bewußte Autosuggestion«.
133,10 *München*] In T¹ folgt: »Musik von Georg Huber«.
133,15 *Hypochonder en gros*] Zu K.V., der von 1915–1938 bei 88 Ärzten Rat gesucht haben will, und seiner Hypochondrie vgl. Münz, S. 228 f., bes. S. 277, wo der Hypnotiseur Paul Friede, an den sich Valentin wegen seiner Schluckangst gewendet hatte, in einem Brief vom 12.2.1944 antwortet: »Je positiver Ihre Gedanken auf eine Sache gerichtet sind, umsomehr vergessen Sie sich selbst. So werden Sie Ihr eigener Arzt und kehren zu dauernder Gesundheit zurück.« Vgl. Bertl [Böheim] Valentin, S. 108–116, und Auer, in: Freilinger-Valentin, S. 214–219.

133,18 »*Coue*«...] T¹: »Coueeee«.
133,23 *Nancy*] Wirkungsort Coués.
134,1 *Und ich kenn ein Weib*] T¹: »Und ein Weib kenn ich«.

Aff – Aff – Afra

Textüberlieferung
T¹ Typoskript im Nachlaß, Theatermuseum Köln-Wahn: Repertoire Nr. 132; Mappe VI (Au 11750).
D¹ Karl Valentin/Liesl Karlstadt (Text)/Georg Huber (Musik), Af-Af-Afra, du zuckersüße Maus, Musik-Verlag Max Hieber, München um 1926 (Noten für Gesang und Klavier mit separatem Textblatt).
Textgrundlage: D¹.

Entstehung
Um 1925; vgl. die beiden vorigen Couplets.

Stellenkommentar
134,12 *Afra*] Weiblicher Vorname. Hier vielleicht eine Anspielung auf die »afrikanische« Herkunft des Charleston.
134,13 *Georg Huber*] S. o. 263 (64,16).
135,1 *Bubikopf*] Weltweite Modefrisur um 1925, die von der Pariser Modeschöpferin Coco Chanel (Pseudonym für: Gabrielle Chasnel; geb. am 19.8.1883 in Saumur/Frankreich, gest. am 10.1.1971 in Paris) entworfen wurde. In Verbindung mit dem ebenfalls von ihr geschaffenen Charleston-Kleid war diese Frisur Mitte der zwanziger Jahre ein vielfach als provokant empfundener Ausdruck der neuen, emanzipierten Weiblichkeit; vgl. Krauss, S. 157f.
135,15 *bon*] Frz.: gut; wohl eine Anspielung auf die Herkunft von Bubikopf und Charleston-Kleid.
135,17 *Charleston*] Modetanz, der um 1925 in den USA aufkam. Er ist benannt nach einer Hafenstadt in South-Carolina, in der ihn schwarze Arbeiter aus ihren afrikanischen Volkstänzen entwickelt haben sollen.

Fräulein Kunigund

Textüberlieferung
T¹ Typoskript im Nachlaß, Theatermuseum Köln-Wahn: Repertoire Nr. 133; Mappe VI (Au 11750).
T² Typoskript im Nachlaß, R. Piper Verlag, München: Repertoire Nr. 133.
T³ Typoskript im Liesl-Karlstadt-Nachlaß, München: Repertoire Nr. 133.
Textgrundlage: T¹.

Entstehung
Vermutlich um 1928.

Stellenkommentar
136,6 *Siegfriedhaaren*] Nach der Bubikopf-Mode war es gegen Ende der zwanziger Jahre für Frauen wieder modern (im Stile Marlene Dietrichs) längeres, dauergewelltes Haar zu tragen; vgl. Krauss, S. 158 f.
136,14 *Punktrollerie*] »Punktroller« ist ein Handgerät zur Massage und Straffung der Haut.
136,25 *mensendieken*] Gymnastik nach der Methode von Bess Mensendieck (geb. am 1.7.1864 in New York, gest. im August 1957 in den USA) betreiben.
136,27 *Kalorien*] T²: »Kalarien«.

Hänschen als Sportsmann

Textüberlieferung
T¹ Typoskript im Nachlaß, Theatermuseum Köln-Wahn: Repertoire Nr. 154; Mappe VII (Au 11750).
T² Typoskript im Liesl-Karlstadt-Nachlaß, München: Repertoire Nr. 154.
D¹ Karl Valentin, Originalvorträge, Verlag Max Hieber, München 1926, S. 21 f.
Textgrundlage: D¹.

Entstehung
Laut Untertitel von T¹, T²: 1925.

Quellen
Zum einen artikuliert sich in diesem Text erneut K.V.s Kritik an Modeerscheinungen, zum anderen stellt er sich damit – neben Ödön von Horváth, Joachim Ringelnatz u.a. – in die Reihe der Autoren literarischer Sport-Satiren. Diese wurden durch die Popularisierung des Sport- und Freizeitgedankens in den zwanziger Jahren angeregt; vgl. dazu Baur und Maurer. Zu K.V. vgl. die Monologe, Rep. Nr. 44, »All Heil!« (Sämtliche Werke, Bd. 1, S. 36–38), Rep. Nr. 143, »Allerhand Sport....« (ebda., S. 117 f.), Rep. Nr. 151, »Fußball-Länderkampf« (ebda, S. 131–133).

Stellenkommentar
137,2 *Von Karl Valentin*] T¹, T²: »Text von Karl Valentin, 1925«. T¹ hat neben dem Untertitel den (kaum lesbaren) handschriftlichen Zusatz: »Melodie: [...]« und an der Seite den handschriftlichen Zusatz: »Melodie: 10 kleine Negerlein«.
137,8 f. *Er probierte jeden Sport...*] Diese Strophe fehlt in T¹, T², dort steht

stattdessen: »Doch der Spörter gibt es viel, welchen soll man wählen,/ Jeder Sport der ist gesund, tut den Körper stählen.«

137,11 *Hänschen wollte radeln lernen*] T^1, T^2: »Und er kauft zuerst ein Rad«; vgl. o. 236 (24,21).

137,26 *Motorrad*] Das erste Motorrad schufen Gottlieb Daimler und Wilhelm Maybach 1885. In München produzierte seit 1922 die Firma BMW Motorräder.

137,29 *Jiu Jitsu*] Eine chinesische Form der waffenlosen Selbstverteidigung, die seit 1882 von dem Japaner Jigoro Kano zur Sportart Judo weiterentwickelt wurde.

138,1 *Faltboot*] Zerlegbares, um 1900 erfundenes Paddelboot.

138,17 *man zog ihn grad noch raus*] In T^1 handschriftlich korrigiert in: »schnell zog man ihn noch raus«.

138,22 *Flugsport*] Seit 1920 organisierte Oskar Ursinus (geb. am 11.3.1878, gest. am 7.7.1952) auf der Wasserkuppe (Rhön) Wettbewerbe im Segelfliegen, seit 1925 werden offizielle Rekordlisten geführt; vgl. o. 268 (70,17).

138,25 f. *Hänschen tat nun täglich tanzen...*] Diese Strophe ist in T^1 durchgestrichen.

138,25 *Shimmy*] S. o. 317 (130,1).

138,25 *Blueß*] Blues, 1. das aus Worksong, Spiritual und Ballade entstandene schwermütige Lied der Neger (urspr. Sklaven) in den USA, 2. der langsame Modetanz, der um 1925 auf der Grundlage des ersteren entstand.

138,33 f. *Freuden und auch Schmerzen.*] In T^1 folgt: »Melodie« und die handschriftliche Notation des Kinderliedes »Fuchs, du hast die Gans gestohlen«.

[Wenn du einst in deinem Leben...]

Textüberlieferung

D^1 Gisela Freilinger-Valentin: Karl Valentins Pechmarie, eine Tochter erinnert sich, bearb. u. hg. von Max Auer, S. 62.

Textgrundlage: D^1. (Als Handschrift oder Typoskript nicht überliefert.)

Entstehung

K. V. schrieb dieses Gedicht anläßlich der Hochzeit seiner Tochter Gisela Royes (seit 1911 Fey; geb. am 19.10.1905 in Aufhausen bei Regensburg), die am 25.5.1926 den Schlossergesellen Ludwig Freilinger (geb. am 15.10.1901 in Aufhausen, gest. am 30.10.1971 in Sünching bei Regensburg) heiratete.

Geht zu den Volkssängern!

Textüberlieferung
T¹ Typoskript im Nachlaß, Theatermuseum Köln-Wahn: Repertoire Nr. 91; Mappe IV (Au 11750).
T² Typoskript im Nachlaß, R. Piper Verlag, München: Repertoire Nr. 91.
T³ Typoskript im Liesl-Karlstadt-Nachlaß, München: Repertoire Nr. 91.
Textgrundlage: T¹.

Entstehung
Laut Untertitel von T¹, T²: 1933, T³ trägt das Datum »1916« und ist somit als ältere Fassung zu betrachten.

Stellenkommentar
139,16 *Geht zu den Volkssängern!*] T²: »Volk, geh zu den Volkssängern!«
139,18 *1933*] Handschriftlicher Zusatz.
139,19 *Von Karl Valentin.*] Fehlt in T², dort steht: »1933«. In T³ folgt das Datum: »(1916)«.
139,29 *plärrt*] Bayer.: geschrien (von lat. ›plorare‹).
139,32 *»Papa Geis«*] Jakob Geis (s. o. 238 [29,34]) trat seit 1876 mit eigenem Ensemble im Hotel Oberpollinger (Neuhauser Straße 41–44) auf, wo er seiner dezenten, niemals derben Komik wegen geschätzt war; vgl. Lutz, S. 19 ff., und Pemsel, S. 103–108.
140,1 *»Kern«*] Johann Stefan Kern (geb. 1845, gest. im Nov. 1911) unterhielt als »singender Wirt« seit 1877 einen Bockbierkeller (»Kerns Sängerhalle«) unter dem Café Metropol nahe der Frauenkirche; vgl. Lutz, S. 13 ff.
140,2 *zerm*] Bayer.: gemütlich, fröhlich; vgl. o. 317 (130,17).
140,3 *g'sunga und trunka*] T²: »G'suffa und g'sunga«.
140,5 *»Welsch«*] Anderl Welsch (geb. am 28.11.1842 in Unterbiberg bei München, gest. am 24.8.1906 in München), für seine ländlich-derben Szenen und Couplets bekannter Volkssänger und Wirt, trat in zahlreichen Münchner Gaststätten mit einer eigenen Gesellschaft auf; zehn Jahre war Welsch Direktor des Apollotheaters (Dachauer Straße 19); vgl. Lutz, S. 16 ff., und Pemsel, S. 117–123.
140,7 *Lied vom »Schimmi«*] Welsch' populärstes Couplet war: »Net daß d'Leut sag'n, zweg'n der Not is der Schimmi [bayer.: Schimmel] tod«, abgedruckt in: Laturell, S. 23 f.
140,9 *der »alte Weil«*] Nichts Näheres ermittelt; vgl. die Abb. in: Lutz, S. 68 (gegenüberliegende Seite): »Die Gesellschaft Hans Weil«.
140,9 *»Kern's Sängerhalle«*] S. o.
140,21 *30*] T³: »ein'gen«.
140,27 *»der Kino«*] T²: »Das Kino«. Pionier des Münchner Kinos ist der

Schausteller Carl Gabriel (geb. am 24. 9. 1857 in Bernstadt/Schlesien, gest. am 24. 2. 1931 in München), der am 11. 7. 1896 in seinem Panoptikum (Neuhauser Straße) die ersten lebenden Bilder vorführte. In der Folge blieb der Kinematograph ein nur wenige Minuten währendes Ereignis der Schaustellerei, insbesondere auf dem Oktoberfest. 1906 nahm das erste fest-stationierte Kino, der »Weltkinematograph« (Kaufingerstraße 14) seinen Betrieb auf. 1912 gab es in München 32, 1930 schon 73 Kinos; vgl. Wolf/Kurowski. Vgl. den Monolog, Rep. Nr. 83, »Das Münchner Kindl vom Rathausturm besucht die unter ihm liegende Stadt« (Sämtliche Werke, Bd. 1, S. 43–45.). Zu K. V. und dem Film vgl. K. V.s Filme sowie Sämtliche Werke, Bd. 8.

141,1 ff. *Und heute es niemand mehr wundert, ... echten Münchner Volkshumor!*] Dieser ganze Schlußteil des Couplets lautet in T^2:

»Uns Volkssänger hat man indessen, der Kinos halber fast vergessen.
Wie soll das für uns weiter geh'n, wir woll'n doch schliesslich auch noch leb'n
Drum Puplikum sei nicht beleidigt, wenn sich der Volkssänger verteidigt
Und mach uns hie und da die Freud, besuch uns auch in schwerer Zeit.
So wills auch unser Führer haben, das Volk soll sich an Frohsinn laben
Humor ist auch ein Volkes Teil, deshalb ein kräftges
      Deutschland – Heil!«

141,1 ff. *Und heute es niemand mehr wundert, ... des Kinos wegen fast vergessen.*] Anstelle dieser vier Verse steht in T^3 die folgende Passage:

»Drum sechzig Kino an der Zahl,
Die hatte München auf einmal. –
Auf einmal kam ein Gegenwind
Ganz überraschend und geschwind.
Es tat sich hier das Sprichwort kund:
›Ja, gar zuviel ist ungesund!‹
Das Volk wird langsam kinomüd,
Was man an manchem Kino sieht:
Der Film läuft ohne Rast und Ruh
Und nur die Klappsitz, die schau'n zu.
Die Volkssänger hat man indessen,
Des Kino wegen, fast vergessen.«

Architekt Sachlich

Textüberlieferung

T^1 Typoskript im Nachlaß, Theatermuseum Köln-Wahn: Repertoire Nr. 174; Mappe IX (Au 11750).

T² Typoskript im Nachlaß, R. Piper Verlag, München: Repertoire Nr. 174.
T³ Typoskript im Liesl-Karlstadt-Nachlaß, München: Repertoire Nr. 174.
T⁴ Typoskript im Liesl-Karlstadt-Nachlaß, München: Repertoire Nr. 174.
Textgrundlage: T¹.

Entstehung
Laut Untertitel von T¹, T², T⁴: 1938.

Quellen
Für Hitlers Vorhaben, München im großen Stile umzubauen, wurde die Sonderbaubehörde »Ausbau der Hauptstadt der Bewegung« eingerichtet. Diese unterstand dem Generalbaurat Architekt Hermann Giesler (geb. am 2.8.1898 in Siegen), auf den K.V. wohl mit diesem Vortrag anspielt. Am 30.4.1938 gab die Sonderbaubehörde bekannt, daß u.a. der Hauptbahnhof völlig umgestaltet, eine 2,5 km lange Prachtstraße mit Opernhaus, Kinos, Sportbad etc. angelegt, ferner eine U-Bahn und ein Autobahn-Ring gebaut werden sollten. Zu Details dieser Umbaupläne, denen die mittelalterliche Gestalt Münchens zum Opfer gefallen wäre und die größtenteils durch den Krieg verhindert wurden, s. Preis, S. 59 ff. u. Bildteil dort ab S. 96.

Stellenkommentar
141,21 *Sachlich*] Sachlichkeit, Zweckmäßigkeit und Ornamentlosigkeit sind in der Tat Kennzeichen der zeitgenössischen Architektur (Futurismus, Bauhaus), deren Auswuchs ins Gigantische von den faschistischen Ideologien gefördert wurde.
141,22 *Lichtbildervortrag*] K.V. schien an einen modernen Moritat-Vortrag mit Dias statt Schautafeln gedacht zu haben; vgl. o. 284 (93,30). In T⁴ findet sich der handschriftliche Zusatz: »zu Lichtbildern gesprochen von Liesl Karlstadt«.
141,22 *1938*] Handschriftlicher Zusatz.
141,31 *Das 3. Reich hat ihm den Garaus gemacht*] Es scheint, als ob K.V. den Eindruck einer offenen Kritik der offiziellen Umbaupläne vermeiden wollte; vgl. u. 144,35.
142,7 *herrlichen Dom*] Die Münchner Frauenkirche, 1468–1488 von Jörg von Halspach, genannt Ganghofer (gest. am 6.10.1488 in München), die auf dem Gelände einer älteren Marienkirche errichtet wurde.
142,12 *Münchner Kindl*] S. o. 306 (117,23).
142,20 *Fischbrunnen*] Der alte Fischbrunnen am Marienplatz (1864 von Konrad Knoll; geb. am 9.9.1829 in Bergzabern/Rheinpfalz, gest. am 14.6.1899 in München) wurde 1944 zerstört. Schon im 16. Jhd. stand dort

der »Markt- oder Fischbrunnen«, in dem beim trad. »Metzgersprung« Metzgerlehrlinge, die Gesellen werden wollten, untergetaucht wurden.

142,20 *Mariensäul'*] Die Marienfigur wurde 1618 von Hubert Gerhart (geb. 1540, nach anderen Quellen: 1550 in Amsterdam [?], gest. 1622, nach anderen Quellen: 1623 in München) ursprünglich für die Frauenkirche geschaffen. Seit 1638 steht sie auf einer Säule auf dem Marienplatz. Die Aufstellung dort hatte Kurfürst Maximilian I. während der Schwedenbelagerung für den Fall der Errettung Münchens und Landshuts feierlich gelobt.

142,22 *Wittelsbacher Brunnen*] Der wohl monumentalste Brunnen Münchens (Lenbachplatz) wurde von Adolf von Hildebrandt (geb. am 6.10.1847 in Marburg a.d. Lahn, gest. am 18.1.1921 in München) 1895 fertiggestellt. In der Residenz befindet sich ein weiterer Brunnen dieses Namens aus dem 17.Jhd.

142,27 *Sendlingertor*] S.o. 238 (30,16).

142,33 *Bavaria*] Die 18m hohe Statue der Bavaria, 1850 auf der Theresienwiese aufgestellt, wurde von Ludwig Schwanthaler (geb. am 26.8.1802 in München, gest. am 14.11.1848 ebda.) entworfen.

143,1 *Peter Trem und der Architekt Lehm*] Fiktive Namen, die ihren Ursprung im Dialekt haben könnten: bayer. ›tremeln‹ = mit Gewalt arbeiten (Tremel = Stange, Hebel), bayer.: ›Lem‹ = unheilbarer, entstellender Schaden am Körper (Lähmung); vgl. Schmeller I, Sp.663.

143,2 *Sendlingertorplatz*] 1809 angelegter Platz am Sendlinger Tor.

143,6 *Friedensengel*] 1899 in der Prinzregentenstraße aufgestelltes, von einem Kollektiv Münchner Architekten und Bildhauer ausgeführtes Mahnmal anläßlich des 25jährigen Friedens nach dem dt.-frz. Krieg.

143,11 *chinesische Turm*] Entworfen von Joseph Frey (keine Lebensdaten ermittelt), 1791 im Englischen Garten aufgestellt, ist der Turm vor allem wegen der unter seinen Dächern und daneben eingerichteten Gastronomie ein beliebter Treffpunkt; vgl. Bauer/Graf/Münz, S.254f.

143,17 *Brunnenbuberl*] Von Matthias Gasteiger (keine Lebensdaten ermittelt) geschaffener, ursprünglich 1895 am Karlsplatz aufgestellter Brunnen mit einer Figur, deren Nacktheit anfangs für Aufsehen sorgte.

143,22 *Monopteros*] Klassizistischer Tempelbau im Englischen Garten, 1837 von Leo von Klenze (geb. am 29.2.1784 auf Gut Brockenem bei Hildesheim, gest. am 27.1.1864 in München) fertiggestellt.

143,26 *Isartor*] Es stammt ebenso wie das Karls- und das Sendlinger Tor aus der zweiten Stadtbefestigung von ca. 1330. Am 19.9.1959 eröffnete darin der Kunstmaler Hannes König (geb. am 24.6.1908 in München, gest. am 11.10.1989 ebda.) das »Valentin-Musäum«.

143,31 *Markt inmitten un'rer Stadt*] Gemeint ist wohl der seit 1807 bestehende Viktualienmarkt.

144,1 *Oktoberfest*] Findet seit 1810 statt; vgl. Oktoberfest (Sämtliche Werke, Bd. 3).

144,11 *englischen Garten*] Ursprünglich auf Anregung des Staatsrats und Kriegsministers Sir Benjamin Thompson (des späteren Reichsgrafen von Rumford) von Kurfürst Karl Theodor 1789 angelegtes, der Öffentlichkeit zugängliches Hirschgehege, das in der Folge immer mehr ausgebaut wurde.

144,35 »*Neu – Deutschland*«] Vgl. o. 141,31.

Lisl Karlstadt im Baugartenpalais

Textüberlieferung
T^1 Typoskript aus dem Bestand des Rechtsvertreters der Erben Valentins, Rechtsanwalt Gunter Fette, München.
Textgrundlage: T^1.

Entstehung
Vom 16.–30. 4. 1939 sollten K. V. und Liesl Karlstadt im Apollo-Theater, Augsburg, das Stück, Rep. Nr. 52, »Theater in der Vorstadt« (Sämtliche Werke, Bd. 5) spielen. Kurz nach Beginn der Vorstellungsserie erkrankte Liesl Karlstadt. Für sie schrieb K. V. den vorliegenden Text und holte als Ersatz Annemarie Fischer (s. o. 305) nach Augsburg; vgl. Schulte 1982, S. 190.

Stellenkommentar
145,1 *Baugartenpalais*] 1509 entstand im Augsburger Stadtbezirk Jakobervorstadt-Nord an der Stelle des ehemaligen Oberen Baugartens (Hasengasse) eine »Baugartenstöckle« benannte Häuserzeile, in der sich in den dreißiger Jahren einige billige Pensionen befanden. Vermutlich waren K. V. und Liesl Karlstadt in einem dieser Häuser abgestiegen, das dann von Valentin ironisch »Palais« genannt wurde.
145,7 *Kapellmeister*] Liesl Karlstadts Rolle im »Theater in der Vorstadt«.
145,10 *Plattn*] Bayer.: Glatze.
145,15 »*Übergschnappt*«] Liesl Karlstadt erlitt tatsächlich seit 1935 mehrere Nervenzusammenbrüche, denen auch wiederholt Klinikaufenthalte folgten; vgl. Schulte 1982, S. 47 ff.
145,24 *Gitschn*] Schmeller I, Sp.1018, nennt lediglich: ›Gritschen‹ = Weibsperson.
145,25 *Speib'n*] Bayer.: Spucken.
145,27 *Apollo*] Nach seinem Umbau zum Varieté wurde das Augsburger Apollo-Theater (Zeugplatz 1; Besitzer: Franz Schnabl) am 1. 3. 1939, also kurz vor Valentins Auftreten, neu eröffnet. Vorher waren dort v. a. Operetten und Komödien gespielt worden.
145,33 *Hascherl*] Hilfsbedürftiges Geschöpf (das Mitleid heischt).

Glühwürmchen-Idyll

Textüberlieferung
T¹ Typoskript im Nachlaß, Theatermuseum Köln-Wahn: Repertoire Nr. 186; Mappe IX (Au 11750).
T² Typoskript im Nachlaß, R. Piper Verlag, München: Repertoire Nr. 186.
T³ Typoskript im Liesl-Karlstadt-Nachlaß, München: Repertoire Nr. 186.
Textgrundlage: T¹.

Entstehung
Laut Untertitel von T¹, T³: 1939. Vermutlich schrieb K. V. diese Parodie eigens für die Aufführung in seiner »Ritterspelunke«; vgl. die Szene »Das Philharmonische Orchester« (Sämtliche Werke, Bd. 3), die vom 16. 10. bis zum 5. 12. 1939 gespielt wurde und in welcher das »Glühwürmchen-Idyll« enthalten war.

Quellen
S. »Romanze in C-Moll« (253).

Stellenkommentar
146,1 *Glühwürmchen-Idyll*] Terzett aus der Operette »Lysistrata« (1902) von Paul Lincke (s. o. 240 [32,15]), Libretto: Heinz Bolten-Baeckers und Max Neumann.
146,5 ff. *Wenn die Nacht sich niedersenkt... Zur Liebesseligkeit!*] Dieser ganze erste Teil ist ein wörtliches Zitat aus Linckes Operette.
147,8 *die Stadt verdunkeln*] Mit Kriegsausbruch war in München die nächtliche Verdunkelung befohlen.

K. V. hat um das »Glühwürmchen-Idyll« auch eine kurze Szene geschrieben, die hier wiedergegeben wird:

Streit

Die Sängerin beginnt mit dem Lied »Glühwürmchen« – Valentin und Schmid streiten hinter ihrem Rücken, so dass die Sängerin sich umdreht und sich das energisch verbietet mit den Worten:
SÄNGERIN: Wollt ihr gefälligst ruhig sein, da kann ich ja unmöglich singen.
VALENTIN: Sie können so auch nicht singen *(Valentin und Schmid streiten weiter, plötzlich steht Valentin auf, geht hinüber zu Schmid und gibt ihm eine schallende Ohrfeige – Der Direktor kommt empört zum Podium heran und sagt zu Valentin):*

DIREKTOR: Ja was fällt Ihnen den ein, Sie Lümmel Sie, während des Vortrags zu raufen?
VALENTIN: Ich habe nicht gerauft, ich habe dem nur eine Ohrfeige gegeben[.]
DIREKTOR: Aus was für einem Grund?
VALENTIN: Weil der mich beleidigt hat[.]
DIREKTOR: Inwiefern?
VALENTIN: Insofern, weil er micht eine Sau genannt hat.
DIREKTOR: Wann hat er Sie eine Sau genannt?
VALENTIN: Heute Nachmittag bei der Probe[.]
DIREKTOR: Und jetzt haben Sie ihm eine Ohrfeige gegeben?
VALENTIN: Ja das ist mir jetzt erst eing[e]fallen, eine regelrechte Sau hat er mich g'heissen, wenn er g'sagt hätte Schwein – no ja, aber Sau *(zu Schmid hinüber)* Du warst die Sau, nicht ich –
SCHMID: *(zu Valentin)* Wir wissen schon wer die Sau war[.]
VALENTIN: Nein ich nicht, auf keinen Fall *(nach einer kleinen Pause)* Du hast dich so aufg'führt – ich war derjenige, der den Ventialtor sofort eingeschaltet hat.

Textüberlieferung
T¹ Typoskript im Nachlaß, Theatermuseum Köln-Wahn: Repertoire Nr. 186a; Mappe IX (Au 11750).
Textgrundlage: T¹.

Entstehung
Die Nennung von [Peter] Schmid, einem Spielpartner K. V.s in der »Ritterspelunke«, deutet darauf hin, daß diese Szene zwischen dem 17. 7. 1939 und dem 5. 6. 1940 dort aufgeführt wurde.

Ja so war'ns die altn Rittersleut

Textüberlieferung
T¹ Typoskript im Nachlaß, Theatermuseum Köln-Wahn: Repertoire Nr. 180; Mappe IX (Au 11750).
T² Typoskript im Nachlaß, Theatermuseum Köln-Wahn: Repertoire Nr. 180; Mappe IX (Au 11750).
T³ Typoskript im Nachlaß, R. Piper Verlag, München: Repertoire Nr. 180.
T⁴ Typoskript im Nachlaß, R. Piper Verlag, München: Repertoire Nr. 180.
T⁵ Typoskript im Liesl-Karlstadt-Nachlaß, München: Repertoire Nr. 180.
T⁶ Typoskript im Liesl-Karlstadt-Nachlaß, München: Repertoire Nr. 180.

T⁷ Typoskript im Liesl-Karlstadt-Nachlaß, München: Repertoire Nr. 180.
T⁸ Typoskript im Liesl-Karlstadt-Nachlaß, München: Repertoire Nr. 180.
Textgrundlage: T¹.

Entstehung
Laut Untertitel von T¹, T², T³: 1940, laut Untertitel von T⁴: 1939. Diese Verse gehörten zum festen Repertoire des »Ritterspelunken«-Programms, das Publikum wartete geradezu darauf, den heute noch populären Refrain laut mitzusingen. K. V. leitete die Ritterspelunke vom 17.7.1939 bis zum 5.6.1940; vgl. die »Ritterspelunken«-Szenen (Sämtliche Werke, Bd. 3). Vgl. die Schallplattenaufnahme vom 24.1.1941 (Berswordt, S. 308).

Stellenkommentar
148,1 *Ja so war'ns die altn Rittersleut*] T⁵, T⁶, T⁷, T⁸: »Die alten Rittersleut«.
148,2 ff. *Ein uralter Rittersong mit neuen Versen...mitgesungen.*] Fehlt in T⁴, T⁵, T⁶, T⁷, T⁸. T⁴: »v. Karl Valentin 1939«. T⁵, T⁶, T⁷, T⁸: »von Karl Valentin«. K. V. verwendet die Melodie des alten »Ujeh, die alten Rittersleut« von August Endres (keine Lebensdaten ermittelt). Ähnlich wie der »Maskenball der Tiere« (vorliegender Band, S. 102) lädt dieses Lied zur spontanen Erweiterung ein, so daß in der Folge unzählige Verse auftauchten, die weder von Endres noch von Valentin stammen. Endres' Urfassung findet sich in: Der Klampf'n Toni, S. 13 f.; vgl. Laturell, S. 33.
148,12 *Da herunt'*] T⁴: »In Grünwald«.
148,21 ff. *G'suffa hab'ns und dös net wia...*] Diese Strophe ist in T⁵ durchgestrichen.
148,24 *g'flackt*] Bayer.: gelegen; vgl. o. 270 (73,3).
148,28 *Auch*] In T⁵ handschriftlich korrigiert in: »Und«.
148,28 *Wein, Weib und Gesang*] Der Spruch: »Wer nicht liebt Wein, Weib und Gesang, der bleibt ein Narr sein Leben lang« wird Martin Luther zugeschrieben.
149,2 *Hat deshalb da Blitz daschlag'n.*] In T⁴, T⁵, T⁶, T⁷, T⁸ folgt die zusätzliche Strophe:

»Homosexualität
Kannten d'Ritter damals net,
Solche Leut', ihr lieben Leut',
Gibt's nur in der neuen Zeit.«

149,9 *Hat's der Spengler löten müss'n.*] In T⁵, T⁶, T⁷, T⁸ folgt die zusätzliche Strophe:

>»Und der Ritter Unkenstein
Hat gefreit ein Mägdelein
War sie auch nicht reich und schön
Ist sie doch rein arisch g'wen.«

149,13 ff. *Ritt ein Ritter auf dem Ross...*] Diese Strophe ist in T⁵ durchgestrichen.
149,15 *an Hupferer do*] Bayer.: einen Sprung getan.
149,22 *trotz*] T², T³, T⁴, T⁵, T⁶, T⁷, T⁸: »trotzt«.
149,28 ff. *So ein früh'res Ritterwei...*] Diese Strophe ist in T⁵ durchgestrichen.
150,6 *Meck'rer*] In der NS-Propaganda wie auch in der Umgangssprache, besonders während der Kriegsjahre, wurde jede Kritik an der schlechten Versorgungs- oder Kriegslage als »Meckerei« verhöhnt, in einzelnen Fällen sogar gemäß »Heimtückegesetz« von Sondergerichten mit KZ-Haft oder dem Tode bestraft; vgl. Gamm, S. 53 f., und Maser, S. 147–157. Diese ganze Strophe ist in T⁵ durchgestrichen.
150,12 ff. *Friedlich war'n die Ritter nicht...*] Diese Strophe fehlt in T⁴, T⁵, T⁶, T⁷, T⁸.
150,19 ff. *D'Ritter war'n auch sehr reinlich...*] Diese Strophe fehlt in T⁴, T⁵, T⁶, T⁷, T⁸.
150,26 ff. *Bayern's Ritter waren kühn...*] Diese Strophe fehlt in T⁵, T⁶, T⁷, T⁸.
150,32 ff. *Wenn die Ritter lange ritten...*] Diese Strophe fehlt in T⁴, T⁵, T⁶, T⁷, T⁸.
151,2 ff. *Und der Ritter Habenichts...*] Diese Strophe fehlt in T⁴, T⁵, T⁶, T⁷, T⁸.
151,9 *Vom Färbergrab'n*] K.V.s »Ritterspelunke« befand sich im Färbergraben 33. T⁴: »Von Grünwald«. Diese ganze Strophe fehlt in T⁵, T⁶, T⁷, T⁸.

Ritterg'stanzeln

Textüberlieferung

T¹ Typoskript im Nachlaß, Theatermuseum Köln-Wahn: Repertoire Nr. 214; Mappe X (Au 11750).
T² Typoskript im Nachlaß, R. Piper Verlag, München: Repertoire Nr. 214.
T³ Typoskript im Nachlaß, R. Piper Verlag, München: Repertoire Nr. 214.
T⁴ Typoskript im Liesl-Karlstadt-Nachlaß, München: Repertoire Nr. 214.

T⁵ Typoskript aus dem Bestand des Rechtsvertreters der Erben Valentins, Rechtsanwalt Gunter Fette, München.
Textgrundlage: T¹.

Entstehung
Laut Untertitel von T¹, T², T⁴: 1940. Die »Ritterg'stanzeln« sind u.a. im Rahmen des Stückes, Rep. Nr. 185, »Ritter Unkenstein«, Szenen-Folge, Rep. Nr. 218, »Hinrichtung von Ritter Lenz«, (Sämtliche Werke, Bd. 5) in der »Ritterspelunke«, also in der Zeit zwischen dem 4.11.1939 (UA »Ritter Unkenstein«) und dem 5.6.1940 vorgetragen worden.

Stellenkommentar
151,18 *v. K. Valentin 1940*] Handschriftlicher Zusatz. Fehlt in T⁵.
151,21 *Pfarrer Gstanzln*] Handschriftlicher Zusatz, fehlt in T⁴, T⁵. Im bayer./österr. Volksgesang gibt es die eigene Tradition der »Pfarrergstanzln«, die in teilweise recht derber Form das heimliche Sexualleben der »Zölibatäre« schildern; vgl. Queri, S. 174ff., wo auch einige Beispiele abgedruckt sind. Zu ›Gstanzln‹ vgl. o. 262 (63,1).
151,29 *Eulenbach*] Fiktiver Ortsname.
151,31 *derfeist's*] Bayer.: abgefeimtes (wörtlich: verfaultes).
151,35 *Oberdiessen*] Dießen ist ein Ort am Ammersee.
152,5 *Hahnenspiess*] Fiktiver Ortsname.
152,11 *Berg am Laim*] Münchner Stadtteil.
152,17 *Gräfelfing*] Vorort Münchens.
152,19 *grandig's*] S. o. 283 (91,21).
152,29 *Oberleutstetten*] Leutstetten ist ein Ort bei Starnberg.
152,30 *rumfretten*] Bayer.: ärgert sich herum; vgl. o. 242 (35,17).
152,35 *knieweit*] mit auseinandergespreizten Knien (eigtl. nur auf Pferde angewandt).

Klapphornverse

Textüberlieferung
T¹ Typoskript im Nachlaß, Theatermuseum Köln-Wahn: Repertoire Nr. 4a; Mappe I (Au 11750).
T² Typoskript im Nachlaß, Theatermuseum Köln-Wahn: Repertoire Nr. 4; Mappe I (Au 11750).
T³ Typoskript im Nachlaß, R. Piper Verlag, München: Repertoire Nr. 4.
T⁴ Typoskript im Liesl-Karlstadt-Nachlaß, München: Repertoire Nr. 4.
Textgrundlage: T².

Variante: T¹.

Klapphornverse

von Karl Valentin.

Zwei Soldaten stiegen auf einen Turm,
sie hatten keine Unifurm,
auch keine Säbel beide hatten,
das war'n eigentlich keine Soldaten.

Zwei Knaben stiegen auf einen Baum,
sie wollten Aepfel 'runterhau'n,
am Gipfel dabei wurd's ihnen klar,
dass das a Fahnenstange war.

Zwei Katzen fingen eine Maus,
da kam sie ihnen wieder aus,
da dachten sich die beiden Katzen,
das nächste Mal fang' ma an Ratzen.

Zwei Knaben pflückten im Felde Blumen,
da ist ein Aufseher gekummen,
der hat ihnen die Blumen wieder genummen,
da sind ihnen Tränen runterg'runnen.

Zwei Knaben keck, der andre kecker,
die flogen in einem Doppeldecker,
den einen hat's herausgeschmissen,
der andre hat vor Angst ge . . . . . zittert.

Zwei Knaben fingen ein Eidachsel,
der wo es g'fangt hat, der hiess Maxel,
der andre packte es beim Schwanzel,
und dieser Knabe der hiess . . . . Sepp.

Ein Herr, der wollte sich umbringen
und tat in einen Bach 'neinspringen,
doch er, er hatte gross Malheur,
es war gerade Bachauskehr.

Zwei Herren taten mitsammen raufen,
sie mussten beide heftig schnaufen,
ich denk' mir halt, die soll'n nicht raufen,
dann müssen s' auch nicht so fest schnaufen.

Zwei Spieler taten mitsamm' tarocken,
dem einen tat er mächtig hocken,
der andre sagt: was soll das heissen,
ich glaube gar, du willst be . . . . . trügen.

Zwei Knaben stiegen auf eine Leiter,
der obere war etwas gescheiter,
der untere Knabe, der war dumm,
auf einmal fiel die Leiter um.

Zwei Knaben gingen naus auf's Land,
und hamsterten dort allerhand,
der eine kaufte Schmalz sehr teuer,
der andere hatte nur zwei Eier.

Ein Kätzlein sagte zu dem andern:
ich glaube schon an's Seelenwandern.
Die andere sprach: du hast's erraten,
morgen sind wir vielleicht Hasenbraten.

Zwei Knaben gingen in Zoologischen Garten,
besah'n der Tiere verschied'ne Arten,
das Nilpferd tat das Maul aufreissen,
es stammt von Hagenbeck aus Preussen.

Zwei Knaben, beide jung an Jahren,
die wollten Autobus mal fahren,
sie fuhren nicht, hab'n sich besonnen,
sie wollten nicht ums Leben kommen.

Entstehung
Laut Untertitel von T², T³: 1941. K.V. verarbeitet darin seine frühen »Klapphornverse« (T¹, T⁴), die vermutlich um 1908 entstanden sind; vgl. die Schallplattenaufnahme vom 10.2.1941 (Berswordt, S. 309).

Quellen
Klapphornverse sind Scherzverse nach dem Vorbild des Göttinger Universitätsnotars F. Daniel (geb. 1809, gest. 1899), dessen berühmteste Verse lauten: »Zwei Knaben gingen durch das Korn,/der andere blies das Klappenhorn,/er konnt' es zwar nicht ordentlich blasen,/doch blies er's wenigstens einigermaßen.« (1878 erschienen in den Münchner ›Fliegenden Blättern‹.)

Stellenkommentar
153,1 *Klapphornverse*] Handschriftlich korrigiert, der ursprüngliche Titel lautete: »Mariechen sass auf einem Stein.........«.
153,13 *Mariechen sass auf einem Stein*] Altes Kinderspiellied; Mariechen ist darin ein Mädchen, das von einem »bösen Fähnerich« getötet wird, der am Schluß selbst den Tod am Galgen findet; vgl. Mathys, S. 40ff.
154,23 *tarocken*] Tarock ist ein weit verbreitetes Kartenspiel, das in Italien ›tarocco‹ heißt (von arab. ›taraha‹ = beseitigen [der abgelegten Karten]).
154,25 *Dem einen tat er mächtig hocken*] S.o. 278 (82,26).

T¹
333 *Bachauskehr*] Reinigung der Bäche von Unrat meistens durch Schulkinder einmal im Jahr, wobei das zufließende Wasser abgesperrt wird. Zu dieser Tradition in München vgl. Werner, S. 44.
334 *Hagenbeck*] S. o. 250 (50,4).
K. V. verfaßte um seine »Klapphornverse« auch einen szenischen Rahmen, der hier wiedergegeben wird:

Die elektrische Zug – Harmonika

(Mit Maurer – Klavier Begleitung – vorher ein Konzert – Ländler von Göthe)
Original Vortrag von Karl Valentin.

Valentin setzt sich auf einen Stuhl in der Mitte der Bühne, nimmt seine Harmonika und fängt an zu spielen, spielt aber in Wirklichkeit nicht, imiitiert es nur; währenddessen spielt für ihn eine andere Person hinter einer spanischen Wand, welche direkt hinter Valentin aufgestellt ist.
Während nun Valentin scheinbar spielt, setzt er momentan mit dem Spielen aus und die Harmonika spielt allein weiter – er legt dieselbe voller Staunen auf den Stuhl und ist über diesen geisterhaften Spuk völlig starr. Nachdem die Harmonika aufhört zu spielen, sagt Valentin zum Publikum! »Haben Sie das gehört? – – elektrisch! – – –
Valentin drückt mit dem Finger auf die verschiedenen Tasten der immer noch auf dem Stuhle liegenden Harmonika und ein Ton nach dem andern erklingt. *(In Wirklichkeit spielt aber der Musiker hinter der spanischen Wand)* Valentin prob[i]ert nun an den Knöpfen seines Anzugs – auch da erklingen die Töne nach der Tonleiter.
Valentin geht ins Publikum mit den Worten: Probieren Sie einmal mein Herr und drücken Sie auf den Knopf *(der Gast macht das, aber es kommt kein Ton)* Valentin ist darüber erstaunt, geht wieder auf die Bühne, legt die Harmonika wieder auf den gleichen Stuhl, drückt mit dem Finger darauf und die Harmonika geht wieder. Er geht wieder ins Publikum, macht dasselbe Manöver nacheinander mit dem gleichen Misserfolg wie früher. Es leuchtet ihm gar nicht ein, dass die Harmonika nur auf der Bühne ertönt und nicht im Zuschauerraum. Plötzlich geht ihm ein Licht auf und gerade im Moment als wieder ein Herr auf die Taste drückt, ohne Erfolg, sagt Valentin: »Ja – jetzt weiss ich warum – da sieht der net rüber! – *(Der Musiker geht hinter der Wand hervor und betont dasselbe:)* Da hab i net hi'gsehng. –
VALENTIN: Auweh! – Jetzt san ma aufkomma! – *(zum Publikum)* Die neuesten Klapphornverse! *(begleitet sich selbst auf der Zugharmonika)*

1. Zwei *Knaben* – Dös glaubens auch nicht, dass die kleine Zugharmonika 20 Mark kost hat! – Beim Instrumentenmacher Rauscher im Tal hab ich's kauft – no ja dös is ja schliesslich gleich – – – *Zwei Knaben* gleich wenn sie vom Isartor rauskomma – links, vis a vis ist das schöne Schaufenster von dem Möbeltransportgeschäft, da wo – – das wird Sie weniger interessieren – us. *Zwei Knaben* – Ich hätt mir ja eigentlich ein Fahrrad kaufen wollen, aber ich hab mir's dann reiflich überlegt, denn was tu ich mit einem Fahrrad, wenn ich eine Zugharmonika brauche; – auf der Zugharmonika kann ich net radfahren und auf dem Fahrrad kann ich net zugharmonikaern – – – *Zwei Knaben* und gefährlich ist das radfahren, da kann man leicht stürzen, mit der Zugharmonika kann ich net stürzen

»Zwei Knaben keck, der andere kecker,
Die flogen in einem Doppeldecker,
Den einen hats herausgeschmissen,
Der andre hat vor Angst ge – – – – zittert!

Zwischenspiel: Trink ma noch a Tröpfchen etc. etc. *(zieht die Zugharmonika ganz auseinander)* – auweh – weiter gehts nimmer! – »Zwei Knaben« – wegen dem einen Lied werd ich doch nicht meine Harmonika auseinanderreissen –

»Zwei Knaben die stiegen auf einen Baum,
sie wollten Aepfel runterhaun
Am Gipfel droben wurd's ihnen klar,
dass das a Fahnenstange war – – «

Heil unserm König heil usw. usw. *(zum Publikum)* Kennen Sie das Lied? Heil unserm König Heil! No ja jetzt hat das Lied keinen Sinn mehr, weil wir keinen König mehr hab'n. Dös Lied ist nämlich interessant, dös hab'n wir über 100 Jahr g'sungen; erst wie da König auskemma is, san mir drauf kemme, dass das eine englische Musik ist. Die Musik ist nämlich von dem Engländer Harlay 1780. Wir hab'n ja in Deutschland auch viele Komponisten, aber die ham nie Zeit g'habt, dass amal eine deutsche Königshymne komponiert hätten. Darum ham wir 150 Jahr von den Engländern die Musik z'leihen nehmen müssen. Unsere deutschen Komponisten hätten ja jetzt eine g'macht, aber jetzt brauch ma keine mehr, weil mir ja keinen König mehr hab'n. Ausserdem vie[l]leicht eine Regierungshymne – – dass ma vielleicht singen täten »Heil unserer Regierung Heil« lang Leben sei ihr Teil – – –

3. Zwei Knaben, die pflückten am Felde Blumen
Da ist ein Schutzmann dann gekummen
der hat die Blumen ihnen g'nummen
da sind ihnen Tränen runtergrunnen!

So ein Blödsinn was? – Aber was will man heutzutag [s]ingen, jetzt wird auf der Welt soviel Blödsinn g'macht, dass auf mein Blödsinn a nimmer drauf ankommt; – je mehr Blödsinn ich daher red, desto besser werd' ich bezahlt – also wär's doch erst recht ein Blödsinn, wenn ich keinen Blödsinn reden tä[t]'.!

»Zwei Knaben fingen ein Eidachsel
der wo es g'fangt hat, der hiess Maxl
der andre packte es beim Schwanzel
Und dieser Knabe der hiess: *(Stimme aus dem Publikum)* Franzl!
VALENTIN: Nein, Jakob hat der g'heissen! – – – –

Textüberlieferung
T¹ Typoskript im Nachlaß, Theatermuseum Köln-Wahn: Repertoire Nr. 4; Mappe I (Au 11750).
T² Typoskript im Nachlaß, R. Piper Verlag, München: Repertoire Nr. 4a.
Textgrundlage: T¹.

Entstehung
Nicht vor 1918 (»weil wir keinen König mehr hab'n«). Wegen des Hinweises auf die jährlich wechselnden Regierungen in T² ist von einer Entstehung während der Weimarer Republik 1919–1932 auszugehen.

Stellenkommentar
335 *Die elektrische Zug – Harmonika*] Darunter findet sich der handschriftliche Zusatz: »Zu Klapphorn Verse«.
335 *Maurer – Klavier*] Bayer.: Zugharmonika (Ziehharmonika).
335 *Jetzt san ma aufkomma!*] Bayer.: Jetzt hat man uns durchschaut!
336 *Instrumentenmacher Rauscher*] Gemeint ist das noch heute im Tal 36 bestehende Musikhaus Josef Rauscher, das 1892 gegründet wurde.
336 *Isartor*] S. o. 326 (143,26).
336 *Trink ma noch a Tröpfchen*] S. o. 265 (68,20).
336 *Heil unserm König heil*] Gemeint ist wohl die engl. Nationalhymne »God save the King« (zuerst: 1744), dessen Verfasserschaft umstritten ist. Die Melodie wurde in der Folge mit wechselndem Text zur Hymne mehrerer europ. Staaten: 1790 in Dänemark (»Heil Christian Dir«), 1793 in Preußen (»Heil Dir im Siegerkranz«) und – unter Anpassung an die jeweiligen Herrscher – auch in Bayern, Sachsen, Württemberg, Baden, Hessen, Mecklenburg und Schwerin. Heute wird sie noch im Fürstentum Liechtenstein gesungen; vgl. MGG 9, Sp. 1277 f.
336 *Engländer Harlay 1780*] Vielleicht: Lord Robert Harley, der im 18. Jhd. eine berühmte Sammlung englischer Kirchenmusik unterhielt.

336 *lang Leben sei ihr Teil*] In T² folgt: »dös kann ma eben net gut singen, da bräuchten wir alle Jahr a neue Hymne, weil ma alle Jahr a neue Regierung hab'n.«

Allerlei Musikalisches

Textüberlieferung
T¹ Typoskript im Nachlaß, Theatermuseum Köln-Wahn: Repertoire Nr. 113; Mappe V (Au 11750).
T² Typoskript im Nachlaß, Theatermuseum Köln-Wahn: Repertoire Nr. 113 a; Mappe V (Au 11750).
T³ Typoskript im Nachlaß, R. Piper Verlag, München: Repertoire Nr. 113.
T⁴ Typoskript im Nachlaß, R. Piper Verlag, München: Repertoire Nr. 113[a].
T⁵ Typoskript im Liesl-Karlstadt-Nachlaß, München: Repertoire Nr. 113[a].
Textgrundlage: T¹.

Variante: T².

Instrumental-Couplet

1.
Hört mir zu ihr Herrn und Damen was ich nun zum Vortrag bring
mit verschiednen Instrumenten weil ich musikalisch bin
darum will ich jetzt kopieren 's ist für mich a Kleinigkeit
wie zum Beispiel zum Piano singt die Fräulein Adelheid.

2.
Nun als zweites werd ich bringen die Copie vom Lochner Sepp
der beim Kirchweihtanz in Olbing bläst sehr schneidig Klarinett
wie ein aufgeblasner Rollmops d'Klarinett steckt er ins Mai
im dreiviertel Takt voll Rhythmus bläst er dann die Melodei.

3.
Wenn man so bei einem Volksfest eine Schaubude betracht
habe ich schon manche Träne über die Musik gelacht
vier Stück schmier'ge Musikanten blasen den Radetzkymarsch
wenn man so a Musi anhört fallt ma unbedingt am Rücken.

4.
Ach wie lieblich ist in Bayern so ein schmucker Postillon
er sitzt stolz auf seinem Wagerl wie ein Fürst auf seinem Thron
fährt er so durch Feld und Auen zieht er flink sein Posthorn raus
Schmettert dann manch frohes Liedchen in die weite Welt hinaus.

5.
Auf den Bergen wohnt die Freiheit auch Musik kann man oft hörn
spielt die Sennrin mit der Klampfa tut an Jodler dazu blärrn
bin i a koa echte Sennrin will ich es einmal probiern
eine Sennrin auf den Bergen ganz natürlich zu kopiern.

6.
Sieben Jahr alt ist der Franzl und soll lernen Violin
Und da Vata kauft a Geige geht zum Musiklehrer hin
nach zehn Stund schon spielt der Franzl wunderbar das erste Lied
in der Nachbarschaft die Hunde heulen alle schmerzhaft mit.

7.
Hier hab ich noch ganz was kleines 's ist a Mundharmonika
weil man sie am Mund rumschiebet nennt man sie Fotzhobel a
drauss im Krieg im Schützengraben war das kleine Ding beliebt
weil es da wegen Platzmangel meistens kein Piano gibt.

8.
Wenn am Sonntag die Parade zieht zur Feldherrnhalle her
und die Wach wird abgelöset und es schreit der Kommandeur
Wache vor – und festen Schrittes trabt die Ablösung daher
und der Tambour schlägt die Trommel als wenn er aufgezogen wär.

Feldschritt 8 Takte – Ganzes Bataillon marsch – Marsch – ab.

Entstehung
Laut Untertitel von T^1, T^3: 1941. In diesen Typoskripten hat Valentin T^2, T^4, T^5 überarbeitet, die vermutlich um 1920 entstanden sind.

Stellenkommentar
156,1 *Allerlei Musikalisches*] In fremder Handschrift hinzugefügt: »Instrumental-Couplet«.
156,5 *Gesprochen*] T^3: »Ansager«.
156,8 *Gesang:*] In T^3 folgt: »(Melodie: Strömt herbei, ihr Völkerscharen.....)«.
156,17 *Alles neu, macht der Mai*] Gedicht von Hermann Adam von Kamp (geb. am 15.9.1796 in Ruhrort, gest. am 26.11.1867 in Mülheim a.d. Ruhr) mit dem Titel »Der Mai« (1829), das nach einer alten Volks-

weise (»Hänschen klein«) gesungen wird. T³: »Schallplatte: Knabe spielt furchtbar falsch Violine.«

156,20 *[G]esprochen: Wohltuender ist schon ein Jodler]* T³: »Ansager: Uebertragung aus dem Unterrichtszimmer des Musiklehrers Meier in Haidhausen.«

156,21 *Auf den Bergen wohnt die Freiheit]* Anfang des »Neuschwansteinlieds« von Josef S. Doisl (keine Lebensdaten ermittelt).

156,23 *Klampf'n]* Bayer.: Gitarre (von den alten Wörtern ›klampern‹ = tönen, oder von ›Klampfl‹ = etwas, das am Haken hängt, bzw. umgehängt wird); vgl. Schmeller I, Sp. 1330f.

156,24 *blärr'n]* S. o. 323 (139,29).

156,25 ff. *Bin i a koa Imitator...kopier'n.]* In T³ lautet die Schlußpassage der Strophe: »'s Mikrophon steht in der Hütt'n/Und der Zeitfunk will es wag'n,/Den Gesang von einer Senn'rin/Bis hieher zu übertrag'n.«

156,26 *eine Sennerin auf den Bergen/Ganz natürlich zu kopier'n.]* Diese beiden Verse sind in T¹ aufgeklebt.

156,33 *Giging]* Fiktiver Ortsname.

157,2 ff. *(Hr. Roth Klarinette – ... Klarinetten Ländler?)]* T³: »(Schallplatte: Ländler.)/Ansager: Uebertragung von einer Bauernhochzeit.«

157,2 *Hr. Roth]* Offenbar ein Musiker aus der »Ritterspelunke«; vgl. Sämtliche Werke, Bd. 3.

157,3 *Bombardon]* Eine Baßtuba mit drei oder vier Ventilen.

157,4 *Ländler]* S. o. 256 (60,20).

157,7 *Gesprochen: Nun was Kleines, aber was Feines:]* Fehlt in T³.

157,8 *Hier hab ich]* T³: »Dann gibt es«.

157,11 *Fotzhobel]* Bayer.: Mundharmonika (von bayer. ›Fotzn‹ = Mund, Maul).

157,14 *Blüthner Flügel]* Julius Ferdinand Blüthner (geb. am 11. 3. 1824 in Falkenhain bei Merseburg/Saale, gest. am 13. 10. 1910 in Leipzig), gründete 1853 in Leipzig eine Klavierfabrik, die noch heute besteht.

157,15 f. *(Mundharmonika Schallplatten)]* T³: »(Schallplatte: Mundharmonika mit Gesang ›Die Vöglein im Walde‹)/Ansager: Uebertragung aus dem Krieg 1870–71.«

157,19 *Wenn man so bei einem Volksfest]* In T³ vorangestellt: »Gesang:«.

157,21 *Habe ich schon manche Träne]* T³: »Haben Manche manche Tränen«.

157,23 *Drei]* T³: »Zehn«.

157,26 ff. *(Alter Jägermarsch,...Klarinette)]* T³: »(Schallplatte: Die Blechmusik, die bei der Platte ›Menschenfresser‹ verwendet wurde)./Ansager: Uebertragung aus einem Volksfest.«

157,26 *Alter Jägermarsch]* Militärmarsch von Karl Heise (keine Lebensdaten ermittelt).

338 *Instrumental-Couplet*] In T², T⁴, T⁵ handschriftlich korrigiert, der ursprüngliche Titel lautete: »Musikalisches Kouplet«.
338 *Radetzkymarsch*] Marsch op.228 von Johann Strauß (Vater).
339 *Parade zieht zur Feldherrnhalle*] Vgl. Nagler, S. 190: »Wachtparaden sind täglich zwei, etwas vor 12 Uhr, an der Residenzwache in der Feldherrnhalle, und auf der Hauptwache am Marienplatz. Die Regimentsmusiken spielen gewöhnlich drei Stücke, worauf die abgelöste Mannschaft mit klingendem Spiel in ihre Kaserne zurückkehrt.« Vgl. Werner, S. 37f.
339 *Feldschritt*] Wie im Gleichschritt.

Taucherlied

Textüberlieferung
T¹ Typoskript im Nachlaß, Theatermuseum Köln-Wahn: Repertoire Nr. 173; Mappe IX (Au 11750).
T² Typoskript im Nachlaß, Theatermuseum Köln-Wahn: Repertoire Nr. 173; Mappe IX (Au 11750).
T³ Typoskript im Liesl-Karlstadt-Nachlaß, München: Repertoire Nr. 173.
Textgrundlage: T¹.

Entstehung
Laut Untertitel von T¹, T²: 1941. Das Couplet scheint (vgl. Abb. in Münz, S. 249) aber schon in der »Ritterspelunke«, also zwischen dem 17.7.1939 und dem 5.6.1940 vorgetragen worden zu sein.

Quellen
K. V. parodiert hier und in den beiden folgenden Couplets, zu denen drei entsprechend illustrierte Handzettel vorliegen, den traditionellen Moritaten-Gesang (vgl. o. 284 [93,30]).

Stellenkommentar
158,1 *Taucherlied*] Vgl. die Szene »Beim Tiefsee-Taucher« (Sämtliche Werke, Bd. 3). In T³ ist der Titel in der Handschrift Liesl Karlstadts korrigiert in: »Der Taucher und sein Kind«.
158,6 *Melodie: Wer das Scheiden hat erf.*] »...[erf]unden, hat ans Lieben nie gedacht« ist ein Südtiroler (?) Volkslied. Daneben findet sich der Zusatz von Liesl Karlstadts Hand: »mit Drehorgel«. In T³ lautet der Untertitel: »Text von Karl Valentin – Melodie: Wer das Scheiden hat erfunden (F Dur mit Harmonium – Drehorgel Imitation evtl. mit Violine falsch geigen.«
158,12 *tiefe, tiefe*] T³: »tiefe,«.

Das Volksauto

Textüberlieferung
T¹ Typoskript im Nachlaß, Theatermuseum Köln-Wahn: Repertoire Nr. 181; Mappe IX (Au 11750).
T² Typoskript im Nachlaß, Theatermuseum Köln-Wahn: Repertoire Nr. 181; Mappe IX (Au 11750).
T³ Typoskript im Nachlaß, R. Piper Verlag, München: Repertoire Nr. 181.
T⁴ Typoskript im Liesl-Karlstadt-Nachlaß, München: Repertoire Nr. 181.
Textgrundlage: T¹.

Entstehung
Laut Untertitel von T¹, T²: 1941. Das Couplet scheint aber schon (vgl. o. 306) in der »Ritterspelunke«, also zwischen dem 17.7.1939 und dem 5.6.1940 vorgetragen worden zu sein.

Quellen
Der »Volkswagen« war Teil der NS-Ideologie: Das Automobil sollte aufhören, Statussymbol zu sein. Die ersten Skizzen der »Käfer«-Form stammten von Hitler (abgedruckt in: Picker, Bildteil), konstruiert wurde das Fahrzeug von Ferdinand Porsche. 1938 wurde als Produktionsstätte die »Stadt des KdF-Autos« (das spätere Wolfsburg) gegründet. Die Freizeitorganisation K(raft) d(urch) F(reude) verkaufte »Sparkarten« zu fünf Mark zur Finanzierung des 1000 RM teuren Autos, dessen Auslieferung an die insgesamt 336.000 Besteller vom Krieg vereitelt wurde. Zu Auto und Straßenverkehr bei K.V. vgl. die Monologe, Rep. Nr. 142, »Auf dem Marienplatz«, und Rep. Nr. 145, »Lernt Autoen!« (Sämtliche Werke, Bd. 1, S. 115f., S. 125f.). Zur Form des Textes: s. voriges Couplet.

Stellenkommentar
159,20 *Das Volksauto*] T³: »Volks-Auto«. T⁴: »Das neue Volksauto«.
159,21 *Von Karl Valentin 1941.*] Fehlt in T³.
159,24 *Melodie: 3 Lilien*] »..., drei Lilien, die pflanzt ich auf mein Grab«, dt. Volkslied. T⁴: »Moritat von Karl Valentin – Melodie: 3 Lilien).«
159,33 *1000*] T⁴: »LLL«.
160,3 *Führerschein*] K.V. besuchte selbst im Mai/Juni 1927 eine Fahrschule, erhielt auch den erforderlichen »Nachweis über die Erlernung des Fahrdienstes« (abgedruckt bei Münz, S. 92), kam aber drei Aufforderungen zur Prüfung nicht nach und verlor das Prüfungsrecht.
160,16 *ward*] T⁴: »wird«.
161,2 ff. *Zum Autofriedhof, wie Sie seh'n...*] In T⁴ lautet die vorletzte Strophe:

> »Das Volksauto das noch so jung
> das hat nun ausgedient
> und liegt im Autofriedhof
> wie's sich geziemt.«

161,2 *wie Sie seh'n*] Vgl. Quellen des vorigen Couplets.

Der Mord in der Eisdiele!

Textüberlieferung
T¹ Typoskript im Nachlaß, Theatermuseum Köln-Wahn: Repertoire Nr. 182; Mappe IX (Au 11750).
T² Typoskript im Nachlaß, Theatermuseum Köln-Wahn: Repertoire Nr. 182; Mappe IX (Au 11750).
T³ Typoskript im Nachlaß, Theatermuseum Köln-Wahn: Repertoire Nr. 182a; Mappe IX (Au 11750).
T⁴ Typoskript im Liesl-Karlstadt-Nachlaß, München: Repertoire Nr. 182.
D¹ Münchener Feldpost (10. Ausgabe) vom 1.8.1942, S. 6.
Textgrundlage: D¹.

Variante: T³.

D'r Mord in d'r Eisdiele

(Drehorgelmusik: Melodie: Sabinchen war ein Frauenzimmer)

Aeh alte Jungfrau fünfz'ch Jahre
Sä hiess Annemarie
War Gächin viele Jahre lang
Verheirod war sä nie.
Sä hod sich Geld erspared
Das hat ener erfahred
Ae Liebsverhältnis wurde draus
D'r Bursche der hiess Graus.

Er dreis'ch und sie fünfz'ch Jahre
D-r Unterschied war gross
Sie hadde ä Spargass'nbuch
Drum liess er sie, nich los.
Er liebde sie bladonisch
Dos fand sä wirglich gomisch.
Das Herz dös Bursch'n das blieb gald
Sie war ihm viel zu old.

Wie gomm' ich zu dem Sparbichlein
So sann er her und hin.
Er gaufte Mausgifd ä Bageed
Mausgifd endhäld – Strichnin.
Vargifd'n is' zu greis'lich
Das fand er selbst zu scheisslich;
ab'r vaschwind'n muss die Annemarie
Er wussde nur nich – wie.

D'r junge Graus, ihr lieben Leide
Studierde hin und her.
Erschiess'n wäre och nich schlecht
Er gauft nen Re-vol-ver
Er hod es nich gemached
Weil der Revolver grached.
Ab'r – verschwind'n muss die Annmarie
Er wussde nur nich wie.

Da holde sich d'r junge Graus
ä Beil vom Geller rauf (ruff)
Mit enem Schlag denkt er bei sich
Da gibd den Geisd sä uff.
Doch blut'ch soll's nich gehen
Er gann gen Blut nich seh'n
Ab'r verschwind'n muss di Annemarie
Er wussde nur nich – wie.

Als Merder war er viel zu weich
Er gam uff de Idee
Er fierde nu sei' Opferlamm
In ene Eisdiele.
Dord hod sä sich vergess'n,
Hod soviel Eis gefress'n;
Dass Sie daran erfroren ist
Dos war däs Meders List.

Entstehung
Laut Untertitel von T⁴: 1939, T² ist laut Untertitel 1941 entstanden. Das Couplet scheint (vgl. o. 306) in der »Ritterspelunke«, also zwischen dem 17.7.1939 und dem 5.6.1940 vorgetragen worden zu sein.

Quellen
S. »Taucherlied« (341).

Stellenkommentar
161,15 *Der Mord in der Eisdiele!*] T⁴: »Der Mord in der Eisdiele zu München.«

161,16 *Moritat*] S. o. 284 (93,30) und Quellen »Taucherlied«. Fehlt in T².
161,20 *Mel.: »Sabinchen war....[«]* »... ein Frauenzimmer, dabei gar tugendhaft«, ein dt. Volkslied im Moritat-Stil. Es erzählt, wie ein Übeltäter Sabinchen dadurch ins Verderben stürzt, daß er bei Sabinchens Herrschaft silberne Löffel stiehlt und das Mädchen im darauffolgenden Streit tötet. T¹ hat den handschriftlichen Zusatz: »Im bayrischen Dialekt«. T² ergänzt: »Von Karl Valentin 1941.«. In T⁴ lautet der Untertitel: »Moritat von Karl Valentin 1939 – Melodie: ›Sabinchen‹«.
161,23 *Das alte Mädchen da am Bilde*] T¹: »A alte Jungfrau fünfzig Jahr«.
161,33 *20*] T¹: »30«.
162,1 *Er liebte sie platonisch*] Ohne sinnliches Begehren, eine Redensart, die auf Platons Symposion (215a–222b) zurückgeht.
162,4 *stets*] In T¹ handschriftlich korrigiert in: »schon«.
162,10 *Strychnin*] S. o. 265 (68,17).
162,34 *Er wußte nur nicht – wie.*] T⁴: »doch weiss er nur nicht wie.«

T³

343 *D'r Mord in d'r Eisdiele*] Darüber findet sich der handschriftliche Zusatz: »Episode: Auf dem Oktoberfest ›Moritatensänger.‹«. (Vermutlich hatte K. V. geplant, den Text in eine seiner Oktoberfest-Szenen [Sämtliche Werke, Bd. 3] einzubauen; eine Szene »Moritatensänger« findet sich dort allerdings nicht.) Daneben steht der handschriftliche Zusatz: »(SÄCSchisch)«.

Die Stadt beim Morgengrauen

Textüberlieferung
T¹ Typoskript im Nachlaß, Theatermuseum Köln-Wahn: Repertoire Nr. 189; Mappe IX (Au 11750).
T² Typoskript im Nachlaß, Theatermuseum Köln-Wahn: Repertoire Nr. 189; Mappe IX (Au 11750).
T³ Typoskript im Nachlaß, R. Piper Verlag, München: Repertoire Nr. 189.
T⁴ Typoskript im Liesl-Karlstadt-Nachlaß, München: Repertoire Nr. 189.
T⁵ Typoskript aus dem Bestand des Rechtsvertreters der Erben Valentins, Rechtsanwalt Gunter Fette, München.
Textgrundlage: T¹.

Entstehung
Laut Untertitel von T², T³, T⁴: 1941.

Stellenkommentar
163,14 *Die Stadt beim Morgengrauen*] T², T³, T⁴: »München von Anno-Dazumal«.

163,15 *Gesang von Anno Dazumal*] Handschriftlicher Zusatz. Fehlt in T², T³, T⁴, T⁵.
163,16ff. *Couplet von Karl Valentin...(Autor unbekannt).*] In T², T³, T⁴ lautet der Untertitel: »Melodie: Die Musik kommt«. (Autor unbekannt) Von Karl Valentin 1941.«
163,18 *Melodie: »Die Musik kommt«*] S. o. 243 (36,24). T⁵: »Parodie auf »Die Musik kommt«.
163,21 *Früh morgens wenn die Glocke klingt*] Vgl. o. 249 (47,7).
163,25 *Laternanzünder*] 1731 wurden in München die ersten Laternen aufgestellt; vgl. das folgende Couplet.
163,34 *Millimadln*] Bayer.: Milchmädchen.
164,13 *Jube*] Oberstes Stockwerk, Dachgeschoß.
164,23 *Löcher*] In T⁵ handschriftlich korrigiert, ursprünglich: »Oefen«.
164,32 *Kuttelfleck*] Eßbares vom Eingeweide des Schlachtviehs.
164,33 *Hafnbinder*] Bayer.: Topfflicker.
164,33 *– die Binder – die Binder –*] Fehlt in T⁵.
165,6 *– ja zisten – ja zisten –*] Fehlt in T⁵.
165,11 *Das Auge des Gesetzes*] S. o. 309 (120,21).
165,20 *(Das ganze Ballett...)*] Die Anweisung fehlt in T², T³, T⁴.
165,22ff. *So lang da drunt am Platzl...*] Strophe aus: »So lang der alte Peter« (s. o. 317 [130,22]). In T², T³, T⁴ vorangestellt: »Chor:«
165,31ff. *Da das Münchner Kindl...ohne mitzusingen.*] Diese Anweisung fehlt in T², T³, T⁴. Zum Münchner Kindl vgl. o. 306 (117,23).
165,32 *mit grösster Ruhe bewegen*] T⁵ ergänzt: »alles in Ballettschuhen«.
165,34ff. *Statt dem Vortrag des Münchner Kindls... ohne mitzusingen.*] Fehlt in T⁵, dort steht durchgestrichen: »Ballett soll im Morgengrauen von geisterhafter Wirkung sein.«

Ein Laternenanzünder aus der alten Zeit

Textüberlieferung
T¹ Typoskript im Nachlaß, Theatermuseum Köln-Wahn: Repertoire Nr. 207; Mappe X (Au 11750).
T² Typoskript im Nachlaß, Theatermuseum Köln-Wahn: Repertoire Nr. 207; Mappe X (Au 11750).
T³ Typoskript im Nachlaß, R. Piper Verlag, München: Repertoire Nr. 207a.
T⁴ Typoskript im Liesl-Karlstadt-Nachlaß, München: Repertoire Nr. 207.
Textgrundlage: T¹.
Entstehung
Vermutlich 1941.

Variante: T³.

Ein Laternenanzünder aus der Alten Zeit

Text von Karl Valentin
Musik: »Wer uns getraut«

ER: Wer mich nicht kennt, dem sage ich's
  Laternen, die zünde ich an[.]
SIE: Laternen, die zündet er an.
ER: Doch nur bei Nacht beschäftigt mich,
  der Ma–agi – der Ma–agi – der Magi– Magistrat,
SIE: der Ma–agi – der Ma–agi – der Magi– Magistrat[.]
ER: Ich wandle bei Nacht in allen Gassen her und hin
SIE: weil er ein
ER: weil ich ein
BEIDE: Laternanzünder bin.

ER: Wer mich nicht kennt, dem sage ich's,
  Laternen, die lösche ich aus.
SIE: Laternen, die löschet er aus.
ER: Doch nur des morgens, beschäftigt mich,
  der Ma–agi, – der Ma–agi – der Magi– Magistrat,
SIE: der Ma–agi – der Ma–agi, – der Magi– Magist[r]at.
ER: Ich wandle des Früh's in allen Gassen her und hin
SIE: weil er auch
ER: weil ich auch –
BEIDE: Laternauslöscher bin.

Stellenkommentar
166,1 *Laternenanzünder*] Vgl. o. 346 (163,25).
166,4 *Wer uns getraut? (Zigeunerbaron)*] S. o. 246 (43,11).
166,11 *Doch nur bei Nacht beschäftigt mich*] Das Motiv eines durch extreme Befristung komischen Berufs findet sich auch im Stück, Rep. Nr. 124, »Der Bittsteller« (Sämtliche Werke, Bd. 5), wo ein »Spritzbrunnenaufdreher« erscheint, der einmal im Jahr einen Brunnen auf- und ein weiteres Mal ihn wieder zudreht.

Zeitgemässes Liederpotpourri. 1941

Textüberlieferung
T¹ Typoskript im Nachlaß, Theatermuseum Köln-Wahn: Repertoire Nr. 215; Mappe X (Au 11750).
T² Typoskript im Nachlaß, R. Piper Verlag, München: Repertoire Nr. 215.

T³ Typoskript im Liesl-Karlstadt-Nachlaß, München: Repertoire Nr. 215.
Textgrundlage: T¹.

Entstehung
Laut Titel: 1941. Wegen des Texthinweises auf den Kriegseintritt der USA, dürfte der Text zwischen dem 7.12.1941 (Angriff der Japaner auf Pearl Harbor), vermutlich aber erst nach dem 11.12.1941 (dt. Kriegserklärung an die USA), und Jahresende entstanden sein.

Quellen
Parodien und Travestien populärer Melodien sind ein fester Bestandteil der Volkssängerdarbietungen; vgl. »Alte Volksliedertexte – wieder ›zeitgemäss‹« (vorliegender Band, S. 176) und die Szene »Gesangspotpouri aus alten Liedern« (Sämtliche Werke, Bd. 3) sowie Nachwort.

Stellenkommentar
166,32 *Grüass Euch Gott*] Auftrittslied des Adam im ersten Akt der Operette »Der Vogelhändler« (1891) von Carl Zeller (geb. am 19.6.1842 in St. Peter in der Au/Niederösterr., gest. am 17.8.1898 in Baden bei Wien), Libretto: Moritz West (Pseudonym für: Witzelsberger) und Ludwig Held. Neben dieser Strophe findet sich der handschriftliche Zusatz: »g u C«.
166,33 *Volksgenossen*] Terminus der NS-Propaganda, mit dem soziale Unterschiede verdeckt werden sollten; vgl. Berning, S. 199f.
167,1 *Oh Strassburg oh Strassburg*] Dt. Volkslied, aufgezeichnet im »Sesenheimer Liederbuch« (1771). Neben dieser Strophe findet sich der handschriftliche Zusatz: »C u G«.
167,2 *Dachau*] Im März 1933 errichtete die SS bei Dachau das erste KZ in Deutschland. Bis 1945 wurden dort 206.000 (registrierte) Menschen festgehalten und 31.951 (registrierte) ermordet; vgl. Preis, S. 104ff. K.V.s naives Verhältnis zum KZ Dachau beleuchtet die Anekdote »Valentins Gruselkeller« bei Eugen Roth, S. 116ff.
167,6 *Kommt ein Vogerl geflogen*] Text und Musik von Wenzel Müller (geb. am 26.9.1759 in Turnau/Böhmen, gest. am 3.8.1835 in Baden bei Wien) nach einer österr. Volksweise. Neben dieser Strophe findet sich der handschriftliche Zusatz: »C = F«.
167,9 *Weil er nichts hat troffen*] Über Details der Fliegerangriffe auf München s. Bauer 1987.
167,12 *Jm tiefen Keller sitz ich hier*] Trinklied von Ludwig Fischer (geb. am 19.8.1745 in Mainz, gest. am 10.7.1825 in Berlin) auf einen Text von Karl Müchler (geb. 1763, gest. 1857). Neben dieser Strophe findet sich der handschriftliche Zusatz: »C g«.
167,18 *Still ruht der See*] S. o. 260 (61,10). Neben dieser Strophe findet sich der handschriftliche Zusatz: »C F«.

167,25 *Puppchen du bist mein Augenstern*] Lied aus der Posse »Puppchen« (1912) von Jean Gilbert (Pseudonym für: Max Winterfeld; geb. am 11.2.1879 in Hamburg, gest. am 20.12.1942 in Buenos Aires). Neben dieser Strophe findet sich der handschriftliche Zusatz: »F B«.
167,31f. *Walzertraum,......leise, ganz leise*] S.o. 251 (52,28). Neben dieser Strophe findet sich der handschriftliche Zusatz: »B«.
167,34 *Kamerun*] Von 1884 bis 1916 war Kamerun dt. Kolonie. Im Zweiten Weltkrieg spielte Kamerun keine Rolle.
168,1 *Wien Wien Wien sterbende Märchenstadt*] Wienerlied von Hermann Leopoldi (Pseudonym für: Hersch Kohn, geb. am 15.8.1888 in Wien, gest. am 28.6.1959 ebda.).
168,9 *Steh ich in finstrer Mitternacht*] Gedicht (»Treue Liebe«) von Wilhelm Hauff (geb. am 29.11.1802 in Stuttgart, gest. am 28.11.1827 ebda.), das u.a. von Friedrich Silcher (s.o. 289) vertont wurde.
168,15 *Glühwürmchen Glühwürmchen flimmre*] S.o. 328 (146,1).
168,21 *Oh Tannenbaum*] Die Melodie ist die eines alten Studentenliedes, welches August Zarnack (keine Lebensdaten ermittelt) 1820 mit dem Text eines heiteren Liebesliedes unterlegte. 1824 stellte Ernst Anschütz (geb. 1780, gest. 1861) die bekannte Weihnachtsliedfassung her, wobei er Zarnacks erste Strophe beibehielt.
168,25 *Roosevelt*] Franklin Delano Roosevelt, US-Präsident von 1933 bis 1945. Die USA traten nach dem japanischen Angriff auf Pearl Harbor (7.12.1941) in den Krieg ein.
168,28 *Achsenmächte*] Offizielle Bezeichnung erst für das Bündnis Deutschlands mit Italien (»Achse Berlin-Rom«), ab 1940 auch für das Dreierbündnis mit Japan.
168,30 *Ein Männlein steht im Walde*] S.o. 307 (117,26).
168,32 *Stuckas*] Stukas, Sturzkampfflugzeuge der dt. Luftwaffe vom Typ Junkers Ju 87, die mit Sirenengeheul auf ihr Ziel bis auf 600m hinabstürzten, es bombardierten und wieder aufstiegen.
168,32 *U Boote*] Zu Details des U-Boot-Kriegs s. Mason.
168,33 *Jnvasion*] Tatsächlich erwog Hitler im Mai/Juni 1940 eine Invasion in England (Operation »Seelöwe«).
169,1 *Heimlich still und leise*] Terzett aus der Operette »Im Reiche des Indra« (1899) von Paul Lincke (s.o. 240 [32,15]).
169,6 *1000 Jahr*] In der christlich-mittelalterlichen Philosophie wurde am Ende der Geschichte die tausendjährige Herrschaft Christi erwartet (vgl. Offenbarung 20,4). Die NS-Propaganda übertrug diese Erwartung auf die Herrschaft Hitlers bzw. der Nationalsozialisten (»Tausendjähriges Reich«).
169,8 *Wandern ach Wandern*] Lied des Rattenfängers aus der Operette »Der Rattenfänger von Hameln« (1880) von Adolf Neuendorff (geb. am 13.6.1843 in Hamburg, gest. am 5.12.1897 in New York), Libr.: H. Italiener.
169,9 *Meckern*] S.o. 331 (150,6).

Habt nur Geduld

Textüberlieferung
T¹ Typoskript im Nachlaß, Theatermuseum Köln-Wahn: Repertoire Nr. 213; Mappe X (Au 11750).
T² Typoskript im Nachlaß, Theatermuseum Köln-Wahn: Repertoire Nr. 213; Mappe X (Au 11750).
T³ Typoskript im Nachlaß, Theatermuseum Köln-Wahn: Repertoire Nr. 213 a; Mappe X (Au 11750).
T⁴ Typoskript im Nachlaß, R. Piper Verlag, München: Repertoire Nr. 213.
T⁵ Typoskript im Liesl-Karlstadt-Nachlaß, München: Repertoire Nr. 213.
Textgrundlage: T³.

Entstehung
T³ trägt den handschriftlichen Zusatz: »Text von Karl Valentin 12. III. 42«. T⁴ ist laut Untertitel im Oktober 1942 entstanden.

Stellenkommentar
169,22 *Habt nur Geduld*] »Alles kommt einmal wieder«, Lied aus der Revue »Was träumt Berlin?« (1917) von Rudolf Nelson (Pseudonym für: Lewysohn; geb. am 8.4.1878 in Berlin, gest. am 5.2.1960 ebda.). T¹, T², T⁴: »Alles kommt einmal wieder«.
169,23 *(Zeitgemässe Parodie über ein altes Couplet) 1942.*] T¹, T², T⁴ haben den Untertitel: »Habt nur Geduld! Altes Couplet mit neuem Text von Karl Valentin.« In T² findet sich der handschriftliche Zusatz: »Musik v.?«. In T⁴ folgt das Datum »Oktober 1942«. T⁵ hat den Untertitel: »Zeitgemässes Kouplet (Parodie auf ein altes Lied.)«.
169,26 *Wir leben jetzt im Krieg*] T²: »Die Zeiten sind jetzt schlecht«.
169,32 *Wie es im Frieden war*] T¹, T², T⁴: »Das ist doch jedem klar«.
169,34 *S'wird wieder wie es war*] In T² vorangestellt: »Chor«.
169,36 *Welt*] T¹, T²: »Zeit«.
170,1 *Kommenden Generationen*] In T¹ handschriftlich korrigiert in: »Unsern Enkelkindern«.
170,4 ff. *Wie war doch das Oktoberfest...*] Diese Strophe verwendet K.V. auch in der »Oktoberfest«-Szene (Sämtliche Werke, Bd. 3).
170,5 *bekannt*] T⁵: »bekanntlich«.
170,5 *guate*] T¹, T², T⁴: »so gute«.
170,6 *Steckerlfisch*] Am Spieß gebratener Fisch (Spezialität auf dem Oktoberfest).
170,7 *a Wiesenmass*] T¹, T², T⁴: »drei Wiesenmass«.
170,11 *lieber Münchner denke*] T¹, T², T⁴: »liebe Münchner denkt«, in T¹ handschriftlich darüber: »Ihr Münchner denkt daran«.

170,12 *Nockerberg*] Seit 1861 findet alljährlich im »Salvatorkeller« am Nockherberg zu Beginn der Fastenzeit ein feierlicher Starkbieranstich statt; s. Bauer/Graf/Münz, S. 225 f. In T¹ findet sich seitlich der handschriftliche Zusatz: »Salvatorzeit du goldene, wie warst du schön/Da tat ganz München auf den Nockerberg nauf gehn.«

170,13 *zwei – drei*] In T¹ handschriftlich korrigiert in: »5, 6«. T²: »fünf, sechs«.

170,17 *Refrain wie oben.*] Nach dieser letzten Wiederholung des Refrains folgt in T¹ der handschriftliche Zusatz: »Um 1 Uhr jeden Tag da ging die Wiesn an/14 Tag Oktoberfest«. Seitlich daneben findet sich der handschriftliche Zusatz: »be---e-sser«, vermutlich als Korrektur für die letzte Zeile des Refrains. In T⁴ folgt die zusätzliche Strophe:

> »Gedenk ich noch der schönen Zeit im Carneval
> Da ging ma mit seinm Mädel auf den Maskenball.
> Draht habn wir, die ganze Nacht, gsuffa und a Gaudi gmacht,
> Da war uns alles gleich, s war wie im Himmelreich.«

170,19 *Text v. Karl Valentin 12. III. 42*] Handschriftlicher Zusatz.

Ich bin der Ritter Unkenstein

Textüberlieferung

T¹ Typoskript im Nachlaß, Theatermuseum Köln-Wahn: Repertoire Nr. 344; Mappe XVI (Au 11750).
T² Typoskript im Nachlaß, R. Piper Verlag, München: Repertoire Nr. 344.
T³ Typoskript im Liesl-Karlstadt-Nachlaß, München: Repertoire Nr. 344.
Textgrundlage: T¹.

Entstehung
Laut Untertitel von T¹, T², T³: Oktober 1942.

Stellenkommentar

170,24 *Ritter Unkenstein*] Vgl. das Stück, Rep. Nr. 185, »Ritter Unkenstein« von 1939 (Sämtliche Werke, Bd. 5).

170,25 *Rittergstanzln*] Vgl. o. 262 (63,1).

171,1 *Je mehr ich Feinde hab*] Im Oktober 1942 hatte die dt. Wehrmacht vor allem zwei Feinde: die russische Armee bei Stalingrad und die britische bei El Alamein (Ägypten).

171,18 *Gerichtsvollzieher*] Vgl. o. 235 (24,12).

171,29 *Schwiegermutter*] Vgl. das Couplet »Das suesse Maedel« (vorliegender Band, S. 15).

171,33 f. *(Die 2 letzten Zeilen ...)*] Die Anweisung fehlt in T³.

Wenn ich einmal der Herrgott wär'

Textüberlieferung
T¹   Typoskript im Nachlaß, Theatermuseum Köln-Wahn: Repertoire Nr. 155; Mappe VII (Au 11750).
T²   Typoskript im Nachlaß, Theatermuseum Köln-Wahn: Repertoire Nr. 155a; Mappe VII (Au 11750).
T³   Typoskript im Nachlaß, R. Piper Verlag, München: Repertoire Nr. 155.
T⁴   Typoskript im Liesl-Karlstadt-Nachlaß, München: Repertoire Nr. 155.
Textgrundlage: T².
Variante: T¹.

Wenn ich einmal der Herrgott wär!

[(]Melodie: »Da streiten sich die Leut herum)

Wenn ich einmal der Herrgott wär'
Mein erstes wäre das:
Ich schüfe alle Kriege ab,
Vorbei wär' Streit und Hass.
Dem Preussenland nähm ich sofort
Sein ganzes Militär
Denn von daoben kommen ja
Die Kriege immer her.

Wenn ich einmal der Herrgott wär'
Mein Zweites wäre dies
Ich schüfe alle Technik ab
S'wär besser, ganz gewiss.
Dann gäb es auch kein Flugzeug mehr
Oh Gott, wie wär das nett!
Und ohne Angst, da gingen wir
Allabendlich ins Bett.

Wenn ich einmal der Herrgott wär'
Ich gäbe in der Welt
Den Männern alle die Vernunft
Die scheint's noch manchem fehlt
Besonders einen mein' ich da
Der mehr gilt als wie ich
Der aushält bis zum letzten Mann
Dann lässt er uns im Stich.

> Wenn ich einmal der Herrgott wär'
> Ich glaub, ich käm in Wut.
> Weil dieser Eine auf der Welt
> Grad tut, was er gern tut.
> Den andern gäb' ich die Courage
> Die denen scheinbar fehlt
> Denn, wenn der Eine nicht mehr wär,
> Wär Frieden auf der Welt.
>
> Ja, lieber Herrgott tu das doch,
> Du hast die Macht in Händen
> Du könntest diesen Wirrwarr doch
> Mit einem Schlag beenden.
> Die Welt die Du erschaffen hast
> Die sollst auch Du regieren!
> Wenn Du die Konkurrenz nicht bannst
> Tust Du dich selbst blamieren.

Entstehung
Laut Untertitel von T², T³, T⁴: November 1942.

Quellen
Vielleicht wurde K. V. durch die Filmkomödie »Einmal der liebe Herrgott sein«, die mit Hans Moser als Hotelportier unter der Regie von Hans H. Zerlett am 10. 11. 1942 in Berlin Premiere hatte, zu dem Titel bzw. Motiv seines Couplets angeregt. (Zerlett war auch Regisseur des 1934 entstandenen Valentin-Films »Im Schallplattenladen«.) Der Volkssänger Alois Hönle (geb. am 14. 9. 1871 in München, gest. am 20. 10. 1943 ebda.) schrieb unter demselben Titel wie K. V. viele Jahre vorher ein Couplet (in: Münch'ner Blut Nr. 320). Vgl. K. V.s Couplets »Der Herrgott schaut oft von oben runter« (vorliegender Band, S. 175) und sein »[Vater unser, der Du bist im Himmel...]« (vorliegender Band, S. 201). Zur Religiosität K. V.s vgl. Auer, in: Freilinger-Valentin, S. 234–238, und Bertl [Böheim] Valentin, S. 104 f.

Stellenkommentar
172,5 *Da streiten sich die Leut' herum*] Der Anfang des sog. »Hobellieds« aus dem dritten Akt des Original-Zaubermärchens »Der Verschwender« (1834) von Ferdinand Raimund.

T¹
352 *Dem Preussenland nähm ich sofort ... Die Kriege immer her.*] Neben diesen vier Zeilen steht handschriftlich die Variante:

»jedoch so lang es Menschen gibt
wird es Kriege geben
den tausendjährgen Frieden werden
wir nicht mehr erleben.«

353 *Weil dieser Eine auf der Welt... Wär Frieden auf der Welt*] Neben diesen sechs Zeilen steht handschriftlich die Variante:

»Weil diese Menschheit auf der Welt
Grad tut, was sie gern tut
ich ließe eine Sündflut los
wie ich's schon einmal tat
weg mit der ganzen Menschheit
wär wirklich gar nicht schad«

Der Dreckhaufa

Textüberlieferung
T¹ Typoskript im Nachlaß, Theatermuseum Köln-Wahn: Artikel-Manuskripte, (Au 11 751).
Textgrundlage: T¹.

Entstehung
Die ersten drei Strophen sind im Untertitel mit dem Datum 1930 überschrieben, der »Nachtrag« trägt das Datum 1943.

Stellenkommentar
173,19 *Dreckhaufa*] Vgl.das Artikel-Manuskript, Rep. Nr.408, »München wird wieder die reinlichste Stadt...« (Sämtliche Werke, Bd. 7).
173,24 *Firma Moll in München*] 1894 wurde in München das Bauunternehmen Leonhard Moll gegründet.
173,33 »*So lang die Grüne Isar*«] Zitat aus dem Lied »So lang der alte Peter« (s. o. 317 [130,22]).
174,17 *Planegg 1943*] K.V. erwarb 1924 das Anwesen Georgenstraße 2 in Planegg, einem Vorort im Westen Münchens. Im Winter 1942/43, als sich die Luftangriffe auf München häuften, zog er aus seiner Stadtwohnung am Mariannenplatz aus, in der er seit 1934 gewohnt hatte (und die am 25. 4. 1944 auch tatsächlich zerbombt wurde), und ganz nach Planegg um.
174,19 *Würm*] Abfluß des Starnberger Sees, der die westlichen Vororte Münchens und das Dachauer Moos durchfließt.
174,21 *Isarwerk*] Gemeint ist die seit 1926 bestehende Planegger Zweigstelle der »Isar-Amperwerke AG« (München), einem für die Stromversorgung des Großraumes München zuständigen Unternehmens.
174,22 *a grosser Haufa Dreck*] Nach Auskunft der Gemeindeverwaltung

Planegg könnte es sich bei diesem um einen unaufgeräumten Lagerplatz der »Isar-Amperwerke« gehandelt haben.

174,28 *Herr Bürgermeister von Planegg*] Von 1939 bis 1945 hatte Karl Tries (geb. am 28.4.1890 in Kaiserslautern) dieses Amt inne.

Der Herrgott schaut oft von oben runter

Textüberlieferung
T^1 Typoskript im Nachlaß, Theatermuseum Köln-Wahn: Repertoire Nr. 197; Mappe IX (Au 11750).
T^2 Typoskript im Nachlaß, Theatermuseum Köln-Wahn: Repertoire Nr. 197; Mappe IX (Au 11750).
T^3 Typoskript im Nachlaß, R. Piper Verlag, München: Repertoire Nr. 197.
T^4 Typoskript im Liesl-Karlstadt-Nachlaß, München: Repertoire Nr. 197.
Textgrundlage: T^2.

Entstehung
Laut Untertitel von T^2, T^3, T^4: 1943.

Quellen
Vgl. »Wenn ich einmal der Herrgott wär'« (353).

Stellenkommentar
175,2 *1943*] Fehlt in T^1.
175,6 *Melodie von*] T^1: »Text von«. Fehlt in T^3.
175,18 *Welt*] T^3: »Erde«.
175,28 ff. *Kaffe der wurd' ein Weltprodukt...Kesselheizen her.*] In T^1 lauten diese vier Zeilen: »Fast alle Menschen auf der Welt/Die trinken Kaffee gern,/Und weil ihn halt nicht *jeder* kriegt,/Das ärgert Gott den Herrn.«
175,30f. *man nimmt ihn* »*Drüb'n*«/*Zum Kesselheizen her.*] Denselben, nicht belegbaren Vorwurf äußert K.V. in dem späteren Couplet »Da stimmt was nicht, da stimmt was nicht, da ist was nicht in Ordnung« (188,8 ff.).
175,33 *Welt*] T^3: »Erde«.
176,6 *Die Welt, die er g'schaffen hat*] In T^1 handschriftlich korrigiert in: »Mei Welt, die ich geschaffen hab.«
176,11 *Welt*] T^3: »Erde«.

Alte Volksliedertexte – wieder »zeitgemäss«

Textüberlieferung
T^1 Typoskript im Nachlaß, Theatermuseum Köln-Wahn: Repertoire Nr. 351; Mappe XVI (Au 11750).

T² Typoskript im Nachlaß, Theatermuseum Köln-Wahn: Repertoire Nr. 351; Mappe XVI (Au 11750).
T³ Typoskript im Nachlaß, R. Piper Verlag, München: Repertoire Nr. 351.
T⁴ Typoskript im Liesl-Karlstadt-Nachlaß, München: Repertoire Nr. 351.
Textgrundlage: T¹.

Entstehung
Laut Untertitel von T¹, T², T³: Oktober 1943.

Quellen
S. »Zeitgemässes Liederpotpourri. 1941« (348).

Stellenkommentar
176,25 »*Liebchen, ich kaufe dir ein Automobil...*«] Nicht nachgewiesen.
176,26f. *Sie darf ja nicht fahren!*] Im Rahmen der alle Lebensbereiche umfassenden »Totalen Kriegsführung« (Erlaß Hitlers vom 13. 1. 1943 und Goebbels Sportpalast-Rede vom 18. 2. 1943) war angesichts des sich verschärfenden Treibstoffmangels privater Autoverkehr strikt untersagt.
176,30 »*Im tiefen Keller sitz ich hier...*«] S. o. 348 (167,12).
176,33 »*Oh! Du lieber Augustin, alles ist hin...*«] Zu dem nicht vor 1800 nachweisbaren Lied (Verfasserschaft unbekannt) vom »Lieben Augustin« vgl. Frenzel, S. 72 f.
176,36 »*Nur am Rhein, da möcht ich leben, nur am Rhein, ...*«] »Nur am Rheine will ich leben«, Lied von Peter Johann Peters (geb. am 13. 3. 1820 in Breyell b. Düsseldorf, gest. am 7. 7. 1870 in Köln).
177,1 »*Hamburg ist ein schönes Städtchen, siehste wohl...*«] Volksweise, die u. a. in der Bearbeitung durch Gustav Schulten (geb. am 30. 1. 1897 in Landshut) populär wurde.
177,2 »*Es war einmal*«] Lied von Paul Lincke (s. o. 240 [32,15]).
177,4f. »*Wenn die Schwalben wieder kommen, die wer'n schaun,...*«] Wienerlied von Julius Stern (geb. am 13. 5. 1858 in Wien, gest. am 6. 1. 1912 ebda.).
177,10ff. »*So leb denn wohl, – Du stilles Haus...*«] Sextett aus dem ersten Akt des Original-Zauberspiels »Der Alpenkönig und der Menschenfeind« (1828) von Ferdinand Raimund, Musik: Wenzel Müller (s. o. 348 [167,6]).
177,16ff. »*Wandern, ach wandern – ...*«] S. o. 349 (169,8).
177,21 »*Weh, dass wir scheiden müssen...*«] Lied (»Ritters Abschied«) von Johanna Mockel, verh. Kinkel (geb. am 8. 7. 1810 in Bonn, gest. am 15. 11. 1858 in London durch Selbstmord).
177,23 »*Nach der Heimat möcht ich wieder...*«] Volkstümliches Lied von Karl Gottlieb Reißiger (geb. am 31. 1. 1798 in Belzig bei Wittenberg, gest. am 7. 11. 1859 in Dresden) auf einen Text von C. Beils.

177,25 »*Verlassen, verlassen, verlassen bin i...*«] Lied im Kärntner Dialekt von Thomas Koschat (geb. am 8.8.1845 in Viktring/Kärnten, gest. am 19.5.1914 in Wien).
177,27 »*Wer weiss ob wir uns wiederseh'n...*«] Lied f. Männerchor op.43 von Paul Röhricht (geb. am 13.11.1867 in Grünberg/Schlesien, gest. am 17.10.1925 in Schreiberhau/Riesengebirge).
177,29 *Beigeschmack*] T², T³: »Nachgeschmack«.
177,30f. »*Vater, Mutter, Schwestern, Brüder,...*«] Lied des Veit aus dem dritten Akt der Oper »Undine« (1845) von Albert Lortzing.
177,35 »*Mondnacht is'...*«] Wienerlied von P. Baschinsky (keine Lebensdaten ermittelt).
178,6f. »*Was kommt dort von der Höh' – ...*«] Studentenlied aus dem 18.Jhd.
178,11 »*So leben wir – so leben wir – so leben wir alle Tage...*«] Fürst Leopold von Anhalt-Dessau, genannt »Der alte Dessauer« soll nach der Schlacht bei Cassano 1705 eine ital. Prozessionsmelodie gehört haben, die ihm so sehr gefiel, daß er seinen Musikern befahl, sie als Marsch einzustudieren; später wurde dieser als »Dessauer Marsch« bekannt und errang – unterlegt mit den von K.V. zitierten Worten – volksliedhafte Verbreitung.
178,14f. »*Glücklich ist, – wer vergisst,...*«] Phrase aus dem Finale des ersten Aktes der Operette »Die Fledermaus« (1874) von Johann Strauß (Sohn), Libretto: Karl Haffner (Pseudonym für: Schlächter) und Richard Genée.
178,18 »*Lasst den Kopf nicht hängen...*«] Lied von Paul Lincke (s.o. 240 [32,15]) aus der Operette »Frau Luna« (1898), Libretto: Heinz Bolten-Baeckers.
178,21 »*Ja, die Welt ist schön...*«] Vielleicht der einst vielgesungene Rheinländer op.58 »Ja, die Welt ist so herrlich und schön!« (1909) von Ernst Leuschner (keine Lebensdaten ermittelt).
178,23f. »*Oh schöne Zeit – oh selige Zeit,...*«] S.o. 254 (57,12).
178,28 »*Alles neu – macht der Mai...*«] S.o. 339 (156,17).
178,31ff. »*Solang der alte Peter...*«] S.o. 317 (130,22).

Ganz neue, echt hagelbuachane und teils ungereimte Schnaderhüpfl

Textüberlieferung
T¹ Typoskript im Nachlaß, Theatermuseum Köln-Wahn: Repertoire Nr. 365; Mappe XVII (Au 11750).
T² Typoskript im Nachlaß, Theatermuseum Köln-Wahn: Repertoire Nr. 365; Mappe XVII (Au 11750).
T³ Typoskript im Nachlaß, R. Piper Verlag, München: Repertoire Nr. 365.

T⁴ Typoskript im Nachlaß, R. Piper Verlag, München: Repertoire Nr. 365.
T⁵ Typoskript im Liesl-Karlstadt-Nachlaß, München: Repertoire Nr. 365.
D¹ Münchener Feldpost (41. Ausgabe) vom 1.3.1945, S. 14.
Textgrundlage: D¹.

Variante: T⁴.

Echt Hagelbuachane und teils ungereimte Schnaderhüpfl

von Karl Valentin – 1945

1)
D'Sch[n]aderhüpfl san gspassige Sachen
Ueber d'Schnaderhüpfl, da muass ma oft lachen;
Ausserdem is' das Lachen sehr gesund
Wer aber net lacht, is a fader Hund.

2)
De kropfert Müller Zenzi is' am Kuchlofa g'stand'n,
Da Benedikt hat's bei da Hintakunft packt,
D'Muada is' grad bei da Tür einaganga
Und hat g'sagt: Tuast deine Prazn weg.

3)
Und da Herr Pfarra hat in da Kirch Predigt g'halt'n
De oit Resi is' in da Kirchabank kniaglt,
Auf oamal hat's ihr d'Sicherung naus'g'haut
Noch dazua ziemlich laut.

4)
Da Ortner Waste is' übern Gartenzaun g'stieg'n
Hat sie am Stachldraht d'Lederhos'n z'riss'n,
Is' beim Kammafensterln zu da Vroni nauf g'stieg'n
aba d'Vroni war scho b'setzt.

5)
A Sommafrischler hat sie an d'Resi hin g'macht
Da kriag i amal was Ländlich's, hat er sich gedacht,
Aber d'Resi hat'n zu da Kamma naus g'schmiss'n
Hat eam auf deutsch g'sagt: was.....g'huast.

6)
D'Hofa Leni is' zum Beicht'n ganga,
Naa Herr Pfarra hat's g'sagt: Dös is' koa Verlanga,
Ganz ohne Sinnlichkeit zu leben, dös is z'vui
für was hätt ma denn's G'fui.

7)
Da Veichtl Edi is ' in d'Abtrittgruab'n g'fall'n
D'Bäuerin hat'n wieda aussizog'n,
Sei' Leb'n war dadurch gerettet, Gottlob!
Aba fragt's net, wia der grocha hat.

8)
Und an Meindl Sepp sei siebzehnjährigs Mariandl
Hat a Eiaköpfe wia a Kindabadwandl
Rinnaugat is ' wia a Tropfstoahoihn,
So a Madl ko eam doch net g'foin.

9)
Im Dorfweiha ham zwoa Bauermadln gebadet,
Splittanackat sans im Wassa rum gewadet
Da Herr Pfarra hat dös g'seg'n – war net recht erbaut
Und hat sofort wegga g'schaut.

10)
A Sommafrischlerin hat's [M]elk'n probiert
Aba beim Melk'n is' ihr was dumm's passiert
Statt da Kua hat's an Ochs'n melk'n woll'n
Die städtische Moll'n.

11)
Beim Kandlbinda hat's Hammabrat'n geb'n,
Bei so an Mittagsmahl, da kann ma was erleb'n
Fein hat a g'schmeckt, dös muass i scho verrat'n
Aber s'Halsbandl hams a mit 'brat'n.

12)
Z'Riadaring is' da G'moastier auskumma,
D'Stalltür hat a aa glei mit g'nomma
Is' in an fremd'n Kuastall einigrennt,
Aba de Küa ham ihn oi scho kennt.

13)
D'Reita Fanny is' in d'Apotek'n nei ganga
Für d'Leis wollt's a Salb'n valanga
Für was für Leis, hat da Apotheker g'fragt,
Aba d'Fanny, hat's eam net g'sagt.

14)
In Obamenzing is' a Heustadtl abbrennt
D'Feuerwehr is' schleunigst zum löschn g'rennt,
D'Spritz'n hams vergess'n Herrman Saprament!
Drum is' da Heustadl ganz obrennt.

15)
Da Bauer hat in da Stub'n oan fahr'n lass'n,
Die ganz Familie tat vor Schreck erblass'n,
D'Fensta san o'glaffa und d'Türn ham g'wacklt
Von der Detonation.

16)
D'Kuamagd hat se d'Finganägl rot lackiert,
D'Aug'nbraun hat se se a no rassiert
D'Zähn hot sa se no nia putzt – dös is' ihr nei
Drum stinkt's a so aus'm Mei.

17)
A Jaga is' auf da Has'njagd g'wen,
Aba da Has hat se denkt: » – – na schön«
Mi mägst daschiass'n, denkt se da Has,
Ja . . . . . . huast'n tua i da was.

18)
A Bauermadl geht eini in a Drogerie,
Der Drogerist fragt:»Was kriag'n denn sie?«
S'Bauernmadl sagt: Trallala!
A Schachtl Camelia.

19)
Auf'm Land, da gibt's vui saubare Madln
Grossduttat und kuglrunde Wadln
Bis zu de Knia auffschaug'n derfst jed'n schöna Kind
Aba weita auffi is a Sünd.

20)
D'Bäuerin hat a Warz'n auf da Stirn,
So a kloans Ding ko eam arg scheniern
Mit Salzsäure hat's de Warz'n dupft
Mei liaba, de is da g'hupft.

21)
Da Bauer hat an kloaner Seit'nsprung g'macht,
de Bäurin hats erfahrn und hat sich gedacht,
was du konnst kon i a und hat sich g'rächt,
mit'n Bauern sein'm Knecht.

22)
Da Hartl hat a Medizin ei'gnumma
G'spassi is eam scho da G'schmack vorkumma.
Für'n Ochs hät's g'hört – es war net schlimm
also huift's auch bei ihm.

23)
Bei da Nacht, wenn's finsta is'
Ohne Licht siegt ma nix, dös is g'wiss
Im Finstern hat da Hans nur g'riffa bei da Lies,
Weil's so finsta g'wes'n is.

24)
Wia da gross Wind is ganga,
is der Lenz zum Fischfanga ganga,
statt'n Fisch hat er an alten Stiefe dawischt,
vor Wuat hot der Lenz zischt.

25)
D'Bäurin is in der Maiandacht gwesen,
hot in da Bibel Liternei mitglesen,
aber es hat nix gstimmt, sagt d'Lies,
weils as Kochbuch gwesen is.

26)
D'Bäurin hots erste mal telefoniert,
mei hot sie dabei d'Bäurin arg scheniert,
ozogn hats dazu ihr neues Kleid,
da Bäurin hots im Hirn drom gfeit.

27)
Zwei Bauern san beim Schnapsl'n gwen,
bsuffa sans oi zwoa im Strassngrabn drin glegn,
oaner war dem andern nicht fremd,
aber bsuffa habns anand net kennt.

28)
D'Bäurin hat se a Gebiss macha lassn,
fest tuts sitzen und gut tuts ihr passen,
nur beim Knödl essen is es unbequem,
da bleibts im Knödeltoag drin klebn.

29)
Der Hias is zur Kartenschlagerin ganga,
Karten solls eam schlagn, tat er von ihr verlanga,
aber da Hias hat Kartenschlogerin daschlogn,
vielleicht tats eahm was unrechts sogn.

30)
An Winkler Lenz sei ganze Familie,
Er – Sie – der Sepp – der Jakob – und Ottilie,
A so a Saustall is doch wirklich a Schand,
oa Zahnbürstl hab'n olle mitanand.

31)
Lerne leiden ohne zu klagen,
dies Sprichwort, hört man d'Leut öfter sagen,
dieses Sprichwort ist so wahr und bieder,
aber oiwei heiratn d'Leut wieder.

32)
Die Stadtleit schneitzen in a Sacktüchl nei,
weils moaner sie müssn gebildet sei,
da Bauer hebt an Dama an d'Nas'n,
da werd des Zeig aussa blas'n.

33)
Unser Mesner hot an riesengrossen Kopf,
no grösser wia sei Kopf is sei Kropf,
jammern tuat er net, nur hört man oft sag'n,
a jeder hat sei Packl z'tragn.

34)
A Hund wenn er gut brat'n is,
is a Delikadess därfst glaub'n ganz gwiss,
Wind kannst drauf lass'n, dös is klar,
besonders wenn's a Windhund war.

35)
D'Reger Fanni is am Heuwagn drob'n g'sess'n,
da Fuhrknecht neba ihr, der hot se ganz vergess'n,
mit oaner Hand hot er d'Ochs'n g'lenkt,
mit der andern Hand hat er g'schweinigelt.

36)
Und der Winkler, der Spanglermoaster,
is a tüchtiger Handwerksmo,
weil er mit seinem Lötkolbn,
alle Löcher zua lötn ko.

37)
D'Meier Lies, hat a Kind gebor'n,
auf'n Weg zur Arbeit, hat se's verlor'n,
d'Hebamm hats net braucht, de Meier Lies,
weils ziemlich weit gebaut is.

38)
Da Kaminkehrer hat beim Koansbauern kehrt,
da Bauer war über das sehr empört,
d'Bäurin hat schwarze Hax'n g'habt,
so hats der Kaminkehrer dadappt.

39)
Im Glückshaf'n hat da Lenz an Regulator g'wunna,
da Hans sogt Glück habn nur die Dumma,
aus Wuat, hat daa Lenz an Hans daschlog'n,
morg'n is d'Leich, hört man d'leit sog'n.

40)
Magenkopra lassn konnst alloa,
in a gross'n G'sellschaft, därfst sowas net doa,
hint aussi lassn hot – koan Sinn,
guat...., na lasst'n halt drin.

41)
Sakra hoat der Mo zwoa Nas'nlöcher,
san so gross wie a Würfelbecher,
mit so Trümmer Finger braucht er's scho,
dass er d'Nasenboppln raus hol'n ko.

42)
Mei liaba des wui scho was heiss'n,
an Weltrekord hot der Schorsch im Fingernägelbeiss'n,
d'Fingernägel san scho weg, sogt der Mo,
jetzt kumma Zehanägel dro.

43)
A Gwandlaus und a Kopflaus,
de begegnen sich am Hals vom Lenz,
beide wollten mal ein neues Arbeitsfeld,
drum überschreiten sie die Grenz.

44)
A Bauer verkauft d'Bettlad von der Bas,
der Käufer sagt, ja de is patschnass,
wo kummt die Nässe her, der Käufer fragt,
von der Bas ihr'm Bettnäss'n, hat der Bauer g'sagt.

45)
Da Wastl hot am Huat a Quastl,
den Huat mit'n Quastl hat verlorn der Wastl,
find der Wastl, den Huat wieder mit dem Quastl,
freut se übern Huat mit'n Quastl, der Wastl.

46)
Da Wagn is stecka blieb'n im Dreck,
zwei Ochsen bringen den Wagen nicht vom Fleck,
da hilft der Bauer a no schiab'n,
zu dritt, sagt er, wer mas scho kriag'n.

47)
Vom Lenzbauer der Ferdina[n]dl,
fangt mit'n Schmetterlingsnetz d'Nasnmandl,
d'Hühneraug'n, der Bursch kennt se aus,
ziagt er mit dem Magneteis'n raus.

48)
Zum Erntefest werd a Kranzljungfer g'suacht,
koane is zum finden, de Bauern ham g'fluacht,
de letzte Jungfer hätt ma scho schonen soll'n,
na kennt mas jetzt hol'n.

Entstehung
Laut Untertitel von T¹, T³, T⁴, T⁵: 1945.

Quellen
K.V. scheint sich in einer Zeit, in der er alle erhaltenswerten Traditionen unter den Trümmern des Krieges begraben sah, auf die alte volkstümlich-derbe Komik der »Hagelbuachanen« und »Schnaderhüpfl« zu besinnen, die ihm einst zur Vorlage von Parodien gedient hatten; vgl. »D' Sennerin auf der Alm« (vorliegender Band, S. 58), »Die schöne Zilli« (vorliegender Band, S. 59), »A Mädchen vom Land« (vorliegender Band, S. 60), »Neue Neubayerische G'stanzl« (vorliegender Band, S. 63); vgl. die späteren »Schnadahüpfl« (vorliegender Band, S. 191).

Stellenkommentar
Anm.: Varianten der Strophenreihenfolge werden nicht vermerkt.
179,1 *Ganz neue,*] Fehlt in T¹, T², T³.
179,1 *hagelbuachane*] Bayer.: ungeschliffene, grobe Verse (wie das harte Holz der Hagelbuche).
179,2 *Schnaderhüpfl*] S. Quellen »D' Sennerin auf der Alm« (254). T¹, T³, T⁵ haben den Untertitel: »von Karl Valentin – 1945«. T⁵ hat den handschriftlichen Zusatz: »Für Münchner Feldpost ausgesucht«.
179,10 *D'Schnaderhüpfl san g'spaßige Sachen*] T¹, T³ haben an dieser Stelle die beiden zusätzlichen Strophen, T² nur die zweite davon:

»Und da Herr Pfarra hat in der Kirch Predigt g'halt'n
De oit Resi is in der Kirchabank kniaglt.
Auf omal hat's ihr d'Sicherung naus'g'haut
noch dazu ziemlich laut.

> Da Orter Waste is' übern Gartenzaun g'stieg'n
> Hat sie am Stachldraht d'Lederhos'n z'riss'n
> Is' beim Kammafensterln zu da Vroni nauf g'stieg'n
> Aba d'Vroni war scho b'setzt.«

179,30 ff. *D'Hofa Leni is zum Beicht'n ganga...*] Diese Strophe fehlt in T¹, T², T³.
180,1 *Abtrittgruab'n*] Sickergrube einer Toilette ohne Wasserspülung.
180,4 *g'stunka*] T²: »grocha«.
180,6 *Unser Meßner hot an riesengroßen Kopf*] T¹, T², T³ haben an dieser Stelle die zusätzliche Strophe:

> »Beim Kandlbinda hat's Hammabrat'n geb'n
> Bei so an Mittagsmahl, da kann ma was erleb'n
> Fein hats a g'schmeckt, dös muass i scho verrat'n
> Aber s'Halsbandl hams a mit 'brat'n [T²: Vom Hofhund s' Halsbandl hams a mit brat'n.].«

180,11 ff. *Mei Liaba, des wui scho was heiß'n...*] Diese Strophe fehlt in T¹, T³.
180,18 *da Bürgermeister*] T¹, T², T³: »Da Herr Pfarrer«.
180,21 *An Winkler Lenz sei ganze Familie*] T¹, T², T³, T⁵ haben an dieser Stelle die zusätzliche Strophe:

> »In Obamenzing is' a Heustadl abbrennt,
> D'Feuerwehr is a schleunigst zum Lösch'n grennt,
> D'Spritz'n hams vergess'n, Hermann Saparment!
> Drum is' der Heustadl ganz obrennt.«

180,26 *Z'Riadering is da Gmoastier auskumma*] Bayer.: In Riedering (einem kleinen Ort bei Rosenheim) ist der Gemeindestier weggelaufen. T² hat an dieser Stelle die zwei zusätzlichen Strophen, T⁵ nur die erste davon:

> »A Jaga is auf da Hasnjagd g'wen
> Aba da Has hat se denkt: – – na schön
> Mi mägst daschiass'n, denkt se da Has,
> Ja...... huast'n tua i da was.
>
> A Bauernmadl geht eini in a Drogerie
> Da Drogist fragt, was kriang denn sie?
> S'Bauernmadl sagt: Trallala!
> A Schachtl Camelia.«

181,1 *Auf'm Land, da gibt's vui saubere Madln*] T¹, T², T³, T⁵ haben an dieser Stelle die zusätzliche Strophe:

> »D'Bäuerin hat a Warz'n auf da Stirn,
> So a kloans Ding ko eam arg schenirn
> Mit Salzsäure hat's de Warz'n dupft
> Mei liaba, de is da g'hupft.«

181,2 *großduttat*] Bayer. (derb): mit großen Brüsten.
181,6 ff. *Bei da Nacht, wenn's finsta is...*] Diese Strophe fehlt in T¹, T³.
181,7 *nit*] T², T⁵: »nix«.
181,11 *Lerne leiden, ohne zu klagen*] So soll der dt. Kaiser Friedrich III. in seiner Sterbestunde 1888 zu seinem Sohn, dem späteren Kaiser Wilhelm II., gesagt haben. T¹, T², T³ haben an dieser Stelle drei zusätzliche Strophen, T⁵ hat nur die erste davon:

> »Da Hartl hat a Medizin ei'gnumma
> G'spassi is eam scho da G'schmack vorkumma.
> Für'n Ochs hät's g'hört – es war net schlimm
> Also huift's auch bei ihm.
>
> Wia da gross Wind is ganga,
> Is der Lenz zum Fischfanga ganga,
> Statt'n Fisch hat er an alten Stiefe erwischt,
> Vor Wuat hot der Lenz zischt.
>
> D'Bäuerin is in der Maiandacht gwesen,
> Hot in der Bibel Liternei mitglesen,
> Aber es hat nix gstimmt, sagt d'Lies,
> Weils as Kochbuch gwesn is.«

181,14 *oiwei*] Bayer.: immer (alle Weile).
181,18 *hebt an Dama*] Bayer.: hält den Daumen.
181,21 *Und an Meindl Sepp sei siebzehnjährig's Mariandl*] T¹, T², T³ haben an dieser Stelle zwei zusätzliche Strophen, T⁵ hat nur die erste davon:

> »A Gwandlaus und a Kopflaus,
> De begegnen sich am Hals vom Lenz,
> Beide wollten mal ein neues Arbeitsfeld
> Drum überschreiten sie die Grenz.
>
> Da Wastl hot am Huat a Quastl
> Den Huat mit'n Quastl hat verlorn der Wastl,
> Find der Wastl, den Huat wieder mit dem Quastl
> Freut s übern Huat mit'n Quastl, der Wastl.«

181,23 *rinnaugert*] Bayer.: triefäugig. T²: »Einaugat«.
181,23 *Tropfstoahoihn*] Bayer.: Tropfsteinhöhle.
181,26 *Da Wag'n is stecka blieb'n im Dreck*] T¹, T², T³, T⁵ haben an dieser Stelle die zusätzliche Strophe:

>»Zum Erntefest wird a Kranzljungfer gsuacht,
Koane is zum Finden, de Bauern ham g'fluacht,
De letzte Jungfer hätt ma scho schonen soll'n,
Na kennt mas jetzt hol'n.«

181,32 f. *g'schert…G'scherte*] S. o. 246 (42,27).

In T² finden sich ferner die beiden zusätzlichen Strophen, T⁵ hat ebenfalls die zweite davon:

>»Im Glückshafen hat der Lenz an Regulator gwunna,
Der [Hans] sagt eahm, Glück ham nur die Dumma,
Aus Wuat hat der Lenz den Hans daschlagn
Morgn is d'Leich, hört ma d'Leit sag'n.
>
>Magenkoppra lassen konnst alloa,
In a grossen Gsellschaft derfst sowas net toa
Hint aussi lassen hat koan Sinn
Guat …. na lasstn halt drin.«

T⁴
358 *Kuchlofa*] Bayer.: Küchenofen.
358 *Prazn*] Bayer.: große Hände.
359 *Moll'n*] Bayer.: Dummes Frauenzimmer (verwandt mit: mollig).
360 *Camelia*] Markenname für Monatsbinden, die seit 1926 von der »Vereinigten Papierwerke A.-G., Nürnberg« produziert werden.
361 *Maiandacht*] Im Monat Mai in der katholischen Kirche stattfindende Andachten zur Marienverehrung.
361 *Liternei*] Litanei, ein Fürbittgebet, v. a. im katholischen Gottesdienst, das im Wechsel von Vorbeter und Gemeinde gesprochen wird. Litaneien stehen aber nicht in der Bibel, sondern im Gesangbuch.
361 *Kartenschlagerin*] Kartenlegerin.
363 *dadappt*] Bayer.: betatscht.
363 *Glückshaf'n*] Bayer.: Losbude (wörtl.: Glückstopf).
363 *Regulator*] Wanduhr mit Pendel.
363 *d'Leich*] Süddt.: die Beerdigung.
363 *Magenkopra*] Bayer.: Rülpser.
363 *mit so Trümmer Finger*] Bayer.: mit so großen Fingern.
363 *d'Bettlad*] Süddt.: Bettgestell.
364 *d'Nasnmandl*] Bayer. (Kindersprache): Verhärteter Nasenschleim.

Umtauschstelle

Textüberlieferung
T¹ Typoskript im Nachlaß, Theatermuseum Köln-Wahn: Repertoire Nr. 372; Mappe XVII (Au 11750).
T² Typoskript im Nachlaß, Theatermuseum Köln-Wahn: Repertoire Nr. 372; Mappe XVII (Au 11750).
T³ Typoskript im Nachlaß, R. Piper Verlag, München: Repertoire Nr. 372.
T⁴ Typoskript im Liesl-Karlstadt-Nachlaß, München: Repertoire Nr. 33.
Textgrundlage: T¹.

Entstehung
Nicht vor dem 11.7.1945, dem Tag, an dem in München von der US-Militärverwaltung eine offizielle Tauschzentrale am Reichenbachplatz eröffnet wurde. Diese wurde täglich von rund 6.000 Menschen besucht, da auf normalem Wege wenig zu erhalten war. Ähnliche Umtauschstellen gab es auch in Frankfurt/M. und in Berlin; vgl. die Bandaufnahme »Die Umtauschzentrale« vom 13.12.1946 (Berswordt, S. 309).

Quellen
Vgl. »Rezept zum russischen Salat« (240).

Stellenkommentar
182,3 f. *Klavier Begleitung wird ganz schnell gesungen (ohne Zwischenspiele)*] Handschriftlicher Zusatz, fehlt in T², T³, T⁴. In T³ lautet der Untertitel: »Couplet von Karl Valentin«. In T⁴ steht der handschriftliche Zusatz: »Versteigerung *abgeändert* in Umtauschstelle«.
182,19 *Stafeleien*] Bayer.: Leitern (verwandt mit: Stufe).
182,33 *Schillerlocken*] Ein Speisefisch.
183,6 *Stopselzieher*] Bayer.: Korkenzieher.
183,18 *Spagattschnürl'n*] Bayer.: Bindfäden, Schnüre (von ital. ›spago‹).
183,23 *C-Trompeten*] S. o. 280 (85,11).
184,3 *Irrigator*] Ein Gerät zur Darm- oder Scheidenspülung.

Neue Morgenrotverse von Karl Valentin

Textüberlieferung
T¹ Typoskript im Nachlaß, Theatermuseum Köln-Wahn: Repertoire Nr. 384; Mappe XVIII (Au 11750).
T² Typoskript im Nachlaß, Theatermuseum Köln-Wahn: Repertoire Nr. 384; Mappe XVIII (Au 11750).
T³ Typoskript im Nachlaß, R. Piper Verlag, München: Repertoire Nr. 384.

T⁴ Typoskript im Nachlaß, R. Piper Verlag, München: Repertoire Nr. 384.
T⁵ Typoskript im Liesl-Karlstadt-Nachlaß, München: Repertoire Nr. 384.
Textgrundlage: T¹.
Entstehung
Wegen der Hinweise auf Steuererhöhungen, Wahlen und Fragebogen vermutlich 1946.

Stellenkommentar
184,28 *Neue Morgenrotverse*] Ein Höhepunkt in den Vorstellungen des Stückes, Rep. Nr. 123, »Die Raubritter vor München« (1924; Sämtliche Werke, Bd. 5) war am Ende des ersten Aktes das Lied »Morgenrot, Morgenrot leuchtest mir zum frühen Tod« nach dem Gedicht »Reiters Morgenlied« von Wilhelm Hauff (s. o. 349 [168,9]).
184,32 *jede Strophe andre Tonart*] Handschriftlicher Zusatz.
184,34 *Neue Steuer*] Der Allierte Kontrollrat erhöhte am 11. 2. 1946 die Lohn-, Einkommens-, Körperschafts-, Umsatz-, Vermögens- und KFZ-Steuer.
185,1 *Fragebogen*] Die amerikanische Militärregierung bestimmte am 7. 7. 1945 die Überprüfung aller Inhaber von Schlüsselpositionen in Verwaltung, Kultur und Wirtschaft mittels eines Fragebogens. Dessen 131 Fragen sollten Einblick in die private und politische Vergangenheit bieten. K. V. füllte seinen Fragebogen am 25. 10. 1945 aus (Münz, S. 287 ff.; vgl. Brief von Werner Finck an den »gesund durch alle Fragebogen gekommenen« Valentin, ebda., S. 291). Bis Ende März 1946 waren 1,26 von 1,39 Mio. Fragebögen ausgewertet, infolgedessen ein Drittel aller Beschäftigten des öffentlichen Dienstes in der US-Zone als zu entlassen galt. Insgesamt waren in der US-Zone 336.892 Personen von der Entnazifizierung betroffen; vgl. Vollnhals. Vgl. K. V.s zeitgleichen Monolog, Rep. Nr. 389, »Falsch[h]eit, eine komisch pilisophische Betrachtung« (Sämtliche Werke, Bd. 1, S. 160f.).
185,2 *Es ist nicht's so fein gesponnen – es kommt alles an die Sonnen*] Vgl. das dt. Sprichwort: »Es ist nichts so fein gesponnen, es kommt doch ans Licht der Sonnen«, ähnlich schon bei dem Fabel- und Spruchdichter Ulrich Boner (geb. 1324, gest. 1349): »Nie ward etwas so klein gesponnen, es kam zuweilen an die Sonnen«.
185,5 *Strassenbahn*] Vgl. o. 254 (57,34).
185,13 *Schokolade – Schokolade*] T⁴, T⁵ haben hier die zusätzliche Strophe:

»Kalorien – Kalorien – die Unr[r]a will sich jetzt bemühen
Dass wir mehr davon bekommen – viele hunderttausend Tonnen
Wer das glaubt, der ist sehr gläubig.«

185,13 ff. *Schokolade – ... Manche Mädchen...*] Über die Prostitution in der Trümmerzeit informiert Boelcke, S. 82 ff. Zur Situation in München vgl. Bauer 1983, S. 29.
185,17 ff. *Kaugummi – Kaugummi...*] Diese Strophe ist aufgeklebt, in T³, T⁴, T⁵ lautet sie:

»Kaugummi – Kaugummi – d'Ammi kaun in spät und früh
Ja, sie kaun sogar beim Küssen – manche Mädchen wern das wissen
Ja wo bleibt da die Hygiene.«

T⁴ ergänzt handschriftlich: »So ein Kuß, wirkt oft sehr klebrig«.
185,22 *Zigeretten – Zigeretten*] 1946 stieg der Preis für eine Zigarette von 6 Rpf. (April) auf 16 Rpf. (Juli); Quelle: Statistisches Jahrbuch 1947, S. 107). Vgl. Brief Nr. 215 vom 8. 12. 1946 an einen Zigarettenfabrikanten, dem K. V. ironisch einen »Einbruch« in dessen Lagerräume ankündigt (Sämtliche Werke, Bd. 6, S. 207 f.).
185,31 *Militär – Militär*] An dieser Stelle folgt in T⁴, T⁵ die zusätzliche Strophe:

»Zuckerknappheit – Zuckerknappheit – ach der Zucker geht uns ab heut.
Doch *die* soll man nicht beneiden – die an dieser Krankheit leiden
Diese nennt man Insulianer.«

186,1 *Schwarzhändler – Schwarzhändler*] An dieser Stelle folgt in T⁴, T⁵ die zusätzliche Strophe:

»Medizin – Medizin – ist auch knapp, das ist nicht schlimm
Als es Medizin gegeben – schieden viel mehr aus dem Leben
Heil! Kräuter statt Medizin.«

Zum Schwarzhandel in dieser Zeit s. Boelcke, Lenzner; zur Situation in München Bauer 1983, S. 27 f., und Fuchs.
186,10 *Die Sirenen – die Sirenen...*] Über diesem Vers steht in T¹ handschriftlich: »Schlußvers«.
186,14 *Schutt-abräumen*] Vgl. Bauer 1983, S. 41 ff., sowie das Kapitel »Kaleidoskop des Trümmeralltags« in: Prinz, S. 283–344. T², T³, T⁴, T⁵: »Dreck abräumen«.
186,18 *Hier in München*] T², T³, T⁴, T⁵: »Ein Gebäude«.
186,18 ff. *ein Gebäude...Senefelderstrasse*] Bordell in der Senefelderstraße 5 im ehemaligen Hotel National in der unmittelbaren Nähe des Hauptbahnhofs; vgl. die Briefe Nr. 172 und Nr. 188 (Sämtliche Werke, Bd. 6, S. 166 bzw. S. 183).
186,23 *Wahlen*] 1946 fanden in Bayern Gemeinde-, Stadtkreis-, Kreistagswahlen, ferner eine Wahl zur Verfassungsgebenden Landesversammlung,

ein Volksentscheid und schließlich die Wahl zum Bayerischen Landtag statt.

186,23 *immer*] T², T³, T⁴, T⁵: »wieder«.

186,24 *schlechter*] T², T³, T⁴, T⁵: »besser«.

186,27 *Radio*] Bereits am 11.5.1945 nahm der Münchner Rundfunk als »Radio München« seinen Sendebetrieb wieder auf. Gesendet wurden v. a. Weltnachrichten und Meldungen der Militärregierung, ab Juli 1945 auch fremdsprachige Programme. Das musikalische Programm bestand bis 1947 fast ausschließlich aus Jazz-Musik, die Sendung »Mitternacht in München« war eine der beliebtesten Jazz-Sendungen in Europa. Erst am 25.1.1949 kam der Sender unter dt. Leitung.

186,28 *viel*] T², T³, T⁴, T⁵: »nur«.

186,32 *Holzaktion*] Aufgrund des akuten Brennstoffmangels veranlaßte Münchens damaliger Zweiter Bürgermeister Thomas Wimmer 1946 eine befristet-legale Holzentnahme aus dem Wald.

186,33 *Steht ein Baum im Odenwald*] Volkstümliches Kunstlied von Johann Friedrich Reichardt (geb. am 25.11.1752 in Königsberg, gest. am 27.6.1814 in Giebichenstein b. Halle a. d. Saale) nach einem Text aus »Des Knaben Wunderhorn« (vgl. o. 238 [29,22]).

Da stimmt was nicht, da stimmt was nicht, da ist was nicht in Ordnung

Textüberlieferung

T¹ Typoskript im Nachlaß, Theatermuseum Köln-Wahn: Repertoire Nr. 388; Mappe XVIII (Au 11750).

T² Typoskript im Nachlaß, Theatermuseum Köln-Wahn: Repertoire Nr. 388a; Mappe XVIII (Au 11750).

T³ Typoskript im Nachlaß, R. Piper Verlag, München: Repertoire Nr. 388.

T⁴ Typoskript im Nachlaß, R. Piper Verlag, München: Repertoire Nr. 388.

T⁵ Typoskript im Liesl-Karlstadt-Nachlaß, München: Repertoire Nr. 388.

Textgrundlage: T².

Entstehung

Laut Untertitel von T¹, T³, T⁴, T⁵: September 1946.

Stellenkommentar

187,3 *Köppl*] Nicht ermittelt. Fehlt in T³, T⁴, T⁵.

187,7 *Ich hab zu Haus an Radio*] In T¹, T³, T⁴, T⁵ steht hier die Strophe:

»Ein feines Auto fährt daher,
Und inner sitzt ein Millionär
Trotzdem, dass er ein Ding da war
Geht es ihm heut ganz wunderbar.
Ref: Da stimmt was nicht, da stimmt was nicht
da ist was nicht in Ordnung.«

T^1, T^3, T^4, T^5 ergänzen: »*Ref.* Kann auch zweimal gesungen werden.«
187,10 *dawerfn kunnt*] Bayer.: kaputtwerfen könnte.
187,17 *halt später wieder her*] T^3, T^4, T^5: »in 14 Tagen her.«
187,23 *Stumpfnäsig und gekräuselt Haar*] Vgl. Variante T^2 »Münchner Neuigkeiten« (384).
188,2 *ausgebombt wie viele sind*] Durch den Zweiten Weltkrieg wurde 45% der Bausubstanz von München zerstört; vgl. Bauer 1983 und Prinz. K.V.s Wohnung am Mariannenplatz 4 wurde am 25.4.1944 zerbombt.
188,9 *Heizt man mit Bohnenkaffee ein*] Vgl. o. 355 (175,30f.).
188,11 *Zahlt man pro Pfund dreihundert Mark*] Offiziell war 1946 überhaupt kein Bohnenkaffee zu erhalten, es muß sich also um einen Schwarzmarktpreis handeln, der durchaus verlangt wurde (Monatslohn eines Facharbeiters: 200 Mark); vgl. o. 370 (186,1).
188,18 *Atomenergie*] 1942 gelang Enrico Fermi (geb. am 29.9.1901 in Rom, gest. am 28.11.1954 in Chicago) die erste gesteuerte Kernkettenreaktion: die Vorbedingung von Atombombe und Kernreaktor. Diese Forschung galt bis 1954 (Eisenhowers Kampagne »Atoms for peace«) ausschließlich militärischen Zwecken.
189,1ff. *Der Meier Maxl kommt in Wut...*] Diese Strophe fehlt in T^3, T^4.
189,8ff. *Ein Mann fährt mit der Eisenbahn...*] Diese Strophe fehlt in T^3, T^4.
189,15 *Zwei Freunde haben sich sehr gern...*] Diese Strophe fehlt in T^3, T^4. Vgl. »Das dritte Geschlecht!« (vorliegender Band, S. 36).
189,22 *Expressionisten gibt es viel*] Diese Strophe fehlt in T^3, T^4. Den Begriff des Expressionismus prägte Herwarth Walden (Pseudonym für: Georg Lewin; geb. am 16.9.1878 in Berlin, gest. am 31.10.1941 in Saratov/UDSSR) 1911 in seiner Zeitschrift »Der Sturm« für die antirealistischen Tendenzen verschiedener europ. Kunstgattungen zu Beginn des Jhds.; vgl. das Couplet »Expressionistischer Gesang« (vorliegender Band, S. 202).
189,29ff. *Der Deutsche spricht, wie kann das sein...*] Diese Strophe fehlt in T^3, T^4.
189,30 *Mir dürfen nicht nach Oest'reich nein*] Nach Kriegsende herrschten in allen Besatzungszonen strenge Reisebeschränkungen. So erlaubte die US-Militärregierung in Bayern bis zum 14.6.1945 keine Reisen über einen Radius von 20 km vom Wohnort hinaus ohne Passierschein. Für das

Reisen in andere Zonen war ein ›Interzonenpaß‹ erforderlich. Obgleich diese Kontrollmaßnahmen in der Folge gelockert wurden, war die ungehinderte Einreise von Deutschen nach Österreich erst wieder nach dem Handelsabkommen vom 24.8.1949 zwischen der sog. »Trizone« und Österreich möglich; vgl. Henkels, S. 116ff.

190,1 ff. *Am Münchner Bahnhofsplatz – o Schreck...*] Diese Strophe fehlt in T⁴, T⁵.

190,2 *Liegt, wo man hinsieht, Schmutz und Dreck*] Vgl. o. 354 (173,19).

190,8 ff. *Die Hungersnot, das ist bekannt...*] Diese Strophe fehlt in T⁴, T⁵. 1946 war ein besonders schweres Jahr: Die tägliche Kalorienzufuhr betrug für den Münchner »Normalverbraucher« (= Erwachsener über 20 Jahre) nur 1.275 Kalorien. Bauer 1983, S. 25, zeigt in Abbildungen die tägliche Ration von 1940, 1944, 1945 und schließlich von 1947; vgl. Bauer 1983, S. 22 ff., und Fuchs.

190,15 ff. *Ein Jeder, das ist interessant...*] Diese Strophe fehlt in T⁴, T⁵.

190,16 *Arbeitsamt*] Im September 1946 gab es in Bayern 316.158 registrierte Arbeitslose.

190,18 *Schwarzhändler*] Vgl. o. 370 (186,1).

190,22 ff. *Die Fleischnot herrscht im Bayernland...*] In T⁴, T⁵ fehlt diese Strophe. In T¹ steht handschriftlich neben der Strophe: »Schlußvers«. Im Oktober 1946 kostete in Bayern 1 kg Schweinefleisch durchschnittlich 1,81 RM, das entsprach ungefähr dem doppelten Bruttostundenlohn eines Facharbeiters.

Schnadahüpfl

Textüberlieferung
T¹ Typoskript im Nachlaß, Theatermuseum Köln-Wahn: Repertoire Nr. 409; Mappe XIX (Au 11750).
T² Typoskript im Nachlaß, R. Piper Verlag, München: Repertoire Nr. 409.
Textgrundlage: T¹.

Entstehung
Vermutlich zwischen dem 3.10.1945 und dem 21.12.1946, der Amtszeit Wilhelm Hoegners.

Stellenkommentar

191,1 *Schnadahüpfl*] S. Quellen »D' Sennerin auf der Alm« (255).

191,11 *Herr Högner*] Wilhelm Hoegner (geb. am 23.9.1887 in München, gest. am 5.3.1980 ebda.) war Ministerpräsident von Bayern (SPD) 1945/46 und ein zweites Mal von 1954 bis 1957.

191,13 *Berchtesgaden, Obersalzberg*] Auf dem Obersalzberg bei Berchtesgaden befand sich von 1927 bis 1944 der private Wohnsitz Hitlers, der dort auch Parteigrößen und ausländische Staatsgäste empfing. In T² steht hier die zusätzliche, durchgestrichene Strophe: »Wenn der Hitler, statt die Juden, hätt die Preußen naus g'haut, / Hätten wir jetzt dem Hitler ein Denkmal gebaut.«

Malz-Schieber

Textüberlieferung
T¹ Typoskript im Nachlaß, Theatermuseum Köln-Wahn: Repertoire Nr. 77; Mappe III (Au 11750).
T² Typoskript im Nachlaß, R. Piper Verlag, München: Repertoire Nr. 77.
T³ Typoskript im Liesl-Karlstadt-Nachlaß, München: Repertoire Nr. 77.
Textgrundlage: T¹.

Entstehung
1947 – als sich die Schiebereien und die Vorgänge des Schwarzmarktes wiederholten – fügt K. V. hier einem Couplet von 1917 eine letzte aktualisierende Strophe an; vgl. Fuchs, S. 318f. T² thematisiert mit geringen Abweichungen die »Malz-Schieberei« zur Inflationszeit 1921.

Stellenkommentar
192,1 *Malz-Schieber*] T²: »Moritat 1921«. T³: »Moritat 1917« und darüber in der Handschrift Liesl Karlstadts: »Malzschieber Moritat 1917«.
192,2 *Moritat*] S. o. 284 (93,30).
192,5 *Auf, auf, zum Kampf sind wir geboren*] NS-Propagandalied mit dem Titel »Ran an den Feind« (1941) von Richard Schönian (Pseudonym für: R. Ernst; geb. am 30. 11. 1887 in Berlin, gest. am 5. 4. 1946 ebda.) auf einen Text von O. Wassmann.
192,7 *wir nehmen uns*] T³: »ich nehme mir«.
192,8 *singen*] T³: »singe«.
192,10 *sich ereignet*] T²: »zugetragen«.
192,12 *Brauereien*] Zur Geschichte der Münchner Brauereien vgl. Heckhorn/Wiehr.
192,14 *besteht*] T²: »bestand«.
192,15 *Und ist ein wahres Lebenselexier*] T²: »Und war der Bayern allerhöchste Zier«. T³: »Und ist der Bayern allerhöchste Zier«.
192,17 *wird fabriziert*] T²: »wurd hergestellt«. T³: »wird hergestellt«.
192,20 *Damit verdient der Händler sehr viel Geld*] T², T³: »Und dieser Händler, der verdient das Geld.«
192,24 *wurd...nausgeschoben*] T²: »wurd' ... rausgefahren«. T³: »wird ... rausgefahren«.
192,25 *spannt*] merkt.
192,27 *waltet*] T²: »da stand zwar«. T³: »da steht zwar«.
192,29f. *Und als die Malztransporte abgefahren / Da hat der Kontrolleur grad*

Brotzeit g'macht.] T², T³: »Doch wie der Malztransport ist abgegangen, / Da hab'n die Herrn vielleicht g'rad Brotzeit g'macht.«
192,32 *war'n*] T³: »sind«.
192,33 ff. *Und brauten Dünnbier ... doch denen wurst*] Vgl. o. 308 (118,35). In T² und (im Präsens) in T³ lauten diese drei Zeilen: »Und hatten ›Dünnbier‹ und auch das war knapp/Die Wucherr sagten: ›O ihr dummen Bayern‹ / Und steckten die Millionen in den Sack.«
193,2 *unsrer*] T³: »aus der«.
193,3 f. *Wo am Marienplatz, auf zwei hohen Galgen...*] Im ausgehenden Mittelalter wurde tatsächlich auf dem Marienplatz hingerichtet und gefoltert, v. a. wegen Diebstahl, Wiedertäuferei, Zauberei; vgl. Schwab, S. 188. Später wurde außerhalb der Stadt geköpft (nach 1778 an der heutigen Arnulfstraße) und aufgehängt. Letzteres auf einer Anhöhe südöstlich der heutigen Hackerbrücke, wo Hinrichtungen am Galgen von mindestens 1423 bis 1804 stattfanden.
193,4 *man*] Handschriftlicher Zusatz.
193,6 *im Jahre siebenundvierzig*] T²: »in uns'rer Inflationszeit«. T³: »ist die Sache anders«.
193,7 *geht*] T², T³: »ging«.
193,7 *wäre*] T², T³: »wär zu«.
193,9 *Schieber*] T², T³: »Lumpen«.

Mein Muenchen

Textüberlieferung

T¹ Typoskript im Nachlaß, Theatermuseum Köln-Wahn: Repertoire Nr. 111a; Mappe IV (Au 11750).

T² Typoskript im Nachlaß, Theatermuseum Köln-Wahn: Repertoire Nr. 111b; Mappe IV (Au 11750).

T³ Typoskript im Nachlaß, Theatermuseum Köln-Wahn: Repertoire Nr. 111c; Mappe IV (Au 11750).

T⁴ Typoskript im Nachlaß, Theatermuseum Köln-Wahn: Repertoire Nr. 111d; Mappe IV (Au 11750).

T⁵ Typoskript im Nachlaß, R. Piper Verlag, München: Repertoire Nr. 111a.

T⁶ Typoskript im Nachlaß, R. Piper Verlag, München: Repertoire Nr. 111.

T⁷ Typoskript im Nachlaß, R. Piper Verlag, München: Repertoire Nr. 111[d].

T⁸ Typoskript im Liesl-Karlstadt-Nachlaß, München: Repertoire Nr. 111.

T⁹ Typoskript im Liesl-Karlstadt-Nachlaß, München: Repertoire Nr. 111.

T¹⁰ Typoskript im Liesl-Karlstadt-Nachlaß, München: Repertoire Nr. 111.
T¹¹ Typoskript aus dem Bestand des Rechtsvertreters der Erben Valentins, Rechtsanwalt Gunter Fette, München.
Textgrundlage: T⁴.
1. Variante: T¹⁰.

Münchner Kritik von Karl Valentin
17. April 1933

1.
In München ist es schön
Da[s] muss man eingestehn
Und wo man jetzt hinschaut
Wird überall gebaut.
Da drobn in Harlaching
Die Sache die hat Sinn
Der Häusersiedlungsblock
Ist Sachlichkeitsbarock.
Oa Haus schaugt wie s andre aus
Eewig findest da nimmer raus
Wie ein Irrgarten genau
Ist ein solcher Siedlungsbau.
Von Idyll gar koa Spur
Grade Mauern sieht man nur
Innen alles hochmodern
Und von aussen a Kasern
O München O München was habns aus dir gemacht
Du wirst nun ganz versachlicht
Wer hätt jemals das gedacht.
Du warst der Schmuck vom Bayernreich
Am schönen Isarstrand,
Ja Münchnerstadt, ja guat schaugst aus
Ja zünftig bist beina[n]d.

2.
Die Münchnerstadt ist schön
Das muss doch jeder sehn
Man hört es allgemein
Drum muss es auch so sein.

Die Häuser unsrer Stadt
Man stets bewundert hat:
Jetzt gfallns uns nimmermehr
Drum müssen neue her
Ueberall da baut die Post
Fragns nicht, was der Post das kost
Drobn in Hiesing und Haidhausen
Fast in jeder Vorstadt draussen
Sieht man solche Postgebäude
Da vergeht ein'm alle Freude.
Wer sein München einst geliebt
Ist nun wirklich sehr betrübt.
In München, in München da ist es nimmer schön
Wost hinschaust, siehst jetzt überall so [g]rosse Kisten stehn
Die schöne alte Münchnerstadt
Ich sag es frei heraus
Die schaut in 50 Jahren, wia a Kistenlager aus.

3.

Nun kommt die Strassenbahn
Sieht man die näher an
Mit ihr, wie intressant
erlebt man allerhand.
Denn ist das Wetter schön
da tun die Leute gehn
Doch fängts zu regnen an
Fährt alles Strassenbahn.
Oana hängt ganz hinten dro
Dass er a no mitfahrn ko
Aufn Trittbrett. wanns no geht
Stehn die Leut, es ist zu blöd
Und da Schaffner voller Angst
schreit: A so a gschäft – mir gangst
Läut die Glocken was er ko
Und die Trambahn saust davo
In München, in München is Trambahn fahren a Freud
Zugleich is a Zerstreuung, denn da kommt man unter d Leut
Und regnt es fest und du hast grad koan Pfenning Geld bei dir
Dann fahrst wie viele andre a –
als blinder Passagier.

4.

Die Zeiten sind jetzt schlecht
Behaupte ich mit Recht

Die G' schäfte gross und klein
Die gehen alle ein
Auch im Theaterfach wird es allmählich schwach
Theater stehen leer
rentieren sich nicht mehr.
Frägt mich einer nach den Gründen
Ja die sind ganz leicht zu finden
Einen Radio, O Graus
Hat fast jeder Jetzt zu Haus
Ja die Technik unsrer Zeiten
Hat auch seine Schattenseiten.
In der Technik liegt der Grund
Alle kemma noch am Hund.
Am Radio– am Radio– da hockens jetzt zuhaus
Die halberte Stadt München geht
Jetzt abends nimmer aus.
Wenn dös no lang so weiter geht
Ich muss es eingestehn
Dann konna auch mir Schauspieler
jetzt bald zum Stempeln gehn.

5.

Von jeher gab es hier
Das allerbeste Bier
Und München, wie bekannt
Wird Bierstadt nur genannt.
In jeder Strass, ei ei
War fast a Brauerei
Dös war da noch a Lebn
Nix schöners hats net gebn.
Doch in unsrer neuen Zeit
gibts nur eines weit und breit
nur der Kino ganz allein
[m]uss jetzt die Devise sein.
Und die Hausfrau voller Grimm
wirft zuhaus die Arbeit hin
Denn im Kino, gleich danebn
Wird a neues Drama gebn.
Im Kino, im Kino da sitzens alle drinn
Mit Tränen in den Augen schauns auf die Flimmerleinwand hin
Die Frau weint Rotz und Wasser übern neuen K[i]nostar
Der Mann macht zhaus die Arbeit, das ist traurig, aber wahr.

6.

Erinnert man sich heut
An die vergangne Zeit
Wie sittsam und wie fein
Warn da die Mägdelein.
So mollig und so nett
So dantschig und adrett
Dös war in dieser Zeit
a wahre Seligkeit.
Doch schaust heut die Maderl o
Hint und vorn nix mehr dro
Hinta mager und vorn dürr
Klappern tuans wie Kuchelg'schirr
D Augenbrauen, welch ein Graus
Reissen sie sich selber aus.
Und zu so einem Skelett
Sagt der Mann– ah du bist nett.
O München, O München
Du bist nicht mehr die Stadt
Die ausser ihrem guten Ruf
Die schönen Mädeln hat.
Statt Münchnerkindln laufen
Nur mehr Hopfenstangen rum
O Pfüat die Gott, du schöne Zeit
Kominus wo bis kum.

2. Variante: T[1].

Mein München

Von Karl Valentin 1941.

1.

Von jeher gab es hier
Das allerbeste Bier,
Und München, wie bekannt,
Wird Bierstadt nur genannt.
In jeder Strass', ei ei
War fast a Brauerei,
Dös war da noch a Leb'n,
Nix Schöneres hat's net geb'n!

Doch in uns'rer neuen Zeit
Gibt's nur eines weit und breit
Nur der Kino ganz allein,
Soll jetzt die Devise sein.
Und die Hausfrau voller Grimm
Wirft zuhaus die Arbeit hin,
Denn im Kino, gleich daneb'n
Wird a neues Drama geb'n.
Im Kino, im Kino,
Da sitzen alle drin,
Mit Tränen in den Augen
Schaun's auf d' Flimmerleinwand hin.
Die Frau weint Rotz und Wasser
Ueber'n neuen Kinostar,
Der Mann macht z'haus die Arbeit,
Das ist traurig, aber wahr.

2.

Nun kommt die Strassenbahn
Sieht man die näher an,
Mit ihr, wie interessant,
Erlebt man allerhand.
Denn ist das Wetter schön,
Da tun die Leute geh'n,
Doch fängt's zu regnen an,
Fährt alles Strassenbahn.
Oana hängt ganz hinten dro,
Dass er a no mitfahr'n ko,
Auf'n Trittbrett, wenn's no geht,
Steh'n die Leut, es ist zu blöd.
Und der Schaffner voller Angst
Schreit: A so a G'schäft, mir gangst,
Läut die Glocken was er ko,
Und die Trambahn saust davo.
In München, in München,
Is Trambahn-fahr'n a Freud,
Zugleich is' a Zerstreuung,
Denn da kommt ma unter d' Leut.
Und regnet es und du hast grad
Koan Pfennig Geld bei dir,
Dann fahrst wie viele andre
Als blinder Passagier.

3.
Gar mancher hat a Frau,
Man kennt das ganz genau,
Die ihren Mann sekiert,
Dass er ganz grimmig wird.
Weg'n a jeder Kleinigkeit
Da gibt es immer Streit,
Mit'n Lautsprecher genau
Vergleicht man so 'ne Frau.
Schimpf'n tut die ohne Ende,
Und der Mann der ringt die Hände;
Der Verzweiflung ist er nah,
Und er sagt: Was tut man da?
Schimpfen, schimpfen tut sie immer
Dieses böse Frauenzimmer,
Das Gepappel geht net aus,
Denn sie ist der Herr im Haus.
O Radio, o Radio,
Wie bist du so bequem,
Den hast zu Haus in irgend einer
Zimmerecke steh'n.
Und interessiert dich etwas nicht
Und denkst: i möcht mei Ruah,
Dann brauchst den Schmarrn net anzuhör'n,
Da drahst ganz einfach zua.

4.
Erinnert man sich heut
An die vergang'ne Zeit,
Wie sittsam und wie fein
War'n da die Mägdelein.
So mollig und so nett,
So dantschig und adrett,
Dös war in dieser Zeit
A wahre Seligkeit.
Doch schaust heut die Maderl o,
Hint und vorn is nix mehr dro,
Hint'n mager und vorn dürr,
Klappern tuns wie Kuchelg'schirr.
D' Augenbrauen, welch ein Graus,
Reissen sie sich selber aus.
Und zu so einem Skelett
Sagt der Mann: Ah, du bist nett!

O München, o München,
Du bist nicht mehr die Stadt,
Die ausser ihrem guten Ruf
Die schönen Mädeln hat.
Statt Münchner Kindeln kann man
Nur mehr Hopfenstangen seh'n,
Und wenn's auch nicht mehr zuckrig sind,
So sind sie doch mondän.

3. Variante: T².

Münchner Neuigkeiten

Couplet von Karl Valentin (1946)

Melodie nach dem alten Wiener Volkscouplet »Am Wasser bin i z'haus…«

(wird sehr schnell und deutlich gesungen)
In München war es schön,
muss jeder eingestehn
und jeder sagt auf Ehr'
so wird es nimmermehr.
Die Münchner Gemüatlichkeit
verschwunden ist die Zeit,
sogar im Hofbräuhaus,
da schaut es traurig aus,
D' Münchner werdn immer blasser
von dem dünnen Gerstenwasser,
doch was nützt die Jammerei,
was vorbei ist, ist vorbei.
D' Sauferei hat nun ein Ende,
spuckts jetzt fleissig in die Hände,
nehmts die Schaufel in die Hand,
jetzt gehts los am Isarstrand.
In München, in München, geht d' Bauerei jetzt o,
und wer sei Heimatstadt liebt, soll
nun zeigen was er ko.
Wir – und auch unsre Kindeskinder wern s' nicht mehr erlebn,
doch unsre Kindeskinder*kinder*
die ham's nachher schön.

Von jeher gab es hier
das allerbeste Bier
und München, wie bekannt
wurd' »Bierstadt« nur genannt.
In jeder Strass' ei, ei,
war fast a Brauerei,
dös war doch no a Lebn,
nix schöners hats net gebn.
Doch die Stadt hat sich verwandelt,
denn der Krieg hat sie verschandelt
und ganz München ist empört,
dass die Stadt fast halb zerstört.
Soll der Aufbau nun beginnen
müssen wir uns erst besinnen,
ja, da is' schon etwas dran;
ja, wo fang ma denn da an?
In München, in München, in München fang ma o,
da kommt natürlich 's Hofbräuhaus am allerersten dro;
's Finanzamt is zwar auch kaputt – doch dös tuat uns net leid,
dass dös die Flieger troffn ham – dös hat uns alle g'freut.

Nun kommt die Strassenbahn,
sieht man die näher an,
mit ihr, wie intressant
erlebt man allerhand;
denn, ist das Wetter schön,
dann tun die meisten gehn,
doch fängts zu regnen an,
fährt alles Strassenbahn.
Oana hängt ganz hinten dro,
dass er aa no mitfahrn ko,
aufm Trittbrett, wann's no geht
stehn die Leut' – es ist zu blöd!
Und der Schaffner voller Angst
schreit: »A so a Gschäft – mir gangst!«
Läut' die Glocke, was er ko
und die Trambahn saust davo.
In München, in München, is Trambahnfahrn a Freud',
zugleich is a Zerstreuung, denn da kommt ma unter d' Leut'
und wenn der Münchner noch so schimpft, das is ganz einerlei,
so ist er doch, wie altbekannt – sehr »höflich« nebenbei.

Erinnert man sich heut'
an die vergangne Zeit,

wie sittsam und wie fein
warn da die Mägdelein.
So mollig und so nett,
So dantschig und adrett,
dös war in dieser Zeit
a Sehenswürdigkeit.
Doch schaust heut die Maderln o
hint' und vorn is nis mehr dro,
fettlos ist fast jede Maid,
fettlos, so wie unsre Zeit.
D' Augenbrauen, welch ein Graus,
reissen sie sich selber aus,
und zu so einem Skelett
sagt der Mann – »ah, Du bist nett«.
O München, o München, Du bist nicht mehr die Stadt,
die ausser ihrem guten Ruf die schönen Maderln hat,
statt Münchner Kindln kann man nur mehr Hopfenstangen sehn,
und wenn s' auch nicht mehr mollig sind – so sind sie doch mondän.

Die Liebe, die macht blind,
weiss jedes schöne Kind;
die Lieb' – auf jeden Fall,
ist international.
Wir sind jetzt auf der Welt
freiheitlich gleichgestellt,
vorbei der alte Zwist,
ob Jude oder Christ.
Russen, Briten und Franzosen,
alle lieben das Liebkosen,
bietet sich ein schöner Mund
küsse ihn zu jeder Stund'.
Alle, alle fremden Rassen
solln sich »lieben« anstatt »hassen«
Und so denkt jetzt manche Frau,
jetzt gehts nimmer so genau.
In München, in München, das ist schon allbekannt,
da kommen Kinder schon zur Welt – »Bastardln« werns genannt.
Und frägt mich wer, wie kommt denn das, so sage ich ganz frei,
das ist der neue Völkerbund – der Hass ist nun vorbei.

Entstehung
Es liegt ein gedruckter Handzettel (vgl. Editorische Notiz) mit einer
ersten, vermutlich um 1920 entstandenen Fassung dieses Couplets vor, das

K. V. 1933 (T¹⁰), 1940 (T⁶, T⁸, T¹¹), 1941 (T¹, T⁵), 1946 (T², T⁹) und 1947 (T³, T⁴, T⁷) überarbeitete.
Im Stellenkommentar werden die Fassungen von 1933/1940 sowie jeweils von 1941, 1946 und 1947 miteinander verglichen.

Quellen
In diesem fast 30 Jahre lang immer wieder abgeänderten Couplet kulminiert K. V.s Neigung zur sentimentalen Rückschau, die sich nach dem Ersten Weltkrieg verstärkt artikuliert. Erster Weltkrieg, Inflation, die hoffnungslose Zeit der Demonstrationen und Straßenkämpfe vor der Machtergreifung Hitlers, der erneute Weltkrieg mit seinen nie für möglich gehaltenen Bombardements und die Entstellung seines geliebten Münchens zur Trümmerwüste veranlassen den resignierenden Valentin zu diesen »Erinnerungen«.

Stellenkommentar
193,16 *Mein Muenchen*] T³: »Münchner Neuigkeiten«.
193,17 *Karl Valentins letztes Couplet 1947*] Der »Expressionistische Gesang« (vorliegender Band, S. 202) wird im Untertitel noch die Datierung »1948« erhalten. T³: »Couplet von Karl Valentin – 1947/Melodie nach dem alten Wiener Volkscouplet: ›Am Wasser bin i z'haus‹ / (Wird sehr schnell und deutlich gesungen)«.
193,25 *Hofbräuhaus*] S. o. 302 (112,15).
193,28 *dünnen Gerstenwasser*] Vgl. o. 308 (118,35).
193,31 ff. *Soll der Aufbau nun beginnen…dös hat uns alle g'freut!*] In T³ lautet die Schlußpassage der ersten Strophe:

> »D'Sauferei hat nun ein Ende,
> Spuckt's jetzt fleissig in die Hände
> Nehmt's die Schaufel in die Hand,
> Jetzt geht's los am Isarstrand.
> In München, in München, geht D'Bauerei jetzt o
> Und wer sei' Heimatstadt liebt, soll
> Nun zeigen was er ko.
> *Wir* und auch unsere Kindeskinderkinder wer'n S' nicht mehr erleb'n
> Doch uns're Kindeskinder*kinder*
> *Die* ham's nachher schön.«

193,31 *Aufbau*] Zum Wiederaufbau Münchens nach dem Zweiten Weltkrieg s. Bauer 1983, S. 41–48, und das Kapitel »Kaleidoskop des Trümmeralltags«, in: Prinz, S. 283–344.
194,2 *Daß dös die Flieger troffen ham*] Zu Details der Zerstörung s. Bauer 1987.

194,9 *dantschig*] Bayer.: niedlich (vielleicht von ital.: ›donzella‹ = junge Frau).
194,21 *schönsten*] T³: »schönen«.
194,22 *Münchner Kindl'n*] Vgl. o. 306 (117,23).
194,25 *Straßenbahn*] S. o. 254 (57,34).
195,2 *mir gangst!*] Bayer.: mir reicht's! (wörtl.: mir gehst du!)
195,3 f. *Ziagt die Glock'n, bitte schön, / Und der Wag'n bleibt pfeilgrad stehn –!*] T³: »Leut't die Glocke, was er ko / Und die Trambahn saust davo.«
195,10 *Ja, ja bei uns ists mies*] An dieser Stelle steht in T³ die zusätzliche Strophe: »Gar mancher hat a Frau / Man kennt das ganz genau / Die ihren Mann sekiert,« usw. (s. o. 381).
195,13 *Kohlennot*] Vgl. Bauer 1983, S. 20.
195,24 *Alls – ob*] T³: »Und ob«.
195,25 *Tanzt*] T³: »Ist«.
195,26 *bacherlwarm*] Bayer.: angenehm warm (vielleicht vom Urin-»Bach«, den ein Kind laufen läßt).
195,27 *spürst nix von ka*] T³: »spürt ma dann koa«.
195,27 *hast*] T³: »hat«.
195,27 *glei*] Fehlt in T³.
195,28 *, fesch*] Fehlt in T³.
195,29 *ists doch*] T³: »ist es«.
195,32 *Das allerbeste Bier*] Vgl. o. 374 (192,12).
196,4 *verschandelt*] T³: »verwandelt«.
196,6 ff. *Wie die Münchnerstadt zerstört ... die hams nachher schö!*] In T³ lautet die Schlußpassage dieser Strophe:

»Dass die Stadt fast halb zerstört.
Soll der Aufbau nun beginnen
Müssen wir uns erst besinnen
Ja, da is' schon etwas dran;
Ja, wo fang' ma denn da an.
In München, in München fang' ma o
Da kommt natürlich s'Hofbräuhaus am allerersten dro;
S'Finanzamt is' zwar auch defekt – doch dös tuat uns net leid,
Den wenn dös ganz verschwunden wär – dös hat uns alle g'freut.«

196,16 *»Am Wasser bin i z'Haus«*] Wienerlied von Georg Schiemer (gest. am 26. 3. 1914 in Wien). In T³ folgt hier als zusätzliche Strophe: »Die Liebe, die macht blind, / weiss jedes schöne Kind; / Die Lieb' – auf jeden Fall,« usw. (s. o. 384).

T¹⁰
376 *Münchner Kritik von Karl Valentin*] T⁶, T⁸, T¹¹: »Münchner Neuigkei-

ten«. Auf dem überlieferten Handzettel (s. Entstehung) lautet der Titel: »O München wie schaug'st du so traurig aus!«
376 *17. April 1933*] T⁶, T⁸, T¹¹ haben den Untertitel: »Couplet von Karl Valentin / 1940 (Musik: ›O teure Margarethe‹)«.
376 *In München ist es schön...*] Auf dem überlieferten Handzettel (s. Entstehung) lautet die erste Strophe:

> »In München war es schön,
> das muß ich eingestehn.
> Und jeder sagt auf Ehr
> so wird es nimmermehr.
> Im schönen Hofbräuhaus
> da schaut es traurig aus.
> Die Münchner Gemütlichkeit,
> verschwunden ist die Zeit.
> Denn jetzt mußt a Dünnbier saufen,
> z'Essen kannst dir nichts mehr kaufen.
> Für an Anzug, das ist stark,
> zahlst du heute 1000 Mark.
> Butter, Schmalz und Mehl und Eier,
> Alles ist so sündhaft teuer.
> Von a Bess'rung gar koa Spur,
> das heißt: ›Fortschritt der Kultur‹.
> O München, o München, was habens aus dir gemacht,
> du bist ja ganz verwahrlost, wer hätt' jemals das gedacht.
> Du warst der Stolz vom Bayernreich am grünen Isarstrand.
> O Münchnerstadt, ja guat schaust aus, ja zünftig bist beinand.«

376 *Harlaching*] 1930 eingemeindeter Vorort im Süden Münchens.
376 *Sachlichkeitsbarock*] Vgl. »Architekt Sachlich« (vorliegender Band, S. 141).
377 *Hiesing*] Vermutlich: Giesing, ein Münchner Stadtteil.
377 *Haidhausen*] Münchner Stadtteil.
377 *Die Zeiten sind jetzt schlecht...*] In T⁶, T¹¹ steht handschriftlich neben dieser Strophe: »Strophe 4 fällt aus.«
378 *Radio*] Vgl. Krauss, S. 94f.
378 *Kino*] Vgl. o. 323 (140,27), und Wolf/Kurowski.
379 *Hinta mager und vorn dürr*] Titel eines Couplets von Heinrich Moser (gest. 1906 in Straubing), Musik: Georg Huber (Münch'ner Blut Nr. 119; abgedruckt in: Laturell, S. 36).
379 *laufen ... rum*] T⁶, T⁸, T¹¹: »kann man ... seh'n«.
379 *O Pfüat die Gott, du schöne Zeit*] Vgl. das Wienerlied von Carl Lorens (s. o. 233 [17,31]): »Pfüat die Gott, du alte Zeit«. T⁶, T⁸, T¹¹: »Und wenn's auch nicht mehr zuckrig sind,«.

379 *Kominus wo bis kum*] Verballhornung des lat. Segensgrußes »Dominus vobiscum!« (»Der Herr sei mit euch!«). T⁶, T⁸, T¹¹: »so sind sie doch mondän.« In T⁸ folgen zwei weitere Strophen, die Strophe »Gar mancher hat a Frau / Man kennt das ganz genau / Die ihren Mann sekiert,« usw. (s. o. 381) und die folgende Strophe:

>»In München ist was los
>Die Abwechslung ist gross
>S'gibt vieles hier zu sehn
>Man braucht nur hinzugehn
>Und wo man jetzt hinschaut
>Wird überall gebaut
>Die Fremden ham a Freud
>Dass München so gedeiht
>Denn man kann sich amüsieren
>Geht man in der Stadt spazieren
>Nachmittags in ein Kaffee
>Abend's dan[n] ins Varieté
>Und auf'd Nacht das Grosstadtleben
>Wird die Stimmung dann noch heben
>Un[d] der Münchner schreit Hurr – ah
>Bei uns ist jetzt alles da.
>Ja München, ja München du bist jetzt eine Stadt
>Die viele schöne Plätze und auch viele Strassen hat
>Und eine Strasse nenn ich hier
>Nein nein das ist kein Spass
>Die ist gleich neb'n dem Bahnhof und
>Heisst Senefelderstrass.«

T¹
379 *Mein München*] T⁵: »Münchner Allerlei«.

T²
382 *Couplet von Karl Valentin (1946)*] T⁹: »Von Karl Valentin 1946.«
382 *(wird sehr schnell und deutlich gesungen)*] Fehlt in T⁹.
384 *Die Liebe, die macht blind*] T⁹ hat an dieser Stelle die zusätzliche Strophe:

»In München meiner Seel
da stinkst wia in der Höll
Die Autos auf der Strass
das ist scho wirklich grass
das stinkt und dampft und pufft
verpestet wird die Luft

und ohne Lamentiern
muss man das inhalieren.
Doch die Autos nicht allein
stinken tun auch ungemein
unsre Zeitungen ganz dreist
dass die g[lei] am Arm hi reisst
Auf der Strass die Asphaltsieder
stinken auch, das ist zuwieder
und noch mehr ezetera
und uns selber stinkt er aa.
O München o München, du stinkst jetzt wie die Pest
Im Zentrum, in der Vorstadt, Süd, im Osten Nord und West
zum Schluss erstick ma alle noch in diesem Heidengstank
O Herr, erlös uns von der Qual, im Voraus besten Dank.«

384 »*Bastardln*«] Vgl. o. 372 (187,23).

Friedensschluss

Textüberlieferung
T^1 Typoskript im Nachlaß, Theatermuseum Köln-Wahn: Repertoire Nr. 195 b; Mappe IX (Au 11750).
T^2 Typoskript im Nachlaß, R. Piper Verlag, München: Repertoire Nr. 195 a.
Textgrundlage: T^1.

Entstehung
Laut Untertitel von T^1, T^2: 1947. Dieses Gedicht stellt eine Bearbeitung eines sieben Jahre älteren, in der »Ritterspelunken«-Szene »Der Dreissigjaehrige Krieg« verwendeten Gedichtes dar (Sämtliche Werke, Bd. 3).

Moritat »Franz & Lotte«

Textüberlieferung
T^1 Typoskript im Nachlaß, Theatermuseum Köln-Wahn: Repertoire Nr. 412; Mappe XIX (Au 11750).
T^2 Typoskript im Nachlaß, Theatermuseum Köln-Wahn: Repertoire Nr. 412; Mappe XIX (Au 11750).
T^3 Typoskript im Nachlaß, R. Piper Verlag, München: Repertoire Nr. 412.
Textgrundlage: T^1.

Entstehung
Laut Untertitel von T^1, T^2, T^3: 1947.

Stellenkommentar
197,1 *Moritat*] S.o. 284 (93,30).
197,1 *»Franz & Lotte«*] Handschriftlicher Zusatz, fehlt in T².
197,15 *Ausgeher*] Veraltet für: Austräger, Bote.
197,32 *Stadelheim*] S.o. 266 (68,29).
198,2 *fünf – sechs Jahr*] Das StGB §§ 306ff. von 1871 bzw. 1933 unterscheidet verschieden schwerwiegende Fälle, die mit einem bis fünfzehn Jahre Zuchthaus bestraft werden.

Oh, wie bitter

Textüberlieferung
T¹ Typoskript im Nachlaß, Theatermuseum Köln-Wahn: Repertoire Nr. 413; Mappe XIX (Au 11750).
T² Typoskript im Nachlaß, Theatermuseum Köln-Wahn: Repertoire Nr. 413; Mappe XIX (Au 11750).
T³ Typoskript im Nachlaß, R. Piper Verlag, München: Repertoire Nr. 413.
Textgrundlage: T¹.

Entstehung
Vermutlich 1947/48.

Stellenkommentar
198,17ff. *Am schwarzen Markt ... Für'n Schnaps 300 Mark der Liter*] Die Preisangabe ist nicht unrealistisch, allerdings waren die Schwarzmarktpreise auch stark regionalen Schwankungen unterworfen; vgl. o. 370 (186,1).

Loreley

Textüberlieferung
T¹ Typoskript im Nachlaß, Theatermuseum Köln-Wahn: Artikel-Manuskripte, (Au 11 751).
Textgrundlage: T¹.

Entstehung
Nach 1945 (Ende Zweiter Weltkrieg).

Quellen
S. »Lorelei« (289).

Stellenkommentar
199,19 *jüdischen Dichter »Heine«*] Die Reichsschrifttumskammer verbot sämtliche Schriften jüdischer Autoren (Heine, Brod, Feuchtwanger, Freud, Schnitzler u.v.a.). Berüchtigt wurden die Bücherverbrennung vom

10.5.1933. Eine spezielle Anti-Heine-Kampagne ging 1936 u.a. von dem Schriftsteller Will Vesper (geb. am 11.10.1882 in Wuppertal-Barmen, gest. am 14.3.1962 auf Gut Triangel) aus.
199,19 *vierten Reich*] Zu dieser Metapher für das Nachkriegsdeutschland vgl. Brief Nr. 207 an Wilhelm Hausenstein (Sämtliche Werke, Bd. 6, S. 201 f.).
199,20 *Robert Ley*] Robert Ley (geb. am 15.2.1890 in Niederbreidenbach/Berg. Land, gest. am 25.10.1945 in Nürnberg durch Selbstmord), war 1933–1945 Leiter der »Deutschen Arbeitsfront«. Diese war ein gleichgeschalteter Verbund aller Gewerkschaften, der zur größten Massenorganisation (1942: 25 Mio. Mitglieder) im Staat anwuchs und Arbeit (»Schönheit der Arbeit«) wie Freizeit (»Kraft durch Freude«) gleichermaßen kontrollierte.
199,20f. *Tochter...Lore Ley*] Robert Ley hatte tatsächlich mit seiner zweiten Frau, der Sopranistin Inge Spilker (gest. am 29.12.1942 durch Selbstmord), eine Tochter namens Lore (geb. am 6.11.1938); vgl. Smelser, S. 115 f.

Moritat vom kleinen P. G.

Textüberlieferung
T¹ Typoskript im Nachlaß, Theatermuseum Köln-Wahn: Unvollendete Manuskripte/Exposés, (Au 11 753).
Textgrundlage: T¹.

Entstehung
Nach 1945 (Ende Zweiter Weltkrieg).

Stellenkommentar
200,1 *Moritat*] S.o. 284 (93,30).
200,1 *P. G.*] In der NS-Zeit übliche Abkürzung für »Parteigenosse«.
200,11 *Arbeitsverbot*] Vgl. o. 369 (185,1).

[D' Madl sagt hier will mich kana...]

Textüberlieferung
H¹ Handschrift im Nachlaß, Theatermuseum Köln-Wahn: Unvollendete Manuskripte/Exposés, (Au 11 753).
Textgrundlage: H¹.

Entstehung
Nach 1945 (Ende Zweiter Weltkrieg).

Stellenkommentar
201,2 *Lufthansa*] Die »Deutsche Lufthansa« wurde am 6.1.1926 durch

den Zusammenschluß der »Junkers Luftverkehr AG« und der »Deutschen Aero Lloyd« mit staatlicher Hilfe als nationale zivile Luftverkehrsgesellschaft gegründet. 1925 wurde in München eine »Bayerische Lufthansa« gegründet.
201,4 *»Palagy« Feier in Wien*] Frantisek Palacky (geb. am 14.6.1798 in Hodslavice/Nordmähren, gest. am 26.5.1876 in Prag) war tschechischer Historiker und Politiker. Er versuchte, das Nationalbewußtsein seines Volkes zu fördern und engagierte sich gegen die Vereinnahmung Böhmens durch den dt. Nationalstaat, aber für seinen Verbleib im Habsburger Reich. Die Wiener Stadtchronik verzeichnet keine »Palacky-Feier«, vielleicht dachte K.V. an das Begräbnis Palackys 1876 in Prag, das zu einer pompösen Großveranstaltung geraten war.
201,7 *aber womöglich net lang (1875)*] Darunter findet sich der handschriftliche Zusatz: »Rückseite!!«
201,10 *abrüsten*] Die internationale Diplomatie befaßte sich 1899 (Haager Friedenskonferenzen) das erste Mal mit Fragen der Abrüstung. Die Genfer Abrüstungskonferenz (1932–34) von 51 Staaten wurde 1933 von Hitler-Deutschland verlassen, das – gegen die Abmachungen des Versailler Vertrags – aufrüstete.

[Mariechen saß träumend im Garten...]

Textüberlieferung
H¹ Handschrift im Nachlaß, Theatermuseum Köln-Wahn: Unvollendete Manuskripte/Exposés, (Au 11 753).
Textgrundlage: H¹.

Entstehung
Nach 1945 (Ende Zweiter Weltkrieg).

Quellen
Vgl. »Romanze in C-Moll« (253).

Stellenkommentar
201,15 *[Mariechen saß träumend im Garten..]* Vgl. das österr./bayer. Volkslied: »Mariechen saß weinend im Garten, / im Grase lag schlummernd ihr Kind, / mit ihren schwarzbraunen Locken / spielte leise der Abendwind. / Sie saß so still, so traurig, / so einsam, geisterbleich. / Die Wolken zogen schaurig / und Wellen schlug der Teich.«
201,23 *geplärrt*] S.o. 323 (139,29).

Auf dem mit »Neue Moritaten« überschriebenen H¹ ist die oben wiedergegebene Liedparodie die einzige vollendete Strophe; K.V. gab ihr die Nummer »III.«, ferner finden sich folgende Fragmente auf dem Blatt:

»I. Liebe gute Leute, bleibt ein Weilchen stehn
Neue Moritaten gibt es hier zu sehn
Alle Neuigkeiten aus der ganzen Welt
Singen wir in Versen, um geringes Geld
Hungersnot herrscht in Deutschland u. s. w.
II. Meine Mutter saß weinend am Bette usw.
III. Mariechen saß träumend im Garten
[...]
von diesem Kind gehört[.]

Ich hab nun nachgeforschet
4. Vor der Kaserne, an dem großen Thor
Steh eine Laterne

5. Die Moritat – vom kleinen P. G.
(1 Strophe *fertig*)«

Daneben finden sich auf H^1 noch verschiedene Noten-Skizzen.

[Vater unser, der Du bist im Himmel...]

Textüberlieferung
D^1 Bertl [Böheim] Valentin: »Du bleibst da, und zwar sofort!«, mein Vater Karl Valentin, München, 1972 (2. Aufl.), S. 173.
Textgrundlage: D^1. (Als Handschrift oder Typoskript nicht überliefert.)

Entstehung
Nach 1945 (Ende Zweiter Weltkrieg).

Quellen
S. »Wenn ich einmal der Herrgott wär'« (353).

Expressionistischer Gesang

Textüberlieferung
T^1 Typoskript im Nachlaß, Theatermuseum Köln-Wahn: Repertoire Nr. 94a; Mappe IV (Au 11750).
T^2 Typoskript im Nachlaß, Theatermuseum Köln-Wahn: Repertoire Nr. 332; Mappe XVI (Au 11750).
T^3 Typoskript im Nachlaß, Theatermuseum Köln-Wahn: Repertoire Nr. 332a; Mappe XVI (Au 11750).
T^4 Typoskript im Nachlaß, R. Piper Verlag, München: Repertoire Nr. 94a.
T^5 Typoskript im Nachlaß, R. Piper Verlag, München: Repertoire Nr. 332.

T⁶ Typoskript im Liesl-Karlstadt-Nachlaß, München: Repertoire Nr. 332.
Textgrundlage: T¹.

Entstehung
Laut Untertitel von T¹: 1948. T², T⁵ sind laut Untertitel 1946, T³, T⁶ laut Untertitel im Januar 1942 entstanden.

Quellen
S. »Das futuristische Couplet« (315).

Stellenkommentar
202,19 *Expressionistischer Gesang*] S. o. 372 (189,22). T³ hat den aufgeklebten Titel: »Valentinische Philosophie. (Waldesunlust)«. T⁶: »Waldesunlust«.
202,20 *Ueberliterearischer Gesang von Karl Valentin 1948*] T², T⁵: »...1946«. T³: »Text von Karl Valentin – eigene Melodie Januar 1942«. T⁴: »Überliterarischer Gesang von Karl Valentin«. T⁶: »Schallplatte v. Karl Valentin – Januar 1942.«
202,23 ff. *Wie die Maler heute malen ... Ein Gewitter ist im Anzug*] Diese sieben Strophen fehlen in T³, T⁶.
202,31 *Edle Kunst, behüt' dich Gott.*] In T², T⁵ folgt die Zwischenbemerkung: »(Genauso wird heute gemalt, gedichtet und kombiniert.)«
203,8 *Karfunkeln*] 1. feurig-rote Edelsteine, 2. = Karbunkel, eine Häufung beieinander liegender Furunkel.
203,11 f. *Wer will unter die Soldaten/Der muss haben ein Gewehr*] Kinderlied (1854) von Friedrich Wilhelm Kücken (geb. am 16. 11. 1810 in Bleckede/Hannover, gest. am 3. 4. 1882 in Schwerin) nach einem Text von Friedrich Güll (geb. am 1. 4. 1812 in Ansbach, gest. am 23. 12. 1879 in München).
204,4 *Das kommt jedem spanisch vor*] S. o. 238 (30,17).
204,7 *Dünnbier*] S. o. 308 (118,35).
204,8 *Billige*] In T³ handschriftlich korrigiert in: »teure«.
204,9 *Mei' Vaterl war a Weanerin*] Vgl. das Wienerlied »Mei Muatterl war a Weanerin« von Ludwig Gruber (geb. am 13. 7. 1874 in Wien, gest. am 17. 7. 1964 ebda.).
204,12 *Denunzieren tut ein Schuft*] T³, T⁶: »und kein Gangster ist kein Schuft«.
204,23 *Chiemsee*] S. o. 261.
204,24 *Holzapfelskräut*] Holzapfelkreuth, ehemaliges Dorf im Südwesten Münchens, heute Stadtteil Neu-Hadern.
204,27 ff. *Nehmet eure Händ' in d' Hand ... dann Applaus genannt.*] In T³ lauten diese drei Zeilen: »Alles hat einmal sein End' / Lasst mich nun von Dannen ziehen, / Himmi Hermann, Saprament.« Diese letzte Strophe ist in T³ aufgeklebt. In T⁶ lauten diese drei Zeilen: »All Ihr Horcher nah und

fern / Statt auf Wiederseh'n zu sagen / sage ich auf Wiederhör'n!«. In T¹ folgt noch die Anweisung: »(Das Ganze ist seriös in Moll zu singen. – Karl Valentin wollte dieses als Solo selbst vortragen und zwar in ganz mondäner Aufmachung, als Schwabinger Type, mit langen Künstlerhaaren. –)«.

Rassend könnt man werd'n

Textüberlieferung
H¹ Handschrift im Nachlaß, Theatermuseum Köln-Wahn, Mappe Vorträge von Karl Valentin (Album), (Au 11748).
Textgrundlage: H¹.

Entstehung
Zwischen 1903 (s. letzter Vers) und 1905 (Untertitel).

Stellenkommentar
207,5 *Wachparad*] S. o. 341.
207,7 *Feuerwehr*] Zu diesem Motiv bei K. V. vgl. den Monolog, Rep. Nr. 37, »Der Feuerwehrtrompeter (Signalist)« (Sämtliche Werke, Bd. 1, S. 38) sowie das Stück, Rep. Nr. 122, »Großfeuer in Unterhizzing« (Sämtliche Werke, Bd. 5).
207,18 *Latrinenreinigungs Lokomobile*] Nach Hollweck, S. 98, bestanden in München 1889 elf »Latrinenreinigungs-Anstalten«.
207,20 *Packträger*] Dienstmann.
207,27 *Spitalerin*] Bayer.: Eine im Spital (Altersheim) wohnende Frau (auch als Beleidigung).
207,31 *Fiaker*] S. o. 232 (15,9).
207,31 *Trambahn*] S. o. 254 (57,34).
207,32 *Automobil*] Vgl. o. 303 (114,32).
208,12 *Viktualienmarkt*] S. o. 326 (143,31).
208,17f. *krath oan so a windige Obstlerin o*] Bayer.: schreit (kräht) einen so eine lumpige Obsthändlerin an.
208,19f. *Malaga Biern und Bergamod Weintraub'n*] Komische Vertauschung von: Malaga-Weintrauben und Bergamott-Birnen.
208,22 *zuzelt*] Bayer.: saugt.
208,30 *Oar san hi*] Bayer.: Eier sind hin.
209,7f. *elektrischen Gaskandelaber*] 1883 wurde die »Allgemeine Elektrizitäts-Gesellschaft München« gegründet und noch im selben Jahr die erste elektrische Beleuchtung in Schwabing installiert. Im November 1893 begann die umfassende Versorgung der Altstadt mit elektrischen Laternen, die nach und nach an die Stelle der seit 1850 üblichen Gaslaternen traten; vgl. Krauss, S. 89 ff.
209,17 *Kahrts woh anders umanand mit engam stinkad'n Dampfscheßna*]

Bayer.: Karrt wo anders umher mit eurer stinkenden Dampfkutsche (von frz. ›Chaise‹ = Sessel, Stuhl).
209,24f. *ausgschamte Büchsel Madam*] Bayer.: unverschämtes aufgedonnertes Frauenzimmer (Etymologie unklar).
209,26 *Trankhafa*] Bayer.: Eimer für Schweinefutter (häufig als Schimpfwort).
209,26 *Kraklewe*] Vermutlich: ›Krakelee‹ (frz. ›Craquelé‹), d.i. der feine Riß, der durch Austrocknung der Farbe auf alten Ölgemälden entsteht.
209,26f. *weils ma die ganze Ant'n, mit eanane boanane Finger scho ganz dadruckt, u dabatzt hab'n*] Bayer.: weil (jetzt wo) Sie mir die ganze Ente, mit ihren knöchernen Fingern schon ganz zerdrückt und zermanscht haben.
209,29 *ums Mai uma*] Bayer.: um das Maul herum.
209,29 *d'Schoß*] Sache (von frz. ›chose‹).
209,30 *Schachterl Teufi*] Schachtelteufel, ein Scherzartikel in der Form einer Schachtel, bei deren Öffnung eine Schreckfigur an einer Feder herausschnellt.

Komischer Zithervortrag (Zithersolo)

Textüberlieferung
H¹ Handschrift im Nachlaß, Theatermuseum Köln-Wahn: Vorträge von Karl Valentin (Album), (Au 11748).
Textgrundlage: H¹.

Entstehung
Der nur fragmentarisch überlieferte Text ist vermutlich um 1905 zusammen mit der Szene »Zithersolo. Die Rasenbank« (Sämtliche Werke, Bd. 3) entstanden; vgl. Schulte 1982, S. 25f.

Stellenkommentar
210,19 *Auch ich beherrsch das Zitherspiel*] Vgl. Entstehung »Der Franzel« (246).
211,25 *Oktoberfest*] S.o. 326 (144,1).
211,27 *Pferderennen*] Von 1810–1913 war das Pferderennen fester Bestandteil des Oktoberfestes.
212,14 *Prinzregent*] Der Prinzregent Luitpold übernahm am 10.6.1886 für seinen psychisch kranken Neffen Ludwig II. und nach dessen Tod am 13.6.1886 für Ludwigs jüngeren, ebenfalls psychisch kranken Bruder Otto die Regentschaft.
212,15 *Königszelt*] Ein Pavillon, von dem aus die königliche Familie und ihre Gäste das Pferderennen, die Festzüge und die Viehprämierungen verfolgten; vgl. Das Oktoberfest, S. 34ff.
212,19 *Rindviecher*] Ab 1811 fanden auf dem Oktoberfest Viehprämierungen statt; vgl. Das Oktoberfest, S. 150ff.

Bibliographie

1. Werkausgaben und Dokumentensammlungen

Diese Publikationen folgen in chronologischer Reihe. Wenn im Kommentar Abkürzungen für sie verwendet wurden, sind sie den bibliographischen Angaben vorangestellt.

Original-Vorträge von Karl Valentin. Münchner Komiker (Selbstverlag), München um 1916 (Bestand Monacensia, Karl Valentin Musäum).
Karl Valentin, Allerlei Blödsinn, München um 1920.
Karl Valentin, Originalvorträge, München 1926.
Liesl Karlstadt, Original-Vorträge von Karl Valentin, München 1926.
Karl Valentin, Wie ich Volkssänger wurde. In: Bayerischer Hauskalender, München 1928, S. 128–130.
Karl Valentin und Liesl Karlstadt auf Homochord-Electro-Schallplatten. Ein lustiges Bilderbuch. Mit Beiträgen von Kurt Pinthus und Tim Klein, Berlin 1931.
Das Karl Valentin Buch = Das Karl Valentin Buch. Erstes und einziges Bilderbuch von Karl Valentin über ihn und Lisl Karlstadt. Mit Vorwort und ernsthafter Lebensbeschreibung und Bilderunterschriften von ihm selbst sowie zwei Aufsätzen von Tim Klein und Wilhelm Hausenstein, München 1932.
Valentin-Zeitung, hg. v. Karl Valentin u. Liesl Karlstadt, München (Selbstverlag der Herausgeber) 1935.
Karl Valentin, Brilliantfeuerwerk. Mit Zeichnungen von Karl Arnold, München 1938.
Valentiniaden. Ein buntes Durcheinander von Karl Valentin. Mit vielen lustigen Zeichnungen von Fr. Bilek, München 1941.
Karl Valentin's Lachkabinett. Acht Stegreifkomödien. Hg. v. Gerhard Pallmann, München 1950.
Karl Valentin, Der Knabe Karl. Jugendstreiche. Hg. v. Gerhard Pallmann, Berlin 1951.
Karl Valentins Panoptikum. Neun Stegreifkomödien. Hg. v. Gerhard Pallmann, München 1952.
Karl Valentin's Gesammelte Werke. Mit 28 Abbildungen, München 1972 (10. Aufl.; zuerst 1961).
Karl Valentin, Sturzflüge im Zuschauerraum. Der Gesammelten Werke anderer Teil. Hg. v. Michael Schulte. Mit einem Vorwort von Kurt Horwitz, München 1969.

Karl Valentin – Fundsachen I–IV. Hg. v. Münchner Filmzentrum – Freunde des Münchner Filmmuseums e.V., München 1976–1982.

K.V.s Filme = Karl Valentins Filme. Alle 29 Filme, 12 Fragmente, 344 Bilder, Texte, Filmographie. Hg. v. Michael Schulte und Peter Syr, München, Zürich 1978 (Neuausgabe 1989, mit einem Nachwort von Helmut Bachmaier).

Münz = Geschriebenes von und an Karl Valentin. Eine Materialiensammlung 1903 bis 1948. Hg. v. Erwin und Elisabeth Münz, München 1978.

Das Valentin-Buch. Von und über Karl Valentin in Texten und Bildern. Hg. v. Michael Schulte, München, Zürich 1984.

GW = Karl Valentin, Gesammelte Werke in einem Band. Hg. v. Michael Schulte, München 1990 (4. Aufl.; zuerst 1985).

Karl Valentin, Mögen hätt ich schon wollen, aber dürfen hab ich mich nicht getraut! Das Beste aus seinem Werk. Hg. und mit einem Nachwort v. Helmut Bachmaier, München, Zürich 1990.

KRlS = Kurzer Rede langer Sinn. Texte von und über Karl Valentin. Hg. v. Helmut Bachmaier, München, Zürich 1990.

Karl Valentin, Sämtliche Werke, Bd. 6: Briefe. Hg. v. Gerhard Gönner, München 1991.

Karl Valentin, Sämtliche Werke, Bd. 1: Monologe und Soloszenen. Hg. v. Helmut Bachmaier u. Dieter Wöhrle, München 1992.

Karl Valentins Lach-Musäum. Mit einem »Interview auf dem Parnaß« hg. v. Horst Drescher, Leipzig 1992 (3. Aufl.).

Karl Valentin, Buchbinder Wanninger. Sprachclownerien und Grotesken. Hg. v. Helmut Bachmaier, Stuttgart 1993.

Karl Valentin. Eine Bildbiographie von Matthias Biskupek, Leipzig 1993.

2. Dokumentationen und Sekundärliteratur zum Kommentar

2.1 Zitierte Literatur

Abelshauser = Werner Abelshauser, Anselm Faust und Dietmar Petzina (Hg.), Deutsche Sozialgeschichte 1914–1945. Ein historisches Lesebuch, München 1985.

Angermair = Elisabeth Angermair, München als süddeutsche Metropole – Die Organisation des Großstadtausbaus 1870–1914. In: Bauer 1992, a.a.O., S. 307–335.

Bachmaier = Helmut Bachmaier, Kommentare zum Nachlaß. Textbestand und Kommentierungsbeispiele der neuen kritischen Gesamtausgabe der Werke Karl Valentins. In: KRlS, a.a.O., S. 221–242.

Bachmaier 1994 = Karl Valentin, *Ich sag gar nix. Dös wird man doch noch sagen dürfen!* Politische Sketche. Hg. und mit einem Nachwort v. Helmut Bachmaier, München 1994.
Bauer 1982 = Richard Bauer, Das alte München. Photographien 1855–1912 gesammelt von Karl Valentin, München 1982.
Bauer 1983 = Richard Bauer, Ruinen Jahre, Bilder aus dem zerstörten München 1945–1949, München 1983.
Bauer 1987 = Richard Bauer, Fliegeralarm. Luftangriffe auf München 1940–1945, München 1987.
Bauer 1988 = Prinzregentenzeit, München und die Münchner in Fotografien. Ausgewählt und erläutert v. Richard Bauer, München 1988.
Bauer 1992 = Richard Bauer (Hg.), Geschichte der Stadt München, München 1992.
Bauer/Graf/Münz = Zu Gast im alten München. Erinnerungen an Hotels, Wirtschaften und Cafés. Eingeleitet und herausgegeben von Richard Bauer. Bearbeitet von Eva Maria Graf und Erwin Münz, München 1982.
Baur = Uwe Baur, Horváth und die Sportbewegung der zwanziger Jahre. Seine Sportmärchen im Kontext der Münchner Nonsense-Dichtung. In: Horváths Prosa. Hg. v. Traugott Krischke, Frankfurt am Main 1989, S. 9–33.
Berning = Cornelia Berning, Vom »Abstammungsnachweis« zum »Zuchtwart«, Vokabular des Nationalsozialismus, Berlin 1964.
Berswordt = Eberhard von Berswordt, Discographie. In: KVVD, a. a. O., S. 302–310.
Bertl [Böheim] Valentin = Bertl [Böheim] Valentin, »Du bleibst da, und zwar sofort!«. Mein Vater Karl Valentin, München 1972 (2. Aufl.; zuerst 1971).
Boelcke = Willi A. Boelcke, Der Schwarzmarkt 1945–1948. Vom Überleben nach dem Kriege, Braunschweig 1986.
Das Karl Valentin Buch = Das Karl Valentin Buch. Erstes und einziges Bilderbuch von Karl Valentin über ihn und Liesl Karlstadt. Mit Vorwort und ernsthafter Lebensbeschreibung und Bilderunterschriften von ihm selbst sowie zwei Aufsätzen von Tim Klein und Wilhelm Hausenstein, München 1932.
Das Oktoberfest = Ausstellungskatalog. Das Oktoberfest. 175 Jahre Bayerischer Nationalrausch, München 1985.
Der Klampf'n Toni = Der Klampf'n Toni. Eine Sammlung humoristischer echt bayrischer Lieder, urwüchsiger G'sang'ln und 92 Schnadahüpf'ln für Gesang mit gefälliger leicht spielbarer Gitarrebegleitung gesetzt von Michael Schricker, München 1915.
Eugen Roth = Eugen Roth, Sämtliche Werke, Bd. 5, München, Wien 1977.

Flatz = Roswitha Flatz, Krieg im Frieden. Das aktuelle Militärstück auf dem Theater des deutschen Kaiserreichs, Frankfurt am Main 1976.
Freilinger-Valentin = Gisela Freilinger-Valentin, Karl Valentins Pechmarie. Eine Tochter erinnert sich. Bearbeitet und herausgegeben von Max Auer, Pfaffenhofen 1988.
Frenzel = Elisabeth Frenzel, Stoffe der Weltliteratur. Ein Lexikon dichtungsgeschichtlicher Längsschnitte, Stuttgart 1992 (8. Aufl.).
Freud 1905 = Sigmund Freud, Der Witz und seine Beziehung zum Unbewußten. In: S. F., Studienausgabe Bd. IV, Frankfurt am Main 1982.
Freud 1912/13 = Sigmund Freud, Totem und Tabu. Einige Übereinstimmungen im Seelenleben der Wilden und der Neurotiker. In: S. F., Studienausgabe Bd. IX, Frankfurt am Main 1982.
Fuchs = Margot Fuchs, »Zucker, wer hat? Öl, wer kauft?« Ernährungslage und Schwarzmarkt in München 1945–1948. In: Prinz, a. a. O., S. 312 bis 319.
Gamm = Hans-Jochen Gamm, Der Flüsterwitz im Dritten Reich. Mündliche Dokumente zur Lage der Deutschen während des Nationalsozialismus, München, Zürich 1993 (Lizenzausgabe der Ausgabe München 1990, zuerst 1963).
Glasmeier = Michael Glasmeier, Karl Valentin. Der Komiker und die Künste, München, Wien 1987.
Glasmeier (KVVD) = Michael C. Glasmeier, Das Panoptikum der Künste/ Die Geschichte des Valentin-Panoptikums/Rekonstruktion eines Katalogs des Valentin-Panoptikums. In: KVVD, a. a. O., S. 104–150.
Hardach = Gerd Hardach, Der Erste Weltkrieg 1914–1918 (= Geschichte der Weltwirtschaft im 20. Jahrhundert, Bd. 2), München 1973.
Heckhorn/Wiehr = Evelin Heckhorn und Hartmut Wiehr (Hg.), München und sein Bier. Vom Brauhandwerk zur Bierindustrie, München 1989.
Henkels = Walter Henkels, Alltag in Trizonesien. Spurensicherung, dabei an die Enkel denkend, Düsseldorf, Wien 1986.
Hess = Roman Hess, Auch der Zeitgeist fährt Straßenbahn. Tramspuren in Büchern. In: Librarium 23 (1980), S. 119–139.
Hollweck = Ludwig Hollweck, Was war wann in München. Von der Besiedlung der Münchner Gegend bis 1980 in Stichworten erzählt, München 1982 (3. Aufl.).
Ingold = Felix Philipp Ingold, Literatur und Aviatik. Europäische Flugdichtung 1909–1927, Frankfurt am Main 1980.
Krauss = Marita Krauss und Florian Beck (Hg.), Leben in München. Von der Jahrhundertwende bis 1933, München 1990.
KRlS = Kurzer Rede langer Sinn. Texte von und über Karl Valentin. Hg. v. Helmut Bachmaier, München, Zürich 1990.

Kühn = Volker Kühn, Das Kabarett der frühen Jahre, Berlin 1984.
KVVD = Karl Valentin. Volkssänger? Dadaist? Ausstellungskatalog. Hg. v. Wolfgang Till, München 1982.
Laturell = Alte und neue Münchner Couplets (= Volksmusik in München Heft 13), herausgegeben vom Kulturreferat der Landeshauptstadt München, Leitung: Volker D. Laturell, München 1990.
Lenzner = Johann Lenzner, Brennende Kehle oder: Der authentische Bericht eines Kenners der dunkelsten Schattenwirtschaft zwischen Stunde Null und Währungsreform von ihm selbst aufgezeichnet. Schwarzer Markt 1945–1948, Bremen 1988.
Lutz = Die Münchner Volkssänger. Ein Erinnerungsbuch an die gute alte Zeit. Nach einer Sammlung von Erwin Münz bearbeitet von Joseph Maria Lutz, München 1956.
Maser = Werner Maser, Das Regime. Alltag in Deutschland 1933–1945, Berlin 1990.
Mason = David Mason, Deutsche U-Boote, München 1980.
Mathys = F. K. Mathys, Ist die Schwarze Köchin da? Alte Kinderspiele, Frauenfeld 1983.
Maurer = Philipp Maurer, Thomas Pluch und Franz Zauner (Hg.), Muskeln auf Papier. Sport und Literatur. Anthologie, Wien 1986.
MGG 9 = Die Musik in Geschichte und Gegenwart (Bd. 9). Allgemeine Enzyklopädie der Musik. Hg. v. Friedrich Blume, München, Kassel, Basel und London 1989.
MGG 10 = Die Musik in Geschichte und Gegenwart (Bd. 10). Allgemeine Enzyklopädie der Musik. Hg. v. Friedrich Blume, München, Kassel, Basel und London 1989.
Münchner Adreßbuch 1907 = Adreßbuch für München und Umgebung 1907. Hg. v. d. Kgl. Polizeidirektion, München.
Münz = Geschriebenes von und an Karl Valentin. Eine Materialiensammlung 1903 bis 1948. Hg. v. Erwin und Elisabeth Münz, München 1978.
Münz (KVVD) = Erwin Münz, Karl Valentin 1882–1948. Stationen seines Lebens. In: KVVD, a. a. O., S. 311–360.
Nagler = Georg K. Nagler, Acht Tage in München. Wegweiser für Fremde und Einheimische, München 1863 (repr. München 1983).
Pemsel = Karl Valentin im Umfeld der Münchner Volkssängerbühnen und Varietés, München 1981.
Picker = Henry Picker, Hitlers Tischgespräche im Führerhauptquartier, Frankfurt am Main, Berlin 1993 (Neuausgabe der Ausgabe Frankfurt am Main 1951).
Pinkert = Ernst Ulrich Pinkert (Hg.), Büttel, Schutzmann, Prügelknabe. Die Polizei als (Leid)Motiv deutscher Lyrik von 1816–1976. Gedichte, Epigramme, Lieder, Balladen, München 1976.

Preis = Kurt Preis, München unterm Hakenkreuz. 1933–1945, München 1989.
Prinz = Friedrich Prinz (Hg.), Trümmerzeit in München. Kultur und Gesellschaft einer deutschen Großstadt im Aufbruch 1945–1949, München 1984.
Queri = Georg Queri (Hg.), Kraftbayrisch. Ein Wörterbuch der erotischen und skatologischen Redensarten der Altbayern. Mit Belegen aus dem Volkslied, der bäuerlichen Erzählung und dem Volkswitz, München 1912.
Rauck = Max J. B. Rauck, Gerd Volke und Felix R. Paturi, Mit dem Rad durch zwei Jahrhunderte, Aarau, Stuttgart 1979 (2. Aufl.).
Röhrich 1977 = Lutz Röhrich, Der Witz. Figuren, Formen, Funktionen, Stuttgart 1977.
Rudloff = Wilfried Rudloff, Notjahre. Stadtpolitik in Krieg, Inflation und Weltwirtschaftskrise 1914 bis 1933. In: Bauer 1992, a. a. O., S. 336 bis 368.
Rumschöttel = Hermann Rumschöttel, Das bayerische Offizierkorps 1866–1914 (= Beiträge zu einer historischen Strukturanalyse Bayerns im Industriezeitalter Bd. 9), Berlin 1973.
Schmeller I = Johann Andreas Schmeller, Bayerisches Wörterbuch, Aalen 1961 (Neudruck der 2. Aufl. München 1872–77), Bd. I.
Schmeller II = Johann Andreas Schmeller, Bayerisches Wörterbuch, Aalen 1961 (Neudruck der 2. Aufl. München 1872–77), Bd. II.
Schulte 1982 = Michael Schulte, Karl Valentin. Eine Biographie, Hamburg 1982.
Schwab = Ingo Schwab, Zeiten der Teuerung. Versorgungsprobleme in der zweiten Hälfte des 16. Jahrhunderts. In: Bauer 1992, a. a. O., S. 166–188.
Smelser = Ronald Smelser, Hitlers Mann an der »Arbeitsfront«, Robert Ley. Eine Biographie, Paderborn 1989.
Statistisches Jahrbuch 1919 = Statistisches Jahrbuch für den Freistaat Bayern 1919. Hg. v. Bayerischen Statistischen Landesamt, München 1919.
Statistisches Jahrbuch 1947 = Statistisches Jahrbuch für Bayern 1947. Hg. v. Bayerischen Statistischen Landesamt, München 1947.
Tönnies = Ferdinand Tönnies, Kritik der öffentlichen Meinung, Berlin 1922.
Vollnhals = Clemens Vollnhals (Hg.), Entnazifizierung, politische Säuberung und Rehabilitierung in den vier Besatzungszonen 1945–1949, München 1991.
Wander 2 = Karl Friedrich Wilhelm Wander, Deutsches Sprichwörter-Lexikon. Ein Hausschatz für das deutsche Volk (Bd. 2), Augsburg 1987 (Repr. d. Ausgabe Leipzig 1867).

Werner = Elyane Werner, Bayerisches Leben – bayerischer Brauch. Bilder und Berichte aus dem 19. Jahrhundert, Pfaffenhofen 1990.
Wolf/Kurowski = Sylvia Wolf/Ulrich Kurowski, Das Münchner Film- und Kinobuch. Hg. v. Eberhard Hauff, Ebersberg 1988.
Young = Harry F. Young, Maximilian Harden, Censor Germaniae. Ein Publizist im Widerstreit von 1892 bis 1927, Münster 1971.

2.2 Weitere Literatur zum Themenbereich

Alltag in der Weimarer Republik. Kindheit und Jugend in unruhiger Zeit. Hg. v. Rudolf Pörtner, München 1993.
Lisa Appignanesi, Das Kabarett, Stuttgart 1976 (zu K. V.: S. 143 ff.).
Hanns Arens, Unsterbliches München. Streifzüge durch 200 Jahre literarischen Lebens der Stadt, München, Esslingen 1968.
Rudolf Bach, Liesl Karlstadt. Kameradin, Partnerin, Meisterin. In: ders., Die Frau als Schauspielerin, Tübingen 1937, S. 79–88.
Helmut Bachmaier, Die Filme Karl Valentins. In: Karl Valentins Filme. Alle 29 Filme, 12 Fragmente, 344 Bilder, Texte, Filmographie. Hg. v. Michael Schulte und Peter Syr, München, Zürich 1989 (2. Aufl.), S. 215–220.
Ders., Nachwort zu: Karl Valentin, Mögen hätt ich schon wollen, aber dürfen hab ich mich nicht getraut! Das Beste aus seinem Werk. Hg. v. H. B., München, Zürich 1990, S. 159–169.
Curt Bauer, Stadtführer München, München 1989.
Richard Bauer/Eva Graf, Stadtvergleich. Münchener Ansichten. Photographien von einst und jetzt mit Neuaufnahmen von Thomas Koller, München 1985.
Bauten und Plätze in München. Ein Architekturführer. Hg. v. Oswald Hederer, München 1972.
Bayerland, 1969. (Darin enthalten: L. Hollweck, Erinnerungen an K. V.; Hannes König, Der Genius des Unzulänglichen).
Bayerland, 1979. (Darin enthalten: G. Köhl, Glanz und Elend der Münchner Volkssänger; J. Goldner, Die Bühne im Wirtshaus).
Wolfgang Johannes Bekh, Mühlhiasl. Der Seher des Bayerischen Waldes. Deutung und Geheimnis, Pfaffenhofen 1992.
Eva Berthold/Norbert Matern, München im Bombenkrieg, Düsseldorf 1983.
Emil Karl Blümml/Gustav Gugitz, Alt-Wiener Thespiskarren. Die Frühzeit der Wiener Vorstadtbühnen, Wien 1925.
Hans Brandenburg, München leuchtete, München 1953.
Thomas Brandlmeier, Filmkomiker. Die Errettung des Grotesken, Frankfurt am Main 1983 (über K. V. vgl. S. 150–170).

Klaus Budzinski, Die Muse mit der scharfen Zunge. Vom Cabaret zum Kabarett, München 1961.
Ders., Pfeffer ins Getriebe. So ist und wurde das Kabarett, München 1982 (Darin: Absurde Volkskomik. Karl Valentin, S. 85 ff.).
Die Münchner Moderne. Die literarische Szene in der »Kunststadt« um die Jahrhundertwende. Hg. v. Walter Schmitz, Stuttgart 1990.
Walter Diehl, Die Künstlerkneipe »Simplicissimus«. Geschichte eines Münchner Kabaretts 1903–1960, München 1989.
Die Zwanziger Jahre in München. Ausstellungskatalog des Münchner Stadtmuseums, München 1979.
Ria Endres, Abwege ins Leben. Eine Verwandlungskünstlerin: Liesl Karlstadt. In: Die Zeit 30 (1980).
Erich Engels, Philosophie am Mistbeet. Ein Karl-Valentin-Buch, München 1969.
Anne-Marie Fischer-Grubinger, Mein Leben mit Karl Valentin, Rastatt 1982.
Carl Fritz, München als Industriestadt, Berlin 1913.
Klaus Gallas, München. Von der welfischen Gründung Heinrichs des Löwen bis zur Gegenwart. Kunst, Kultur, Geschichte, Köln 1979.
Manfred Geier, Der »Effekt Valentin«. Versuch über den sprachkritischen Blödsinn eines »gewesenen Kindes«. In: Zeitschrift für germanistische Linguistik 1 (1979), S. 2 ff.
Gerhard Gönner, Vom »Wahr-Lachen« der Moderne. Karl Valentins Semantik paradoxer Lebenswelten. In: Deutsche Zeitschrift für Philosophie 38 (1990) Heft 12, S. 1202–1210.
Frank Grube/Gerhard Richter, Alltag im Dritten Reich. So lebten die Deutschen 1933–1945, Hamburg 1982.
G'spassige Leut. Münchner Sonderlinge und Originale vom letzten Hofnarren bis zum Taubenmutterl. Hg. v. Hannes König, München 1977.
Olaf Gulbransson, Es war einmal, München 1934.
Ders., Und so weiter, München 1954.
Christoph Hackelsberger, Ein Architekt sieht München, München 1981.
Axel Hauff, Die einverständigen Katastrophen des Karl Valentin, Berlin 1978 (Argument Studienhefte 21) (Nachdruck desselben Titels aus: Argument-Sonderband AS 3, 1976, S. 244–310).
Wilhelm Hausenstein, Die Masken des Münchner Komikers Karl Valentin, München 1948 (Neuausgabe München 1976).
Jost Hermand/Frank Trommler, Die Kultur der Weimarer Republik, München 1978.
Murray Hill, Thinking sideways. Language, Object an Karl Valentin. In: New German Studies 8 (1980), S. 129–147.
Ders., »Mit Original-Vorträgen, Soli und Gesang«. Some Notes on Karl Valentin. In: New German Studies 10 (1982), S. 83–105.

Ders., Karl Valentin in the Third Reich. No laughing Matter. In: German Life and Letters 37 (1983/84), S. 41–56.
Hans Hömberg/Ernst Hoferichter, Mein liebes München, Wien, Hannover 1966.
Alois Hönle, München. Wie es ißt, trinkt, lacht und weint, München, Nürnberg o. J. (ca. 1921).
Rudolf Hösch, Kabarett von gestern. 1900–1933, Berlin 1967.
Ders., Kabarett von gestern und heute. 1933–1970, Berlin 1972.
Ernst Hoferichter, Bayrischer Jahrmarkt, München 1959.
Ders., Jahrmarkt meines Lebens, München 1963.
Ders., Vom Prinzregenten bis K. V., München 1966.
Effi Horn, Ahnengalerie der Volkssänger. In: Lebendiges München, a. a. O.
Im Dunst aus Bier, Rauch und Volk. Arbeit und Leben in München von 1840 bis 1945. Ein Lesebuch. Hg. v. Reinhard Bauer, Günther Gerstenberg, Wolfgang Peschel, München, Zürich 1989.
In München geboren, von München angezogen, nach München verschlagen. Geschichtswettbewerb 1989/90. Hg. v. d. Landeshauptstadt München, München 1991.
Wolfgang Jansen, Das Varieté. Die glanzvolle Geschichte einer unterhaltenden Kunst, Berlin 1990.
Hellmuth Karasek, Nestroys großer Nachfahr. In: Die Zeit, 10. 10. 1969.
Karl Valentin Fundsachen 1.–4. Redaktion Ulrich Kurowski und Thomas Brandlmeier. Hg. v. Münchner Filmzentrum – Freunde des Münchner Filmmuseums e. V., München 1976 ff.
Hans Georg Kemper, Vom Expressionismus zum Dadaismus, Kronberg 1974.
Kleinkunststücke. Bd. 1: Donnerwetter-tadellos. Kabarett zur Kaiserzeit 1900–1918; Bd. 2: Hoppla, wir leben. Kabarett einer gewissen Republik 1918–1933. Hg. v. Volker Kühn, Weinheim, Berlin 1987/88.
Eberhardt Klemm, Karl Valentin und die Musik. Zur 100. Wiederkehr seines Geburtstages am 4. Juni 1982. In: Kassette. Ein Almanach für Bühne, Podium und Manege 6 (1982), S. 21 ff.
Gudrun Köhl, Vom Papa Geis bis Karl Valentin (Schriftenreihe des Valentin-Volkssänger-Museums München: Bd. 1), München 1971.
Gudrun Köhl/Hannes König, Volkstheater in München (Schriftenreihe des Valentin-Musäums), München 1981.
Gudrun Köhl/Hannes König/Erich Ortenau, Karl Valentin in der Geschichte der Komiker (Schriftenreihe des Valentin-Musäums), München 1984.
Josef Koller, Das Wiener Volkssängertum in alter und neuer Zeit, Wien 1931.

Franz Peter Kothes, Die theatralische Revue in Berlin und Wien 1900–1938, Wilhelmshaven 1977.
Ludwig Krafft, Auf den Spuren von Karl Valentin. In: Au, Giesing, Haidhausen. 100 Jahre bei München (Festschrift), München 1954, S. 138 ff.
Lebendiges München. Hg. v. Rolf Flügel, München 1958.
Norbert Lieb, München. Die Geschichte seiner Kunst, München 1988 (4. Aufl.).
Alfred Liede, Karl Valentin. In: A. L., Dichtung als Spiel. Studien zur Unsinnspoesie an den Grenzen der Sprache, Berlin 1963, Bd. 1, S. 141 ff.
Hans Mayer, Karl Valentin. In: Brecht und die Tradition, Pfullingen 1961, S. 27–29.
Karl Alexander von Müller, Unterm weissblauen Himmel, Stuttgart 1952.
München in alten Photographien. Album der Zeit von 1850–1914. Hg. v. Ludwig Hollweck, München 1972.
München meine Liebe. Geschichten und Gedichte über eine vielgerühmte Stadt. Hg. v. Fritz Fenzl, München 1990 (2. Aufl.).
München – Musenstadt mit Hinterhöfen. Die Prinzregentenzeit 1886 bis 1912. Hg. v. Friedrich Prinz und Marita Krauss, München 1988.
Nachtlichter. Sezessionistisches Kabarett. Couplets, Grotesken, Kritiken. Hg. v. Hans Veigl, Wien 1993.
Carl Niessen, Karl Valentin und die Münchner Volkssänger (Ausstellungskatalog), München [1958].
Hans F. Nöhbauer, München. Eine Geschichte der Stadt und ihrer Bürger, München 1982.
Siegfried Obermeier, Münchens goldene Jahre, München 1976.
Rainer Otto/W. Rösler, Kabarettgeschichte, Berlin 1981.
Heidi Pataki, Krisenkasperl, Karl Valentins Leben und Filme. In: Neues Forum 24 (1977) Heft 288, S. 57–61.
Joachim Petsch, Kunst im Dritten Reich. Architektur, Plastik, Malerei, Alltagsästhetik, Köln 1987 (2. Aufl.).
Platzl. München 1906–1976, München 1976.
Theo Prosel, Freistadt Schwabing. Erinnerungen des Simplwirts, München 1951.
Helene Raff, So lang der Alte Peter ... Ein Alt-Münchner Stadt-Buch, München 1923.
Hans Reimann, Mein blaues Wunder. Lebensmosaik eines Humoristen, München 1959.
Otto Reutter, In fünfzig Jahren ist nicht alles vorbei, Darmstadt 1970.
Theo Riegler, Das Liesl Karlstadt Buch, München 1961.
Ders., Karl Valentins letzter Auftritt. In: Süddeutsche Zeitung, 31. 1. 1978.
Karl Riha, Gesangsclownerien. Glosse zu Karl Valentin. In: K. R., Moritat,

Bänkelsong, Protestballade. Kabarett-Lyrik und engagiertes Lied in Deutschland, Königstein/Taunus 1979 (2. Aufl.), S. 88 ff.
Ders., Nachwort zu den Musikparodien und Musikclownerien Karl Valentins. In: Karl Valentin, Ich hätt geküsst die Spur von Deinem Tritt. Musikclownerien. Hg. v. K. R., München, Zürich 1988, S. 169–184.
Eugen Roth, München wie es war. Ein Erinnerungsbuch, Düsseldorf 1965.
Robert Eben Sackett, Popular Entertainment, Class and Politics in Munich 1900–1923, Cambridge, London 1982.
Peter Scher/Hermann Sinsheimer, Das Buch von München, München 1982.
Friedrich Scheu, Humor als Waffe. Politisches Kabarett in der ersten Republik, Wien [...] 1977.
Ludwig Schmid-Wildy, Allerhand Durcheinand. Autobiographische Verse. Platzl-Szenen, Rosenheim 1976.
Ludwig M. Schneider, Die populäre Kritik an Staat und Gesellschaft in München (1886–1914). Ein Beitrag zur Vorgeschichte der Münchner Revolution, München 1975.
Wilhelm von Schramm, Die Bücherkiste. Das literarische München 1919–1924, München, Wien 1979.
Helmut Schwimmer, Karl Valentin. Eine Analyse seines Werkes mit einem Curriculum und Modellen für den Deutschunterricht, München 1977.
60 Jahre Kolosseum. Festschrift, München 1937.
Armgard Seegers, Komik bei Karl Valentin. Die sozialen Mißverhältnisse des Kleinbürgers, Köln 1983.
Rudolf Sieczynski, Altwiener Volkskomiker, Wien 1947.
Hermann Sinsheimer, Gelebt im Paradies. Erinnerungen und Bekenntnisse, München 1953.
Michael Skasa, Vorstadt-Brettel vorm Kopf. In: Süddeutsche Zeitung, 25. 9. 1973.
Karl Spengler, Münchner Straßenbummel, München 1960.
Ders., Es geschah in München, München 1962.
Ders., Hinter Münchner Haustüren, München 1964.
Ders., Unterm Münchner Himmel, München 1971.
Friedrich Tulzer, Karl Valentin und die Konstituenten seiner Komik, Stuttgart 1987.
Umsturz in München. Schriftsteller erzählen die Räterepublik. Hg. v. Herbert Kapfer, Carl-Ludwig Reichert, München 1988.
Karl Valentin. Mein komisches Wörterbuch. Hg. v. Dieter Wöhrle, München, Zürich 1986.
Valentin-Zeitung. Hg. v. Valentinisartorausstellungsturmausschuß mit

Unterstützung des Freundeskreises der Münchner Volkssänger und Volksschauspieler. Nr. 00 bis 01. 1959 (München).
Klaus Völker, Max Hermann-Neiße. Künstler, Kneipen, Kabaretts – Schlesien, Berlin, im Exil, Berlin 1991.
Vom Untergang des Abendlandes. Kabarett-Texte der zwanziger Jahre. Hg. v. Wolfgang U. Schütte, Berlin 1983.
Hans Wagner, 200 Jahre Münchner Theaterchronik 1750–1960, München 1967.
Was sag'n jetzt Sie zum Karl Valentin? Meinungen und Erinnerungen. Hg. v. Valentin-Musäum, München 1982.
Weimarer Republik. Hg. v. Kunstamt Kreuzberg und dem Institut für Theaterwissenschaft der Universität Köln, Berlin 1977.
Erich Weinert, Das Zwischenspiel. Deutsche Revue von 1918–1933. 2. Bd., Berlin 1956.
Andreas Welsch, Münchner Volksleben in Lied und Wort, 2. Aufl. München o. J. (Heft 5,6).
Benedikt Weyerer, München zu Fuß. 20 Stadtteilrundgänge durch Geschichte und Gegenwart. Mit Beiträgen von Michael Farin, Frieder Köllmayr, Brigitte Kohl, Klaus Pemsel und Franz Peter, Hamburg 1988.
Ekkehard Wiest, Gesellschaft und Wirtschaft in München 1830–1920, Pfaffenweiler 1991.
Dieter Wöhrle, Die komischen Zeiten des Herrn Valentin. Von der Rezeption zur Werkanalyse, Rheinfelden 1985.
Karl Kurt Wolter, Karl Valentin privat, München, Köln 1958.
Joseph Wulf, Kultur im Dritten Reich (5 Bde.), Frankfurt am Main, Berlin 1989.
Klaus Zeyringer, Die Komik Karl Valentins, Frankfurt am Main 1984.
G. Zivier/H. Kotschenreuther/V. Ludwig, Kabarett mit K. Fünfzig Jahre große Kleinkunst, Berlin 1974.

2.3 Hilfsmittel

Reinhold Aman, Bayrisch-österreichisches Schimpfwörterbuch. Lexikon der Schimpfwörter, München 1972.
Wolfgang Johannes Bekh, Richtiges Bayerisch. Ein Handbuch der bayerischen Hochsprache. Eine Streitschrift gegen Sprachverderber, München 1973.
Biographisches Lexikon zur Weimarer Republik. Hg. v. Wolfgang Benz u. Hermann Graml, München 1988.
Bosl Bayerische Biographie. 8000 Persönlichkeiten aus 15 Jahrhunderten. Hg. v. Karl Bosl, Regensburg 1983.

Bosl Bayerische Biographie. 1000 Persönlichkeiten aus 15 Jahrhunderten, Ergänzungsband. Hg. v. Karl Bosl, Regensburg 1988.

Das grosse Lexikon des Dritten Reiches. Hg. v. Christian Zentner u. Friedemann Bedürftig, München 1985.

Die Musik in Geschichte und Gegenwart (MGG). Allgemeine Enzyklopädie der Musik. Hg. v. Friedrich Blume, München, Kassel, Basel und London 1989.

Hofmeisters Jahresverzeichnis, Verzeichnis sämtlicher Musikalien [...], die in Deutschland und in den deutschsprachigen Ländern erschienen sind, Leipzig 1845 ff. [wechselnde Titel und Herausgeberschaft].

Josef Ilmberger, Die bairische Fibel, München, Bern und Wien 1977.

Friedrich Kluge, Etymologisches Wörterbuch der deutschen Sprache, Berlin, New York 1989 (22. Aufl.).

Johann Lachner, 999 Worte Bayrisch (1930), München 1978.

Bertold Leimbach, Tondokumente der Kleinkunst und ihre Interpreten 1898–1945, Göttingen 1991.

Joseph Maria Lutz, Bayrisch wie es nicht im Wörterbuch steht, Frankfurt am Main 1969.

Lutz Mackensen, Zitate, Redensarten, Sprichwörter, Stuttgart 1973.

Ludwig Merkle, Bayerisch auf deutsch. Herkunft und Bedeutung bayerischer Wörter, München 1989 (4. Aufl.).

Ders., Bairische Grammatik, München 1993 (5. Aufl.).

Manfred Overesch/Friedrich Wilhelm Saal, Die Weimarer Republik. Eine Tageschronik der Politik, Wirtschaft, Kultur, Düsseldorf 1982.

Dies., Das III. Reich 1933–1939. Eine Tageschronik der Politik, Wirtschaft, Kultur, Düsseldorf 1982.

Manfred Overesch, Das III. Reich 1939–1945. Eine Tageschronik der Politik, Wirtschaft, Kultur, Düsseldorf 1983.

Ders., Das besetzte Deutschland 1945–1947. Eine Tageschronik der Politik, Wirtschaft, Kultur, Düsseldorf 1986.

Ders., Das besetzte Deutschland 1948–1949. Eine Tageschronik der Politik, Wirtschaft, Kultur, Düsseldorf 1986.

Polyglott-Sprachführer Bairisch, München 1987 (14. Aufl.).

Heinrich Raab, Deutsche Redewendungen. Von Abblitzen bis Zügel schießen lassen, Wiesbaden 1981.

Rudolf Reiser, Zwei Jahrtausende Bayern in Stichworten. Daten, Namen, Fakten, München 1988.

Franz Ringseis, Neues bayerisches Wörterbuch, Pfaffenhofen 1985.

Johann Andreas Schmeller, Bayerisches Wörterbuch, zwei Bände, Aalen 1961 (Neudruck der 2. Aufl. München 1872–77).

Anton Schwind, Bayrisch von A–Z. Ein Wörterbuch für Zugereiste, Pfaffenhofen 1968 (3. Aufl.).

Leo Sillner, Bairisch für Liebhaber, München 1969.

Erich Stockhorst, Fünftausend Köpfe. Wer war was im Dritten Reich, Velbert 1967.
Karl Weinhold, Bairische Grammatik, Wiesbaden 1968 (Neuausgabe der Ausgabe Berlin 1867).
Gero von Wilpert, Sachwörterbuch der Literatur, Stuttgart 1979 (6. Aufl.).
Ders., Deutsches Dichterlexikon, Stuttgart 1988 (3. Aufl.).
Robert Wistrich, Wer war wer im Dritten Reich. Ein biographisches Lexikon, München 1983.
Ludwig Zehetner, Das bairische Dialektbuch, München 1985.

Danksagung

Die Herausgeber sind folgenden Personen und Institutionen zu besonderem Dank verpflichtet:

Stadt Augsburg (Stadtarchiv); Austria Tabak GmbH, Unterschleißheim; Stadt Bad Tölz (Stadtarchiv); Dr. Reinhard Bauer, München; Bayerischer Rundfunk (Unterhaltung-Wort), München; Bibliothek der Universität Augsburg; Bibliothek der Universität Konstanz; Dr. Florian Dering, München; Dr. Otto Fischer, Gräfelfing; Dr. Gerhard Gönner, Bietigheim; Klaus Gronenborn, Köln; Hessischer Rundfunk (Zentraler Schallplattenkatalog), Frankfurt am Main; Internationale Ludwigs-Apotheke, München; Kath. Stadtpfarramt St. Peter, München; Gudrun Köhl (Valentin-Musäum), München; Volker D. Laturell, München; Aubrey Miller, Karlsruhe; Dr. Gerda Möhler, München; Norddeutscher Rundfunk, Hamburg; Philips Hör-Systeme, Hamburg; Gemeinde Planegg; Reemtsma Cigarettenfabriken GmbH, Hamburg; Theatermuseum der Universität zu Köln, Porz-Wahn; Kurt Wilhelm, Straßlach.

Nachwort

Karl Valentins Couplets

Die Couplets sind die frühesten Texte Karl Valentins. Das Fragment »Das suesse Maedel« (laut Untertitel 1899 entstanden) ist streng genommen sogar noch ein Text des 19. Jahrhunderts.
Damals hat sich München zur Metropole entwickelt: Hatte München 1800 noch rund 40.000, so zur Jahrhundertmitte knapp 90.000 und 1900 schon eine halbe Million Einwohner. Mit dieser gewaltigen Urbanisation entstanden rasch neue Unterhaltungsbedürfnisse seitens der von der Industriellen Revolution hervorgebrachten Schichten. Die Arbeiter, die kleinen Gewerbetreibenden, einfachen Beamten und Angestellten fanden sich – wenn sie denn einmal am Abend das Haus verließen – mit Vorliebe in den zahlreichen Gastwirtschaften und Brauerei-Sälen[1] zusammen, in denen zum Bier auch ein musikalisch-humoristisches Programm geboten wurde, das zudem Essen, Trinken und die Unterhaltung am Tisch ausdrücklich zuließ. Dabei war in diesen Lokalen, in denen Karl Valentin seit 1897 als »Vereinshumorist« auftrat, selten eine erhöhte Bühne vorhanden, so daß die soziale Identifikation von Coupletsänger und Publikum schon räumlich und »dramaturgisch« ermöglicht, ja geradezu aufgezwungen wurde.
Aus dieser Konstellation ergaben sich wie von selbst zahlreiche Themen der humoristischen Vorträge: die Entwicklung Münchens, d. h. die »übertriebene« Bautätigkeit bei der Errichtung von neuen Verwaltungsgebäuden und Verkehrswegen, bzw. die »mangelnde« Bautätigkeit bei der Herstellung von preiswertem Wohnraum, die Lebensmittelteuerungen, die Steuern, der Kinder-»Reichtum«, die Moden der Reichen (Gigerltum, Fahrrad), die Skandale der »hohen Politik«, die »nichtstuenden« Studenten, der tölpelhafte oder schlitzohrige Bauer (der »Gscheerte«) und viele weitere Reizthemen, deren kritische Behandlung durch die *Volks*sänger, wie sie sich selber nannten, von vornherein auf die Zustimmung des Publikums zählen konnte.
Als Karl Valentin, der in seinen frühen Couplets und Monologen all diese Themen übernimmt, seine Karriere beginnt, ist die große Zeit der Münchner Volkssänger schon vorbei. Diejenigen, denen er nacheifert, sind entweder bereits gestorben oder ziehen sich allmählich in den Ruhestand zurück. Stellvertretend seien genannt[2]: *Jakob Geis* (1840–1908), der mit unaufdringlichem Humor das aktuelle Zeitgeschehen kommentierte;

Anderl Welsch (1842–1906), der mit seinen drastischen Bauerndarstellungen nachhaltig das Münchner Volkssängertum beeinflußte; *Christian Seidenbusch* (1837–1898), der, mit einer schönen Baßstimme begabt, in seinen Vorträgen als »Hausherr« dem sozialen Unmut des Publikums ein humoristisches Ziel bot; und – von Valentin selbst als Vorbild bezeichnet – *Karl Maxstadt* (1853–1930). Der Einfluß des aus dem Schwarzwald stammenden, überaus produktiven Maxstadt – er gilt als Autor von rund 600 Couplets – auf Valentin darf sicherlich nicht überschätzt werden[3], seine Aufwertung des Musikalischen und Schauspielerischen gegenüber dem Gesprochenen, seine Vorlieben für die Parodie (berühmt waren u. a. Maxstadts »Lohengrin«-Parodien) und das Schnellsprech-Couplet haben aber ihre Spuren in Valentins Couplets hinterlassen.

Gemessen an den Produktionen der Volkssänger des vorigen Jahrhunderts können Valentins erste Couplets keine Originalität beanspruchen. Das vielleicht erste »valentineske« Couplet ist das »Rezept zum russischen Salat« (1902), mit dem er jedoch zunächst keinen Erfolg hat[4], da vermutlich für derartige klanglyrische Sprachspiele die Zeit noch nicht reif war oder zumindest sein damaliges Wirtshauspublikum damit nichts anfangen konnte.

Nach einer Reihe weiterer konventioneller Couplets beginnt Valentin, vielleicht unterstützt durch das erste feste Engagement bei Josef Durner im »Frankfurter Hof«, mit den »Blödsinn-Versen« (1908) allmählich einen eigenen Stil zu entwickeln, für den der Titel dieser Verse programmatisch steht. Wollte man die Untergattung des »Blödsinn-Couplets« einführen und mit ihr Couplets bezeichnen, deren Komik vorrangig auf der Rhythmisierung und Reimung des »semantischen Nichts« beruht, so könnten neben den schon genannten »Blödsinn-Versen« Texte wie »Romanze in C-Moll«, »Parodie auf Still ruht der See«, »Neue Neubayerische G'stanzl« (alle drei um 1908), »Trommel-Verse«, »Neue Stumpfsinn-Verse« (beide um 1912) u. a. ohne Zweifel als Hauptvertreter dieser Untergattung gelten.

Der Ausbruch des Ersten Weltkriegs bringt den großen Bruch in Karl Valentins Couplet-Schaffen: So leitet die »Kriegsmoritat... von 1914«[5], die durch das offizielle Gebot patriotischer Vorträge gefördert wurde, bereits das Ende einer nicht wieder erreichten Produktivität auf diesem Gebiet ein (1916 hat Valentin bereits die Hälfte all seiner Couplets geschrieben). Aber auch inhaltlich werden die Couplets in der Folge andere. Texte wie »Ich hatt' einen Kameraden« (1918), »Mein Muenchen« (erste Fassung um 1920), »Münchnerkindl-Prolog« (1920) sind vor allem sentimentale Erinnerungen an die Vorkriegs- und Prinzregentenzeit. Dieser vergangenen Zeit gehören allerdings inzwischen auch die traditionellen Volkssänger-Couplets an, die sich neben den neuen Unterhaltungsformen Kabarett, Film, Radio nicht mehr behaupten können, was Karl Valentin explizit in »Geht zu den Volkssängern!« (1916/1933) beklagt. Trotzdem scheint ihm gerade die historische Distanz zur alten Volkssänger-Kunst neue Möglichkeiten des Schreibens von Couplets bzw. komischer Lyrik zu eröffnen. Die wichtigsten Neuorientierungen ab ca. 1916 werden im folgenden skizziert:

Moritatengesang

Wiederholt reiht sich Karl Valentin ein in die Tradition des von Schaubildern illustrierten Moritaten- und Bänkelsangs. Diese reicht bis in das 17. Jahrhundert zurück und entwickelte sich selbst wiederum aus der spätmittelalterlichen Form des »Zeitungsliedes« (in Versform vorgetragene Neuigkeitsberichte sogenannter »Zeitungssänger«). Ursprünglich handelt es sich bei den Moritaten (das Wort dürfte durch gesangliche Dehnung von ›Mordtaten‹ entstanden sein) um die Vorträge fahrender Bänkelsänger, die auf den Jahrmärkten von einer Holzbank herab ihrem entsetzten Publikum die neuesten Greueltaten und Familientragödien vortrugen. Dabei wiesen sie mit einem Zeigestock auf eine Bildertafel, auf der jeder Strophe ein eigenes Bild entsprach. Meist verkauften die Bänkelsänger die Bilder samt Text in Form kleiner bedruckter Handzettel.
Im 18. und 19. Jahrhundert entstand daneben ein literarischer, oft ironisierender Bänkelsang, etwa in den Balladen des sich selbst als »Volkssänger« bezeichnenden Gottfried August Bürger (1747–1794), bei Heinrich Heine (1797–1856) oder August Heinrich Hoffmann von Fallersleben (1798–1874).
Im 20. Jahrhundert bot das aufkommende Kabarett den Rahmen für einen politischen, dabei teils satirischen, teils aggressiv-polemischen Bänkelsang, wie er u.a. von Bertolt Brecht (1898–1956), Frank Wedekind (1864–1918), Erich Kästner (1899–1974), Joachim Ringelnatz (1883–1934) und Kurt Tucholsky (1890–1935) hervorgebracht wurde.
Von den Texten dieser Zeitgenossen unterscheiden sich Valentins Moritaten nicht nur durch ihren vergleichsweise geringen politischen Gehalt: Sentimentalität und Sprachsabotage beherrschen nach wie vor seine Verse. So zeigt etwa die zweite Strophe der Moritat vom »Orgelmann« (um 1916) unverwechselbar den Sprachclown Valentin:

> »Können Sie sich vielleicht noch dran erinnern,
> wie es vor 100 Jahr in München war.
> Ich könnte es bestimmt nicht mehr behaupten,
> war's im Oktober oder Januar.
> Ich glaub es ist im Januar gewesen,
> es kann zwar auch schon März gewesen sein,

das spielt ja auch dabei gar keine Rolle,
ganz g'nau fällt mir der Datum nicht mehr ein,
in früherer Zeit war so etwas leicht möglich,
doch wenn das heute mal passieren wird,
da würde sich das ganze Volk empören,
doch ist das seit der Zeit nicht mehr passiert.«

In der Moritat »Margareta bei der Straßenbahn« (1916) scheint Valentin einer »alten Zeit« nachzutrauern, in der die Rolle der Frau als Hausfrau nicht zur Diskussion stand und die Vorstellung weiblicher Trambahnschaffner (die tatsächlich seit 1915 eingestellt worden waren) noch erheiterte. Interessanter jedoch ist die makabre Umdeutung der episodischen Moritat-Mordtaten in die episodische Selbstmordtat des »Andreas Papp« (vermutlich nach 1918), der selbst zum Sterben zu wenig hat und zum einzig erhältlichen, aber zuverlässig wirkenden Gift, der »Lebensmittelnot« in Deutschland nach dem Ersten Weltkrieg, greifen muß. Eine moderne Abart des Moritaten-Gesangs bietet Valentin in »Architekt Sachlich« (1938), wobei mit Lichtbildern der Alptraum der Umbaupläne Hitlers für das »neue« München auf die Leinwand projiziert werden soll. Die drei aufeinanderfolgenden Couplets »Taucherlied«, »Das Volksauto«, »Der Mord in der Eisdiele« (1939/1941) und die Moritat von »Franz und Lotte« (1947) parodieren noch einmal die »bluttriefenden Neuigkeiten« des alten Bänkelsangs. Mit der »Moritat vom kleinen P.G.« (nach Ende des Zweiten Weltkriegs), mit der er die auf ein Arbeitsverbot hinauslaufende Entnazifizierung der »kleinen«, nicht zum Helden geborenen »Parteigenossen« als Moritat-*Mordtat* verurteilt – gemäß dem Motto: Die Kleinen hängt man, die Großen läßt man laufen – , endet das Schaffen des »Bänkelsängers« Valentin.

Klanglyrik

Das zunächst gescheiterte Experiment des »russischen Salats« (s.o.) hindert Valentin nicht an der Fortsetzung der Reihe derartiger semantisch leerer, einzig durch Klang wirkender Couplets. Zehn Jahre später schreibt er »Versteigerung!« (um 1912), das wieder aus einer pseudo-syntaktischen Aneinanderreihung des semantisch nicht Zusammengehörigen, mithin aus einer sinnlosen Anhäufung von Substantiva besteht, die nach einer gewissen Rezeptionsdauer allmählich zum »reinen Klang«, zur »Musik«, damit aber zur Provokation oder eben Belustigung des pragmatisch orientierten Sprechers der Alltagssprache werden.
Valentins klanglyrische Experimente gipfeln im »Chinesischen Couplet« (um 1916), das an die Lautdichtungen eines Hugo Ball (1886–1927) oder

Kurt Schwitters (1887–1948) erinnert, die zusammen mit Hans Arp (1886–1966), Richard Huelsenbeck (1892–1974) u.a. 1916 im Zürcher »Cabaret Voltaire« den Dadaismus als eine Form der antibürgerlichen, ästhetischen Anarchie ausgerufen hatten. Angesichts einer den Kriegsgreueln ohnmächtig gegenüberstehenden Politik folgte aus der Überzeugung der Dadaisten von der Sinnlosigkeit der historischen, politischen und sozialen »Ordnung« konsequenterweise auch die Aufgabe der ästhetischen Ordnung.[6] Dabei ging die Dada-Lyrik in ihrem bewußten Chaos bis zur Preisgabe der elementaren sprachlichen Ordnungssysteme: Semantik und Syntax. Übrig blieb die rein nachahmende Darstellung der »zufälligen«, »chaotischen« und »sinnlosen« Umweltgeräusche in ihrem »wirren«, eben nicht syntaktisch-linear geordneten Zusammenklang durch den zum Programm erhobenen Stammellaut. Der tradierten Sprachnorm wird auf diese Weise provokant die Fiktion einer nur klingenden »Sprache« entgegengehalten, wie sie etwa vom vorgrammatisch denkenden Kleinkind ausgestoßen wird.

Weit von der dadaistischen Kunstrevolte entfernt, die Karl Valentin in seinem naiven Verhältnis zur zeitgenössischen Kunst vermutlich als »expressionistisch« abgelehnt hätte, führt ihn die Beschränkung der Sprache auf den Laut dennoch in die Nähe der Dadaisten.[7] Von einer ästhetischen Verwandtschaft mit diesen darf aber bei Valentin nur bedingt die Rede sein: Die bei ihm vor allem in den politischen Couplets feststellbaren Erschütterungen, vielleicht sogar der Verlust einer umfassenden historischen Ordnung, machen ihn noch nicht zum »Dadaisten«, sondern vielmehr zu einem typischen Zeitgenossen der ersten Hälfte des zwanzigsten Jahrhunderts. Valentins Interesse gilt vorrangig der *Sabotage* lebensweltlicher, d.h. pragmatisch orientierter Kommunikation. Aus der widersinnigen Fiktion einer lebensweltlichen Kommunikation mittels des dargebotenen bayrisch-chinesischen Singsangs schöpft Valentins Couplet vorrangig seine Komik.[8] Was also Valentins Klanglyrik von den Lautmalereien der zeitgleichen Dadaisten unterscheidet, ist – bei aller struktureller Ähnlichkeit – die Intention des Volkssängers, ein lebensweltlich-pragmatisch (und eben nicht dadaistisch-intellektuell) eingestelltes Publikum anzusprechen.

Zu den zeitgenössischen intellektuellen und künstlerischen Strömungen steht Karl Valentin ohnehin in einem eher gespannten Verhältnis: Von seiner Ablehnung der »sachlichen« Architektur war schon die Rede; über die moderne bildende Kunst macht er sich in seinem 1934 eröffneten »Panoptikum« lustig, das u.a. neben einer Vielzahl entfremdeter Alltagsgegenstände auch »Den Stein, auf dem Mariechen saß«, zeigt.[9] Drei Gedichte sind darin unter der Überschrift »Gedichte. Einst und jetzt« zu »sehen«: neben Schillers »Glocke« das Gedicht »Porträt H.P.« von Alexander Mette (1897–1985) und Hans Arps »Die Wolkenpumpe« (1920).[10]

Verse wie

> »die glitzernden engel drehten sich in ihren angeln
> die gläsernen eulen reichten sich den tod von schnabel zu schnabel
> die bolzen der geteerten waren gedengelte rosen
> die köder der angler waren segler voll folterkammern«
> (Die Wolkenpumpe)

reizen Valentin zur Parodie: »Das futuristische Couplet« (um 1919) und der »Expressionistische Gesang« (1942/1948) sind dabei weniger spezifische Verspottungen des Futurismus oder Expressionismus, die Valentin gar nicht näher kennengelernt hat, sondern diese stehen bei ihm nur stellvertretend für die ablehnenswerte, da »schräge« Kunst der Moderne schlechthin. Daneben sind Valentins konservativistische Parodien aber auch seiner Klanglyrik verwandt. Bietet das »Chinesische Couplet« nur Klang, so die Couplets »Rezept zum russischen Salat«, »Versteigerung!« und der späte Text »Umtauschstelle« (vermutlich 1945) immerhin eine wenn auch sinnlose Aneinanderreihung von sinnhaften Substantiva. In Valentins »futuristischen/expressionistischen« Couplets sind die für sich sinnhaften Wörter nun pseudo-syntaktisch verknüpft, d. h., sie geben sich nur den Anschein der Wohlgeformtheit, sie *klingen* nur wie Sätze. Das haben sie mit den Versen Hans Arps durchaus gemein. Was bei Valentin aber als parodistischer Zug hinzutritt, ist die Indienstnahme der »futuristisch-expressionistischen« Pseudo-Syntax zur Produktion der von ihm geliebten »Blödsinn-Verse«:

> »Hundekuchen frisst die Katze
> Und ein Kompass singt Tenor
> Und es sinkt der Barometer
> Das kommt jedem spanisch vor.«
> (Expressionistischer Gesang)

Kontrafaktur, Parodie und Travestie

Das Verfahren der Kontrafaktur (›contrafactura‹ = Gegenanfertigung), eine alte Melodie mit einem neuen Text zu unterlegen, ist bis in das 13. Jahrhundert zurück nachweisbar. Die Kontrafaktur eines geistlichen in ein weltliches Lied oder umgekehrt ist eine verbreitete Vorgehensweise mittelalterlicher Dichtung.
Auch in der Vorgeschichte des Couplets haben derartige Umdichtungen eine lange Tradition: Bereits der Abbé Simon-Joseph Pellegrin (1661–1745) betrachtete den Schöpfer der französischen Oper Jean Bapti-

ste Lully (1632–1687) als »Lieferanten« seiner Chanson-Melodien.[11] Bei den Volkssängern, von denen nur ein kleiner Teil über ein wirkliches kompositorisches Talent verfügte, ist die Verwendung eigener Melodien die Ausnahme und die Kontrafaktur populärer Lieder, Tänze und Märsche das gängige Mittel der Melodiebeschaffung. So müssen wir bei Karl Valentin ebenfalls davon ausgehen, daß er sich auch dort der Kontrafaktur bedient, wo er es nicht ausdrücklich (im Untertitel) angibt. Dies tut er das erste Mal beim »Rezept zum russischen Salat«, wo er auf den populären »Jahrmarktsrummel« des erfolgreichen Komponisten Paul Lincke (1866–1946) zurückgreift. Da der »russische Salat« lediglich die Melodie des Linckeschen Marsches übernimmt, sich aber darüber hinaus in keiner Weise auf diesen bezieht, kann bei ihm noch nicht von einer herabsetzenden Lächerlichmachung die Rede sein, wie sie für die Parodie typisch ist.

Karl Valentin stellt sich aber auch wiederholt in die Tradition der komischen Musikparodie, die »als Karikierung modischer Stilauswüchse und als harmlos heitere Verspottung kompositorischer Mittelmäßigkeit«[12] mindestens seit dem 16. Jhd. zu verzeichnen ist. Dabei reizen insbesondere Lied- und Operngesang bis in unser Jahrhundert zur Parodie. Wir finden diese im Rahmen von Volkssängerdarbietungen und humoristischen Soloszenen[13], aber auch musiktheater-immanent und auf höchstem musikalischen Niveau (z. B. Richard Strauss' [1864–1949] Lied des »italienischen Sängers« im ersten Akt des »Rosenkavaliers« [1911]).

Der unnatürlich-affektierte, oft mit sperrigem »Dichterdeutsch« unterlegte Kunstgesang wird schon früh zum Opfer auch der Valentinschen Komik. Die schon erwähnte »Romanze in C-Moll« – eine Parodie auf das Lied »O schöne Zeit, o sel'ge Zeit!« von Karl Götze (1836–1887) – sei hier stellvertretend genannt. Nach dem Ersten Weltkrieg folgen »Ich hatt' einen Kameraden« (1918), »Parodie auf den Lindenbaum« (1921), »Glühwürmchen-Idyll« (1939), »Ein Laternenanzünder aus der alten Zeit« (vermutlich 1941; Vorlage: Duett »Wer uns getraut« aus J. Strauß' »Zigeunerbaron«). In »Glühwürmchen-Idyll« zitiert Karl Valentin zunächst noch einmal den Originaltext aus Linckes Operette »Lysistrata«, ehe er in einer »zweiten Strophe« die Romantik des nächtlichen Spazierganges zweier Liebenden, die von Glühwürmchen »dem Glück entgegen« geführt werden, in das kriegsbedingte Übel, sich in der verdunkelten Stadt »das Hirn einzurennen«, übersetzt. Die Beibehaltung der Linckeschen Melodie, der äußeren Form und die Verzerrung des Inhalts entlarven dabei die Verlogenheit operettenhafter Romantizismen an der Schwelle zum Weltkrieg.

Doch auch die Beibehaltung des Inhalts, der in einer neuen, ihm fremden Form, bzw. in einem unpassenden Rahmen, dargeboten wird, die sog. Travestie, findet sich wiederholt in Valentins Couplet-Schaffen. Ein frühes Beispiel ist das »Trompeten-Couplet« (um 1909): Dort wird nach jeder Strophe ein bekanntes Lied zitiert, das mit dieser gleichsam ein »komisches Paar« bildet:

>»Einem Deliquenten wird zuletzt
>Die Henkersmahlzeit vorgesetzt,
>Er kriegt auch noch a Flascherl Wein,
>Da stimmt er in das Liedchen ein:
>*Tromp. Jetzt trink'n ma no a Flascherl Wein etc.*«

Eine ganze Reihe solcher Travestien bietet die späte Sammlung »Alte Volksliedertexte – wieder ›zeitgemäss‹« (1943). Karl Valentin zitiert diese Lieder im aktuellen Kontext des wütenden Krieges und stellt dabei deren potentiell makabren Gehalt fest: »Im tiefen Keller sitz ich hier«, »Wandern, ach Wandern – von Ort zu Ort«, »Vater, Mutter, Schwestern, Brüder, Hab ich auf der Welt nicht mehr«, »Was kommt dort von der Höh'?« erfahren in der Tat angesichts von Luftschutzkellern, Flüchtlingselend, der unzähligen Toten und des Bombenterrors eine schreckliche Umdeutung. Ein Jahr vor den »Alten Volksliedertexten« entstand das szenische »Gesangspotpouri aus alten Liedern« (1942), das ebenfalls – wenn auch weitaus unbeschwerter, der Krieg wird nur beiläufig erwähnt – »alte Lieder« deplaziert:

>»LAMPL: (*Bass*) ›Wenn ich ein Vöglein wär'.... [‹]
>NEUMÜLLER: Ausgerechnet er, mit zwoa Zentner!«

Politische Couplets

Das thematische Zentrum der politischen Texte[14] Karl Valentins nach den Erfahrungen des Ersten Weltkriegs bildet die Frage nach den Ursachen des Kriegs und nach den Voraussetzungen eines ewigen Friedens. Mit der kämpferischen, intensiven politischen Literatur Tucholskys oder Brechts kann Valentins Schaffen freilich nicht gemessen werden, da ihm jede »Ideologie« im engeren Sinne gefehlt hat. So stehen auch seine politischen Couplets weniger für eine anzustrebende Sozialordnung als für das fundamentale, geradezu philosophische Fragen nach der Ursache von Hunger und Krieg. Valentin, der wegen seines lebenslangen Asthmaleidens nie Soldat war, will sich mit der fatalistischen Begründung »solange es Menschen gibt, wird es auch Kriege geben« nicht abfinden. Die Erfahrungen eines erneuten Weltkrieges, erneuter Lebensmittelnot, die Zerstörung seiner geliebten Heimatstadt stürzen den Komiker allerdings in zunehmende Resignation, verbunden mit der unbeantwortbaren Frage der Theodizee: »Wie kann Gott das alles zulassen?«:

»Ja, lieber Herrgott, tu das doch,
Du hast die Macht in Händen,
Du könntest diesen Wirrwarr doch
Mit einem Schlag beenden.
Die Welt, die Du erschaffen hast,
Die sollst auch Du regieren!
Wenn Du die Menschheit nicht ersäufst,
Dann lass sie halt erfrieren.«
(Wenn ich einmal der Herrgott wär'; 1942)

Am Ende seiner politischen Entwicklung steht bei Valentin, der noch mit Moritaten und »Neuesten Schnadahüpfln« in die allgemeine Euphorie des Ersten Weltkriegs mit eingestimmt hatte, die Haltung eines pazifistischen Pessimisten, der die Apokalypse für wahrscheinlicher hält als den ewigen Frieden:

»Vater unser, der Du bist im Himmel,
erlöse die Menschen nun endlich von den Menschen.
Diese Sippschaft ist nicht mehr wert
als daß Du sie vernichtest.«
([Vater unser]; zwischen 1945 und 1948)

Kleine Geschichte des Couplets

Im Mittelalter bezeichnete man als »Couplet« eine Balladenstrophe zwischen dem gleichbleibenden Refrain (von lat.›copula‹ = Verknüpfung).[15] Diese in Couplets gegliederten Balladen sind erzählende Lieder, die von Troubadouren zum Tanz vorgetragen wurden. Gestaltete sich ein solcher Tanz zum »Rundtanz« (Reigen), so nahm die Ballade häufig die Form eines »Rondeaus« an, bei dem die Tanzenden die Couplets des Solosängers mit einem Chorrefrain beantworteten. Der Ursprung dieses in Couplet und Refrain strukturierten Rondeaus dürfte im Nordfrankreich des 12. Jahrhunderts liegen.

Das Rondeau wurde in der Barockmusik als »Rondo« zur Bezeichnung einer musikalischen Architektur des Wechsels von Neuem (den Couplets)[16] und sich Wiederholendem (dem Refrain oder Ritornell). Die Grundform: a b a c a d usw. unterliegt dabei in Vokal- und Instrumentalmusik zahlreichen Variationen und findet sich noch in den Rondo-Sätzen der klassisch-romantischen Sonaten, Solokonzerte und im Opernfinale. Im Musiktheater wurde tatsächlich das Couplet als variierender Sologesang im Wechsel mit einem gleichbleibenden Chorrefrain schon früh unverzichtbares Ausdrucksmittel: In Frankreich bot es gegen Ende des 16. Jahrhunderts im Rahmen einfacher musikalischer Stegreifspiele, der sog.

»Vaudevilles« (vermutlich von: ›voix-de-ville‹ im Sinne »Stimme des Volkes«), die Gelegenheit zu aktuell-satirischen oder frivolen Anspielungen. Das Vaudeville und die aus der commedia dell'arte entstandene italienische Opera buffa wirkten nachhaltig wiederum auf die französische Opéra comique, die Mitte des 18. Jahrhunderts in Paris entstanden war. Die Opéra comique wurde unter dem Komponisten A. E. M. Grétry (1741–1813) vom heiteren, aber zweitklassigen Bühnenspiel zur ernstzunehmenden und seit den 60er Jahren des 18. Jahrhunderts auch immer öfter ernsten (nicht-komischen) Rivalin der »erhabenen« Tragédie lyrique. Die »Götter und Helden« der Opéra comique sind Bürger und Bauern, Mägde, Knechte und einfache Soldaten, denen zwischen den gesprochenen, die Handlung vorantreibenden Passagen vor allem im Couplet die Möglichkeit zum Ausdruck des Unmuts (über die vorrevolutionären Zustände) gegeben wurde.

Die deutsche Entsprechung der Opéra comique ist das Deutsche Singspiel, das ebenfalls Mitte des 18. Jahrhunderts entstanden war[17] und sich in seiner Entwicklung an der Opéra comique orientierte. Der reformfreudige österreichische Kaiser Joseph II. (Regierungszeit: 1765–1790) war von der Idee eines deutschen (das hieß vor allem: deutsch- und eben nicht italienisch*sprachigen*) Singspiels so fasziniert, daß er 1777 dem Burgschauspieler Johann Heinrich Friedrich Müller (1738–1815) den Auftrag erteilte, ein solches bei Hofe einzuführen, was dort aber auf große Vorbehalte seitens der Befürworter der traditionellen Opera seria stieß. Obgleich der kaiserliche Auftrag ein Meisterwerk wie Mozarts »Entführung aus dem Serail« (1782) zur Folge hatte, gelang es den Traditionalisten doch, sich durchzusetzen. Das Deutsche Singspiel war in Wien gezwungen, in die Vorstadt auszuweichen, deren Bühnen seit 1775 – ebenfalls durch eine Verfügung des Kaisers – offiziell anerkannt waren.

Mit dem Singspiel ging auch das Couplet seinen Weg in die Vorstadt, damit in ein neues soziales wie ästhetisches Milieu, das sich für seine weitere Entwicklung als äußerst fruchtbar erweisen sollte. Die Unterhaltung und Ansprache der »kleinen Leute«, von deren Alltag in der Hofoper oder am Burgtheater bis dato niemand Notiz genommen hatte, brachte neue Themen ins Repertoire. Im Wiener Vorstadttheater artikulierte sich dieses Milieu ab 1800 verstärkt in Form der Lokal- und Zauberpossen, die u. a. Joseph Alois Gleich (1772–1841), Karl Meisl (1775–1853), Adolf Bäuerle (1786–1859), Ferdinand Raimund (1790–1836) und Johann Nestroy (1801–1862) in großer Zahl zur Aufführung brachten.

In den Possen Nestroys – von den Genannten neben Raimund der einzige bis heute regelmäßig gespielte Autor – hat das Couplet zumeist die Funktion, den Handlungsverlauf zu unterbrechen.[18] Dabei kann es zusätzlich das bisherige Geschehen zusammenfassen oder kritisch kommentieren. Als Auftrittslied dient es den Hauptakteuren zur eindringlichen Kennzeichnung ihrer Persönlichkeit oder Einstellung zur Bühnenhandlung. Im »Zerrissenen« (1844) etwa gibt der blasierte Herr von Lips einen Befund seiner eigenen Gespaltenheit; in »Einen Jux will er sich machen« (1842) läßt Weinberl das Gebaren der Geschäftswelt Revue passieren. Als Markierung einer Handlungsunterbrechung steht das Couplet in diesen Possen dabei auch für die Erfahrung von Diskontinuität, die sich dem politischen, historischen und ästhetischen Bewußtsein im Verlauf des 19. Jahrhunderts zunehmend aufdrängt. Bei Hofe hätte freilich niemand etwas damit anfangen können.

Die Wiener Possen gehörten – begünstigt durch eine gewisse Verwandtschaft des Dialekts und der Mentalität – rasch auch zum Standardrepertoire des *Münchner Volkstheaters*, das sich seit Beginn des 19. Jahrhunderts allmählich etablierte.[19] Wie in Wien bot auch in München das Couplet die Möglichkeit der politisierenden, der Zensur zuvorkommenden Improvisation: »Blitzschnell verfaßte Strophen mit Kritik an öffentlichen Mißständen, an korrupten oder machtgierigen Amtspersonen, ließen sich noch am Abend während der Vorstellung ins Couplet einbauen und weckten meist den Jubel des Publikums.«[20]

Deutlich entpolitisiert ist dagegen das »aufgeputzte Kind« des Possen-Couplets: das Operetten-Couplet. In der zweiten Hälfte des 19. Jahrhunderts suchte die aufkommende Operette die bereits bewährte Tauglichkeit des Couplets als »Verbrüderungslied« zwischen Darsteller und – evtl. den Refrain mitsingendem – Publikum, wenn man so will: die Sozialstruktur des Rondeaus für sich zu nutzen. In der Tat wurden Operetten-Couplets wie »Ja das Schreiben und das Lesen« (aus: Johann Strauß' »Zigeunerbaron«; 1885) oder »Schwamm drüber« (aus: Karl Millöckers »Bettelstudent«; 1882) zu Gassenhauern und damit auch zu Vorlagen für das zweite, weniger feine, oft sogar »flegelhafte« Kind des Possen-Couplets: das für das Wirtshaus verfaßte Volkssänger-Couplet, auf das wir hier nach dem oben Angeführten nicht näher eingehen.

Wie das Wiener das Münchner Volkstheater, so beeinflußte das Wiener auch das Münchner Volkssängertum. Die Wiener Volkssänger bzw. ihre Vorläufer, die »Harfenisten«, boten bereits gegen Ende des 18. Jahrhunderts auf den Straßen und Plätzen, in Höfen und Wirtsgärten ihren Volks- und Moritatengesang dar. In der ersten Hälfte des 19. Jahrhunderts spielten sie zunehmend auch die populären Couplets der in den Vorstadttheatern aufgeführten Singspiele und Possen. Der Wiener Einfluß auf München sei hier nur an einem besonders markanten Beispiel verdeutlicht: Das Couplet »Die Wianer-Gemüthlichkeit stirbt niemals aus«, das der berühmte Wiener Volkssänger Carl Lorens (1851–1909) in den siebziger Jahren des vorigen Jahrhunderts schrieb, wurde in der Neufassung durch Michl Huber: »So lang der Alte Peter« zum Münchner Lied schlechthin und wird – gefördert durch seine Verwendung als Pausenzeichen des

Bayerischen Rundfunks und bei der »Petersturmmusik« – auch heute noch für »echt münchnerisch« gehalten.[21]
Das Wiener Couplet behielt seine Führungsrolle bis zuletzt. Sieht man von den peinlichen Wiederbelebungsversuchen auf der Schwund- und Kitschstufe der späten Wiener Operette und des sog. »Wien-Films« der dreißiger Jahre ab, muß sein Ende um 1900 angesetzt werden – für das Münchner Couplet bedeutete sicherlich der Erste Weltkrieg die entscheidende Zäsur. Nach 1918 ließen neue Unterhaltungsformen, dann die Kulturideologie des »Dritten Reiches«[22] und der Zweite Weltkrieg das Couplet immer mehr zum Museumsstück werden, das allenfalls noch bei rückschauenden »Heimat- und Hüttenabenden« oder (seit 1985) beim »Münchner Coupletsingen« im Hofbräukeller hervorgeholt wird.[23]

Die Stellung der Couplets im Gesamtwerk

Auf keine andere Gattung hat Karl Valentin so häufig zurückgegriffen wie auf das Couplet: 115mal (Varianten nicht mitgerechnet). Diese Zahl steht in einer merkwürdigen Spannung sowohl zum Bekanntheitsgrad als auch zur Bedeutung, die diese Texte für sein Gesamtwerk haben. Es wurde schon darauf hingewiesen, daß bis zum Ersten Weltkrieg, also nach rund 15 Schaffensjahren, bereits gut die Hälfte aller Couplets vorlag. Diese Statistik verweist darauf, daß Valentins intensives Couplet-Schreiben in die Zeit des ausgehenden Volkssängertums fällt, die zugleich die Zeit seiner Entwicklung vom Volkssänger zum bedeutenden Komiker ist. Weiter lenken diese Zahlen den Blick auf die allmähliche Verdrängung des Couplets zugunsten anderer Gattungen, nämlich der Szenen, Stücke und Dialoge, von denen zudem noch etliche auf Schallplatte aufgenommen oder gar verfilmt wurden. Diese Verdrängung ist freilich keine biographische Zufälligkeit, sondern gibt vielmehr eine Tendenz wieder, die für die immer stärker zur Industrie werdende Unterhaltungsbranche in der ersten Hälfte unseres Jahrhunderts charakteristisch ist. Karl Valentin paßt sich in bemerkenswerter Flexibilität dieser Entwicklung an: Mit der Aufnahme seiner Couplets (und frühen Monologe) auf Schallplatte übergibt er diese Produkte vergangenen Volkssängertums ganz unsentimental dem »Zeitalter ihrer technischen Reproduzierbarkeit«.
Doch Karl Valentins Couplets sind mehr als Anachronismen, denn in kunstsoziologischer Hinsicht stehen sie für die größte Nähe zum Publikum, die er je hatte. In den Wirtshäusern und Singspielhallen, für die ein Großteil dieser Texte geschrieben wurde, fehlte noch die Barriere zum verdunkelten Zuschauerraum oder das Medium von Schallplatte, Rundfunk, Film und Druck. Die zunehmende Distanz zum Publikum mag zwar

über die aktuelle Stimmung hinweg der Produktion der heute als literarisch wertvoll geltenden Texte förderlich gewesen sein, sie geriet aber zwangsläufig zur Entfremdung. Nach dem unglücklichen Scheitern des »Ritterspelunken-Experiments«, mit dem er beabsichtigte, wieder in größere Publikumsnähe zu treten, zieht sich Valentin immer mehr zurück. Von 1942 bis 1947 tritt er überhaupt nicht mehr auf und verfaßt stattdessen zahlreiche Dialoge, Monologe, Artikel-Manuskripte, einige Szenen sowie rund 20 Couplets, deren letztes (»Expressionistischer Gesang«) noch das Datum des Todesjahres im Untertitel trägt. Als Dokument für die Entfremdung des Volkssängers mag ein Brief vom 28.10.1947 an den gleichaltrigen Kollegen Kiem Pauli, obendrein Herausgeber bayerischer Liedersammlungen, gelten. Dort schreibt Valentin: »Aber zuvor [d.h. vor der von K.V. prophezeiten Atomkatastrophe] droht Ihrer bayrischen Lie-[d]ersammlung noch eine grosse Gefahr: werden sich die Bayern selbst dankbar zeigen? Ich habe meine lieben Bayern und speziell meine lieben Münchner genau kennen gelernt. Alle anderen mit Ausnahme der Eskimos und Indianer haben mehr Interesse an mir als meine ›Landsleute‹. Aus dem münchner Rundfunk wurde ich schon zweimal wegen Humorlosigkeit hinausgeschmissen.«[24]

Anmerkungen

1 Vgl. die Liste derartiger Lokale bei Gudrun Köhl, Vom Papa Geis bis Karl Valentin [Schriftenreihe des Valentin-Volkssänger-Museums: Band I], München 1971, S. 47–51.
2 Vgl. Lutz und Pemsel.
3 Vgl. Schulte 1982, S. 30–36.
4 Vgl. Brief Nr. 1 vom 5.10.1902 an die Eltern, in: Sämtliche Werke Bd. 6, S. 12.
5 Dieses und die beiden verwandten »Prolog von Karl Valentin zur Kriegszeit 1916« bzw. »Neueste Schnadahüpfl« wurden von Valentin später vernichtet, ihre Textüberlieferung verdankt sich der Aufbewahrung im Liesl-Karlstadt-Nachlaß.
6 Vgl. Hans-Georg Kemper, Vom Expressionismus zum Dadaismus, Kronberg/Taunus 1974, S. 13–25.
7 Man ziehe zum Vergleich mit dem »Chinesischen Couplet« Hugo Balls in etwa zeitgleiches Gedicht »Gadji beri bimba« heran (zitiert nach Kemper, S. 174):

»gadji beri bimba glandridi laula lonni cadori
gadjama gramma berida bimbala glandri galassassa laulitalomini
gadji beri bin blassa glassala laula lonni cadorsu sassala bim
[...]«

8 Vgl. dazu auch Karl Riha, Nachwort, in: Karl Valentin, Ich hätt geküsst die Spur von Deinem Tritt. Musikclownerien, München 1988, S. 175 ff.

9 Vgl. Glasmeier (KVVD), S. 137 u. 146.
10 Mettes und Arps Gedichte sind zitiert bei Glasmeier (KVVD), S. 136f.
11 Vgl. Laturell, S. 4.
12 Die Musik in Geschichte und Gegenwart (MGG) 10,832.
13 Stellvertretend genannt seien die »Lohengrin«-Parodien von Karl Maxstadt und die »Rosenkavalier«- bzw. »Loreley«-Parodien von Lucie Bernardo (1885 bis 1956).
14 Vgl. den Monolog, Rep. Nr. 141, »Karl Valentin und die Weltpolitik« (um 1926; Sämtliche Werke, Bd. 1, S. 112f.), die Artikel-Manuskripte, Rep. Nr. 141 a-b, »Die Kriege« (1942), Rep. Nr. 141 c »Erster und letzter Krieg« (1946; Sämtliche Werke Bd. 7) und die Dialoge Rep. Nr. 402, »Vater und Sohn über den Krieg« (1947) und Rep. Nr. 386, »Zwei Frauen unterhalten sich über die Atombombe« (1947; Sämtliche Werke, Bd. 3); vgl. Bachmaier 1994.
15 Vgl. Laturell und MGG 2, 1737–1744.
16 Man beachte, daß der Singular ›Couplet‹ streng genommen lediglich für eine einzige Strophe, keineswegs für das ganze Lied, steht. Der übliche Sprachgebrauch stellt also eine nachlässige Vereinfachung dar, die sich vermutlich um 1800 eingeschlichen hat.
17 Als erstes Deutsches Singspiel gilt »Der Teufel ist los oder Die verwandelten Weiber«, ursprünglich eine englische »Ballad opera« des Komponisten Charles Coffey (gest. 1745), die 1743 in der deutschen Übersetzung durch Caspar Wilhelm von Borck(e) (1704–1747) in Berlin uraufgeführt wurde. Der große Erfolg führte zu einer Neufassung (1747) mit einem neuen deutschen Libretto (Christian Felix Weisse; 1726–1804) und einer neuen Musik (Johann Georg Standfuss; gest. nach 1756).
18 Vgl. Otto Stoessl, Nestroy, in: Johann Nestroy, Die Welt steht auf kein' Fall mehr lang. Couplets und Monologe. Hg. v. Hermann Hakel, Wien, Hannover, Bern 1962, S. 5–22.
19 Vgl. Gudrun Köhl/Hannes König, Volkstheater in München [Schriftenreihe des Valentin-Musäums], München 1981 u. Laturell, S. 8.
20 Laturell, S. 8.
21 Vgl. Laturell, S. 15ff.
22 So erlaubte z. B. die propagandistische »Aufwertung« des Bauern als Ernährer des Volkes nicht länger die Darbietung der »Gscheerten-Couplets«; vgl. Laturell, S. 33.
23 Vgl. Laturell, S. 35.
24 Brief Nr. 227, in: Sämtliche Werke, Bd. 6, S. 218f.